Inteligencia artificial aplicada a la empresa. IFCT0019

Yolanda López Benítez

Inteligencia artificial aplicada a la empresa. IFCT0019
© Yolanda López Benítez

1ª Edición

© IC Editorial, 2025

Editado por: IC Editorial
c/ Cueva de Viera, 2, Local 3
Centro Negocios CADI
29200 Antequera (Málaga)
Teléfono: 952 70 60 04
Fax: 952 84 55 03
Correo electrónico: iceditorial@iceditorial.com
Internet: www.iceditorial.com

ISBN: 978-84-1184-679-0
Depósito Legal: MA 487-2025

Impresión: PODiPrint
Impreso en Andalucía – España

Nota de la editorial: IC Editorial pertenece a Innovación y Cualificación S. L.

Especialidad formativa

Se entiende por especialidad formativa la agrupación de contenidos, competencias profesionales y especificaciones técnicas que responde a un conjunto de actividades de trabajo enmarcadas en una fase del proceso de producción y con funciones afines.

Las especialidades formativas de Uso General, Formación Complementaria, Formación Modular y las especialidades formativas dirigidas a la obtención de certificados de profesionalidad se incluyen en el Fichero de Especialidades del Servicio Público de Empleo Estatal para su gestión en todo el territorio nacional por cualquier Administración competente.

Las especialidades complementarias, pertenecen todas a la Familia profesional de Formación Complementaria (FCO) y tienen la consideración de formación transversal en áreas que se consideran prioritarias tanto en el marco de la Estrategia Europea para el Empleo y del Sistema Nacional de Empleo como en las directrices establecidas por la Unión Europea. Se consideran áreas prioritarias las relativas a tecnologías de la información y la comunicación, la prevención de riesgos laborales, la sensibilización en medio ambiente, la promoción de la igualdad, la orientación profesional y aquellas otras que se establezcan por la Administración competente.

Las especialidades de Certificado de profesionalidad tienen una duración especificada en su normativa reguladora.

En el resultado de la búsqueda, se muestran las unidades de competencia, todos los módulos formativos con su duración y las unidades formativas del certificado correspondiente, con su duración. Las horas del certificado, exclusivo de las especialidades de certificado de profesionalidad, con alta igual o superior a 2008, son las horas totales más las horas del módulo de Prácticas Profesionales no Laborales.

⮞ **Si la especialidad tiene unidades formativas,** las horas totales, presencial, distancia, teleformación serán igual a la suma de esas horas de las unidades formativas de los distintos módulos, sin que se repita ninguna Unidad formativa.

➲ **Si la especialidad no tiene unidades formativas,** las horas totales, presencial, distancia, teleformación serán igual a las sumas de esas horas de los módulos formativos, eliminando las horas de los módulos repetidos.

https://sede.sepe.gob.es/especialidadesformativas/RXBuscadorEFRED/BusquedaEspecialidades.do

(Fuente: Servicio Público de Empleo Estatal)

Índice

OBJETIVOS GENERALES

Los objetivos generales del I**FCT0019. Inteligencia artificial aplicada a la empresa,** son:

- Aplicar en empresas conocimientos acerca de la inteligencia artificial, sus diversas ramas y más específicamente aquellas relacionadas con *Big Data, Deep Learning* y los algoritmos relacionados con estas nuevas tecnologías.
- Adquirir una serie de conocimientos base para la aplicación en empresas a fin al sector acerca de la inteligencia artificial, sus diversas ramas y más específicamente aquellas relacionadas con *Big Data, Deep Learning* y los algoritmos relacionados con estas nuevas tecnologías.
- Navegar por la historia de la inteligencia artificial para saber la esencia sobre la que se sustenta el complejo mundo de esta tecnología, reconociendo así la razón de su existencia y desarrollo de su potencial.
- Distinguir los tipos de aprendizaje automático para construir modelos predictivos basados en inteligencia artificial, conociendo los numerosos algoritmos y conjuntos de algoritmos que se pueden utilizar.
- Descubrir distintos modelos predictivos, aprendiendo el funcionamiento de una plataforma de aprendizaje automático.
- Revelar las oportunidades que ofrecen la inteligencia artificial y el *Big Data* para el mundo de las empresas, descubriendo herramientas que tienen integrado este tipo de tecnología y métodos de trabajo que sirven para fomentar una cultura *Data Driven* dentro de los negocios para ser más competitivos.
- Aportar una visión estratégica que permita identificar oportunidades de negocio basados en inteligencia artificial, conociendo ejemplos, herramientas y recursos humanos.
- Proveer una comprensión integral y práctica del lenguaje de programación *Python* en su aplicación en el desarrollo de soluciones de inteligencia artificial.

Introducción a la inteligencia artificial

Contenido

Objetivos

El objetivo general de esta Unidad de Aprendizaje es:

→ Navegar por la historia de la inteligencia artificial para saber la esencia sobre la que se sustenta el complejo mundo de esta tecnología, reconociendo así la razón de su existencia y desarrollo de su potencial.

→ Los objetivos específicos de esta Unidad de Aprendizaje son:

→ Temporalizar los acontecimientos históricos y a los protagonistas para comprender la inteligencia artificial moderna.

→ Identificar avances tecnológicos basados en inteligencia no natural.

→ Comprender en qué consiste una red neuronal artificial observando las similitudes con una red neuronal natural.

→ Conocer el papel clave de la mujer en el campo de la inteligencia artificial.

→ Conocer el lado oscuro de la inteligencia artificial.

→ Enumerar los principios de la inteligencia artificial de la OCDE.

→ Conocer los campos de aplicación de la inteligencia artificial y aplicaciones prácticas.

→ Identificar las capacidades humanas que adopta la tecnología basada en la inteligencia artificial para igual o incluso llegar a superar las habilidades naturales del ser humano.

→ Distinguir las ramas de la inteligencia artificial: *Machine Learning* (ML) y *Deep Learning* (DL).

→ Señalar el concepto de *Big Data* como elemento clave que impulsa a la inteligencia artificial como artífice del desarrollo de la Industria 4.0.

1. Introducción

En un mundo desarrollado donde coexistirán personas y máquinas, es necesario entender y comprender no solo el papel otorgado a las nuevas tecnologías, sino también la labor del ser humano en este escenario. Ambos actores desempeñarán tareas de vital importancia, siendo el objetivo principal el de trabajar de manera armoniosa para alcanzar una meta exigente: **mejorar la calidad de vida de las personas y hacer fácil su existencia.**

Más allá de librar una batalla entre los humanos y los ingenios tecnológicos, esta unidad pretende explicar los fundamentos básicos de la inteligencia artificial (IA) como un proceso de innovación tecnológica sin precedente, que conseguirá que la vida en el planeta sea más sencilla para las personas que lo habitan.

Para ello, nos basaremos en el caso de Stephanie, una mujer que, tras algunas dificultades que la vida le planteó, se armó de gran valor para adentrarse en un mundo hasta ahora desconocido y que actualmente es su medio de vida.

2. Definición. Historia

☞ HILO CONDUCTOR

Hace algún tiempo Stephanie sufrió un duro golpe al fallecer su marido. Ella por entonces era una jovencísima ama de casa y él, trabajador de la construcción. Sin embargo, esa no fue la única mala noticia que recibió. Una dura enfermedad diagnosticada a su hijo menor llamó a la puerta. Stephanie se encontró en una dificilísima situación. Pasados algunos años, y ya con su hijo bastante más recuperado, recuerda aquellos instantes en los que tuvo que tomar la decisión de afrontar con firmeza y seguridad retos muy duros e importantes.

El periplo por el que Stephanie tuvo que pasar hasta que su hijo Juan consiguió mejorar de su enfermedad le sirvió para adentrarse en un mundo desconocido pero realmente fascinante. Stephanie no fue consciente en aquella mala época que todo lo vivido le permitiría adentrarse profesionalmente en el universo de la inteligencia artificial. Esta nueva puerta que abrió la enfermedad de Juan fue para Stephanie una increíble oportunidad para codearse y aprender de personajes muy importantes.

Dar una definición al concepto de **inteligencia artificial** puede resultar algo complejo y casi imposible de hacer. Lo mismo ocurre si se pretendiera explicar la **inteligencia humana** desde una sola perspectiva. Véase aquí un sencillo ejemplo de algunas "inteligencias" estudiadas científicamente asociadas a los seres humanos.

➲ INTELIGENCIAS MÚLTIPLES (Howard Gardner)

      ◑ INTELIGENCIA naturista
      ◑ INTELIGENCIA interpersonal
      ◑ INTELIGENCIA intrapersonal
      ◑ INTELIGENCIA musical
      ◑ INTELIGENCIA kinestésico-corporal
      ◑ INTELIGENCIA espacial
      ◑ INTELIGENCIA lingüística
      ◑ INTELIGENCIA lógico-matemática

➲ INTELIGENCIA EMOCIONAL (Daniel Goleman)

      ◑ INTELIGENCIA interpersonal
      ◑ INTELIGENCIA intrapersonal

➲ INTELIGENCIA CONTEXTUAL (Joseph Nye)

      ◑ Aplicación práctica de la intuición sobre situaciones futuras

            ⇕ INTELIGENCIA intuitiva

      ◑ Gestión de variables contextuales que impactan en el presente
      ◑ Conocimiento de eventos relevantes del pasado

➲ INTELIGENCIA TRIÁRQUICA (Robert J. Sternberg)

      ◑ INTELIGENCIA práctica
      ◑ INTELIGENCIA creativa
      ◑ INTELIGENCIA analítica

Esta multiplicidad de inteligencias como lentes distintas de pensamiento es una muestra representativa de que el cerebro tiene un enorme potencial.

De la misma manera, definir la inteligencia de las máquinas también es un gran reto. Algunos expertos en diferentes disciplinas científicas describen así lo que supone para ellos la inteligencia artificial:

- **Geoffrey Hinton. Informático de profesión. Premio Turing en el año 2018:** "Siempre he estado convencido de que la única forma de hacer que funcione la inteligencia artificial es hacer el cálculo de manera similar al cerebro humano. Ese es el objetivo que he estado persiguiendo. Estamos progresando, aunque todavía tenemos mucho que aprender sobre cómo funciona realmente el cerebro".

- **Sebastian Thrun. Profesor de Inteligencia Artificial en la Universidad de Stanford. Fundador de Udacity:** "Nadie lo expresa de esta manera, pero creo que la inteligencia artificial es casi una disciplina de humanidades. Es realmente un intento de comprender la inteligencia y el conocimiento humano".

- **Sarah Aerni. Directora de *Machine Learning* en Salesforce. Ingeniera de profesión y experta en tecnología:** "Tan importante es educar a las nuevas generaciones que vienen como también creo que es importante enseñar a la fuerza laboral existente, para que puedan entender cómo hacer que la inteligencia artificial les sirva a ellos y a sus roles".

- **Eliezer Yudkowsky. Fundador de MIRI e investigador de la inteligencia artificial:** "Con mucha diferencia, el mayor peligro de la inteligencia artificial es que las personas concluyen demasiado pronto que la entienden".

2.1. Aristóteles: génesis de la inteligencia artificial

Sería imposible comprender el sorprendente mundo de la inteligencia artificial sin iniciar el recorrido de su historia revisando las pistas de importantes filósofos, como las que dejó **Aristóteles** a través de sus retóricas, y que han contribuido enormemente al desarrollo de las más avanzadas tecnologías.

Aristóteles tuvo la capacidad de ser la primera persona en redactar con un simple recurso (su pensamiento) un conjunto de normas que gobernarían la faceta racional de la inteligencia humana.

IMPORTANTE

A raíz de las formulaciones de Aristóteles en las que desarrolló una manera informal para hacer razonamientos, quedó definido el principio por el cual era posible la extracción de conclusiones de forma mecánica partiendo de indicios o premisas iniciales.

El **principio del razonamiento lógico de Aristóteles** venía a dar respuestas a cuestiones filosóficas como estas:

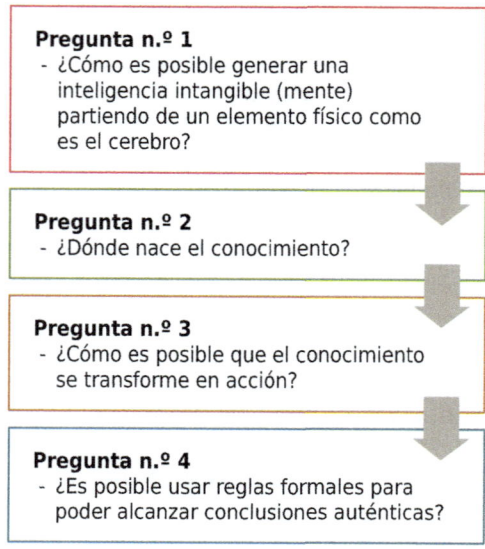

Pregunta n.º 1
- ¿Cómo es posible generar una inteligencia intangible (mente) partiendo de un elemento físico como es el cerebro?

Pregunta n.º 2
- ¿Dónde nace el conocimiento?

Pregunta n.º 3
- ¿Cómo es posible que el conocimiento se transforme en acción?

Pregunta n.º 4
- ¿Es posible usar reglas formales para poder alcanzar conclusiones auténticas?

2.2. Otros personajes ilustres de la historia que dieron impulso a la IA

Ya después de Cristo, y con la base del razonamiento aristotélico, fueron muchos los genios que intervinieron en el acondicionamiento del camino que facilitó el desarrollo de la inteligencia artificial con interesantes y necesarias aportaciones.

A continuación, conocerás algunos de estos talentos:

- **Ramon Llull (1232-1315):** formuló que el razonamiento útil podría conquistarse a través de fórmulas artificiales.
- **Leonardo da Vinci (1452-1519):** diseñó, entre otras muchas cosas, el mecanismo de una calculadora funcional.
- **Thomas Hobbes (1588-1679):** formuló que el razonamiento era lo más parecido a una fórmula computacional, es decir, el humano suma y su pensamiento resta sin que este se dé cuenta.
- **Wilhelm Schickard (1592-1635):** creó con las anotaciones de Da Vinci la primera calculadora.
- **Gottfried Leibniz (1646-1716):** formó un artilugio mecanizado con la finalidad de ejecutar operaciones sobre concepciones y no sobre datos numéricos.

En el siglo XVII un transcendental filósofo, matemático y físico, hizo notables aportaciones al campo de la inteligencia artificial. Se trata del conocido autor del *Discurso del método,* **René Descartes.**

Descartes consiguió resolver problemas geométricos con maniobras de álgebras como único instrumento. Hay que entender que, antes de este descubrimiento, el método utilizado para dar soluciones a problemas geométricos era haciendo uso de un simple compás y una sencilla regla.

Gracias a la labor de Descartes, los conocimientos geométricos de entonces pudieron ser traducidos a la geometría analítica que representan, mediante ecuaciones, las figuras geométricas. Estos conocimientos son aplicados actualmente al campo de la inteligencia artificial.

 APLICACIÓN PRÁCTICA

Rodrigo acaba de inaugurar un centro dirigido a un joven alumnado. A través de talleres podrán iniciarse en el manejo de las nuevas tecnologías. Aunque las clases serán principalmente prácticas muy orientadas al aprendizaje de programación, él entiende que es vital que los participantes conozcan aquellos personajes de la historia que abrieron las sendas del desarrollo tecnológico.

¿A qué personaje se está refiriendo Rodrigo, cuando explica que fue la primera persona que formuló que el razonamiento útil podría conquistarse a través de fórmulas artificiales?

Solución

Fue Ramon Llull quien proporcionó este juicio. Él vaticinó a principios del siglo XIV que podría ser factible que una máquina o artilugio pudiera ser capaz en un futuro de ofrecer un razonamiento similar al humano para llegar a conclusiones útiles.

La sabiduría de Descartes quedó recogida en su obra *Discurso del método* (1637). Supo definir con qué fórmula era posible **conducir con eficiencia la razón** (capacidad para distinguir lo verdadero de lo falso), con idea de buscar la verdad que proporciona la investigación científica (criterios de verdad y método de investigación).

El **método cartesiano** de Descartes proponía **cuatro reglas.** El objetivo principal de esta técnica era evitar el error y permitir la deducción de aquello que ya es conocido:

1. **Evidencia:** Descartes define la intuición como aquello que es capaz de hacer que la mente fotografíe una idea de forma inmediata. Él considera que únicamente podrá determinarse que una cosa es verdadera si es evidente y para que sea evidente deberá ser puramente racional o intuitiva (capacitación intelectual rápida que no permita una cadena de deducciones en la que participen distracciones sensoriales). Por tanto, la inteligencia intuitiva está caracterizada, según Descartes, por la ausencia de error u opacidad. Por tanto, no existe ningún punto intermedio entre lo que es verdadero y lo que es falso, de modo que ante cualquier duda debe ser rechazado como verdadero.

2. **Análisis:** Descartes propone segmentar una dificultad planteada en un problema en varias partes. De esta manera, podrá ser más fácil resolver las pequeñas dificultades o partes que componen la idea compleja.

3. **Síntesis:** Descartes propone simplificar lo complejo e ir ascendiendo de lo desconocido a lo conocido para ir de nuevo armando la idea con las deducciones y las consecuencias derivadas, partiendo de lo absolutamente cierto. De alguna manera, esta tercera regla da instrucciones al pensamiento, iniciando el camino de la resolución del problema por aquellas partes más simples para ir aumentando el nivel de complejidad. A partir de aquí, Descartes plantea la síntesis como procedimiento ordenado de deducción lógica enlazando toda la concatenación de ideas.

4. **Comprobación:** tras analizar y sintetizar, queda el hecho de la comprobación. Se trata de observar que no se ha omitido nada importante, ni existido error en el procedimiento llevado a cabo para encontrar la solución al problema y alcanzar la certeza.

Descartes pronosticó en la 5.ª parte del *Discurso del método* un problema que dividiría a la **inteligencia humana** de la **inteligencia de las máquinas.** Como buen filósofo, planteó perspicaces preguntas con idea de que fueran otros los que dieran respuestas certeras. Sin embargo, a día de hoy, con toda la innovación tecnológica al servicio de la humanidad, aún no se han podido traspasar las barreras que separan la inteligencia natural de la sintética.

¿Qué línea divisoria pronosticó Descartes?

En la revista de *Filosofía,* n.° 12, fechada en noviembre de 2016, se publicó un artículo de Manuel Carabantes López, llamado "El pronóstico de Descartes". Este trata sobre los problemas que generaría la inteligencia artificial, y viene a decir lo siguiente:

"Tras dedicar casi toda la extensión de la quinta parte del Discurso a extractar la mencionada obra, que sería publicada con el título de El tratado del hombre (Le traité de l'homme) en 1662 por Florentius Schuyl, Descartes concluye que sería posible mediante ingeniería reproducir la apariencia física de cualquier ser vivo de manera perfecta. De los animales, dice, además de la apariencia, podría duplicarse toda su conducta. Y de los seres humanos, casi toda ella, a excepción de dos facultades observables que, por ser exclusivas del alma, no es moralmente posible que se puedan recrear manipulando la materia. Esas dos facultades son el lenguaje natural y la flexibilidad de nuestro intelecto para habérselas con problemas de todo tipo". (Descartes, 1637:92; AT VI: 56). (López, 2016).

En la actualidad, la inteligencia artificial se encuentra aún inmersa en el reto que Descartes formuló para que esta pudiera igualarse a la inteligencia humana.

Debido a que Descartes defiende que el lenguaje es flexible y, gracias a ello, es posible demostrar que el humano piensa, él pronosticó la dificultad que entrañaría la construcción de máquinas programadas eficientemente, capaces de entender el lenguaje humano para evidenciar que son artilugios pensantes.

2.3. El origen de la inteligencia artificial

En los años cuarenta, **Alan Turing** y un grupo de investigadores dieron las primeras pinceladas en la definición de lo que hoy en día se conoce como **inteligencia artificial.** En aquellos años realizaron un estudio neurológico que abordaba el aprendizaje y la manera en que las neuronas procesaban esa información en el cerebro humano.

Matemático de profesión, Alan Turing fue un ingenioso investigador que fue capaz de formalizar el concepto de algoritmo y el término de computación. También fue un experto reconocido, ya que participó en la creación de una máquina que encriptaba mensajes. Es considerado por la ciencia como el padre de la inteligencia artificial.

 **PARA SABER MÁS**

Se conoce como máquina de Turing al artilugio que fue capaz de realizar infinidad de cálculos matemáticos, siempre y cuando pudiera representarse el algoritmo.

Continúa en página siguiente >>

<< Viene de página anterior

Fue un dispositivo novedoso que permitía simular la lógica. Sirvió como teoría de la computación que más tarde derivó en el nacimiento de los ordenadores. (© Fotografía: IBPhotography / Shutterstock.com)

Si quieres profundizar en el origen y funcionamiento de esta máquina, puedes dedicarle el tiempo que veas conveniente a la visualización de esta interesante charla liderada por Javier García:

https://redirectoronline.com/ifct163po0101

Transcurridos algunos años de que Alan Turing participara en la creación de la máquina criptográfica, este intrépido matemático fue capaz de afrontar la dificultad que exigía una supuesta inteligencia artificial por medio de un experimento reconocido con el nombre de **test de Turing.**

¿Qué pretendía Alan Turing con la creación de este test?

El **objetivo** principal que se perseguía con el **test de Turing** era poder obtener respuestas concluyentes que permitieran crear un **estándar** de "máquina inteligente".

SABÍAS QUE...

El test de Turing es una prueba de capacidad de la máquina para que esta pueda hacer alarde de un comportamiento denominado "inteligente", emulando el propio del ser humano.

La propuesta de Alan Turing para realizar el test era la siguiente:

Evaluar conversaciones (en un lenguaje lo más natural posible) entre personas y una máquina configurada para proporcionar respuestas parecidas a las que ofrece un ser humano.

La persona encargada de la evaluación sería quien conocería que uno de los participantes del programa (conversación) era una máquina, por lo que debían estar separados para mantener esta "normal" conversación.

La conversación transcurriría por medio de teclados, ordenadores y monitores.

En el supuesto de que la persona encargada de evaluar la prueba no fuera capaz de distinguir entre la máquina y los participantes cuál es el que habla, la máquina se daría por válida.

NOTA

Alan Turing propuso para esta prueba que la máquina debía "engañar" al evaluador, al menos, durante los primeros 5 minutos después de iniciarse la conversación y que no se tendría en cuenta el acierto de las respuestas, simplemente la habilidad de la máquina para ofrecer respuestas parecidas a las que cualquier persona pudiera dar.

A raíz de la revolución que supuso el test de Turing, nacieron nuevas versiones de este. Una de estas variantes proponía invertir el procedimiento de la prueba. Véase a continuación cómo queda resumido este cambio en los dos tipos de procedimientos:

- **Test de Turing original:** la máquina tratará de actuar como lo hace un humano.
- **Test de Turing inverso (variante del test):** el humano tratará de actuar como lo hace una máquina.

Como resultado de esta variante de test, el conocido filósofo **John Danaher** sintetizó esta interesante prueba en cuatro puntos importantes:

- **Cálculos lógico-matemáticos:** deduce que las máquinas son mucho más precisas y rápidas que las personas. Esto implicaría que, para partir con las mismas condiciones, las normas del proceso deberían modificarse a fin de ajustar el tiempo para realizar las operaciones y el tipo de las instrucciones.
- **Generación de números aleatorios:** deduce que la inteligencia humana es medianamente pésima para generar números aleatorios o secuencias al azar, de tal manera que habría que concretar pequeñas pruebas para no delatar al participante humano.
- **Sentido común:** deduce que la inteligencia humana es rica en aplicar el sentido común (capacidad para valorar situaciones con acierto), cosa que las máquinas no, ya que se alimenta de saberes populares (creencias, conocimientos, experiencias de las comunidades) que pueden advertir de cómo buscar una solución a problemas ya resueltos. Esto aventajaría al humano frente al combate con la máquina.
- **Raciocinio:** deduce que las máquinas son más objetivas aplicando un proceso para resolver un problema más razonado que el que utiliza el ser humano, ya que este último puede interpretar juicios de valor no razonados.

Otra versión del test de Turing pretende retar a la máquina para que esta sepa distinguir si está interactuando con otra máquina o, por el contrario, con un ser humano.

 **EJEMPLO**

¿Sabías que es muy probable que hayas participado sin darte cuenta en alguna versión del test de Turing?

Lee detenidamente esta argumentación recogida de la conocidísima enciclopedia de *Google* y tendrás pronto la respuesta.

Continúa en página siguiente >>

<< Viene de página anterior

"CAPTCHA es una forma de la prueba de Turing en reversa. Antes de ser capaz de realizar una acción en un sitio web, se le presenta al usuario una serie de caracteres alfanuméricos en una imagen distorsionada y se le pide que lo ingrese en un campo de texto. Esto tiene como propósito la prevención de la entrada de sistemas automatizados comúnmente usados para el abuso del sitio web. La razón detrás de esto es que el software suficientemente sofisticado para leer y reproducir la imagen con precisión no existe aún (o no está disponible para el usuario promedio) por lo que cualquier sistema capaz de pasar la prueba debe ser humano".

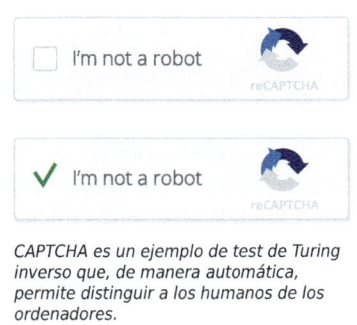

CAPTCHA es un ejemplo de test de Turing inverso que, de manera automática, permite distinguir a los humanos de los ordenadores.

¿Podrías llegar a imaginar qué avances hubieran acontecido si el fallecimiento de Alan Turing no hubiera sido tan prematuro?

El gran genio Alan Turing fue víctima de la homofobia. Sufrió en sus propias carnes el odio extremo de parte de la sociedad de entonces por ser homosexual. A sus 42 años (1954) fue asesinado de manera violenta tras ser engañado e ingerir cianuro impregnado en una manzana.

El mundo entonces perdió la gran oportunidad de disfrutar de los avances que sin duda hubieran llegado de su mano si no hubiera existido este drástico e inmerecido final.

Alan Turing, además de proponer su famoso test y definir genéricamente los algoritmos, encuadró por primera vez conceptos que, a día de hoy, son relevantes, como el aprendizaje automático y el aprendizaje por refuerzo.

ACTIVIDAD COMPLEMENTARIA

1. Tal y como se ha comentado a lo largo del contenido hasta ahora visto, existen numerosas versiones del test de Turing que han ido mejorando la eficacia de este tipo de pruebas, hasta tal punto de encontrar aplicaciones prácticas a día de hoy muy utilizadas, como es el ejemplo mostrado de CAPTCHA.

   Basándote en todo ello, indaga en el ecosistema de internet algún tipo de versión del test de Turing no visto, que te llame la atención.

Aunque Alan Turing fue esencial en el nacimiento de la inteligencia artificial, el impulso definitivo que dio rienda suelta al desarrollo de la IA está asociado a una investigación desarrollada por el neurofisiólogo **Warren McCulloch** y el matemático **Walter Pitts,** iniciada en el año 1943.

Esta investigación se sustentaba en una base de conocimiento científico. Como resultado del estudio se obtuvo el **primer modelo neuronal moderno.**

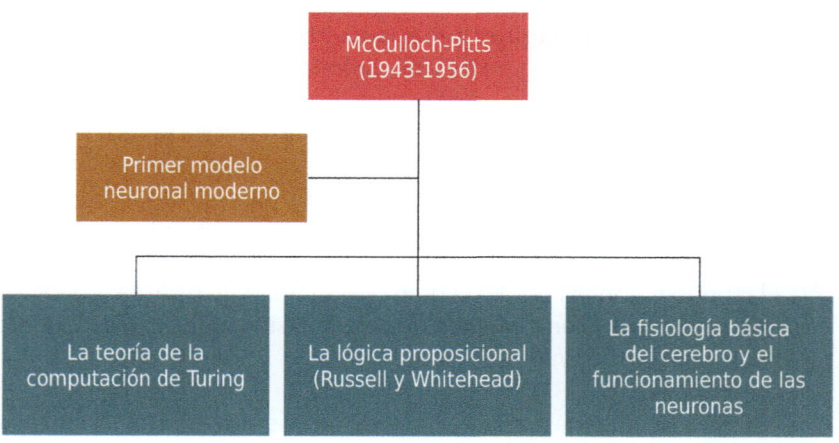

El primer modelo neuronal proponía de forma innovadora neuronas artificiales interconectadas mediante conectores lógicos conformando una estructura en forma de red. Esto significaba que cualquier función que permitiera un cálculo podría ejecutarse mediante estas neuronas artificiales.

NOTA

A raíz del primer modelo neuronal artificial formulado por McCulloch y Pitts, surgieron otros modelos neuronales.

El primer modelo neuronal artificial de McCulloch-Pitts

McCulloch y Pitts fueron unos grandes investigadores que tuvieron la habilidad de trasladar los conocimientos científicos sobre las neuronas que conforman el cerebro humano y su funcionamiento al campo de la computación.

Promulgaron un mensaje matemático que definió la neurona artificial como una unidad de cálculo que serviría de patrón al comportamiento de la neurona humana.

En la siguiente imagen se puede observar la función de activación de una neurona artificial debido a la conexión de impulsos.

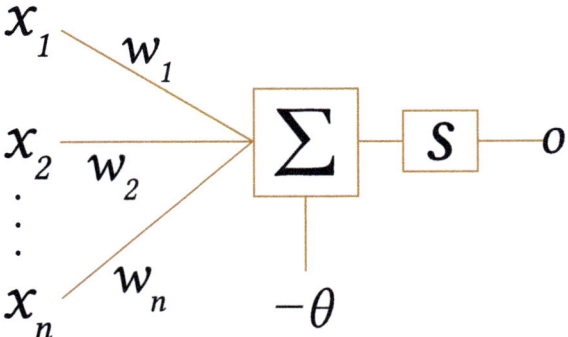

Representación del resultado del cálculo en una neurona descrita por McCulloch y Pitts, que no es otra cosa que una suma ponderada de entradas continuada por una función de activación.

Si se desglosa la fórmula matemática propuesta por McCulloch y Pitts, se consigue describir la entrada y salida de estímulos a través de una neurona "sintética", imitando el proceso natural de una neurona "nativa".

➲ **X_i → W_i = Entrada *(input)***

◒ **Xi** representa el valor de la i-ésima entrada, conocido como *input*.

◒ **Wi** representa el peso de la conexión que se produce entre la *i-ésima *input* y la neurona.

*En matemáticas es muy común utilizar fórmulas de ordenamiento en tiempo cuando se dispone de una secuencia a tenor de una posición "i".

➲ **–0 = Valor umbral**

◒ **-0** representa a la suma ponderada de *inputs* (W1X1 + W2X2 + W3X3...WnXn) que da como resultado lo que se conoce como nombre de "red". Se denomina valor umbral o threshold.

➲ **S = Función no lineal**

◒ S representa a la función no lineal que es una función de activación.

➲ **0 = Salida (*output*) = red**

◒ **0** representa el impulso de salida *(output)* de la neurona, es decir, **0 = S (red).**

Neuronas

Para comprender mejor el modelo neuronal artificial visto en el apartado anterior que replica a la actividad neuronal humana, es importante que se comprenda bien cómo funciona el cerebro y, en particular, cómo se producen los impulsos nerviosos.

¡Pero antes observa qué forma tiene una neurona!

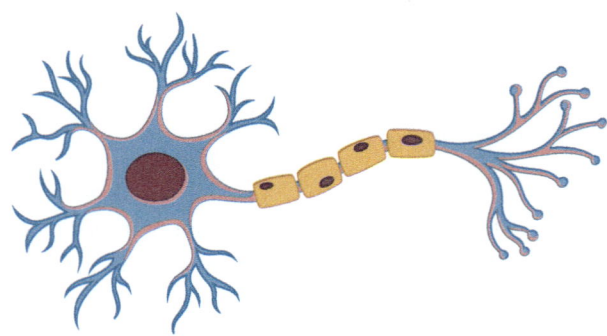

Representación de una neurona

DEFINICIÓN

Neurona

Es la principal célula del sistema nervioso que tiene como objetivo responder a estímulos mediante impulsos eléctricos. Las neuronas dan respuestas a las incitaciones advertidas, generando una señal eléctrica dirigida a otra compañera neurona.

Partes de una neurona

Gracias a las neuronas es posible tener actividad cerebral y que esta permita realizar infinidad de funciones lógicas. Llevado al contexto computacional, observar y estudiar las partes que conforman las neuronas y su funcionamiento, ha permitido mejorar la computación a nivel global. Esto significa que, a día de hoy, la capacidad de las máquinas es tremendamente destacable, admitiendo la simulación de cualquier tipo de programa computable.

Para comprender no solo la historia de la inteligencia artificial, sino también el futuro que traerá gracias a la velocidad y conectividad (5G) proporcionada por las nuevas tecnologías, es interesante abordar el potencial de trabajo de una simple neurona.

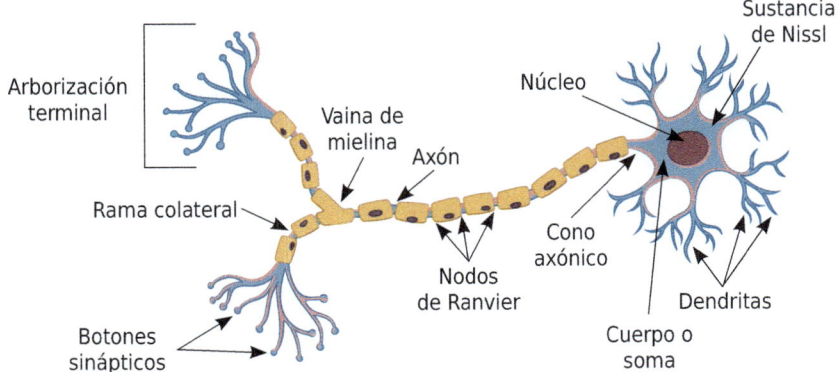

NOTA

No olvides que el sistema nervioso está compuesto principalmente de neuronas y, gracias a su conectividad y velocidad de acción, es posible procesar primero y transmitir después información a lo largo del sistema nervioso.

No todas las neuronas son iguales; su morfología dependerá de la actividad de la que se hará responsable. Sin embargo, es posible identificar en todos los tipos existentes de neuronas unos elementos o partes que sí son comunes:

- **Cuerpo celular:** aquí se aloja el núcleo de la neurona protegido por una membrana.
- **Axón:** cada neurona tendrá un axón único. El axón permite la conducción de la electricidad. Por él trascurren los impulsos nerviosos. Puede moverse a una velocidad de 100 metros por segundo y medir hasta un metro de largo.
  El axón está recubierto en todo su recorrido por células de Schwann. Ellas son las encargadas de producir una sustancia que facilita la trasmisión de los impulsos. Esta sustancia recibe el nombre de mielina. Metafóricamente hablando, el axón es como la fibra óptica y la mielina es el cobre que proporciona velocidad a la transmisión en las conexiones.
- **Dentritas:** es la parte de la neurona encargada de transformar las señales químicas recibidas desde el terminal del axón de otras neuronas para convertirlas en impulsos eléctricos.
- **Botones sinápticos:** por aquí queda conectada la red de neuronas, comunicándose entre ellas. Estas uniones se denominan sinopsis o botones sinápticos.

NOTA

Como se puede observar, la red neuronal y su actividad es realmente compleja. Sin embargo, la capacidad e inteligencia humana ha sido capaz de replicar este modelo natural recreando un modelo de red computacional.

Impulso nervioso

Gracias a los botones sinápticos, la comunicación entre neuronas es fluida pero no conectada, ya que realmente las neuronas entre ellas no están íntimamente enlazadas. En realidad, el proceso sináptico permite que los mensajes se transfieran por medio de impulsos eléctricos (corriente de información) que son, en definitiva, los impulsos nerviosos.

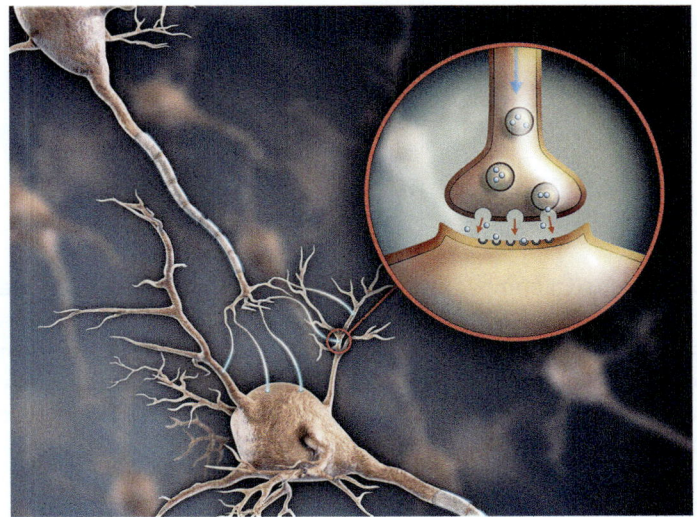

Los neurotransmisores son los encargados de transmitir, siempre a distancias cortas, los impulsos eléctricos durante la sinapsis.

A continuación vas a ver un vídeo que te hará reflexionar sobre la destreza humana para construir nuevos conocimientos fundamentados en saberes científicos, los cuales se aplicarán a otros contextos totalmente diferentes, como el que abordarás a lo largo de esta formación.

 **VÍDEO**

David Pérez Villena explica con gran claridad en este vídeo cómo es el complejo mundo que habita en el interior de cada ser humano, y que permite que exista actividad del sistema nervioso como si esto fuera un verdadero milagro.

Continúa en página siguiente >>

<< Viene de página anterior

https://redirectoronline.com/ifct163po0102

 **APLICACIÓN PRÁCTICA**

Julia necesita comprender el funcionamiento de la actividad neuronal para encontrar las similitudes con una red de neuronas artificiales. Para ello, es fundamental saber interpretar qué función tiene una neurona biológica. Sin embargo, Julia encuentra algunas dificultades para establecer dicha relación, ya que no tiene muy claro cuál es la funcionalidad de la neurona natural.

¿Podrías ayudar a Julia explicándole qué papel juegan las neuronas del cerebro humano?

Solución

Los impulsos nerviosos son generados y producidos gracias a las neuronas. Sin ellas no sería posible la sinapsis. Esto significa que no se podría liberar los neurotransmisores para transmitir ni obtener las instrucciones de célula a célula.

Si se comparan al mismo tiempo una red neuronal biológica con una **red neuronal artificial,** se podrá apreciar la emulación del modelo analógico (natural) de transmisión de la información mediante impulsos con el modelo digital (artificial).

Para que puedas establecer claras semejanzas entre la neurona artificial y la biológica, observa el resultado que muestran las siguientes imágenes:

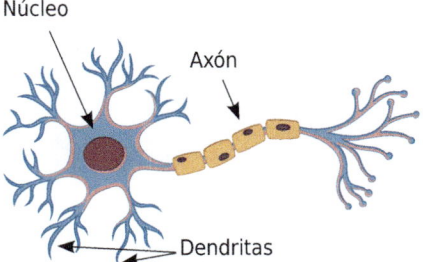

Neurona biológica
- Aunque existen diferentes tipos de neurona, la más característica es la que adopta una forma alargada con una cabeza donde está el soma o núcleo y un extremo, ambos con filamentos para favorecer la transmisión de los impulsos eléctricos.

Neurona artificial
- La representación de la neurona artificial es similar a una natural. Con ello se pretende imitar, mediante fórmulas matemáticas, las entradas y salidas con sus reglas de propagación y las funcionalidades de activación.

 **DEFINICIÓN**

Red neuronal artificial

Es la base de la inteligencia artificial que desarrolla maneras de programar las computadoras de forma "inteligente". Se inspira en el modo en el que funciona el cerebro de las personas transmitiendo señales a través de nodos, también denominados neuronas artificiales.

- -

Diferencias y similitudes entre las neuronas naturales y las neuronas artificiales

Ahora que ya has podido visualizar cómo es una neurona artificial y cómo es otra biológica, vas a conocer cuáles son las diferencias entre ellas y cuáles sus similitudes:

Diferencias
- La transmisión de cualquier señal de una neurona biológica o de una célula es realmente un proceso químico, mientras que la neurona artificial emula este proceso mediante circuito eléctrico con operaciones complejas (códigos) a través de los cuales se constituyen los programas informáticos inspirados en el cerebro.
- La red neuronal biológica se compone de numerosas neuronas (*inputs* y *outputs*) que gestionan las tareas del cuerpo como son oír, ver, oler, sentir, etc., mientras que la red neuronal sintética se vale de computadores donde se expresa la lógica dando respuestas a problemas complejos.
- Las neuronas biológicas adquieren conocimiento gracias a un adiestramiento y a experiencias previas. Pueden olvidar lo aprendido en un momento dado, sin embargo, las neuronas artificiales almacenan definitivamente el aprendizaje adquirido.

Similitudes
- La transmisión de señales tanto en la red neuronal biológica como en una red neuronal artificial consiste en un proceso de entrenamiento instructivo (adiestramiento). Es decir, en ambas situaciones el entrenamiento sirve para reconocer el contexto y construir un conocimiento. Esto significa que ambos sistemas siguen criterios algorítmicos.
- El sistema neuronal artificial emula el proceso de las neuronas biológicas (*inputs* y *outputs*) permitiendo resolver problemas difíciles como puede ser el reconocimiento de la voz humana).
- Las neuronas biológicas aprenden y se actualizan de forma automática cuando advierten nuevos conocimientos, nuevos sentidos o nuevos conceptos, es decir, la mente humana es capaz de resolver situaciones complejas al acudir a la experiencia que ha ido acumulando a lo largo del tiempo. Igualmente la red neuronal artificial adquiere conocimiento a través de la propia experiencia.

Cómo se construye una red neuronal

La red neuronal artificial se edifica formando nodos conectados que permiten la transmisión de señales de entrada *(inputs),* generando después las salidas *(outputs).*

El principal objetivo de esta **artificial red neuronal** compuesta por nodos es llegar a poder realizar complejas operaciones que no son viables con la programación tradicional.

¿De qué manera consigue la red neuronal artificial resolver problemas complejos?

Para responder a esta pregunta se ha de saber que estos modelos persiguen aprender cómo han de modificarse a sí mismos de forma automática. Solo así será posible automatizar infinidad de funciones que hasta ahora solo eran capaces de ser ejecutadas por un cerebro humano.

2.4. SNARC: primer ordenador con estructura neuronal

Retomando el primer modelo neuronal propuesto por McCulloch y Pitts, fueron **Marvin Minsky** y uno de sus alumnos, **Dean Edmonds,** los encargados de crear en 1951 el **primer ordenador con estructura neuronal,** al que bautizaron con el nombre de **SNARC (calculadora de refuerzo analógico neuronal estocástico).**

Imagen del SNARC (© Imagen: Tech Data Corporation / es.techdata.com)

NOTA

Con el SNARC se pudo demostrar la implantación de neuronas artificiales dentro de la máquina de Turing a través de un programa, generando así una red neuronal artificial cerrada o finita compuesta por 40 neuronas informáticas.

ACTIVIDAD COMPLEMENTARIA

2. SNARC fue el primer ordenador diseñado bajo una estructura neuronal. Puede decirse que es la primera computadora creada con el potencial de la inteligencia artificial. Pero, además, SNARC estaba compuesto de un material muy peculiar. ¿Podrías investigar en internet sobre qué componente permitió construir esta máquina neuronal?

2.5. El gran evento: Dartmouth

Avanzando en la línea de tiempo en la que va cobrando fuerza la inteligencia "sintética", destaca un nuevo personaje. Docente, además de investigador, tiene un gran peso específico en la historia de la inteligencia artificial. Su nombre **John Patrick McCarthy.**

McCarthy, como informático, contribuyó notablemente en el campo de la IA. Fue él quien acuñó por primera vez el término "inteligencia artificial" en la conocida **Conferencia de Dartmouth** en 1956. Pero, además, sus aportaciones en el campo de la informática fueron más allá. Creó un lenguaje de programación reconocido con el nombre de **Lisp**, a partir del cual se crearon la gran parte de los **sistemas de expertos.**

 PARA SABER MÁS

La Conferencia de Dartmouth fue un evento organizado por John Patrick McCarthy, una conferencia internacionalmente conocida por haber sido un lugar de encuentro de genios investigadores, donde quedó plantada la semilla que germinaría en el desarrollo de la inteligencia artificial para sacar su máximo potencial con el fin de que las máquinas simularan la inteligencia humana. Fueron 10 los participantes que asistieron a este encuentro, John McCarthy, Marvin Minsky, Claude Shannon, Ray Solomonoff, Alan Newell, Herbert Simon, Arthur Samuel, Oliver Selfridge, Nathaniel Rocherster y Trenchard More.

Accede al siguiente enlace para observar el acta fundacional de la conferencia de Dartmouth:

Continúa en página siguiente >>

<< Viene de página anterior

https://redirectoronline.com/ifct163po0104

Proponemos que durante el verano de 1956 tenga lugar en el Dartmouth College en Hanover, Nuevo Hampshire, un estudio que dure 2 meses, para 10 personas. El fin del estudio es proceder sobre la base de la conjetura de que cada aspecto del aprendizaje o cualquier otra característica de la inteligencia puede, en principio, ser descrito con tanta precisión que puede fabricarse una máquina para simularlo. Se intentará averiguar cómo fabricar máquinas que utilicen el lenguaje, formen abstracciones y conceptos, resuelvan las clases de problemas ahora reservados para los seres humanos, y mejoren por sí mismas. Creemos que puede llevarse a cabo un avance significativo en uno o más de estos problemas si un grupo de científicos cuidadosamente seleccionados trabajan en ello de forma conjunta durante un verano.

(McCarthy et al. 1955)

 **DEFINICIÓN**

Sistemas de expertos
Sistema informático capaz de emular el razonamiento propio del ser humano de la misma manera que lo concebiría un experto especializado en un área de conocimiento.

2.6. *Logic Theorist*

Dos de los participantes de Dartmouth, **Alien Newell** y **Herbert Simon,** junto con Cliff Shaw, desarrollaron en 1956 el programa ***Logic Theorist.***

¿En qué consistía este programa?

Los conocimientos de Newell como psicólogo cognitivo y científico experto en informática, los saberes de Simon como economista, sociólogo además de político, y la preparación de Shaw como programador de sistemas informáticos, hicieron posible la creación de un enmarañado sistema para gestionar la información a través del cual quedaban exhibidos comportamientos parecidos al de los humanos, en cuanto a la resolución de problemas matemáticos.

● **Demostración de teoremas:** se consiguió demostrar que era posible que la máquina con este programa fuera capaz de resolver teoremas complejos como si se tratara de un genio matemático, llegando a resolver numerosos teoremas de los recogidos en los *Principia Mathematica I, II, III*.
Anotación de Herbert Simon

LT se basó en el sistema de Principia mathica, en gran parte porque una copia de ese trabajo se encontraba en mi estantería. No había intención de hacer una contribución a lógica simbólica, y el sistema de Principia estaba lo suficientemente anticuado en ese momento como para ser inapropiado para ese propósito. Para nosotros, la consideración importante no era la tarea precisa, sino su idoneidad para demostrar que una computadora podía descubrir soluciones a problemas en un dominio no numérico complejo mediante una búsqueda heurística que utilizaba heurísticas humanoides". (Simon, "Allen Newell: 1927-1992", Anales de la Historia de la Computación, 20 [1998] 68). (Citado en el artículo de HistoryofInformation.com, de Jeremy Norman y traducida al español.

Consultado el 23 de octubre de 2020).

● **Definición del sistema complejo de procesamiento de la información:** se consiguió dejar definido en un texto el programa íntegro, quedando publicado de manera oficial bajo el título "IRE Transactions en Teoría de la Información IT-2, 61-79".
● **Demostración práctica del programa:** dos de los progenitores de *Logic Theorist,* Newell y Simon, asistieron a la conferencia de Dartmouth, pudiendo presentar de manera práctica este descubrimiento que protagonizó dicho evento sobre inteligencia artificial.

 IMPORTANTE

Gracias a que *Logic Theorist* permitió la resolución de teoremas complejos, se inició una incursión a la inteligencia artificial en la aplicación de métodos intelectuales de gran orden.

Se ha de destacar que, en la época en la que *Logic Therorist* fue creado, aún no había cabida a un tipo de lenguaje de programación de computadoras capaces de dar solución a problemas asociados a un alto nivel intelectual. Como respuesta, se diseñaron programas que utilizaban lenguajes mediante símbolos para hacer efectivo el procesamiento de los datos. Esto permitía aprovechar partes de memoria del sistema con información ya no relevante, para ser aprovechado de nuevo este espacio. De esta forma, nace un repertorio de lenguajes de programación anteriormente descritos llamados Lisp.

Pero *Logic Theorist* escondía otros recursos interesantes que, a día de hoy, se siguen manejando:

⮑ **Árbol de decisión:** *Logic Theorist* se pensó como método que, a día de hoy, se reconoce con el nombre de árbol de decisión para la resolución de problemas complejos, donde:

    ◑ La raíz del árbol es la hipótesis.
    ◑ Las ramas del árbol son deducciones diferentes de la investigación y donde en una de estas ramas se localiza la demostración de la hipótesis planteada.

⮑ **El aspecto heurístico de la IA:** se llegó a la conclusión de que cuantas más ramas tuviera el árbol de decisión, más dificultades podían esgrimirse, por lo que se ofrece una solución a esto:

    ◑ La definición de normas a la hora de implementar *Logic Therorist*.

        ⇕ Reglas para descartar ramas y mejorar la velocidad para dar con la solución correcta.
        ⇕ Abrir un campo nuevo de investigación asociado al estudio de la IA conocido como "*heurísticas de la inteligencia artificial".
        *Etimológicamente, el concepto "heurística" significa "hallar" que, aplicado al conocimiento, puede definirse como "la ciencia del descubrimiento".

Reglas heurísticas de la IA

Las **reglas heurísticas** sirven como instrucciones generales a la hora de realizar búsquedas de una solución a un problema y también como elementos organizativos en el transcurso de la resolución.

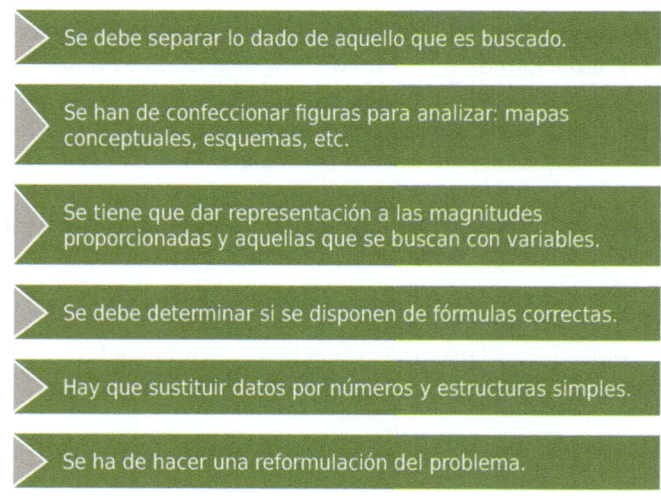

Se debe separar lo dado de aquello que es buscado.

Se han de confeccionar figuras para analizar: mapas conceptuales, esquemas, etc.

Se tiene que dar representación a las magnitudes proporcionadas y aquellas que se buscan con variables.

Se debe determinar si se disponen de fórmulas correctas.

Hay que sustituir datos por números y estructuras simples.

Se ha de hacer una reformulación del problema.

IMPORTANTE

Según Newell, Simon y Shaw, aplicar una estrategia heurística puede dar con la solución de un problema, pero su aplicación no garantiza que pueda encontrarse dicha solución.

2.7. *General Problem Solver (GPS):* el solucionador general de problemas

En el año 1957 Simon, Shaw y Newell diseñaron el primer programa informático que tenía por finalidad resolver problemas generales. Este acontecimiento supuso un hito en la historia de la inteligencia artificial, ya que hasta esa fecha se prejuzgaba que las computadoras solo podrían resolver problemas concretos y no de tipo general.

El programa en cuestión recibió el nombre de **General Problem Solver,** y es reconocido en el ámbito de la informática como **GPS**.

¡Presta atención al gráfico que viene a continuación que refleja la simple estructura que tenía el GPS!

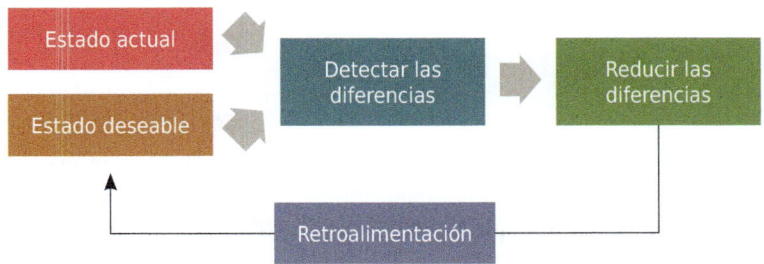

Esquema versionado del programa GPS donde se observa que el solucionador general de problemas hace una comparativa de forma reiterada (ciclo) de los dos estados iniciales para ir reduciendo diferencias, hasta encontrar la solución del problema.
Fuente: La máquina de von Neuman

 **SABÍAS QUE...**

Con la ayuda del GPS fue posible resolver con inteligencia artificial una partida de ajedrez.

2.8. La extraordinaria máquina de Gelernter: *Geometry Theorem Prover*

Un nuevo e importante acontecimiento tuvo lugar en 1959, esta vez de la mano del no tan conocido **Herbert Gelernter.** Aunque la huella que dejó en la historia de la inteligencia artificial no es muy popular, su invento fue realmente innovador.

Gelernter consiguió crear un artilugio denominado *Geometry Theorem Prover,* capaz de demostrar teoremas de geometría.

El método que utilizó este profesor para programar el computador fue el siguiente:

1. **Teorema que demostrar:** la máquina debía partir del teorema que tenía que resolver.
2. **Resultados intermedios:** en vez de ir desde la raíz del árbol del problema hasta las distintas ramas ascendentes para encontrar la solución pertinente, la máquina de Gelernter retrocedía e iba edificando diferentes resultados intermedios.
3. **Teoremas conocidos:** con el análisis de los resultados intermedios, la máquina encontraba los teoremas conocidos.

IMPORTANTE

Herbert Gelernter consiguió evadir las dificultades que presentaba el sistema ramificado de resultados intermedios (numerosas ramas en el árbol del problema), incorporando un módulo en el programa informático que iba comprobando de forma numérica algunos de los resultados planteados, focalizando así sin esfuerzo la resolución del problema, ya que rechazaba aquellas insignificantes ramas que no tenían salidas pero que gastaban energía.

¿Imaginas qué conocido teorema fue capaz de resolver el artilugio creado por **Gelernter?**

La cuestión es que este impresionante programa permitió dar con la solución a un teorema que, para Gelernter, era totalmente desconocido: se trataba del **teorema del triángulo isósceles.**

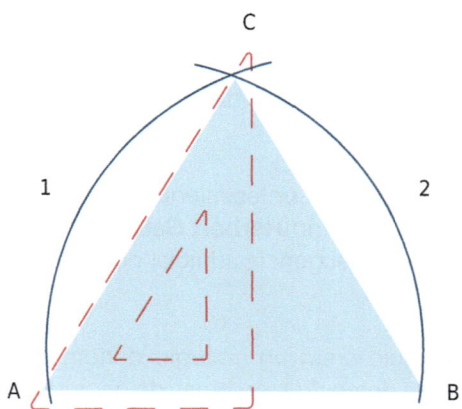

Con la resolución del teorema del triángulo de isósceles, se advirtió que la máquina de Gelernter tenía inteligencia propia, una inteligencia cuyo potencial desconocía su propio inventor.

⊕ PARA SABER MÁS

Si tienes interés por conocer qué problema resolvió la máquina de Gelernter sin que su creador lo supiera, accede al siguiente enlace:

https://redirectoronline.com/ifct163po0105

En la actualidad existen diversas fórmulas digitales (aplicaciones) que dan soluciones a teoremas geométricos, que siguen despertando mucho interés en la comunidad informática por conocer cómo son los diseños de estas herramientas.

2.9. Arthur Lee Samuel y su juego de damas computarizada

En 1959 se publicó en una conocida revista de investigación el primer estudio sobre el **aprendizaje de las máquinas** *(Machine Learning),* un concepto de gran relevancia en el campo de la inteligencia artificial.

Fue **Arthur Lee Samuel,** tras un periodo en el que diseñó una estructura "informática" a modo de instrucciones sobre un juego muy popular (las damas), pretendió que una máquina fuera capaz de aprender a jugar. Pero, ¿qué camino tuvo que recorrer para que su invento pudiera ser una realidad?

Aprendizaje de las máquinas

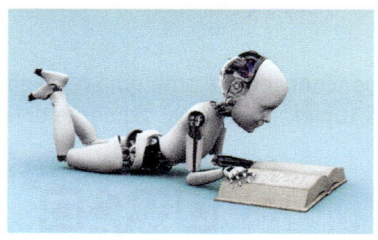

- Arthur Lee Samuel trató de confeccionar un programa informático para una computadora que no existía utilizando un repertorio de instrucciones que él imaginaba que debían ser las correctas. Sin embargo, al ver la complejidad y al no contar con dinero, tuvo que desistir de su sueño. Entonces comenzó a buscar un empleo.
- Este le llegó de la mano de IBM, entrando a formar parte de un proyecto muy exigente en donde se le encargó a él y a sus compañeros la creación de la estructura de una megacomputadora. Pero, ¿qué ocurrió después?

Transcurrido un tiempo en el que Samuel sirvió de asesor a IBM para la producción de grandes máquinas, retornaron a su mente aquellas ideas iniciales sobre el juego de damas.

Samuel, muy motivado por retomar su inacabado trabajo, decidió aprovechar una estructura de un ordenador de IBM para conciliarla con su invento. El resultado fue realmente asombroso.

Samuel inventó el primer programa de la inteligencia artificial hallando un esquema que permitía que la computadora aprendiera. Este programa estuvo basado en un juego de damas.

SABÍAS QUE...

Samuel estaba tan obsesionado con su idea que consiguió poner a jugar varias máquinas de IBM, en apariencia inservibles, durante largo tiempo ininterrumpido. A cada máquina le había insertado el programa de damas que él había creado y las puso a jugar entre ellas. El resultado fue impresionante cuando, a través de la acumulación de información (estadísticas y datos), consiguió que las máquinas aprendieran. Realmente Samuel creó un algoritmo que permitía a las máquinas jugar a las damas a la misma vez que estas eran capaces de aprender por sí mismas.

Del juego de damas de Samuel al *Deep Blue* de IBM

Con idea de que no te pierdas en la historia de la inteligencia artificial, harás una parada para reflexionar sobre los avances acontecidos a raíz de descubrimientos como el de Samuel con su juego de damas computarizada.

Un ejemplo de estas innovaciones algo más recientes puedes encontrarlo en una supercomputadora de IBM denominada *Deep Blue,* retada en 1996.

Deep Blue consiguió vencer una partida al imbatible campeón mundial de ajedrez Gary Kaspárov. (© Fotografía: James the photographer Vía Web - CC BY 2.0)

Ya recientemente, los avances computacionales que permiten que las máquinas aprendan por sí mismas son extraordinarios. Muestra de ello es **Watson,** un ordenador que superó a los concursantes más talentosos del programa televisivo *Jeorpardy!*

En este concurso, los participantes debían responder multitud de preguntas relacionadas con todas las áreas de conocimiento.

¿Quieres conocer un poco más sobre este reto al que se sometió *Watson*?

 VÍDEO

En este vídeo podrás conocer la gran capacidad de *Watson* y qué objetivos se marcaron los ingenieros de IBM en su producción.

Continúa en página siguiente >>

<< Viene de página anterior

https://redirectoronline.com/ifct163po0106

Tras *Deep Blue* y *Watson*, nacieron nuevas máquinas mejoradas. Una de ellas, **DeepMind,** se puso a prueba en el año 2015 cuando el líder europeo de marcas del videojuego *Go,* Fan Hui, aceptó el desafío de retarse con esta impresionante máquina fabricada por *Google*.

Un año más tarde la máquina y el humano se retaron de nuevo. En esta ocasión el desafío lo asumió el gran multicampeón mundial de *Go,* Lee Sedol. El evento fue tan importante que Netflix creó un documental de lo acontecido.

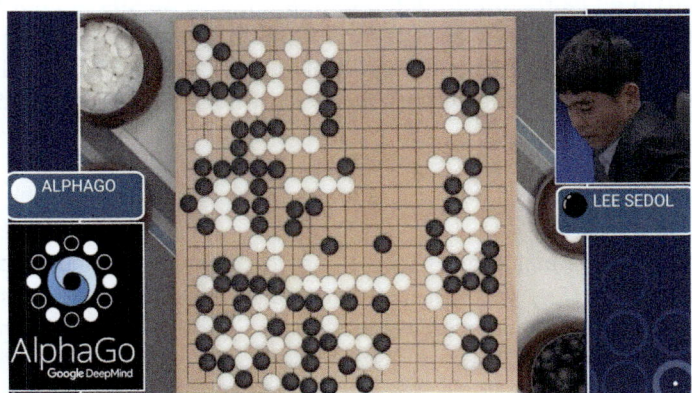

Imagen de la portada de la BBC News anunciando la derrota del maestro de Go Lee Sedol (© Imagen: BBC News / bbc.com)

 **PARA SABER MÁS**

Si quieres conocer algo más sobre cómo transcurrió el combate entre Lee Sedol y la máquina *DeepMind,* no dejes de leer el siguiente artículo de Xataka:

https://redirectoronline.com/ifct163po0107

 **APLICACIÓN PRÁCTICA**

Martín es campeón de videojuegos. En uno de sus encuentros por las redes sociales, le preguntaron en un chat qué juego sirvió para desarrollar la inteligencia artificial y el aprendizaje de las máquinas. Martín en ese momento no supo responder. ¿Podrías ayudarle y aclararle esta cuestión?

Solución

Aunque años más tarde se experimentó con máquinas inteligentes como el *Deep Blue* y *Deep Mind* para retar a campeones mundiales de ajedrez, el primer programa informático con inteligencia artificial estuvo basado en el conocido juego de las damas.

2.10. El método de resolución de Robinson

Retornando de nuevo a la historia de la inteligencia artificial, no hay que dejar pasar la aportación de **J. A. Robinson** en el año 1965. Este investigador consiguió crear un algoritmo de prueba capaz de resolver teoremas de lógica de primer nivel.

Para no entrar ahora en cuestiones algorítmicas que verás en siguientes unidades, avanzarás en esta temática conociendo un detalle.

¡Presta atención a la siguiente observación!

En el propósito hacia la fabricación de programas informáticos que emularan conductas de razonamiento humano, surgieron dos trayectos en esta línea de investigación:

Trayecto 1	Trayecto 2
- La primera senda pretende comprender cuál es el proceso que lleva a cabo el ser humano para hacer demostraciones y generar programas que sean capaces de emular esta conducta.	- La segunda senda pretende utilizar de forma metódica el trabajo ya avanzado por los expertos lógicos.

 IMPORTANTE

Con los estudios realizados del trayecto 2, se pudieron crear los llamados "demostradores" de teoremas automatizados. Ejemplo de ello es la estrategia convertida en método utilizada por Robinson, quien descubrió que con una única regla de transformación (conjunto de premisas, sintaxis, etc.) podía llegar a las conclusiones. Este tipo de reglas recibe el nombre de **reglas de inferencia.**

J. A. Robinson consiguió iniciar el camino hacia la creación de estrategias eficientes para comprimir el espacio de búsqueda de un sistema de expertos encargado de resolver problemas sin comprometer las fórmulas lógicamente válidas (subconjunto del conjunto de teoremas) que componen ese sistema.

Los demostradores de teoremas eficientes, basados en la resolución, se han utilizado para proporcionar teoremas matemáticos de interés y para verificar y diseñar hardware y software.

Inteligencia artificial. Un enfoque moderno, 2004 (p. 353).

2.11. El papel clave de la mujer en el campo de la inteligencia artificial

La relación creada entre la **tecnología** y la **mujer** siempre ha sido muy especial. Tanto es así que ambas han podido beneficiarse recíprocamente. Sin embargo, sería injusto avanzar en el contenido sin recordar las grandes dificultades y obstáculos que las mujeres han encontrado al dedicar su tiempo a la investigación en el campo tecnológico.

¿Por qué la sociedad se ha visto favorecida por la relación establecida entre la tecnología y la mujer?

- **La tecnología rema a favor para sacar a la luz las capacidades intelectivas de las mujeres:** por un lado, la tecnología ha facilitado la revolución de la mujer para poder posicionarse en puestos y reconocimientos del mismo orden que el que hasta ahora disfrutaban los hombres en exclusividad. El conocimiento no tiene género.
- **Las mujeres y su contribución al desarrollo tecnológico:** por otro lado el papel de la mujer ha sido clave para el desarrollo de esa inteligencia no natural contribuyendo con aportaciones relevantes.

IMPORTANTE

A día de hoy, para tratar que la sociedad se beneficie de los recursos intelectivos femeninos no aprovechados en tiempos pasados, trabajan organismos e instituciones de reconocido prestigio para empoderar el papel de la mujer en el campo de la innovación tecnológica con idea utilizar este gran potencial cuya fuente son las mujeres de todas las edades.

- -

A continuación conocerás **historias femeninas** que fueron **clave** para desarrollar la inteligencia artificial de los tiempos actuales:

Ada Lovelace (1815-1852)
- Multifacética de profesión: matemática, escritora y primera mujer programadora reconocida en la historia. Entre sus escritos se reconoció el **primer algoritmo** propuesto para ser integrado en una máquina para que pudiera ser procesado por ella. Se encargó en su época de traducir todas las publicaciones que trataban en sus contenidos aspectos de la máquina analítica, artilugio predecesor de los actuales ordenadores.

Karen Spärck Jones (1935-2007)
- De profesión informática. Se encargó de descubrir y dar a conocer el concepto *Inverse Document Frequency*, un instrumento que sirvió de modelo para crear las redes neuronales modernas. Fue capaz de desarrollar una fórmula que permitía encontrar el valor explicativo de una palabra dentro de un contexto.

Margaret Hamilton (1936)
- Esta ingeniera de *software* dirigió un equipo multidisciplinar en calidad de científica computacional, en el desarrollo de un *software* de navegación denominado *On board* (programa informático pionero que permitió la navegación de naves en misiones de la NASA con potencial altísimo de seguridad y robustez).

Frances Elizabeth Allen (1932-2020)
- Primera mujer en posesión del premio Turing. De nacionalidad estadounidense y con formación en el campo de la informática, fue precursora de excelentes trabajos para la optimización de códigos en computación y lenguajes de programación. Tuvo un papel relevante en la Agencia de Seguridad Nacional Americana y trabajó durante años en el centro neurálgico para el desarrollo de la inteligencia artificial creado por IBM.

NOTA

La historia de la inteligencia artificial no finaliza aquí con los protagonistas nombrados, pues son todavía muchos los talentos que han dejado huella a lo largo del tiempo hasta el día de hoy. **Feigenbaum, Buchanan o Lederberg** son ejemplos de esta lista interminable.

Hasta aquí has realizado un largo recorrido que te ha permitido conocer que la inteligencia artificial no es un invento repentino. Este concepto ya lo rumió Aristóteles hace siglos al definir el principio por el cual era posible la extracción de conclusiones de forma mecánica, partiendo de indicios o premisas iniciales encontradas en el razonamiento.

A través del pensamiento lógico (razonamiento) es posible dar con soluciones a problemas complejos al igual que hacen los algoritmos de la inteligencia artificial.

También has descubierto distintas aportaciones a la ciencia computacional que muchos científicos e investigadores de la mente humana y de la informática, hombres y mujeres, han ido realizando a lo largo de la historia. Esta ardua labor se vislumbró en las primeras máquinas con inteligencia artificial.

Visto todo ello, y a tenor de las grandes similitudes entre las redes neuronales biológicas y las redes neuronales artificiales, conocerás a partir de ahora los **principios y campos de aplicaciones de la inteligencia artificial.** Más adelante verás de qué nuevas tecnologías se vale la IA actual, para tener tanto potencial en cada una de las distintas áreas de aplicación.

3. Principio y campos de aplicaciones

👉 HILO CONDUCTOR

En los primeros momentos en los que Stephanie tuvo que afrontar sola la dura enfermedad de su hijo Juan, tuvo sentimientos de temor, rabia y mucha frustración. Por suerte, y tras el diagnóstico inicial y una larga etapa de rehabilitación, se topó con un profesional de la medicina inmerso en el campo de la investigación. Stephanie, muy sorprendida, escuchó atentamente todas las indicaciones que este médico le formuló. Fue sorprendente saber cómo una simple y aparente tecnología basada en inteligencia artificial permitiría a su hijo y a muchas personas con similares patologías comenzar una nueva vida llena de oportunidades.

La inteligencia artificial parte de una idea fundamental.

Programar máquinas mediante un conjunto de reglas en un formato menos restrictivo como es una red de neuronas artificiales, sin necesidad de un identificador explícito.

En definitiva, el **principio de la inteligencia artificial** se basa en crear sistemas de expertos que sean capaces de simular la inteligencia y el razonamiento humano, tal como lo harían los profesionales especializados en diferentes áreas.

 RECUERDA

La red neuronal artificial es la base de la inteligencia artificial que desarrolla maneras de programar las computadoras de forma "inteligente". Se inspira en el modo en el que funciona el cerebro de las personas transmitiendo señales a través de nodos, también denominados neuronas artificiales.

El sistema de expertos es un sistema informático capaz de emular el razonamiento propio del ser humano de la misma manera que lo concebiría un experto especializado en un área de conocimiento.

Aunque parezca difícil de creer, en la actualidad, y quedando aún mucho por desarrollar, la inteligencia artificial está muy presente e interactúa cada día con gran parte de la ciudadanía. Tanto es así que, a veces, queda en el olvido que la tecnología debe siempre ser un instrumento al servicio de la sociedad, pero que, sin embargo, termina siendo una forma de vida para el ser humano.

 IMPORTANTE

Al abrir las puertas a la era de las nuevas tecnologías, la inteligencia artificial deja de tener una apariencia virtual o imaginaria, y queda totalmente integrada en la vida cotidiana de cualquier individuo.

En este siglo XXI el **impacto de la inteligencia artificial** en el mundo de la empresa y en la sociedad en general ya es algo evidente. Gracias a ella, es posible afinar e incluso automatizar la toma de decisiones. Para ello, solo hace falta entrenar a los **algoritmos** encargados de "decidir". Esta circunstancia lleva a la necesidad de fijar un principio fundamental para que estas decisiones no sean sesgadas ni perjudiciales para el derecho a la libertad, pudiendo incluso, si no se toman medidas, ir en perjuicio de los valores de la democracia.

Ante los desafíos que presenta el interactuar diariamente con una **tecnología inteligente** basada en algoritmos que pueden recoger y almacenar un inmenso volumen de información (datos), y que además puede ser entrenada de modo que su comportamiento sea similar al del ser humano, se presenta la necesidad de **conducir éticamente** estos **comportamientos inteligentes,** proporcionando **reglas de conductas** como códigos de valores.

NOTA

La **Organización para la Cooperación y el Desarrollo Económico (OCDE)** ha desarrollado los llamados **principios de la inteligencia artificial.**

3.1. Los principios de la inteligencia artificial de la OCDE

El objetivo de los **principios de la inteligencia artificial** de la OCDE pretenden reclamar que la tecnología "restaure la humanidad" conforme a un "humanismo tecnológico", dos conceptos tratados por José María Lassalle en su libro *Ciberleviatán,* en el que se alerta de los peligros que conforman el gran binomio de la tecnología de la que se vale la inteligencia artificial como son los **algoritmos** y los **datos.**

Antes de conocer las reglas de la OCDE, tendrás la oportunidad de saber qué piensa José María Lasalle a través del siguiente vídeo. **¡Seguro que te hará reflexionar sobre cuál será tu papel en este entorno de transformación digital!**

 **VÍDEO**

José María Lassalle ofrece una perspectiva crítica en la forma en la que se está abordando la implementación de la transformación digital en el mundo. También señala qué organismo internacional debe ser el que coja las riendas para asegurar los derechos democráticos en esta revolución tecnológica y evitar así el inminente colapso de la civilización democrática.

https://redirectoronline.com/ifct163po0108

En la actualidad se están dando los primeros pasos con vocación global a nivel gubernamental en España (piensa en global y actúa en local) para definir una **Constitución digital** que proteja los derechos de la ciudadanía y también el de las empresas frente a la complejidad de la tecnología, y garantizar así que las nuevas tecnologías queden al servicio de la humanidad.

Antonio Gutiérrez-Rubí, asesor de comunicación del periódico *La Vanguardia,* definió la utilidad de esta nueva Constitución digital como una forma de edificar nuevas coherencias en nuestras sociedades posmodernas (2019).

La **ODCE** es un organismo mundial cuya **misión** es la de **generar compromisos** para **mejorar la vida de las personas.** La estructura organizativa de la OCDE es la siguiente:

- ⊃ **Consejo Directivo:** la responsabilidad del Consejo Directivo de la OCDE es la de supervisar y dirigir con visión estratégica. Está formado por representantes de países miembros y de la Comisión Europea. Todas las medidas tomadas en este órgano decisorio son por consenso. En sus reuniones participan presidentes de Gobierno y los ministros de Economía.

  - ◔ **Secretaría de la OCDE:** la responsabilidad de la Secretaría de la OCDE, con sede en París, es la de seguir las instrucciones y órdenes de los distintos departamentos. El equipo formado por más de

3.300 empleados son profesionales de distintas especialidades: economistas, sociólogos, filósofos, juristas, estadísticos, científicos, etc. La Secretaría recoge los datos de interés con idea de realizar recomendaciones en los debates de los comités de expertos con un objetivo totalmente orientativo, para hacer más fructíferas las discusiones. Es la encargada de tratar y analizar los datos de forma empírica, es decir, desde la observación y desde las prácticas experimentales.

◔ **Comités de expertos de la OCDE:** en estos comités (más de 300) se llevan a cabo reuniones en las que intervienen representantes de las naciones y socios de los países miembros. Se debaten temas de interés y se realizan exámenes con idea de poder hacer propuestas concretas como soluciones a problemas. También los comités son los encargados de evaluar las medidas adoptadas (políticas públicas) y valorar los progresos a través de los comités temáticos y los equipos de trabajo.

⇕ **Comités temáticos:** son colaboradores de los comités de expertos y están formados por autoridades nacionales de todo tipo: públicas, privadas, científicos, académicos, financieros, especialistas en medioambiente y sostenibilidad, profesionales de la educación y expertos en desarrollo, entre otros.

⇕ **Equipos de trabajo:** son expertos que trabajan con el objetivo de dar forma a normas estándares que impactarán a escala mundial una vez que han sido aprobadas por el Consejo Directivo.

NOTA

La OCDE es una institución que trabaja en la elaboración de propuestas para atajar problemas complejos de cualquier ámbito y que afectan a la comunidad global.

- -

El lado más turbio de la inteligencia artificial

En la actualidad, dentro de la OCDE se debaten cuestiones que afectan a la implementación y uso de la inteligencia artificial en sus diferentes campos de aplicaciones, ya que, metafóricamente hablando, esta poderosa tecnología la pueden usar organizaciones y gobiernos como "vitamina" para mejorar la economía y la vida, o por el contrario, en su lado "malo", puede desempeñar un trabajo a modo de un potente "virus pandémico".

Según muchos investigadores y científicos, la inteligencia artificial presenta dos caras: una cara buena, que trae innovaciones que beneficiarán sin duda a la sanidad, a la educación, a la economía y a la vida de las personas en general, y una peligrosa cara oscura, que revela una potente tecnología que podría superar a la inteligencia humana, poniendo en peligro a la sociedad.

Margaret Boden es un referente mundial que sigue aportando a la ciencia conocimientos asombrosos. Profesora en activo en el Departamento de Informática en la Universidad de Sussex, a sus 84 años rebate algunos supuestos terroríficos asociados a la inteligencia artificial.

Maggie, conocida así por su entorno más cercano, es uno de los tantos rostros de mujeres del campo de la inteligencia artificial. Nacida en la época de Alan Turing, pudo, con su esfuerzo y conocimiento, abrirse paso en un mundo de hombres. Sus aportaciones como investigadora de la inteligencia artificial son extraordinarias. Su sapiencia ha conseguido seducir a genios de diferentes áreas de conocimiento.

PARA SABER MÁS

Carlos Fresneda y Carlos Alba, enviados especiales en el Reino Unido del periódico *El Mundo,* tuvieron la oportunidad de entrevistar a Margaret Boden a sus 82 años en su casa de Brighton.

No pierdas detalle de esta interesantísima entrevista:

Continúa en página siguiente >>

<< Viene de página anterior

https://redirectoronline.com/ifct163po0109

Los diferentes gobiernos del mundo, y en concreto la Unión Europea, trabajan para impulsar políticas que protejan con integridad los valores humanos. Con este propósito, la inteligencia humana no será saboteada por las máquinas.

Basándose en todo ello, la OCDE ha formulado unas reglas mínimas a modo de **principios** que toda **inteligencia artificial** deberá cumplir:

Principio de beneficio equitativo
- Se deberá impulsar el desarrollo equilibrado, inclusivo y sostenible de la sociedad, con el fin de proporcionar bienestar en todas las capas y grupos sociales.

Principio de protección al Estado de derecho
- Deberá desarrollarse bajo una tecnología que contemple mecanismos de protección de los derechos humanos.

Principio de transparencia y divulgación responsable
- Se desarrollará bajo sistemas que garanticen la difusión y compresión por parte de la ciudadanía, siendo transparente ante las implicaciones de su penetración.

Principio de seguridad y protección
- Deberá funcionar de manera segura en todas las etapas (pruebas, implementación, mantenimiento, etc.) y contará con mecanismos como políticas de riesgo que permitan una gestión de la tecnología segura de forma continua.

Principio de responsabilidad
- Será desarrollado por organismos y profesionales que asuman la responsabilidad de proporcionar un mantenimiento correcto para su buen funcionamiento.

IMPORTANTE

Los **principios de la inteligencia artificial** formulados por la OCDE están fundamentados en cualidades de una gestión responsable tanto en el diseño y desarrollo como en la aplicación de la tecnología y su difusión.

Igualmente, la **OCDE** promulga una serie de **recomendaciones** a los gobiernos de las distintas naciones para orientar las políticas gubernamentales en torno a una inteligencia artificial de uso responsable:

- ⮩ **Inversiones públicas y privadas:** fijar objetivos para la estimulación (mediante el desarrollo y la investigación), de la innovación tecnológica en el campo de la inteligencia artificial.
- ⮩ **Ecosistemas accesibles de inteligencia artificial:** adecentar las infraestructuras para facilitar las mecánicas que hacen operativa la inteligencia artificial.
- ⮩ **Políticas garantes de inteligencia artificial:** crear políticas que garanticen que la expansión de los sistemas de inteligencia artificial es íntegra y honesta.
- ⮩ **Capacitación:** fomentar el aprendizaje y la formación de empleados y ciudadanía en general, que permita un trasvase de conocimientos para abordar los retos de la transformación digital de manera justa.
- ⮩ **Cooperación:** fomentar la cooperación entre los gobiernos para conseguir una gestión responsable de la inteligencia artificial, más allá de las fronteras administrativas de cada país.

IMPORTANTE

La OCDE promueve e impulsa que cada país pueda generar sus propias políticas de inteligencia artificial, pero con los mismos ingredientes para que las distintas políticas estén alineadas en pro de una convivencia de respeto y buenas prácticas.

3.2. Campos de aplicaciones de la inteligencia artificial

La inteligencia artificial tiene distintas **áreas de aplicación.** Como objetivo común con independencia del campo en que se aplique, consiste en diseñar y construir máquinas con una inteligencia optimizada capaces de emular a la mente humana.

Esto implica que los procesos de la inteligencia artificial deberán superar, o como mínimo igualar, capacidades humanas como para realizar todas o algunas de las siguientes tareas:

- **Razonar:** contar con suficientes conocimientos y valorar hechos como para obtener deducciones y contemplar las consecuencias. Por ejemplo, en el campo de la medicina la IA podría razonar de la siguiente manera:

  - Conocimiento: conocer enfermedades y analizar las consecuencias.
  - Hechos: enumerar síntomas para elaborar un diagnóstico certero.

- **Planificar:** contar con suficientes conocimientos para analizar la situación presente, determinar el objetivo deseado y establecer una secuencia de tareas para lograr el objetivo.
- **Aprender:** contar con suficientes conocimientos de los hechos para aprender y hacer deducciones de nuevas situaciones. Es decir, construir conocimiento.

 IMPORTANTE

El objetivo de la IA es conseguir crear sistemas inteligentes capaces de pensar y actuar como un humano.

1. Desde el punto de vista cognitivo, descubrir sistemas de IA que reproduzcan razonamientos humanos.
2. Desde el punto de vista logicista, descubrir sistemas de IA capaces de ejecutar lógica formal movidos por un motor de inferencias (obtención de conclusiones a partir de indicios).
3. Desde un punto de vista pragmático, descubrir sistemas de IA que permitan a la máquina tener un comportamiento inteligente.

Ahora sí, llega el momento de conocer las áreas de aplicación de la inteligencia artificial que te ayudarán definitivamente a entender el amplio abanico en el que estos sistemas inteligentes pueden aplicar todo su potencial. Un potencial por el que las empresas muestran gran interés para conseguir la eficacia y la eficiencia deseada para sobrevivir en los nuevos paradigmas económicos que la era tecnológica está acondicionando.

- **Control y gestión:** contribuye a la optimización en la toma de decisiones, aportando calidad a todos los procesos implicados. Reduce costes y minimiza la posibilidad de cometer errores, llevando al negocio y a las organizaciones a ganar efectividad y eficacia sin perder la visión estratégica.
- **Fabricación:** ayuda en la optimización de tareas como la gestión de proyectos, diseño, planificación, control, monitorización, evaluación, etc.
- **Industria del *software*:** apoya la optimización de las especificaciones, la construcción y el diseño, la verificación de funcionalidades y el mantenimiento.
- **Cartografía:** contribuye a la mejora en la interpretación de imágenes, en la elaboración de diseños y en la búsqueda de soluciones a problemas de ingeniería topográfica.
- **Datos:** contribuye a la optimización del proceso íntegro del tratamiento de datos con una gestión inteligente no solo administrativa, también la referente a la salud. Por ejemplo, la sangre es considerada una fuente importante de datos; esto, aplicado al sector de la biotecnología, permite determinar patrones para el diagnóstico de enfermedades y conocer de manera anticipada qué individuos tienen más probabilidades de padecer una enfermedad grave.
- **Equipamiento:** favorece el diseño de equipamientos basados en diagnósticos. Optimiza los procesos de monitorización y ventas, y asegura una correcta configuración de los métodos, además de hacer labores de mantenimiento.
- **Profesionales:** contribuye a la mejora de actividades profesionales tan diversas como: contables, médicos, abogados, asesores financieros, consultores, químicos, formadores, fotógrafos y otras profesiones nacientes asociadas a las nuevas tecnologías.
- **Sector financiero:** ayuda a la optimización de la información desde el análisis, diagnóstico y planificación de acciones de consultoría. Predice patrones de comportamiento de los mercados, y permite hacer recomendaciones a clientes. También hace una predicción de los supuestos riesgos a los que se puede ver sometida la entidad en relación a cada cliente.
- **Industria bélica:** favorece la optimización en la gestión de amenazas bélicas (identificación de riesgos, determinación de objetivos, etc.).

⊃ **Sector educativo:** ayuda en el diagnóstico de las necesidades formativas, en la optimización de los procesos de enseñanza-aprendizaje y en el control y verificación de exámenes.

⊃ **Campo de la ingeniería:** contribuye a la optimización de los diseños, su control y análisis.

NOTA

Son muchas las aplicaciones de la IA. Por ejemplo, y relacionado al sector de la educación, ya es posible determinar si un alumno/a está en riesgo de abandono de una acción formativa *online* e incluso esta tecnología es capaz de hacer propuestas de formación alternativas y personalizadas para que el alumnado no abandone su capacitación.

Casos reales

Son innumerables los casos de aplicación de sistemas de inteligencia artificial y muchos los beneficios que aporta esta tecnología protagonizada por algoritmos y por máquinas que aprenden ellas mismas. Profundizarás en el aprendizaje informático en la siguiente unidad que pronto darás inicio, no obstante, aquí y ahora tendrás una muestra de cómo esta tecnología puede ser beneficiosa para la humanidad.

¿Recuerdas a **DeepMind?** *DeepMind* ahora se engloba en un departamento de élite de *Google.* La tecnología mimada por esta reconocida compañía a nivel mundial trabaja para realizar diagnósticos de enfermedades con un nivel altísimo de precisión.

DeepMind ha conseguido muchos retos desde sus inicios. Actualmente es capaz de realizar diagnósticos oculares gracias a sus algoritmos muy entrenados. En muy poco tiempo participará en ensayos clínicos y será utilizada por distintas especializaciones médicas, de modo que será la humanidad la beneficiaria final de estos adelantos tecnológicos.

NOTA

Según previsiones de instituciones consultoras a nivel mundial, se estima que la inteligencia artificial conseguirá en menos de cinco años ahorrar algo más de 150.000 millones de dólares a toda la industria de Estados Unidos relacionada con la medicina. Esos recursos pueden destinarse a otros objetivos como la investigación y el desarrollo.

VÍDEO

A continuación verás un vídeo en el que personas con dificultades visuales han experimentado en carne propia los beneficios de una tecnología basada en la inteligencia artificial. Con intenciones similares a *DeepMind*, el dispositivo *OrCam MyEye 2.0* ha conseguido cambiar la vida de mucha gente.

En él una psicóloga cuenta la experiencia vivida en primera persona tras el uso de un dispositivo que lleva integrado un sistema inteligente artificial, que le mejora su visión ocular afectada por una dolencia y le permite realizar tareas con total normalidad.

https://redirectoronline.com/ifct163po0110

La **inteligencia artificial** también puede aplicarse a campos tan elementales como el **sector comercio.** No solo es importante conocer la eficacia de esta inteligencia sintética, también es relevante para quien quiera introducir o implementar la inteligencia artificial en sus negocios y conocer la utilidad práctica de esta inteligencia en actividades menos sofisticadas.

Por todo ello, a continuación verás una relación de cuantiosas aplicaciones de la IA para el ecosistema comercial:

- *Hardware* de instrumentalización e interfaces con inteligencia artificial.
- Programación de trabajos de fábrica.
- Gestión de impuestos inteligentes.
- Sistemas de lenguaje natural y asistente de voz (comercio conversacional).
- Optimización de inventarios.
- Pronósticos de venta.
- Selección de productos apropiados para ofertas personalizadas.
- Pronósticos de éxito de productos previo al lanzamiento.
- Personalización de la experiencia de compra del cliente.
- Identificación ultrarrápida (menos de 1 segundo) del perfil psicoanalítico del cliente.
- Búsqueda visual de productos para la localización de artículos basada en el reconocimiento de imágenes.
- Creación de imágenes "buscables" basadas en interacciones de los usuarios.
- Gestión de catálogos inteligentes.
- Reconocimiento de emociones.
- Facilitación de inventario y muestra para clientes indecisos.
- Asistencia en ventas y atención al cliente inteligente.
- Reposición inteligente de mercancía basada en análisis predictivos.
- Generación de contenidos hipersegmentado que potencia la interacción del usuario.
- Y un largo etcétera.

Hasta aquí has comprobado que la tecnología basada en la inteligencia artificial puede tener dos caras:

Cara positiva ✔	Cara negativa ✘
- Una cara positiva que ayudará a las sociedades a avanzar siempre que la tecnología aplicada se ajuste a los principios de la IA.	- Una cara oscura que puede poner en peligro a la sociedad si la tecnología aplicada no se ajusta a los principios de la IA.

A continuación vas a descubrir las **dos importantes ramas** que están haciendo que la inteligencia artificial actual tenga tanto potencial.

4. Ramas de la inteligencia artificial. Algoritmos.

☞ HILO CONDUCTOR

Stephanie es una gran mujer que, sin querer y por duras pruebas que le puso la vida, no dudó en adentrarse en un mundo desconocido. En ello se inició leyendo artículos de investigación relacionados con las nuevas tecnologías. ¿Quién le diría a esta madre que sería un robot el que ayudaría a que su hijo recobrara de nuevo la calidad de vida?

Aquí comenzó una bonita historia en la que Stephanie decidió hacer su primer curso de formación. La idea era comprender en qué puede ayudar la inteligencia artificial para mejorar los problemas diarios de la sociedad. Más tarde, y con una capacitación más avanzada, podría decidir ella qué camino seguir para emprender con firmeza y seguridad en el mundo de los negocios.

La manera más sencilla de describir una red de neuronas artificiales es simplificando su definición a la mínima expresión. Es decir, detallar la red neuronal artificial (RNA) como una **arquitectura lógica** que viene a dar **respuestas binarias** a formulaciones o problemas con diferentes grados de libertad:

- **Arquitectura lógica (RNA):** consiste en una arquitectura cuya estructura contempla elementos (procesos) interconectados.
- **Cuyo método resuelve problemas complejos con respuestas sencillas:** método que codifica la información y que es capaz de asociar cada respuesta a las preguntas, es decir, se trata de un método capaz de almacenar la información y recuperarla.
- **Cuyo método cuenta con múltiples grados de libertad en sus resoluciones:** la metodología utilizada permite caracterizar una distribución específica de respuestas utilizando los números como elementos independientes (conjunto de información proporcionada por datos disponibles para hacer una estimación de valores).

La introducción de las redes neuronales sintéticas en infinidad de modelos de resolución de problemas ha permitido que suceda una evolución vertiginosa de la IA, posibilitando la aplicación de la tecnología inteligente en sistemas abstractos y dinámicos que exigen respuestas cambiantes a lo largo del tiempo.

NOTA

Las respuestas binarias son las contestaciones a preguntas en forma de **sí** o **no,** o **verdadero** o **falso,** pero siempre a través de una fórmula matemática o por medio de un valor numérico.

- -

Es fácil observar echando la mirada atrás cómo las empresas, instituciones, sectores industriales o una sociedad entera han ido evolucionando con el paso del tiempo. Con la inteligencia artificial ha pasado exactamente igual; también es visible y notorio su propio proceso de transformación a lo largo de las décadas.

Atendiendo a este razonamiento lógico, es importante conocer de qué elementos se vale la arquitectura o topología de una red neuronal artificial para que, mediante el "autoaprendizaje", sea capaz de evolucionar y proporcionar respuestas vivas en función de los nuevos datos o información que va incorporando:

- ➲ **Topología:** representa cómo se codifica la organización de la arquitectura del sistema neuronal artificial.

  - ↻ **Elementos de proceso de campo:** la estructura del sistema neuronal artificial se organiza mediante capas y enlaces para codificar los procesos neuronales. Esto permite que sea posible la conexión:

    - ⇕ Las **capas** determinan el nivel en el que se encuentra la información.
    - ⇕ Los **enlaces** sirven para transferir la información.

      - ○ **Conexiones:** existen **dos tipos** de conexiones:

        - ↘ Tipo I o **conexión excitatoria:** estimulan el sistema al recibir miles de señales.
        - ↘ Tipo II o **conexión inhibidora:** equilibran el sistema para que la actividad esté balanceada.

      - ○ **Esquemas de conexión:**

        - ↘ Recurrentes.
        - ↘ No recurrentes.

○ Configuración de conexión:

> ↳ *Feedback:* configuración de parámetros de conexión con propagación hacia atrás.
> ↳ *Feedforward:* configuración de parámetros de conexión con propagación hacia delante.

Desde el punto de vista químico, las neuronas naturales, espejo de las neuronas artificiales, son capaces por sí solas de **equilibrar la actividad cerebral.** Esto implica una gran complejidad en los procesos:

Reacción	Inhibición
- Una neurona es capaz de excitarse al recibir señales que le sirven de estímulo para reaccionar.	- Una neurona es capaz de inhibirse al mismo tiempo para equilibrar el organismo y poder mantenerlo dentro de unos límites aceptables para él.

Las neuronas contribuyen a que exista una actividad cerebral global estabilizada. Si esto no fuera posible, no existiría organismo capaz de aguantar todos los estímulos que provienen del exterior. De modo que es posible decir que dentro de cada neurona existen **dos redes o conexiones interconectadas:**

⊃ **Conexiones tipo I (exitatorias):** son conexiones en las que las neuronas reciben señales estimulantes *(inputs).*
⊃ **Conexiones tipo II (inhibidoras):** son conexiones en las que las neuronas inhiben señales desequilibrantes *(outputs).*

Este descubrimiento sobre las conexiones que se producen dentro de las neuronas (procesos neuronales) advierte y recuerda a los estudiosos lo poderoso y desconocido que es el cerebro humano.

El **mayor reto** de la inteligencia artificial en estos tiempos es tratar de simular y acercarse milimétricamente a la inteligencia humana, más aún cuando todavía científicamente existen muchas lagunas que abordar y el desconocimiento sobre ella sigue siendo patente.

Cada vez que se incorpora un nuevo dato a la topología de un sistema neuronal inteligente, este dato es anexado a la red. De esta manera, queda ampliada la arquitectura neuronal artificial.

Por tanto, para comprender cómo se construye una arquitectura inteligente artificial se ha de entender que el sistema clasifica todas las respuestas a tenor de las preguntas con los nuevos datos indexados. Esta forma de archivar las soluciones permite almacenar y procesar al mismo tiempo una descomunal ingesta de datos (información).

NOTA

La inteligencia artificial tiene un gran potencial en los sectores productivos. La inteligencia humana difícilmente podría abarcar la gestión de esta enorme ingesta de datos y proporcionar rápidas respuestas concluyentes.

4.1. Industria 4.0

La actual industria renace en estos tiempos hacia un nuevo paradigma donde la inteligencia artificial cobra el total protagonismo, abriéndose un inmenso océano de oportunidades. Esta nueva economía se conoce con el nombre de **industria 4.0:**

Industria 1.0
- Caracterizada por la mecanización de los procesos gracias a la aparición de la máquina de vapor.

Industria 2.0
- Caracterizada por la producción de productos en serie, proporcionando un valor añadido a la materia prima. Inicio de la globalización en las relaciones comerciales.

Industria 3.0
- Caracterizada por la implementación de tecnologías en los procesos productivos como ordenadores y tecnologías de la información y la comunicación (TIC); internet democratizado.

Industria 4.0
- Caracterizada por la revolución digital. Incorpora en los procesos productivos avances tecnológicos muy importantes y reveladores como la inteligencia artificial, computación cuántica, domótica, *Big Data*, *Cloud Computing*, *Blockchain*, etc.

IMPORTANTE

En la actual era digital se están viviendo acontecimientos clave para la historia de la humanidad. Representa un importante periodo donde los diversos actores que conforman la economía, valiéndose de la tecnología inteligente y la conectividad, podrán hacer propuestas de altura para mejorar el bienestar humano y la sostenibilidad del planeta.

El objetivo de la industria 4.0

Los medios productivos de las **empresas** están sufriendo una metamorfosis gracias a la intervención de innovadoras tecnologías. Sin duda, han de actualizarse para ser capaces de mantener la competitividad y **sobrevivir** en una compleja **economía global.**

La **industria 4.0** tiene como **objetivo** dotar a las empresas de una **inteligencia de negocios** que le permita afrontar los retos y desafíos de mercados con necesidades cambiantes e inciertas.

APLICACIÓN PRÁCTICA

Carlos tiene un *e-Commerce* a través del cual comercializa camisetas con diseños personalizados. Desde hace tiempo no para de escuchar la necesidad de que los negocios se sumerjan en procesos de transformación digital. Él está muy tranquilo porque piensa que su empresa no necesita adentrarse en ningún cambio, puesto que toda la actividad ya es digital (utiliza las tecnologías de la información y la comunicación, dispositivos móviles y maneja a la perfección las redes sociales). Basándote en estos datos, ¿en qué tipo de industria podría encajar el negocio de Carlos?

Solución

Aunque la tienda de Carlos es 100 % digital, no significa que tenga implementadas nuevas tecnologías que caracterizarían su negocio como ejemplo de una

Continúa en página siguiente >>

[67]

<< *Viene de página anterior*

actividad empresarial 4.0. Para ello, habría que confirmar si hace uso de la inteligencia artificial para optimizar los procesos, como hacer uso de algoritmos que predigan patrones de conducta de los consumidores, etc.

Las **empresas inteligentes** podrán, mediante su tecnología punta basada en la **conectividad** y la **velocidad** de las comunicaciones, ser capaces de alcanzar **tres retos** importantes:

- **Acceder a sistemas de información inteligente en tiempo real:** acceso a datos reales en tiempo real:

  - Análisis y predicción avanzados.
  - Análisis y predicción de escenarios.
  - Análisis y predicciones inteligentes.

- **Generar cadenas de producción más eficientes:** cadenas productivas capaces de tomar decisiones para adaptar ágilmente la producción a las necesidades cambiantes de los mercados con asignación inteligente de recursos.
- **Integrar en sus modelos de negocio una comunicación interna y externa totalmente inteligente:** interconectar departamentos para toma de decisiones inteligentes y mantener una comunicación con el mercado para conocer tendencias y aprovechar oportunidades.

En los procesos de producción en la industria incipiente y venidera, deberá participar inevitablemente una nueva tecnología inteligente más allá de la ya conocida como **tecnología de la información y de las comunicaciones (TIC).** Este exigente objetivo de la industria 4.0 pretende ayudar a competir a las fábricas, pero también a los negocios, empresas de cualquier tamaño, profesionales independientes, red de emprendedores, etc., para que todos tengan la opción y la capacidad de subsistir en un entorno incierto.

IMPORTANTE

La única forma de afrontar este reto imponente que trae la nueva Revolución Industrial o industria 4.0 será la implementación de sistemas con tecnología inteligente.

A continuación se presentan una serie de tecnologías que darán impulso a la economía:

- **Automatización:** tecnología capaz de trasladar el contexto físico de una actividad empresarial a un registro electrónico que aprenda y tome decisiones automatizadas.
- **Conexión:** tecnología punta basada en la conectividad (5G) y la velocidad en la que suceden las comunicaciones.
- **Cloud computing:** tecnología basada en proporcionar servicios *online* de computación en la nube que faciliten la gestión inteligente de los negocios desde cualquier lugar sin necesidad de contar con plataformas físicas.
- **IOT:** *(Internet of Things).* Tecnología incorporada a objetos de cualquier tipo y funcionalidad dotándolos de conectividad *online.*
- **Big data:** tecnología capaz de almacenar gran volumen de datos estructurados y no estructurados.
- **Sistemas de integración inteligente:** tecnología que dota a las empresas de interoperabilidad, visualización, análisis, predicción, etc., gracias a la integración de la información, haciendo posible una gestión inteligente de la empresa.

4.2. Algoritmos

Llegado a este punto, es posible que tengas curiosidad por conocer el funcionamiento de los **algoritmos** asociados a la inteligencia artificial.

La Real Academia de la Lengua Española define el concepto algoritmo de la siguiente manera:

"Conjunto ordenado y finito de operaciones que permite hallar la solución de un problema".

Atendiendo a esta definición, es posible confirmar que la inteligencia artificial no es más que una mezcla de algoritmos conjugados, cuya funcionalidad es generar máquinas con altas capacidades semejantes a las de los seres humanos.

Dicho de otro modo, la IA es la suma de dos elementos:

- **Algoritmo:** capacita matemáticamente a la máquina para que pueda aprender.

⬆ **Datos:** son los elementos necesarios de los que se nutre la IA y con los que aprenden los algoritmos.

Al igual que el cerebro de las personas es un órgano complejo, la IA es una máquina con unos entresijos que soportan una combinación de piezas inteligentes. Esta conjugación de elementos o algoritmos hace posible que la máquina asimile un aprendizaje, es decir, adquiera conocimiento y pueda realizar labores tal y como lo pudiera hacer una persona especializada en una materia.

Los **algoritmos de la inteligencia artificial** pueden describirse como **maestrías matemáticas de aprendizaje.** Se agrupan en función de **dos propósitos:**

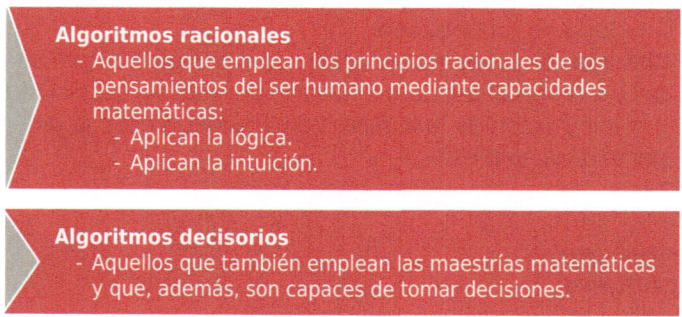

Algoritmos racionales
- Aquellos que emplean los principios racionales de los pensamientos del ser humano mediante capacidades matemáticas:
    - Aplican la lógica.
    - Aplican la intuición.

Algoritmos decisorios
- Aquellos que también emplean las maestrías matemáticas y que, además, son capaces de tomar decisiones.

La inteligencia artificial aplicada a un **sistema de expertos** es un gran edificio construido con multitud de algoritmos que ofrecen **soluciones a infinidad de problemas.**

Los algoritmos se nutren de los datos, los utilizan para obtener un aprendizaje a partir de ellos. En términos muy generales, es posible decir que los datos empleados para crear los diversos algoritmos pueden ser observables, públicos e internos.

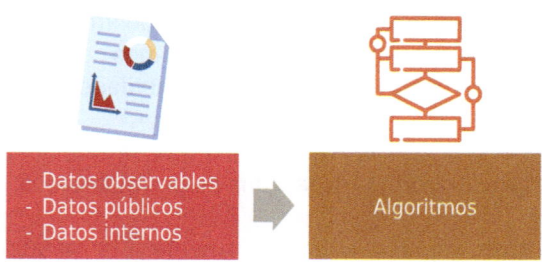

- Datos observables
- Datos públicos
- Datos internos

Algoritmos

👁 EJEMPLO

Entender con claridad que una inteligencia artificial es capaz de tomar decisiones no es fácil. Sin embargo, el método que utilizan los algoritmos en los procesos de decisión es similar al que emplea el ser humano. La única diferencia estriba en que el procedimiento que utiliza la máquina es matemático, pero, por lo demás, es todo similar.

Imagina qué justificación darías si de pronto dejara de funcionarte la lámpara de tu mesilla de noche. De manera instantánea, los primeros pensamientos que te vendrían a la cabeza serían estos dos:

- El interruptor está apagado.
- La bombilla dejó de funcionar.

Para cada situación, la respuesta al problema es diferente:

- Probar y dar al interruptor.
- Reemplazar la bombilla.

También podrías, en caso de no dar con la solución, decidir adquirir una nueva lámpara para que así puedas iluminar de nuevo desde tu mesilla de noche.

En el caso de los algoritmos con inteligencia artificial, estos se utilizan para programar máquinas, dispositivos tecnológicos, redes sociales, sitios web, etc., y aunque los procesos son mucho más laboriosos con valores matemáticos, el procedimiento en la toma de decisiones es muy parecido a como discurre un pensamiento humano.

- -

5. *Machine/Deep Learning*

👉 HILO CONDUCTOR

La formación está siendo intensa y realmente compleja. Sin embargo, Stephanie no duda en avanzar con ella. Sabe a ciencia cierta que no debe desaprovechar esta gran oportunidad. Conocer con todo lujo de detalle cómo es el mundo de

Continúa en página siguiente >>

[71]

<< Viene de página anterior

la inteligencia artificial le abrirá grandes puertas al mundo del emprendimiento innovador.

En la jornada de hoy, su profesor le mostrará cómo las máquinas aprenden de forma autónoma. También descubrirá cómo es esa tecnología para que, de forma artificial, una máquina sea capaz de tomar decisiones por sí sola.

- -

Adentrarse en el mundo de las nuevas tecnologías es algo fascinante. Los avances tecnológicos han permitido que de la **inteligencia artificial** nacieran dos importantes **ramas** complementarias, pero con funciones diferentes.

Del tronco principal nace una primera rama, algo más superficial, llamada *Machine Learning* y otra más profunda conocida con el nombre *Deep Learning.*

En breve conocerás las diferencias:

- ⊃ *Deep learning:* corresponde a un nivel más complejo de tecnología artificial capaz de tomar decisiones por sí sola a tenor de los datos.
- ⊃ *Machine learning:* corresponde a un nivel superior de tecnología artificial capaz de aprender de forma automática.
- ⊃ **Inteligencia artificial:** corresponde al sistema de tecnología inteligente más básica.

¿Por qué el cerebro de las máquinas estará formado por una tecnología inteligente?

Al igual que el cerebro humano está aún por descubrir del todo, las innovaciones tecnológicas están haciendo posible desarrollar en mayor profundidad la inteligencia artificial.

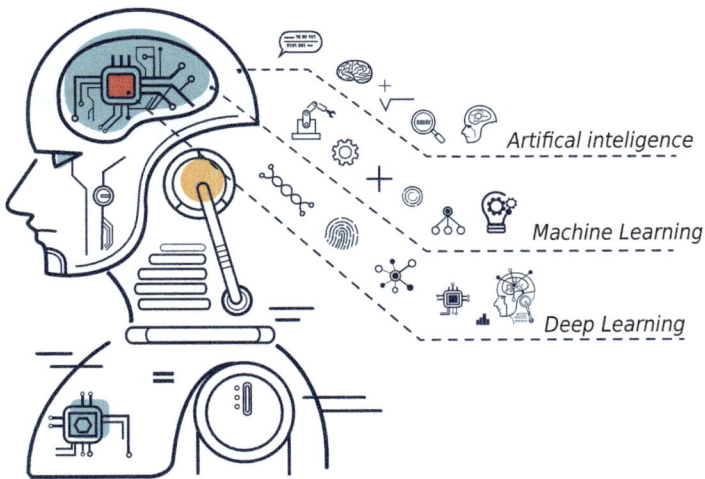

Con el aprendizaje automático (Machine Learning) las máquinas son capaces de aprender y corregir errores. Con el aprendizaje profundo (Deep Learning) las máquinas son capaces de tomar decisiones.

IMPORTANTE

La diferencia principal entre *Machine Learning* y *Deep Learning* radica en el tipo de algoritmos que se utilizan. Mientras que los algoritmos de ML son matemáticos y simulan la manera en que aprende un ser humano, los algoritmos de DL emulan el comportamiento humano, pero con la misma forma en que lo hace un sistema de neuronas biológicas que cuenta con diferentes capas de profundidad.

Las dos especializaciones o ramas de la inteligencia artificial nacen a raíz del aprovechamiento de la gran ingesta de datos que proporciona el ecosistema digital; de ahí el gran papel que juega en este escenario el **Big Data.** A pesar de ello, y como ya has visto, cada rama de la inteligencia artificial tiene sus propios objetivos.

EJEMPLO

Imagina que quieres identificar, entre infinidad de vehículos que circulan por la ciudad, una marca y modelo concreto de patinete eléctrico.

Continúa en página siguiente >>

<< Viene de página anterior

Atendiendo a las explicaciones dadas, quedará establecido el papel asignado a cada tipo de tecnología: inteligencia artificial, *Machine Learning* y *Deep Learning*.

Por una parte, la tecnología se valdrá de diferentes recursos para alcanzar su objetivo (identificación de un tipo de patinete eléctrico) como, por ejemplo, imágenes, sonidos diversos (bicicletas en movimiento, peatones, vehículos, etc.). Por otro lado, dispondrás de una importante base de datos que te proporcionará información relevante: forma del patinete, especificaciones, sonidos característicos, etc.

Ahora viene lo importante, donde podrás advertir el papel que juega la inteligencia artificial y las dos trascendentales ramas que cuelgan de ella.

- **Inteligencia artificial:** esta tecnología te ayudará a advertir aquellos patinetes que transitan por la ciudad, haciendo uso de imágenes. Esto permitirá diferenciar los patinetes de otros vehículos. Se consigue contrastando la fuente de datos que se dispone. Sin embargo, esto no significa que la identificación pueda ser 100 % certera, ya que existen patinetes con elementos muy parecidos que pueden confundir el resultado que ofrece la tecnología inteligente de la máquina.
- *Machine learning:* esta tecnología permite que la máquina que trata de detectar un modelo y marca de patinete eléctrico concreto aprenda de los datos característicos asociados a este tipo de vehículo. Esto permitiría dar una respuesta más precisa no solo por aprender mejor de la información específica, sino de cómo la clasifica.
- *Deep learning:* esta tecnología, como capa más compleja de inteligencia artificial, permite a la máquina entrenarse en función de los nuevos datos que se van incorporando a su sistema. Aprende de los errores y no los comete más, estando cada vez más cerca de la solución correcta gracias a un selector de errores que lo discrimina. Como resultado, la máquina se entrena para no cometer errores y dar con respuestas certeras (encontrar patinetes eléctricos de una marca y modelo concreto).

A tenor de todo lo visto, es posible resumir el papel que desempeña cada una de las dos ramas de la inteligencia artificial a través de la siguiente interacción:

- ⊃ *Machine Learning:* con *Machine Learning* se mejora la capacidad de la inteligencia artificial. Las máquinas aprenden los datos y son capaces de clasificarlos.

➲ ***Deep Learning:*** con *Deep Learning* se mejora todavía más la capacidad de la inteligencia artificial. Las máquinas son capaces de entrenarse a sí mismas a través de la ingesta de datos que van recibiendo.

Indudablemente la inteligencia artificial se ha visto sometida a una gran transformación con la aparición de los **sistemas con *Machine* y *Deep* Learning.**

Ahora, el potencial de la IA es mucho mayor, ya que las funcionalidades de cada rama hacen posible que los **sistemas de expertos** desarrollados tengan una **inteligencia superior:**

➲ **Sistemas con *Machine Learning:*** los sistemas con *Machine Learning* utilizan el llamado "diferenciador erróneo" que les permite, una vez que se han equivocado la primera vez, no volver a cometer ese mismo error. De esta manera en sucesivos intentos, y ya con otro diferenciador erróneo, van acercándose a las soluciones correctas de los problemas.
➲ **Sistemas con *Deep Learning:*** los sistemas con *Deep Learning* asumen la información básica de la inteligencia artificial y son capaces de dar respuestas reales a problemas reales en contextos reales, utilizando redes neuronales artificiales, tal y como lo haría el cerebro humano cuando tiene que tomar alguna decisión.

NOTA

Los sistemas con tecnología *Deep Learning* son mucho más parecidos en su funcionamiento al cerebro humano.

TAREA 1

Tras adquirir cierta formación sobre inteligencia artificial, Marta quiere resolver una duda que le ha surgido.

Cada día ella se comunica con su *iPad*, y lo hace a través de un sistema inteligente conocido por muchos, cuyo nombre es *Siri*. *Siri* ya conoce mucha información sobre Marta, tanto es así que ha aprendido aquello que a esta joven le

Continúa en página siguiente >>

<< Viene de página anterior

interesa (música, eventos, etc.). También le avisa sobre recordatorios y hace todo lo posible por comprender a Marta.

Sobre esta información debes distinguir a qué rama de la inteligencia artificial *(Machine Learning* o *Deep Learning)* pertenece *Siri.*

Hasta aquí has aprendido que la tecnología basada en inteligencia artificial puede ser de dos tipos. Sin embargo, el verdadero desarrollo de los sistemas de expertos viene de la mano de una nueva **relación,** que asocia la **inteligencia artificial con el *Big Data:***

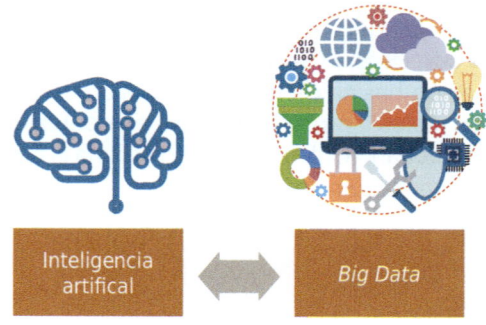

6. *Big Data:* el cambio en la IA

👉 HILO CONDUCTOR

Cuando Stephanie inició este camino formativo, jamás pudo sospechar que la tecnología basada en inteligencia artificial ya tenía algunos años. Las máquinas llevan décadas aprendiendo del cerebro humano. Sin embargo, es en esta década cuando entra en escena el gran almacén de datos. La revolución tecnológica no ha hecho más que comenzar, y poco a poco Stephanie va vislumbrando por sí sola todo el potencial tecnológico, que deberá comenzar por un cambio en la cultura organizacional.

La inteligencia artificial es un océano inmenso de oportunidades para los negocios al entrar en escena *Big Data.*

Big Data representa una tecnología que tiene una eficiente manera de almacenar y procesar **grandes volúmenes de datos** de diferentes fuentes y formas, sin necesidad de ser tratados previamente.

 **IMPORTANTE**

El proceso de transformación digital de las empresas se ve acelerado cuando se implementa tecnología fundamentada en los datos, que se combina con la inteligencia artificial.

- -

En los tiempos actuales los negocios se ven sometidos a importantes desafíos, tanto internos como externos.

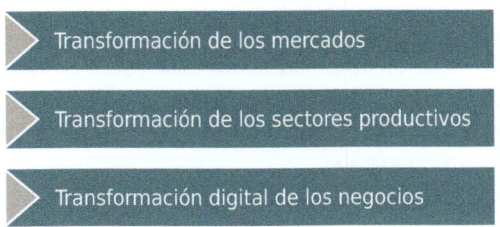

Transformación de los mercados

Transformación de los sectores productivos

Transformación digital de los negocios

Superar estos retos con éxito dependerá en gran medida de dos factores que han de tenerse en cuenta.

Las empresas, negocios, profesionales autónomos y, por supuesto, las grandes compañías requieren hacerse de dos capacidades básicas para abordar con fortuna la transición al nuevo paradigma empresarial:

- **Para predecir:** capacidad para reconocer, analizar y corregir un problema.
- **Para dar una atención personalizada:** capacidad para mejorar la experiencia del cliente con una atención individualizada.

Verás a continuación una sencilla explicación para comprender mucho mejor por qué es tan importante que los negocios estén capacitados para la predicción de oportunidades o amenazas y para dar una mejor atención personalizada.

◎ **EJEMPLO**

Poder anticiparse a los acontecimientos es una ventaja competitiva para las empresas. Es clave hacerse con tecnología capaz de leer patrones de comportamiento de los clientes en instantes reales. Para ello, la tecnología utiliza dos instrumentos vitales: los conocimientos previos (datos observables, datos públicos y datos privados) y mecanismos que identifican los movimientos de los consumidores.

Por ejemplo:

Compañías de electricidad, como Endesa, están haciendo uso de "lectores inteligentes" y megabases de datos:

- Por una parte, cuenta y hace uso de una importante base de datos (conocimientos previos).
- Por otra, identifican patrones de consumo.

La tecnología que maneja es tanto de *Machine* como *Deep Learning.* De esta manera, esta empresa consigue obtener información valiosa para acceder al mercado mayorista de la energía.

Las compañías de electricidad como esta están consiguiendo transformar su bases de datos no solo en un gran almacén de información (esto ya lo hacían antes), sino en un mecanismo decisorio para alcanzar de manera más certera los objetivos empresariales.

Las empresas que se automatizan (adoptan la inteligencia artificial) adquieren un nivel de transformación digital que les permite enfocar sus esfuerzos a mejorar la calidad del servicio al cliente y a optimizar la experiencia de sus usuarios.

6.1. Capacidades predictivas de las tecnologías inteligentes

La **capacidad de predicción** que proporcionan a las compañías las tecnologías inteligentes, haciendo uso de los datos almacenados, sigue siempre una **secuencia lógica**:

1. **Detección del problema:** por ejemplo, en una cadena de producción de una fábrica, la tecnología inteligente sería capaz de detectar un fallo de una máquina antes de que se produzca.
2. **Identificación de la causa:** atendiendo al mismo ejemplo, una vez pronosticado un problema que incurría en la paralización de la producción, con la consiguiente pérdida económica, la tecnología inteligente sería capaz de identificar la causa de la avería.
3. **Corrección oportuna del problema con la mayor eficacia:** finalmente, la tecnología inteligente proporcionaría la solución más óptima del problema.

 ## ACTIVIDAD COMPLEMENTARIA

3. Acabas de ver un sencillo ejemplo del uso que hace una compañía de electricidad para poder ser más rentable y competitiva. Sin embargo, la inteligencia artificial puede servir también para evitar grandes problemas.

   Sobre esta idea, formula con algún sencillo ejemplo qué incidencias podría evitar la combinación de tecnologías *Machine* y *Deep Learning* en el sector de la banca.

Como has estado viendo, la tecnología *Big Data* está jugando un papel fundamental en los avances de inteligencia artificial.

¿Podrías imaginar cómo afectaría el *Big Data* a la economía general de un país con una potente industria que dependa su producción de energías sostenibles?

Las empresas necesitarán predecir datos meteorológicos y gestionar un gran volumen de datos de manera inteligente para adaptar sus procesos productivos a las circunstancias cambiantes propias de la naturaleza. La idea es que la actividad no se detenga.

NOTA

No olvides que la inteligencia artificial es capaz de dar respuestas eficientes a problemas reales en contextos reales. Las máquinas aprenden de los datos y se entrenan con ellos. *Big Data* es el encargado de nutrir de datos a los sistemas de expertos basados en la inteligencia artificial.

6.2. Del *Data Centric* al *Data Driven:* revolución en las organizaciones

Expertos de todo el mundo advierten que la clave para que las organizaciones puedan transformar con éxito su manera de producir para ser más eficientes consiste en transformar la filosofía que hasta ahora se tiene sobre la gestión de los datos.

Por este motivo, la inteligencia artificial más avanzada es el instrumento que capacita a las empresas para que puedan adoptar una cultura basada en el **Data Driven.**

Observa con atención los dos enfoques que una empresa puede tener en torno al mundo de los datos:

Cultura DATA CENTRIC
- Organizaciones cuyas decisiones están basadas principalmente en intuiciones proporcionadas por el análisis de los datos. Centralizan datos, pero no están organizados ni son capaces de establecer conexiones que les permitan tomar óptimas decisiones y que estas sean automatizadas.

Cultura DATA DRIVEN
- Organizaciones que se ven impulsadas por los datos. Adoptan una filosofía alrededor de los mismos que les ayuda a tener una mejor visión estratégica con idea de poder optimizar la atención a los consumidores y clientes. Esto permite a las empresas tomar decisiones estratégicas de gran valor. Las compañías con una cultura *Data Driven* saben recopilar, analizar, examinar datos de diferentes fuentes, tipos y formatos, y disponen de tecnología que les permite tenerlos bien organizados. Este tipo de organizaciones toman sus decisiones sabiendo que previamente se ha realizado una optimización de toda la información disponible con profundos análisis.

La inteligencia artificial, junto con el *Big Data,* transforma sin dificultad los **datos estructurados** y **no estructurados,** provenientes de diferentes fuentes y en distintos formatos, en información fiable y de calidad.

 **DEFINICIÓN**

Datos
Son elementos que contienen una información y permiten acceder al conocimiento de un hecho.

- -

De la misma manera que el formato responde a la forma en la que informáticamente se estructura y organiza la información, los datos en términos generales se definen y agrupan en dos importantes clasificaciones:

⮕ **Estructurados:** representan aquellos datos sencillos de ser digeridos por el gran almacén de datos denominado *Big Data.* Son datos con unas características similares que permiten organizarlos con gran facilidad.
⮕ **No estructurados:** por el contrario, aquellos otros datos que presentan gran dificultad a la hora de crear un patrón de búsqueda y que vienen representados por una gran diversidad de formatos reciben el nombre de datos no estructurados (vídeos, documentos *Word,* imágenes, *post* en redes sociales, etc.). Representan el gran desafío para poder ser interpretados por las máquinas.

A la hora de alimentar los algoritmos de la inteligencia artificial para que una empresa pueda sacar el máximo potencial de la información, se necesita disponer de una fuente de alimentos que almacene, procese y proporcione a las máquinas datos sin dificultad alguna para que estas aprendan solas y sean capaces de tomar óptimas decisiones.

Esta fuente de alimentos es la que ya conoces como ***Big Data.***

Por esta sencilla razón, la alianza entre la inteligencia artificial y el *Big Data* transforma el concepto de ***Data Centric*** en la imprescindible **cultura del Data Driven.**

El papel del *Big Data* en el desarrollo de la inteligencia de los negocios es realmente importante, principalmente por dos causas:

⮞ Esta unión permite a la tecnología organizar los datos relevantes no estructurados y establecer distinciones entre los datos que aportan valor al negocio para la creación de estrategias empresariales.
⮞ Esta unión también rechaza aquellos otros datos insignificantes que retrasan los procesos y la toma de decisiones en las organizaciones que tienen todavía una cultura basada en el *Data Centric*.

A continuación te presentamos un artículo publicado por Analítica Negocios, y cuyo título es **"Diferencias entre datos estructurados y no estructurados"**.

 PARA SABER MÁS

Este este artículo conocerás mucho más sobre dos importantes grupos de datos: estructurados y no estructurados. Aprenderás a distinguir aquello que los caracteriza.

https://redirectoronline.com/ifct163po0111

 APLICACIÓN PRÁCTICA

Marcos quiere profundizar en cómo ha de abordar un cambio de filosofía en todos los departamentos de su empresa a la hora de recabar datos e información, que sirva para facilitar una transformación posterior del negocio. Para ello, ha decidido llevar a cabo una de las cuatro propuestas.

Continúa en página siguiente >>

<< Viene de página anterior

a. **Ordenar a todos sus departamentos que, a partir de ahora, organicen los datos que vayan generando en un mismo tipo de formato, de manera que la base de datos de la empresa esté compuesta por tipos de datos que faciliten la búsqueda.**

b. **Dar instrucciones a todos sus departamentos para que limpien sus bases de datos, dejando solo aquellos datos que sean de tipo estructurado fáciles de asimilar por un *small data*.**

c. **Implementar una tecnología madura capaz de procesar los datos estructurados del negocio.**

d. **Implementar una tecnología menos madura, pero capaz de procesar los datos íntegros del negocio, ya sean estructurados o no estructurados.**

¿Cuál de las opciones planteadas por Marco implicará un mayor desafío pero permitirá obtener mayores beneficios?

Solución

Marcos tendría que invertir en una investigación para adquirir un tipo de tecnología más avanzada pero menos madura. Esto le permitiría adoptar las medidas necesarias para incorporar próximamente la inteligencia de los negocios en su empresa.

Antes de implementar tecnologías de inteligencia artificial, es recomendable fomentar la cultura del *Data Driven* en los negocios.

¿Qué se ha de tener en cuenta para que una empresa adopte una filosofía *Data Driven*?

- Una cultura de empresa *Data Driven* debe girar en torno a los datos.

En breve vas a conocer cómo se ha de proceder para iniciar el camino de la transformación digital donde la inteligencia artificial, el *Business Intelligence, Big Data* y otros nuevos conceptos que aparecerán están integrados en la organización y juegan un papel fundamental.

A continuación vas a ver cómo en la práctica ya existen negocios que combinan la inteligencia artificial y el *Big Data*.

 EJEMPLO

Som Energía es una empresa del sector fotovoltaico que ha decidido invertir en una tecnología innovadora proporcionada por la compañía Beedata Analytics. Gracias a ello, se ha creado un producto que permite optimizar la energía solar que se genera, utilizando el gran recurso del *Big Data* y la inteligencia artificial.

¿Qué beneficio obtiene Som Energía por haber realizado esta inversión?

Gracias a las analíticas e informes totalmente personalizados generados por la empresa especializada en IA y *Big Data* que ha contratado, Som Energía ha doblado las ventas hasta alcanzar 2.000 unidades más de kits completos de paneles solares.

Los informes que se proporcionan al cliente sirven para que pueda ver y valorar con datos reales cuánto supone el ahorro de la inversión de una instalación para el autoconsumo de energía atendiendo a sus necesidades de consumo eléctrico.

Continúa en página siguiente >>

<< Viene de página anterior

Estos informes representan los resultados de poder analizar una gran ingesta de datos en tiempo real. Una compañía que no acudiera a este tipo de tecnología tendría que dedicar mucho más tiempo y no sería rentable.

- -

Siguiendo con el ejemplo anterior, podrás conocer con mayor profundidad cómo funciona la arquitectura de datos creada para Som Energía, y qué beneficios aporta el sistema de expertos diseñado por Beedata Analytics, el cual funciona como un inteligente simulador.

 **PARA SABER MÁS**

En el siguiente enlace podrás descubrir cómo la inteligencia artificial hace posible que una empresa aumente su rentabilidad:

https://redirectoronline.com/ifct163po0112

- -

La inteligencia de negocios aplicada a cualquier organización opera como una fuerza transformadora del ecosistema empresarial, generando nuevos impulsos y oportunidades de negocio.

6.3. Conceptos transformadores: *Business Intelligence, Data Warehouse* y otros

En toda **revolución** aparecen conceptos que ayudan a construir **nuevos paradigmas** y comprender el contexto. En relación a la **transformación digital** de las empresas, esta se inicia pero nunca se finaliza, por lo que van emergiendo términos que hay que ir integrando y comprendiendo poco a poco. Por todo ello, y porque es importante a la vez recordar cómo tecnologías emergentes se van apoyando en otras tecnologías maduras, necesitarás diferenciar la funcionalidad de términos que conforman el amplio glosario de la transformación digital.

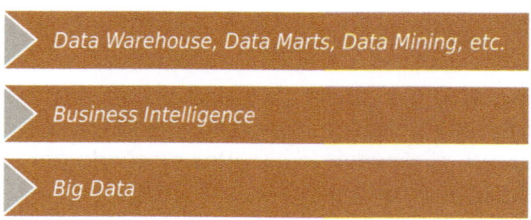

Es muy común cometer el gran error de confundir términos relacionados con las tecnologías y el mundo de los datos como son los conceptos **Big Data, Business Intelligence** y **Data Warehouse,** por ejemplo. Sin embargo, existe una clara diferenciación entre todos estos y otros términos:

- **Big Data:** representa un conjunto de tecnología e instrumentos capaces de hacer un procesamiento y análisis de una gran cantidad de datos a un coste económico y de tiempo asumible por una empresa.
- **Business Intelligence:** representa fórmulas mecánicas, así como tácticas, que optimizan la gestión de una empresa o negocio y que facilitan la toma de decisiones estratégicas, haciendo uso de bases de datos. Son técnicas que transforman los datos en información de valor para el negocio.
- **Data Warehouse:** consiste en la arquitectura de datos. Su único fin es integrar los datos de una organización sin tener la necesidad de saber para qué serán utilizados.

NOTA

A lo largo de lo que resta de contenido conocerás cómo van encajando muchos conceptos tecnológicos en un puzle final, en el que se advertirá la eficaz relación entre la inteligencia artificial y el *Big Data.* Para ello, tendrás que adentrarte antes en el alucinante mundo de los datos del *Business Intelligence.*

Herramientas de *Business Intelligence*

El objetivo que persigue la inteligencia de negocios *(Business Intelligence)* en el siglo XXI no es otro que el de dotar a la empresa de una eficacia en la toma de decisiones estratégicas para alcanzar un mayor éxito en los resultados basados en el flujo de la información útil con el que se manejan.

Son varias las **herramientas** que intervienen en la **inteligencia de negocios.** Cada una de ellas colabora para la elaboración, entre otras cosas, de los cuadros de mando e informes de empresas:

Informes
- Los informes son la representación detallada de información extraída de los datos o materia prima inicial; pueden ser mostrados mediante gráficas u otros tipos de muestra. Aportan información valiosa para la empresa y es muy útil para la optimización de toma de decisiones.

Data Marts
- Son un subconjunto de datos almacenados en pequeños contenedores. Están clasificados por contener datos específicos de cada área de la organización.

Data Warehouse
- Almacén o almacenes de datos. Viene representado mediante un contenedor. En los *Data Warehouse* de las compañías se acumulan y clasifican las diferentes fuentes de datos, de modo que una empresa acumula todos sus datos en un contenedor llamado *Data Warehouse.*

ETL
- Son las iniciales que responden a los conceptos de *Extract* (extraer), *Transform* (transformar) y *Load* (cargar). Define el conjunto de procesos de extracción y transformación de datos con el fin de poder ser cargados para su almacenaje como un sistema de organización de información.

Fuente de datos
- Los datos son la fuente principal de la que se nutre el *Business Intelligence.* Los datos pueden provenir externamente de la relación que se mantenga con los clientes de una empresa *(CRM)* o bien son datos propios de la misma que son administrados como recursos e información de la organización *(ERP)*.
CRM (Customer Relationship Management): base de datos de clientes de una empresa.
ERP (Enterprise Resource Planning): base de datos de recursos internos de una empresa.

En los informes obtenidos o cuadros de mando, se representa la transformación de los datos como materia prima inicial que, tras su procesamiento, dan respuestas a preguntas formuladas desde diferentes áreas de la empresa. De esta manera, se facilita el camino en la elaboración y diseño de planes de acción exitosos.

 **NOTA**

Aunque la inteligencia de negocios *(Business Intelligence)* queda a un escalón por debajo de lo que ofrece la colaboración de tecnologías como son la inteligencia artificial y el *Big Data,* es necesario comprender y entender cómo funciona.

Ahora que identificas más claramente el *Data Warehouse* como una arquitectura y no como una tecnología, podrás comprender mucho mejor que su función principal es la de servir de firme cimiento en la construcción de un sistema gerencial inteligente, basado siempre en la información.

Data Warehouse asumirá el papel integrador de todas las diferentes fuentes de datos de las que se alimenta. En él se almacenan los datos operacionales, estratégicos y tácticos de las empresas.

El contenedor almacena datos procedentes de fuentes con distintas funcionalidades, integrándolas desde las actividades operacionales y rutinarias de la organización desde su nivel más básico hasta otras más complejas y que, una vez procesados, son capaces de ofrecer una información desde diferentes perspectivas.

Elevar estos resultados al orden jerárquico correspondiente permite establecer pautas rápidas de actuación a los responsables directos, dando respuestas que optimizan la toma de decisiones a una velocidad imprescindible y necesaria para mantener niveles de competitividad para la supervivencia de las empresas.

Características del *Data Warehouse*

La característica más importante del *Data Warehouse* es que cuenta con la capacidad de agrupar y estructurar toda la información para ofrecer diferentes niveles de detalle en las consultas. De esta manera, la herramienta puede aplicarse en diversos usos y adaptada a diferentes usuarios.

Sin embargo, el carácter integrador del *Data Warehouse* exige estandarizar en un lenguaje integrador (datos estructurados) todos y cada uno de los formatos (gráficos, imágenes, documentos, transacciones, etc.) en los que vienen expresados los datos para poder ser almacenados.

Bill Inmon, propulsor del concepto *Data Warehouse,* destacó cinco de sus principales características:

- **Una base de datos corporativa INTEGRADA:** cuenta con una estructura de almacenaje de datos consistentes. Esto implica la necesidad de eliminar las debilidades entre sistemas de operaciones.
- **Una base de datos corporativa TEMÁTICA:** la organización de los datos por temas facilita la comprensión y acceso a ellos. Esto significa que su ordenación se realiza pensando en los usuarios finales. Cada interesado gestionará temas y áreas de la empresa diferentes.
- **Una base de datos corporativa HISTÓRICA:** implica la recogida y almacenaje de datos identificando momentos determinados, de tal manera que se hace posible el análisis de las tendencias en intervalos de tiempos definidos y medidos para poder comparar cada uno de los datos seleccionados.
- **Una base de datos corporativa NO VOLÁTIL:** está diseñado para almacenar información permanente que no pueda ser modificada, lo que significa que se cargan datos para exclusivamente ser consultados.
- **Una base de datos corporativa METADATOS:** está compuesto de metadatos.
  Los metadatos son datos sobre datos que facilitan la compresión y origen de la información. Gracias a ellos la obtención de la información se simplifica, facilitando el trasvase de los sistemas operacionales a los sistemas informacionales.

Ventajas del *Data Warehouse*

Aunque ya podrás intuirlo, son numerosos los beneficios que ofrece a las empresas poder contar con una arquitectura de datos.

Puedes consultar con tranquilidad el listado de ventajas que viene a continuación:

- Información asequible, uniforme y actualizada.
- Influye positivamente en la calidad de las decisiones.
- Muy eficaz para un enfoque a medio y largo plazo.
- De implementación sencilla.
- Da información sobre el funcionamiento de la empresa.
- Ayuda a la dirección a crear planes de acción exitosos.

● Aumenta la productividad empresarial.
● Mejora las relaciones con clientes y proveedores.
● Convierte los datos en información y la información en conocimiento.
● Agiliza los tiempos de respuesta reduciendo costes empresariales.
● Aporta valor a la empresa en el procesamiento de la información.
● Facilita el camino para una acertada toma de decisiones.
● Favorece la comunicación entre diferentes departamentos en la empresa.

 IMPORTANTE

Que un negocio cuente con grandes almacenes de información supone una ventaja competitiva de primer orden. Es la clave para identificar oportunidades empresariales, pero también para detectar amenazas disfrazadas en un entorno económico global y cambiante donde compiten las empresas del siglo XXI.

Sistemas OLTP

El *Data Warehouse* cumple sus funciones a la perfección como almacén dentro del objetivo planteado por el *Business Intelligence,* pero también tiene la responsabilidad de recopilar y agrupar datos de fuentes diversas (tarea compleja). Este paso previo es indispensable para posteriormente procesar los datos mediante herramientas y **mecanismos de análisis** creados para tal fin.

Ahora el siguiente objetivo es extraer información de valor para la empresa. El fin del *Business Intelligence* es proporcionar información útil para crear eficaces y eficientes estrategias de negocio.

¿Qué se necesita para llevar a cabo esta tarea de análisis?

Business Intelligence requiere de una herramienta tecnológica capaz de procesar, gestionar, mantener y administrar de manera constante y diaria todas las actividades que genera el sistema operacional del negocio y que quedan almacenadas en los distintos *Data Warehouse*.

Cada movimiento operacional de un negocio debe quedar registrado. Estos registros de los procesos transaccionales cuyo origen se encuentran en el nivel operativo de la empresa son la base del desarrollo del *Business Intelligence*.

Posteriormente, y sometidos estos registros a los procesamientos analíticos correspondientes, se consigue que el negocio pueda optimizar su actividad ofreciendo un servicio ágil e inteligente que será percibido sin duda alguna por el cliente.

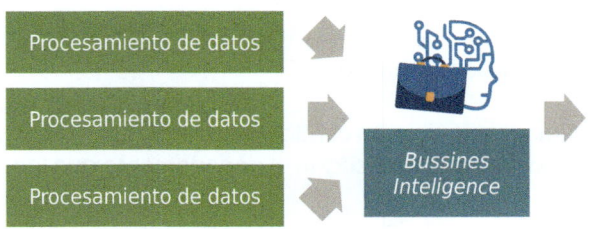

NOTA

Los consumidores hoy en día reclaman disfrutar de experiencias agradables a la hora de consumir, mucho más si el medio es digital. Exigen respuestas rápidas, seguras y veraces.

El **sistema de almacenaje** cuya base de datos está orientada a procesar las transacciones y operaciones en tiempo real recibe el nombre de ***On Line Transaction Processing*** (OLTP).

PROCESOS *WAREHOUSE*

Un sistema OLTP es un sistema de soporte de operaciones del que dispone la empresa para poder realizar las transacciones diarias, así como los pedidos, las transacciones bancarias y cualquier tipo de operativa.

Ventajas e inconvenientes de los sistemas OLTP

Sin duda, los sistemas OLTP suponen una **ventaja** para las empresas, pues facilitan su operatoria. Pero has de saber que soportan una gran cantidad de transacciones diarias, pudiendo todo esto representar también algunos **inconvenientes:**

- ⮎ Ventajas de los sistemas OLTP:

  - ⮑ Almacenaje de gran cantidad de datos.
  - ⮑ Datos organizados según el departamento que los origina.

- ⮎ Inconvenientes de los sistemas OLTP:

  - ⮑ Dificultad en el acceso a los datos.
  - ⮑ Ausencia de uniformidad en la presentación de datos.

 **NOTA**

De nuevas necesidades van surgiendo nuevas tecnologías.

Retos en la implementación del *Data Warehouse*

Uno de los principales desafíos a los que se enfrentan los negocios a la hora de crear un ***Data Warehouse*** es que no es posible adquirir estos almacenes de datos mediante la compra de un *software,* ya que se trata de un **proceso de construcción evolutivo** de la empresa, que requiere mucho tiempo y dedicación.

Para ello, se necesitará establecer en primer lugar unas pautas claras, precisas y conscientes, apoyadas en una metodología que permitirá avanzar en los procesos para la adecuada implementación del *Data Warehouse* en el negocio, así como la posibilidad de realizar controles de la evolución y desarrollo de las fases de implementación de este gran almacén de datos.

Una buena práctica consiste en iniciar este proceso en un área específica de la compañía mediante fases claramente establecidas. Con posterioridad este modelo podrá extenderse a la totalidad departamental de la organización, pudiendo de esta forma comprobar los beneficios más a corto plazo:

Objetivos
- Como cualquier base de proyecto que se inicia, los objetivos deben quedar claramente identificados para establecer la razón por la que se realiza la acción. Para ello es de vital importancia definir unos objetivos concretos, claros, medibles, etc.

Requerimientos
- Es muy importante establecer todos los pasos que se irán desarrollando en la construcción del *Data Warehouse*. Para ello, se necesitará conocer los requerimientos de la información para la elaboración del proyecto.

Diseño
- El diseño quedará determinado por los requerimientos de la información. Una vez establecido el paso anterior, se podrá diseñar un modelo correcto de *Data Warehouse*.

Extracción y carga
- Llegados a esta fase, la implementación en la empresa de un *Data Warehouse* requiere la extracción de datos provenientes de los procesos operacionales de la empresa, además de la carga de los mismos en el almacén de datos. Esto se hace con idea de que puedan ser explotados posteriormente por el *Data Warehouse* a través de herramientas, técnicas y sistemas, que harán que este almacén ya construido sea útil para su uso práctico por parte de los usuarios.

Revisión
- La revisión juega un papel determinante, puesto que has de saber que un *Data Warehouse* quedará bien implantado siempre y cuando se haya sometido a preguntas que den respuestas a posibles mejoras para sacar el máximo provecho a esta acumulación de información.

 ACTIVIDAD COMPLEMENTARIA

4. Lee atentamente el siguiente documento. En él se expresa y explica la evolución, el desarrollo y la importancia de los sistemas de información para la compleja toma de decisiones en una empresa.

Continúa en página siguiente >>

<< Viene de página anterior

https://redirectoronline.com/ifct163po0113

¿Qué beneficios aportaría la intervención de la inteligencia artificial y la utilización de un conjunto de tecnologías asociadas al *Big Data*?

Sistemas OLAP

El carácter analítico de la inteligencia de negocios queda representado mediante un cubo tridimensional. Los procesos analíticos suceden gracias a los **sistemas OLAP.**

Carácter descriptivo
- El análisis de datos históricos permite realizar una radiografía de lo acontecido en tiempos pasados.

Carácter predictivo
- El análisis de datos va dirigido a proporcionar respuestas a lo que pudiera acontecer en el planteamiento de suposiciones futuras.

 **DEFINICIÓN**

Sistema OLAP

On-Line Analytical Processing (OLAP) es un proceso analítico en línea cuya base de datos es multidimensional. Está orientado a servir de soporte para el análisis de predicciones de situaciones futuras y tendencias. Su principal función es dotar de agilidad la consulta de grandes volúmenes de datos.

Los sistemas OLAP se representan gráficamente con la figura de un **cubo.** Con esta forma es posible catalogar datos descriptivos (**datos cualitativos**). Por otra parte, y gracias a las medidas y el volumen, es posible informar también de **datos cuantitativos.** Cada pieza de este cubo contiene información específica y cuenta con movilidad, favoreciendo el proceso analítico de consulta con enorme agilidad.

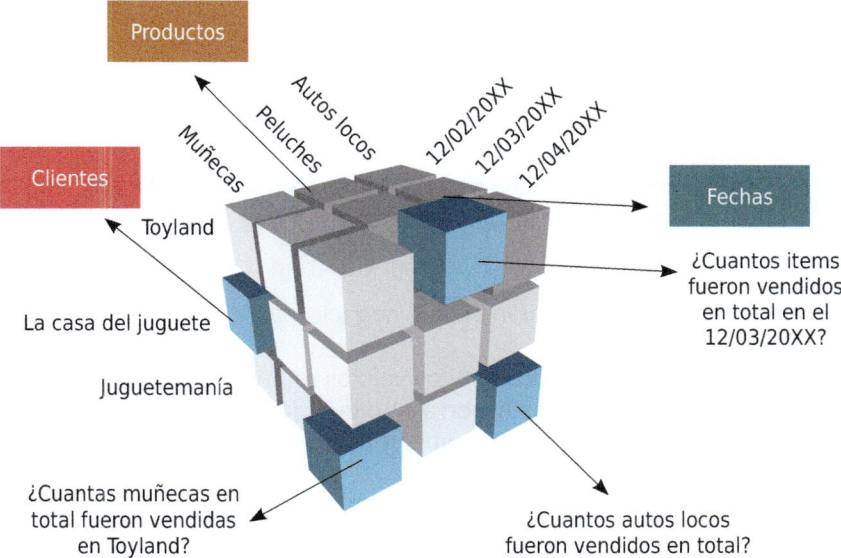

Ejemplificación de un sistema OLAP aplicado a un negocio de venta de juguetes (© Imagen: Evaluando Software / evaluandosoftware.com)

NOTA

En función de la movilidad de las piezas consultadas, se determinará si la técnica de análisis es *Drill Down* (de la generalidad a la particularidad) o *Drill Up* (un informe te lleva a otro informe relevante para los datos que se analizan). Esto implica consultas en ambas direcciones como, por ejemplo, ventas de un producto determinado en España, Andalucía, Málaga, Antequera) o acceder a información de número de ventas por productos, pero también a datos sobre comerciales que satisfacen las ventas de una localidad.

Por lo general, las gerencias de pequeñas y medianas empresas están aún acostumbradas a la utilización de las ya tradicionales hojas de cálculo y programas informáticos algo obsoletos. Pero los modelos OLAP ofrecen alternativas mucho más ventajosas:

- Son capaces de representar la información solicitada mediante un lenguaje empresarial mucho más actual.
- Pueden dar forma a los datos acumulados mediante una **dimensión, medida, jerarquía** y **granularidad.**

Así se constituye un cubo OLAP:

- **Dimensión:** trabaja con bases de datos dimensionales, y capaz de dar a la información diferentes perspectivas para su análisis con el objetivo de entender y facilitar su comprensión.
  Ejemplos de dimensión:

  ◑ País, ciudad, región, sector, negocio, etc.

- **Medida:** las medidas son los valores representados por números que ayudan a dar un significado a las dimensiones objeto de estudio. Son los números que facilitan la comprensión de una gráfica.
  Ejemplos de medida:

  ◑ Cantidad, ventas, unidades, coste, etc.

- **Jerarquía:** cuando se quiere investigar sobre un dato y profundizar en él, hablamos de jerarquía.
  Ejemplo de jerarquía:

  ◑ Queremos visualizar las ventas en una provincia y se profundiza en las localidades.

- **Granularidad:** cuanto mayor nivel de detalle tenga la información sobre la que se desea trabajar, mayor será su grado de granularidad y, por tanto, mayor será la cantidad de datos que analizar.
  Ejemplos de granularidad:

  ◑ Obtención de datos de ventas de la localidad, por semestre, trimestre, mes, día, hora, etc.

IMPORTANTE

Este nuevo lenguaje empresarial ha ido preparando y capacitando a los negocios para adentrarse a nuevas fórmulas que liderarán la gestión de la información en el mundo empresarial. Un nuevo paradigma de los negocios protagonizado por la inteligencia artificial y ventajas de las que se nutre a través del *Big Data*.

Son varias las **herramientas OLAP** que el *Business Intelligence* maneja. Sin profundizar mucho en ello, es importante que conozcas qué artilugios se utilizan; esto te permitirá razonar la utilidad de un *Data Warehouse* para negocios de cualquier tamaño, incluidas las grandes empresas.

A continuación, identificarás las **tres categorías de servidores o sistemas de procesamiento OLAP:**

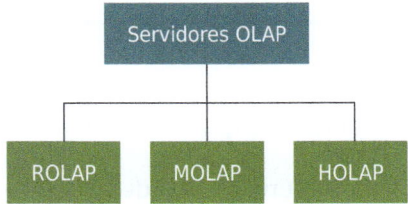

No olvides que los datos representan la materia prima del *Business Intelligence*. Gracias a ellos se conforma y construye un almacén donde quedan incorporados, rechazando todos aquellos datos duplicados y carentes de uso. Mediante las diferentes técnicas OLAP, es posible el procesamiento de datos, cuyo objetivo es proporcionar información relevante para las empresas. Como consecuencia, los negocios tomarán decisiones más relevantes y óptimas, cuestión esta que ayudará a su supervivencia.

Data Mining

Otro importante concepto asociado con la inteligencia de negocios es el conocido como **Data Mining.**

Data Mining o minería de datos

- Se trata de un conjunto de técnicas a las que se les aplica la tecnología con el fin de procesar, mediante exploración, una inmensidad de volúmenes de datos que, de manera automatizada o parcialmente automatizada, hace posible localizar patrones, tendencias o incluso dar respuestas futuribles en escenarios reales o imaginables en el entorno de la empresa y en un determinado contexto.

El *Data Mining* es capaz de convertir los datos en información y la información en conocimiento para así poder optimizar las decisiones empresariales.

Una de las principales **funcionalidades** del *Data Mining* es que esta tecnología puede llegar a encontrar **información escondida** en los datos que analiza.

 EJEMPLO

Imagina la importancia que puede llegar a tener para la comunidad científica disponer de la funcionalidad de la minería de datos en sus trabajos de investigación. Gracias a esta tecnología, es posible la clasificación y segmentación de simples datos y, lo que es mejor, facilita la **creación de hipótesis científicas.**

Son varios los **objetivos** del *Data Mining,* pero principalmente pueden agruparse en dos objetivos principales:

Descriptivo	Predictivo

- Busca y describe las reglas de asociación de patrones secuenciales.
- Por ejemplo:
  - Consigue establecer la relación de productos que suelen ser adquiridos al mismo tiempo por un consumidor dentro de un mismo comercio.
	- Una vez encontradas las reglas de asociación, es capaz de predecir y estimar comportamientos.
	- Por ejemplo:
	  - Desde un enfoque de la medicina, se puede estimar el desencadenante futuro de una enfermedad.

En función de dónde se apliquen las técnicas del **Data Mining,** la minería de datos puede clasificarse en **dos categorías** diferentes:

● **Text mining:** se aplican las técnicas de la minería de datos a la totalidad de documentos en diferentes formatos almacenados en las empresas.
● **Web mining:** se aplican las técnicas de la minería de datos a las huellas que los usuarios digitales van dejando mientras navegan por la red de internet.

Vistas las diferencias entre algunos conceptos, has de saber que cuando **la arquitectura de los datos** o *Data Warehouse* sirve no solo para **almacenar datos,** sino también para **proporcionar valor** a la empresa con idea de tener optimizados todos sus procesos, deberá sin excusa aparecer en escena el *Big Data.*

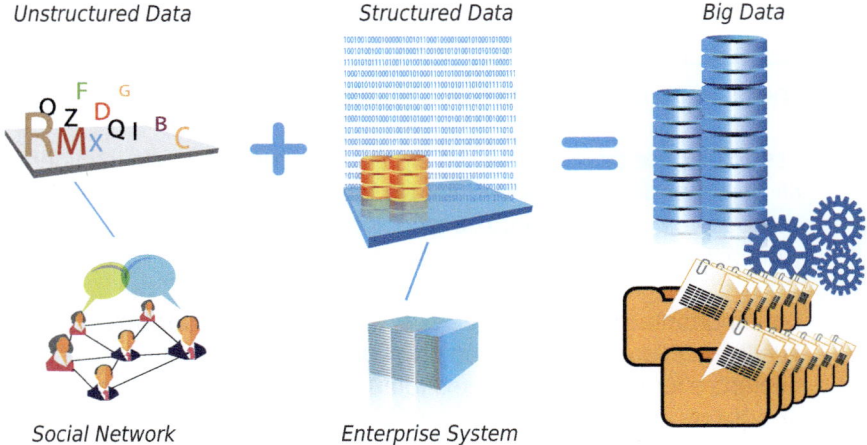

Unstructured Data   Structured Data   Big Data

Social Network   Enterprise System

El Big Data consigue analizar y procesar un inmenso volumen de datos provenientes de fuentes diferentes y formatos distintos, sin necesidad de que estos deban estar estructurados.

NOTA

Con el *Data Warehouse* solo es posible integrar infinidad de datos para proporcionar coherencia y credibilidad a la información que gestiona una empresa, pero es difícil establecer automáticamente relaciones entre ellos.

La mejor manera de ensalzar la labor del *Big Data* como conjunto de tecnologías es estableciendo diferentes definiciones:

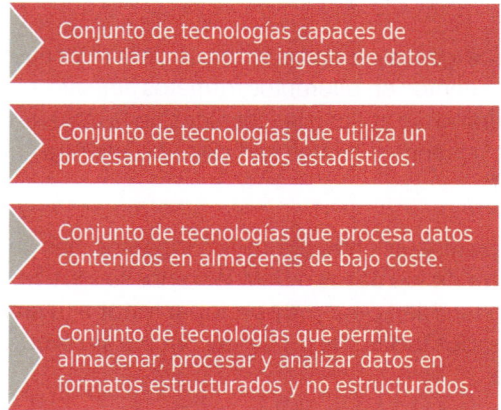

Conjunto de tecnologías capaces de acumular una enorme ingesta de datos.

Conjunto de tecnologías que utiliza un procesamiento de datos estadísticos.

Conjunto de tecnologías que procesa datos contenidos en almacenes de bajo coste.

Conjunto de tecnologías que permite almacenar, procesar y analizar datos en formatos estructurados y no estructurados.

Diferencias entre *Business Intelligence* y *Big Data*

Las soluciones tecnológicas del *Big Data* proporcionan a la inteligencia artificial un poder muy importante. No hay que olvidar que el *Big Data* está compuesto por un conjunto de tecnologías capaces de almacenar, analizar y procesar enormes volúmenes de datos.

Lo importante de todo ello es que, a diferencia del sistema de *Business Intelligence,* que pierde tiempo y agilidad en el procesamiento de datos de diferentes formatos y fuentes (estructurados y no estructurados) para organizarlos en un cubo multidimensional, el *Big Data* los procesa rápidamente aunque sean datos de distintas fuentes, plataformas y sin relación alguna, sin necesidad de unificar estructuras y sin tan siquiera hacer que el almacenaje esté dentro de un mismo cubo o contenedor.

El procesamiento de datos con formatos diferentes y distintas fuentes es realmente complejo. Por este motivo, el Big Data conforma una nueva generación de alta tecnología que permite con gran agilidad la transformación y extracción de datos de una organización.

 IMPORTANTE

Si el *Business Intelligence* ya aporta una gran ventaja competitiva a las organizaciones que lo implementan, **¿puedes imaginar qué beneficios recibirán las empresas que quieran dar un paso más al implementar la inteligencia artificial con todo el potencial del *Big Data?***

Para que te resulte más fácil advertir las **diferencias** entre las dos inteligencias, **inteligencia de negocios e inteligencia artificial,** a continuación tendrás un pequeño esquema de lo que cada una de ellas puede aportar. De esta manera, podrás hacer mejor la comparativa y ver exactamente qué necesitas:

Software de business intelligence
- **Modelado de datos:** consiste en dar forma a la representación jerárquica de los datos en el cubo o contenedor. Para ello se utiliza un método que analiza todas las fuentes de datos existentes de la organización. De esta manera, se consigue determinar cómo debe ser la relación entre los datos para que la interacción sea la correcta.
- **Creación de informes y análisis:** método que se utiliza para la generación de informes y que aporta rapidez en la consulta para que puedan finalmente ser utilizados por los usuarios finales:
  - Captura de los datos.
  - Estructuración de los datos.
  - Almacenaje de los datos.
  - Análisis de los datos.
- **Generación de cuadros de mandos:** generación de informes que agrupa, según unos parámetros, los datos decisorios de un negocio. El contenido de estos informes está adaptado al usuario final (dependiendo del nivel jerárquico que el usuario tenga en la organización o del departamento al que pertenezca, el cuadro de mando recogerá una información u otra).

Software de inteligencia artificial
- **Automatización de procesos:** es lo más parecido a la sinapsis de las redes neuronales biológicas. De forma automatizada se hace uso de la información con una capacidad de interactuación de los datos, haciendo uso de estos en función de la necesidad para dar determinadas respuestas. Un buen ejemplo podría ser el proceso que utiliza un sistema de experto para interpretar el contenido de contrato.
- **Percepción cognitiva:** consiste en la destreza de la máquina para emplear algoritmos basados en la inteligencia artificial y en el consumo de datos para extraer razonamientos o modelos de conducta. Ejemplo de ello podría ser la gestión de diversas bases de datos para hacer marketing programado.
- **Interfaz cognitiva:** consiste en la maquinaria para llevar a cabo actuaciones cognitivas por parte de los programas informáticos, es decir, interacciones con los seres humanos. Ejemplo de ello son las experiencias conversacionales *(Chatbots)*.

 **PARA SABER MÁS**

Si con todo lo visto aún te quedan ganas de profundizar sobre cuáles son las diferencias entre la inteligencia de negocios *(Business Intelligence)* y la inteligencia artificial, aquí tienes un interesante artículo que definitivamente te lo aclarará:

Continúa en página siguiente >>

<< Viene de página anterior

https://redirectoronline.com/ifct163po0114

Progresando: del *Big Data* al *Blockchain*

Si piensan que con el *Big Data* la inteligencia artificial está en su máxima expresión, estás equivocado.

Llega una nueva revolución que viene de la mano del **Blockchain** y, por supuesto, de la conectividad y velocidad en la que viajan los datos.

Caracterizada por la seguridad e inmutabilidad, *Blockchain* es una gigantesca base de datos que permite acoger y enlazar todo tipo de registros operacionales.

 **DEFINICIÓN**

Blockchain
Se trata de una tecnología cuyo diseño permite transacciones a través de cadenas de bloques. Estas operaciones no requieren de intermediarios (servidores), haciendo que las comunicaciones (flujo de datos) entre emisores y receptores sean directas y ágiles.

Blockchain es una **nueva dimensión de tecnología** que definitivamente está revolucionando los sistemas de información. El impacto que producirá en el ecosistema empresarial cambiará la manera en la que los datos son transferidos a través de internet, generando un nuevo paradigma.

Para que su comprensión sea más sencilla, imagina esta comparativa.

¿Qué ocurriría si tenemos un Ferrari, pero no contamos con autopistas?

El Ferrari es *Big Data, Blockchain* es una red de autopistas sin límite de velocidad.

Con la simple intención de despertar cierta curiosidad, a continuación dispondrás de algunos conceptos básicos que te ayudarán a comprender cómo se constituye esta imponente red que permite una mayor transparencia y una descentralización de datos y aporta una increíble seguridad a las empresas, negocios, organizaciones e instituciones.

A continuación, se describen los detalles de esta nueva tecnología:

- **Criptografía:** técnicas de cifrado que permite codificar de manera segura las comunicaciones.
- **Ciclo de vida:** proceso a través del cual se producen las transacciones entre usuarios utilizando una estructura de bloques.
- **Estructura de bloques:** mecanismo que permite la consulta de datos a través de la ordenación y almacenamiento de una gran cantidad de datos.
- **Algoritmos de conceso:** raíz tecnológica del *Blockchain*. Son algoritmos que seleccionan las situaciones correctas de los registros después de ejecutar las transacciones.
- **Arquitectura:** bloques de almacenaje de datos lineal que permite gestionar la información.
- **Ecosistema:** amplio contexto de aplicación en el desarrollo de recursos inteligentes que permiten ser interaccionados a través de tecnología *Blockchain.*

Para contextualizar la operatividad funcional en transacciones económicas utilizando la cadena de bloques, tienes a tu disposición la siguiente infografía que resume la practicidad de *Blockchain.*

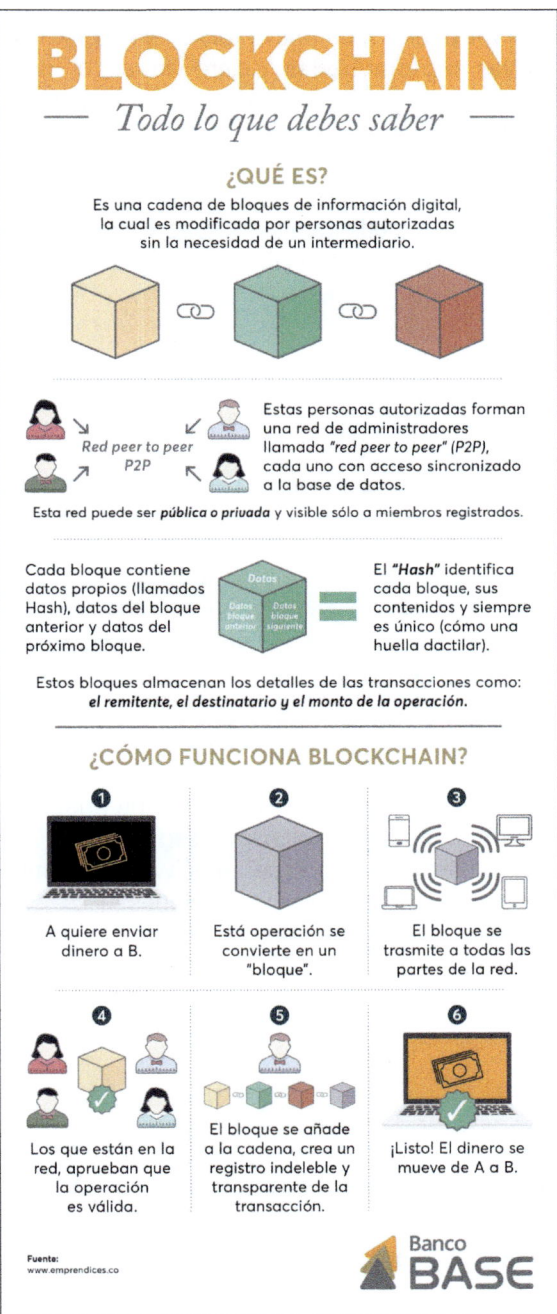

Esquema de transacción dineraria sin bancos intermediarios
(© Imagen: emprendices / emprendices.co)

Aunque en un primer momento *Blockchain* es fácil de relacionar con el mundo de las **criptomonedas** (dinero virtual), en definitiva, y aplicada a otros ámbitos, esta tecnología permite que las organizaciones funcionen de una forma mucho más efectiva:

- De forma descentralizada
- Dotando de control de identidad a cada transacción
- Mitigando los riesgos de la ciberdelincuencia

IMPORTANTE

La ciberseguridad es un gran reto del actual ecosistema digital que toda organización debe afrontar con los mayores recursos disponibles.

Sin duda, *Blockchain* supondrá un cambio a la hora de comunicarnos, ya que son muchas las aplicaciones que pueden utilizar esta increíble tecnología.

Presta atención a los **principales usos** que se muestran a continuación:

- Transferencia veloz de dinero virtual sin intermediarios bancarios
- Firma de contratos en milésimas de segundo
- Elecciones electrónicas con garantía (voto electrónico)
- Gestión de gastos de las administraciones
- Compraventa digital de bienes
- Testamentaría digital, etc.

NOTA

Muchos países e instituciones han comenzado a recopilar datos. Por ejemplo, en Italia ya es posible realizar aportaciones a asociaciones sin ánimo de lucro (ONG) donde el donante puede hacer un seguimiento de dónde está su dinero.

PARA SABER MÁS

Si quieres tener algún dato más sobre la nueva relación entre el *Big Data* y la tecnología *Blockchain*, anímate a leer el siguiente artículo en el que Telefónica explica en su blog qué tendencias tecnológicas debe conocer un emprendedor.

https://redirectoronline.com/ifct163po0115

6.4. Objetivos de la nueva inteligencia artificial

A medida que numerosas tecnologías han ido integrándose y madurando, la inteligencia artificial ha dado un **salto exponencial** con avances innovadores que pueden aplicarse en todos los ámbitos industriales y sociales.

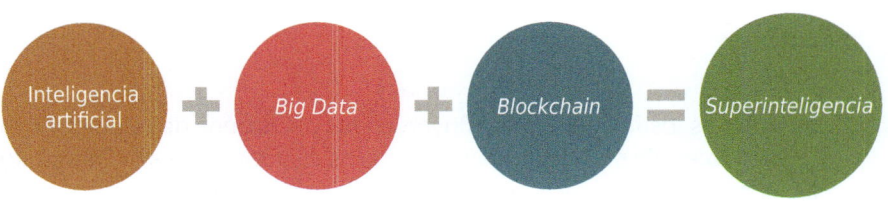

NOTA

No hay que olvidar que, en la inteligencia artificial, el potencial de los algoritmos para dar con soluciones optimizadas capaces de resolver problemas complejos pasa por la ingesta voluminosa de datos.

Muchos de los nuevos programas informáticos comienzan ya a diseñarse con la inteligencia más desarrollada. Esto permite la proliferación de infinitas aplicaciones muy eficaces que no solo aportan beneficios a las empresas, sino también ofrecen grandes ventajas para las sociedades y para su ciudadanía.

¿Qué objetivos está cumpliendo el conjunto de estas tecnologías?

A continuación, tienes una relación de metas alcanzadas por tecnologías gracias a la intervención de la IA. Posteriormente tendrás la oportunidad de ir desgranando cada meta una a una:

1. Ayuda a conocer el comportamiento de los usuarios y consumidores
2. Contribuye a crear propuestas sostenibles que respetan el medioambiente
3. Contribuye a aumentar la seguridad
4. Ayuda a mejorar la atención del cliente
5. Actúa en beneficio de la calidad de vida de la ciudadanía

 IMPORTANTE

Resulta difícil visionar todas las ventajas que ofrece la unión de dos superpoderes como son la inteligencia artificial y el *Big Data*. Son dos importantes e inseparables socios que impulsan la transformación de las organizaciones, y sirven de flotador en un contexto económico cambiante y lleno de sorpresas.

Son muchos los factores que influyen en las decisiones de compra de los consumidores. Es evidente que no todos los clientes adquieren productos bajo el mismo patrón de compras. Las motivaciones, las circunstancias, los gustos, las experiencias previas y miles de factores más influyen directa e indirectamente en el cierre de una venta. La multitud de factores hace difícil y complicado que las empresas puedan plantearse crear propuestas y soluciones comerciales a medida. Sin embargo, las nuevas tecnologías basadas en IA son capaces de **reconocer el comportamiento de los usuarios y consumidores.**

Otro importante reto alcanzado por la asociación de dos potentes tecnologías (IA y *Big Data*) es el de ser capaz de crear **propuestas para la mejora energética y soluciones comerciales sostenibles.**

Como ejemplo, muchas empresas están impulsando una concienciación para el ahorro energético a través de soluciones asentadas en la inteligencia artificial:

Internet de las cosas
- Muchas empresas adaptan sus productos para que estos permitan a los usuarios hacer un uso de la tecnología con más responsabilidad hacia los recursos naturales. Ejemplo de ello son las bombillas inteligentes, el control de la calefacción, etc.

Edificios inteligentes
- Las edificaciones inteligentes son grandes propuestas de valor. Pueden ser edificios de viviendas o casas independientes, pero también locales que alojan entidades bancarias u hospitales. Su gestión es automatizada y, gracias a estos sistemas inteligentes, es posible un gran ahorro energético, de mantenimiento y de administración. Algunas ventajas son:
- Administración y mantenimiento más sencillo.
- Aportan eficiencia energética y sostenibilidad del planeta: consumen menos.
- Son mucho más cómodos y tienen la capacidad de adaptación a las necesidades de los usuarios.

 ACTIVIDAD COMPLEMENTARIA

5. Acabas de ver algunas ventajas de dotar de inteligencia artificial a edificios y construcciones. Ahora te toca a ti. Busca en internet algún ejemplo y pon en relieve qué beneficios aporta ese inmueble en el respeto al medioambiente.

Así, identifica un edificio inteligente que ya esté funcionando en cualquier parte del mundo y describe qué valor añadido aporta.

El auge creciente de los *Chatbots*

El tándem formado por la IA y el *Big Data* es un excelente recurso para **mejorar la atención del cliente.**

Este conjunto de tecnologías ofrece en tiempo real una efectividad de respuesta a los consumidores, clientes y usuarios. Esta misión hace que el cliente digital tenga una buena percepción sobre el producto o servicio que se le oferte, aumentando su grado de satisfacción.

La herramienta para proporcionar esta óptima atención al cliente se denomina **Chatbots.**

Veamos ahora un ejemplo de su funcionamiento, pero antes presta atención a la definición.

- El concepto Chatbots viene a representar la manera en la que la atención al cliente se realiza de forma automatizada. En realidad son programas informáticos que utilizan la inteligencia artificial y una gran base de datos para comunicarse con los clientes y mantener conversaciones con ellos en tiempo real.

 **NOTA**

Los *Chatbots* ofrecen una atención al cliente totalmente personalizada por medio de conversaciones. Dan respuestas a las consultas planteadas por los usuarios y los guía de forma ordenada hasta dar con la solución al problema planteado de la manera más óptima.

Has de tener en cuenta que no todos los *Chatbots* emplean los mismos recursos tecnológicos para ser operativos y funcionales. Presta mucha atención porque, a la hora de implementar un programa conversacional automatizado en la web de tu negocio o empresa, tendrás que elegir entre **dos categorías de *Chatbots*.** La diferencia entre ambas radica en el tipo de tecnología que se ha utilizado para crear dicho programa:

● ***Chatbots* predefinidos:** dan respuestas automatizadas pero predefinidas según unos comandos configurados. Las conversaciones son muy simples, y solo permiten al usuario seguir una única línea de conversación. Principalmente pueden distinguirse porque las soluciones que ofrecen vienen acompañadas de respuestas cerradas.
● ***Chatbots* con inteligencia artificial:** dan respuestas automatizadas, pero siendo capaces de advertir las necesidades concretas del cliente. Con este tipo de *Chatbot* el consumidor puede mantener perfectamente una conversación tal y como si la tuviera con una persona que está al otro lado. Las respuestas son totalmente razonadas.

Gracias a los ***Chatbots,*** las empresas pueden atender a sus clientes a través de canales digitales **reduciendo el tiempo de respuesta.** La tecnología basada en la inteligencia artificial sirve como canal de comunicación con gran efectividad, proporcionando una valiosa **experiencia al usuario** que optimizará sin duda alguna la atención y respuestas a sus necesidades y dudas mediante un lenguaje de texto o a través de una simple voz.

En este sentido, este tipo de atención al cliente está en auge. Tanto es así que cada vez más el usuario percibe el procedimiento de forma grata aceptando con normalidad este tipo de conversaciones inteligentes.

Sin embargo, lo más sorprendente está aún por llegar: lo comprobarás en el vídeo que tienes a continuación. No obstante, y antes de visualizar este pequeño documental, deberás reflexionar sobre la siguiente cuestión que se te plantea ahora, ya que al finalizar el vídeo realizarás una actividad con la que darás respuesta a ella.

 **VÍDEO**

En este vídeo puedes ver una entrevista con un robot con inteligencia artificial, Sophía. Sophía es una autómata preparada con inteligencia artificial que es capaz de conversar con un humano con total normalidad.

Continúa en página siguiente >>

<< *Viene de página anterior*

https://redirectoronline.com/ifct163po0116

Uno de los principales desafíos que supone el diseño de *softwares* de inteligencia artificial para la creación de *Chatbots* es dotar a este instrumento de la capacitación suficiente para reconocer en el interlocutor, a través de la conversación, grados de frustración como la decepción, el enfado, etc. En este sentido, los algoritmos aprenden rápido y se entrenan para localizar la mejor solución en sus respuestas.

APLICACIÓN PRÁCTICA

Acabas de comprobar cómo el robot Sophía puede perfectamente interactuar con una persona y responder, sin ninguna duda, a todas las cuestiones que se le puedan plantear. Si has observado bien, habrás visto que Sophía incluso ha aprendido a gesticular con cierta coherencia no solo en todas sus respuestas, sino también a la hora de escuchar a su interlocutor.

Basándote en estos datos, y con todo lo aprendido a lo largo del contenido, responde a la siguiente cuestión. ¿En qué rama de la inteligencia artificial se basan los *Chatbots*?

Solución

Se puede decir que este tipo de *Chatbots* son programas informáticos de inteligencia artificial cuyo diseño está perfectamente preparado para realizar de forma independiente tareas sin el apoyo humano. Esto hace posible la interacción de la máquina con el usuario. Dicho esto, el principal avance que han tenido estas interesantes experiencias conversacionales viene de la mano del

Continúa en página siguiente >>

<< Viene de página anterior

Machine Learning o aprendizaje automático. Esta rama de la inteligencia artificial permite optimizar dos aspectos fundamentales, aprendiendo y entrenándose:

- Por una parte, la calidad del *software* para comprender el mensaje.
- Por otra parte, la calidad del *software* para dar respuestas efectivas.

Por último, y para que puedas seguir avanzando descubriendo algunas herramientas *online* que te permitirán crear tanto *Chatbots* predefinidos como otros que tienen integrados inteligencia artificial, previamente conocerás qué beneficios obtienen las empresas por atender a sus clientes con estos procedimientos inteligentes.

A continuación, describimos las ventajas que proporciona a los negocios el uso de los *Chatbots:*

Atención al cliente sin esperas
- Una de las situaciones que más irrita a los clientes cuando están en espera de ser atendidos es ese instante (a veces demasiado largo) en el que se ameniza con música mientras se aguarda el turno para lanzar la consulta. Este contexto es evitable con los *Chatbots*. A través de ellos el tiempo de respuesta es inmediato.

Atención al cliente personalizada
- El mercado es globalizado, por tanto, cualquier persona en cualquier parte del mundo puede adquirir productos o servicios gracias a la economía digital. Esto significa que la atención del cliente debe tener en cuenta aspectos tan importantes como:
  - El idioma en que los usuarios plantean dudas y hacen consultas.
  - Advertir comportamientos y conductas de consumo para proporcionar experiencias conversacionales únicas.
- Los *Chatbots* (como *softwares* de inteligencia artificial) recopilan constantemente voluminosos datos de los usuarios que, a diario, interaccionan con ellos. Esto hace posible que pueda personalizarse la atención al cliente de manera que mejora de forma considerable cualquier experiencia.

Atención al cliente 24 horas
- El cliente no tiene que esperar el horario de apertura del comercio, negocio, empresa u organismo para hacer consultas. Con los *Chatbots* el horario es ilimitado.

Continúa en página siguiente >>

<< Viene de página anterior

Atención al cliente que fideliza
- Las experiencias conversacionales son una excelente oportunidad para enaltecer la marca y fidelizar a los clientes. Los *Chatbots* más exigentes cumplen con este objetivo sobradamente:
    - Saben generar confianza.
    - Saben guiar al cliente para descubrir el nivel de satisfacción del servicio o producto.
    - Saben obtener sutilmente información complementaria de gran valor.

Atención al cliente rentable
- Al ser un programa informático, la única inversión necesaria será la inicial y la de llevar a cabo tareas periódicas de actualización. En alguna ocasión habrá que realizar alguna que otra variación del programa para ir dotándolo de mayor funcionalidad.

Si tu presupuesto es algo reducido, o simplemente solo quieres iniciarte en el mundo de los *Chatbots* de manera simple y sencilla, puedes utilizar recursos disponibles en internet. Esta opción te ayudará a crear tú mismo/a estas conversaciones automatizadas según unas preguntas tipo y un ramillete de diferentes opciones de respuestas. Sin embargo, no olvides que aquí la inteligencia artificial primará por su ausencia.

ManyChat y *Drift* son dos plataformas a través de las cuales es posible configurar conversaciones automatizadas.

Si, por otro lado, tu apuesta es mayor y lo que necesitas es implementar en tu web la inteligencia conversacional en todo su esplendor, tendrás que inclinarte por el mundo de los *Chatbots* más complejo que utiliza el aprendizaje automático para procesar el lenguaje natural a través de las máquinas.

Landbot.io proporciona las ocho claves de la IA conversacional, a diferencia de los *Chatbots* simples y convencionales:

- Extracción de información
- Traducción automática
- Integración automática
- Clasificación del texto
- Respuestas a las preguntas
- Análisis de los sentimientos
- Reconocimiento de *spam*
- Identificación del lenguaje y un largo etcétera

⊕ PARA SABER MÁS

Si quieres conocer estadísticas y tendencias de la inteligencia conversacional, no dudes en leer con especial atención este interesante artículo de Landbot. Seguro que te ayudará a tener una visión más aproximada y futurista de lo que significa la atención al cliente gracias a los *Chatbots* con inteligencia artificial.

https://redirectoronline.com/ifct163po0120

Tal y como se ha señalado, otro desafío conseguido por la alianza de la IA con el *Big Data* es el aumento de la **seguridad** en aquellos campos en donde se aplican estas avanzadas tecnologías.

¿Cómo es posible? La respuesta es bien sencilla.

Se crean soluciones que controlan y mejoran los niveles de seguridad. Aquí tienes dos importantes funcionalidades:

➲ **Detección de incidencias:** se desarrollan aplicaciones capaces de localizar en tiempo real incidencias que ponen en riesgo la seguridad de personas tanto en entornos privados como en públicos.
Por ejemplo:

- ↻ Detección de caídas (árboles, personas, accidentes, etc.).
- ↻ Gestión de tráfico.
- ↻ Hogares seguros.
- ↻ Avisos para la atención sanitaria ágil y gestión de emergencias eficaces.
- ↻ Gestión de multitudes.
- ↻ Etcétera.

➲ **Alertas de emergencias:** se desarrollan programas capaces de servir de ayuda a instituciones como ayuntamientos, diputaciones, etc., para mejorar sus servicios y ofrecer un valor añadido a colectivos con capacidades

limitadas y al resto de la población (ciudades inteligentes seguras). También las empresas privadas pueden ofrecer espacios seguros con tecnología que alerte a personas y a empleados en tiempo real.
Por ejemplo:

- Diseño de sistemas que identifican patrones de comportamiento y movilidad de la población, permitiendo acondicionar los servicios para personas con alguna discapacidad funcional. Gracias a estos sistemas es posible transformar una población en un destino inteligente preparado para proporcionar servicios seguros sin discriminación.
- Diseño de programas que permite, mediante cámaras de videovigilancia con IA, detectar y evaluar situaciones de riesgo a fin de poner remedio preventivo. También estas cámaras inteligentes identifican conductas inseguras de ciudadanía y empleados:

    - Son capaces de detectar y alertar de la ausencia de material de protección por parte de ciudadanos y los empleados en su lugar de trabajo (cascos de protección, guantes EPI, cinturones de seguridad, etc.).
    - Reconocimiento facial, identificación de riesgos en perímetros protegidos.

- Diseño de programas capaces de distinguir situaciones de riesgo reales y desestimar otras que no lo son que interfieren en una actuación, permitiendo así tomar decisiones muy ágiles a través del control de voz, etc.

Mejorar la calidad de vida de las personas es otro gran reto que, poco a poco, está siendo alcanzando gracias a la unión de la IA con el *Big Data.* Ejemplo de ello es el diseño de tecnologías dirigidas a optimizar la vida de personas que cuentan con limitaciones físicas o algún tipo de dolencia mental. Este tipo de innovación tecnológica recibe el nombre de **tecnología asistiva.**

La tecnología asistiva es toda aquella tecnología asistencial enfocada a mejorar la calidad de vida de los usuarios. Entre ella están, por ejemplo, la robótica social, los sistemas de aprendizaje, las sillas de ruedas inteligentes y una multitud de objetos, aplicaciones y sistemas automatizados inteligentes.

El carácter autónomo y automatizado de la tecnología asistiva impacta positivamente en la vida de personas, sobre todo en aquellos colectivos con capacidades diferentes, ya sean físicas o mentales. No hay que olvidar que todos los individuos que llegan a una etapa de ancianidad serán, en mayor o menor medida, "discapacitados funcionales".

 **VÍDEO**

En este vídeo se muestra un ejemplo de cómo un sistema automatizado e inteligente puede mejorar la vida de las personas.

¿Cómo el análisis de los datos permite a la inteligencia artificial proporcionar respuestas ágiles a problemas muy complejos? En este vídeo conocerás un interesante proyecto que permite a especialistas médicos de un hospital tomar las mejores decisiones apoyadas en la inteligencia artificial con idea de salvar pequeñas vidas indefensas.

https://redirectoronline.com/ifct163po0121

 APLICACIÓN PRÁCTICA

María, como directora de un conocido hospital, ha observado atentamente los beneficios que puede reportar la cantidad de datos y conocimientos aportados por la ciencia y la investigación, unido a los avances tecnológicos. Sin embargo, a la hora de explicarlo al equipo de gestión del centro hospitalario donde trabaja, tiene alguna dificultad para expresar la importancia de implementar tecnología *Big Data*.

Basándote en el documental visto en el recurso "Vídeo", responde a la siguiente pregunta:

¿Qué papel determinante juega el *Big Data*, como conjunto de tecnologías que tiene una eficiente manera de almacenar y procesar grandes volúmenes, en el programa que desarrolla este hospital?

Continúa en página siguiente >>

<< Viene de página anterior

Solución

El sistema consigue registrar los datos habituales del neonato, como son:

- Ritmo cardiaco.
- Respiración, etc.

Sin embargo, también es capaz de acumular otros datos en diferentes formatos como imágenes (a través de las cámaras), sonidos, etc. Monitorea todo lo que en tiempo real está ocurriendo, esfuerzo que limitaría la gestión eficaz de los cuidadores y especialistas. Se materializa toda la información obtenida y se estudia con importantes bases de datos de más de 500 bebés. Todos estos datos son tecnificados haciendo uso del *Deep Learning* a fin de alcanzar un exigente objetivo:

- Identificar las características comunes de una gran masa de datos y diferenciar en dos categorías los datos:

  - Bebés sanos.
  - Bebés con infección.

Big Data ayuda, por tanto, a que la tecnología inteligente pueda acceder a un importante volumen de datos que permitirá diferenciar la variabilidad cardiaca entre bebés sanos o infectados.

 TAREA 2

María participa como ingeniera en un proyecto de inteligencia artificial que, sin duda, supondrá una revolución en el mundo de la conducción. Lo que ella y su equipo han conseguido es crear un radar basado en IA que permitirá detectar objetos, personas y animales más allá del campo de visión en la conducción. Por ejemplo, ¿puedes imaginar cómo reaccionaría un conductor cuando su coche le indique que, al girar en la próxima curva, encontrará un perro perdido en medio de la carretera?

Como recordarás, la inteligencia artificial tiene distintas áreas de aplicación. Sin embargo, el objetivo común, con independencia del campo de aplicación,

Continúa en página siguiente >>

<< Viene de página anterior

consiste en diseñar y construir máquinas con una inteligencia optimizada, capaces de emular a la mente humana.

Según esto, y teniendo en cuenta que la tecnología diseñada por María deberá emular las destrezas del ser humano, identifica las capacidades humanas que adopta esta tecnología basada en la inteligencia artificial, para igualar o incluso superar las habilidades naturales del ser humano.

7. Resumen

En contra de lo que pudiera imaginarse, la historia de la inteligencia artificial comenzó hace muchos siglos. Matemáticos, físicos y filósofos, genios del pensamiento, sentaron la base de conocimiento de la inteligencia artificial moderna:

- **Aristóteles (384-322 a. C.):** redactó un conjunto de reglas que gobernarían la faceta racional de la inteligencia humana y que sería emulado por la inteligencia sintética.
- **Ramon Llull (1232-1315):** formuló que el razonamiento útil podría conquistarse a través de fórmulas artificiales.
- **Leonardo da Vinci (1452-1519):** diseñó, entre otras muchas cosas, el mecanismo de una calculadora funcional.
- **Thomas Hobbes (1588-1679):** afirmó que el razonamiento era lo más parecido a una fórmula computacional, es decir, el humano suma y su pensamiento resta sin darse él cuenta.
- **Wilhelm Schickard (1592-1635):** creó, con las anotaciones de Da Vinci, la primera calculadora.
- **Gottfried Leibniz (1646-1716):** formó un artilugio mecanizado con la finalidad de ejecutar operaciones sobre concepciones y no sobre datos numéricos.
- **René Descartes (1596-1650):** constituyó el método cartesiano con el objetivo de evitar el error y permitir la deducción de aquello ya conocido. También pronosticó algunas dificultades con las que se encontraría la IA y que aún persisten.

Entrado el siglo XX, fueron otros los protagonistas quienes impulsaron con fuerza el desarrollo de la inteligencia artificial:

- **Alan Turing** y su conocida **máquina de Turing,** capaz de realizar infinidad de cálculos matemáticos siempre y cuando pudiera representarse el algoritmo.
- **McCulloch** y **Walter Pitts,** con la creación del primer **modelo neuronal artificial moderno** (conjunto de neuronas artificiales interconectadas mediante conectores lógicos, conformando una estructura en forma de red). Esto significaba que cualquier función que permitiera un cálculo podría ejecutarse mediante estas neuronas artificiales.
- **Marvin Minsky** y **Dean Edmonds,** con la creación del primer ordenador con estructura neuronal: el **SNARC.**
- **John Patrick McCarthy,** padre del concepto de inteligencia artificial y organizador de la conferencia de genios en IA en **Dartmouth,** de donde surgió el programa *Logic Theorist.*

Ya en el año 1957, fueron **Simon, Shaw** y **Newell** quienes crearon *General Problem Solver* (GPS), el primer programa informático capaz de resolver problemas generales, seguidos de **Herbert Gelernter,** inventor de *Geometry Theorem Prover,* artilugio cuya tecnología basada en inteligencia artificial era capaz de demostrar teoremas de geometría.

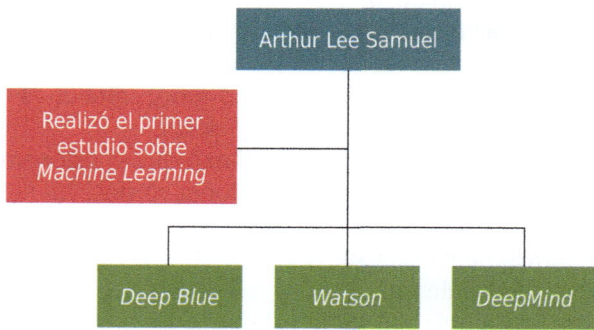

La inteligencia artificial es un gran edificio construido con **algoritmos.** Los algoritmos se nutren de los datos, que son utilizados para obtener un aprendizaje a partir de ellos. Los datos empleados para crear los algoritmos son diversos.

Los algoritmos de la inteligencia artificial pueden describirse como maestrías matemáticas de aprendizaje.

La Real Academia de la Lengua Española define los algoritmos como un conjunto ordenado y finito de operaciones que permite hallar la solución de un problema.

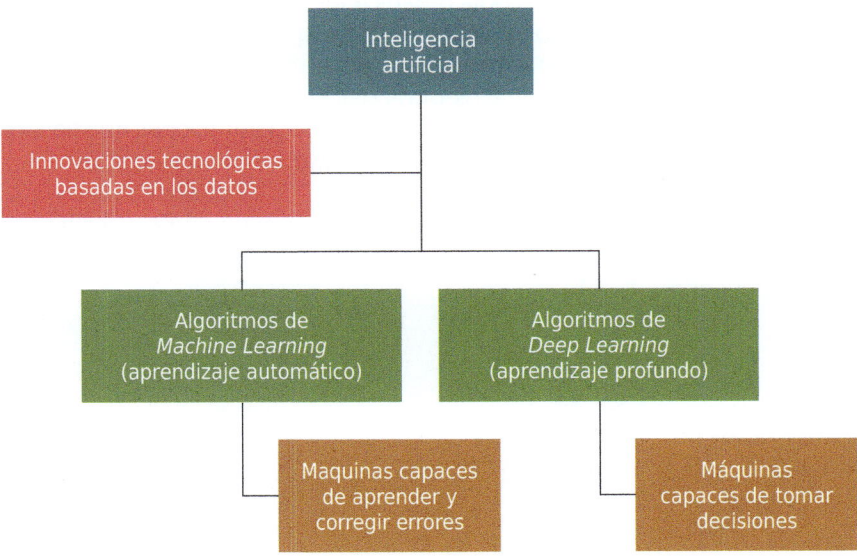

El verdadero **desarrollo de los sistemas de expertos** viene de la mano de una nueva relación que **asocia la inteligencia artificial con el *Big Data*.** Las empresas se ayudan de esta asociación para mejorar la calidad del servicio al cliente y optimizar la experiencia de sus usuarios, adoptando una nueva filosofía.

El verdadero proceso de transformación digital de las empresas se ve acelerado cuando se implementa tecnología fundamentada en los datos, combinada con la inteligencia artificial:

➦ *Big data*
➦ Inteligencia artificial

La conjugación de dos **potentes fuerzas, como son la IA y el *Big Data,*** hace posible que las organizaciones salgan beneficiadas por dos motivos fundamentales:

- Permite que la tecnología organice los datos relevantes que son no estructurados y establece distinciones entre los datos que aportan valor al negocio para la creación de estrategias empresariales.
- Permite rechazar aquellos otros datos insignificantes que retrasan los procesos y la toma de decisiones en las organizaciones que tienen todavía una cultura basada en el *Data Centric.*

No hay que olvidar que las tecnologías van madurando y, sobre ellas, se asientan otras nuevas que sirven de impulso para seguir avanzando e innovando.

Ejercicios de autoevaluación
Unidad de Aprendizaje 1

1. Indica si las siguientes afirmaciones son verdaderas o falsas:

a. En un mundo desarrollado donde coexistirán personas y máquinas, es necesario entender y comprender no solo el papel otorgado a la nueva tecnología, sino también la labor del ser humano en este escenario.

- Verdadero
- Falso

b. El objetivo principal de la inteligencia artificial es permitir a las empresas ser competitivas.

- Verdadero
- Falso

c. La historia de la inteligencia artificial comienza de la mano de reflexiones del filósofo Aristóteles.

- Verdadero
- Falso

2. ¿Qué personaje formuló el principio por el cual era posible la extracción de conclusiones de forma mecánica, partiendo de indicios o premisas iniciales?

a. Descartes
b. Aristóteles
c. Platón
d. Leonardo da Vinci

3. El método cartesiano de Descartes proponía cuatro reglas. El objetivo principal de esta técnica era evitar el error y permitir la deducción de aquello que ya es conocido. ¿Qué orden se debe seguir para que el método cartesiano sea correcto?

a. Evidencia, análisis, síntesis y comprobación.
b. Síntesis, evidencia, comprobación y análisis.

c. Análisis, evidencia, síntesis y comprobación.

d. Comprobación, síntesis, análisis y evidencia.

4. ¿Quién supo definir por primera vez el concepto de algoritmo?

a. Gottfried Leibniz

b. Thomas Hobbes

c. Ramon Llull

d. Alan Turing

5. ¿Qué nombre recibió el artilugio que permitió por primera vez simular la lógica humana?

a. La calculadora funcional de Wilhelm Schickard.

b. La máquina de Turing.

c. La máquina de Gottfried Leibniz.

d. Todas las opciones son incorrectas.

6. ¿Qué finalidad tenía el test de Turing?

a. Obtener respuestas concluyentes que permitieran detectar errores en una "máquina inteligente".

b. Obtener respuestas concluyentes que permitieran crear un estándar de "máquina inteligente".

c. Obtener respuestas concluyentes que permitieran diseñar una "máquina inteligente".

d. Obtener respuestas concluyentes que permitieran rechazar diseños de "máquinas inteligentes".

7. ¿Qué aspecto contemplaba el primer modelo neuronal moderno de McCulloch y Pitts?

a. La fisiología básica del cerebro y el funcionamiento de las neuronas.

b. La lógica proposicional (Russell y Whitehead).

c. La teoría de la computación de Turing.

d. Todas las opciones son correctas.

8. ¿De qué se compone una red neuronal artificial?

    a. De axiomas
    b. De dendritas
    c. De botones sinápticos
    d. De nodos

9. ¿Qué nombre recibió el primer ordenador diseñado por Marvin Minsky y Dean Edmonds con estructura neuronal?

    a. ORNS
    b. CARNS
    c. SNARC
    d. CRAST

10. ¿En qué lugar se dio el primer encuentro de genios estudiosos de la inteligencia artificial cuyo evento recibió su propio nombre?

    a. Edinburgh
    b. Hannover
    c. Seatle
    d. Dartmouth

Algoritmos de la IA

Contenido

1. Introducción
2. *Machine Learning, Deep Learning* y aprendizaje por refuerzo
3. *Machine Learning:* modelos supervisados
4. Construcción de un modelo de *Machine Learning*
5. Métricas de rendimiento de un modelo de *Machine Learning*
6. Algoritmos de inteligencia artificial
7. *Machine Learning:* modelos no supervisados
8. Aprendizaje por refuerzo
9. Modelos profundos *(Deep Learning)*
10. Resumen

Objetivos

El objetivo general de esta Unidad de Aprendizaje es:

→ Distinguir los tipos de aprendizaje automático para construir modelos predictivos basados en inteligencia artificial, conociendo los numerosos algoritmos y conjuntos de algoritmos que se pueden utilizar.

Los objetivos específicos de esta Unidad de Aprendizaje son:

→ Establecer las diferencias entre modelos de *machine learning, deep learning* y aprendizaje por refuerzo.

→ Identificar algoritmos capaces de transmitir el aprendizaje adquirido durante el entrenamiento a otros modelos para su simplificación.

→ Distinguir algoritmos de aprendizaje automático supervisado del no supervisado.

→ Conocer el perfil profesional experto en datos para el desarrollo de proyectos de inteligencia artificial.

→ Identificar los pasos de construcción de un modelo para proyectos de *Machine Learning*.

→ Conocer cómo los algoritmos de inteligencia artificial se entrenan para aprender.

→ Representar las fórmulas genéricas correspondientes a las métricas de clasificación, conociendo el funcionamiento de la matriz de confusión.

→ Determinar el modelo de aprendizaje automático que permita resolver un problema determinado ajustándose al máximo el resultado proporcionado a la realidad.

→ Conocer las métricas que permiten medir el rendimiento de un modelo de *Machine Learning*.

1. Introducción

La inteligencia artificial es un concepto muy difícil de representar debido a que puede mostrarse con multitud de formas diferentes. No obstante, la representación más simbólica es la de un cerebro artificial, el cual cuenta con la enorme capacidad de dar soluciones a problemas complejos, cambiantes y emergentes.

A día de hoy, todo artilugio puede dotarse de mecanismos inteligentes, gracias a la versatilidad y adaptabilidad a formas nuevas que adopta la inteligencia artificial con sus funciones algorítmicas.

Para comprender mucho mejor cómo funcionan los sistemas de expertos que hacen posible que las máquinas adquieran una inteligencia como la humana, en esta unidad te adentrarás en el mundo de los algoritmos de la inteligencia artificial, avispados mecanismos subyacentes que son altamente capaces de resolver cualquier problema o situación a los que se enfrenten.

Para ello, nos seguiremos basando en el caso de Stephanie, una gran mujer que supo encontrar interesantes oportunidades laborales en el campo de la ciencia y la investigación, tras vivir difíciles circunstancias familiares.

2. *Machine Learning, Deep Learning* y aprendizaje por refuerzo

☞ HILO CONDUCTOR

Stephanie lleva ya algún tiempo adquiriendo conocimientos sobre la inteligencia artificial. Su objetivo es comprender cómo es su funcionamiento y qué posibilidades pueden ofrecer las distintas ramas para su próxima idea de emprendimiento. Lo primero que ha de hacer es distinguir las tres importantes áreas de la IA, luego y más adelante se adentrará en los tipos de algoritmos que podría utilizar.

- -

Para comenzar con este bloque formativo, y con idea de que tengas diferenciados tres importantes conceptos que engloba la inteligencia artificial y que van a ser tratados a lo largo de esta unidad, iniciarás este recorrido conociendo una definición genérica de tres importantes apartados. Luego, se irán desarrollando y añadiendo contenidos. La idea es partir con una buena base de conocimientos que no dé cabida a la equivocación.

¿Qué se entiende por *Machine Learning, Deep Learning* y aprendizaje por refuerzo?

Machine Learning, Deep Learning y aprendizaje por refuerzo, son tres conceptos íntimamente relacionados con la inteligencia artificial que cuentan con especiales características que los hacen diferentes unos de otros.

2.1. *Machine Learning*

Machine Learning es un modelo de aprendizaje automático que contiene algoritmos capaces de aprender simulando la manera en la que lo hacen los humanos. Es importante apreciar que el aprendizaje automático va más allá de seleccionar meros algoritmos inteligentes, y consiste en abordar problemas desde un enfoque determinado.

De forma genérica, *Machine Learning* representa la manera de construir inteligencia artificial.

Machine Learning

- El aprendizaje automático (ML) es una disciplina científica de la inteligencia artificial que permite diseñar sistemas que aprenden de forma automática.

2.2. Deep Learning

Deep Learning igualmente es un modelo de aprendizaje automático que queda integrado dentro del *Machine Learning.*

En esta ocasión, el **aprendizaje profundo,** como también se le conoce, contiene un conjunto de algoritmos capaces de aprender, simulando la manera en que lo hace el ser humano. Sin embargo, interpretan los datos utilizando redes neuronales y su aprendizaje es por capas, a diferencia del *Machine Learning.*

Dicho esto, **¿qué elemento hace que esta otra disciplina de la inteligencia artificial sea diferente a la primera?**

¡Observa con atención la explicación que se ofrece a continuación!

Es posible suscribir que *Deep Learning* es un modelo de *Machine Learning* evolucionado. No solo imita el aprendizaje humano, sino que se inspira en la actividad neuronal para percibir del entorno una fuente de conocimiento, exactamente igual que lo hace el cerebro humano.

 IMPORTANTE

Mientras que hablar de *Machine Learning* significa la utilización de algoritmos de aprendizaje automático, *Deep Learning* emplea un **conjunto de algoritmos** (redes neuronales profundas de varias capas) perfectamente diseñados para el reconocimiento de patrones.

El aprendizaje profundo hace posible que las computadoras por sí solas sean capaces de resolver los problemas que para el intelecto humano, tradicionalmente, son más o menos fáciles de resolver, pero que para una máquina con inteligencia artificial supone un gran reto por su complejidad.

Una persona es capaz de identificar fácilmente sonidos y distinguir voces, entre otras percepciones sensoriales. Ahora la IA puede con Deep Learning tener esa misma capacidad sensorial percibiendo sonidos, imágenes, etc. (© Fotografía:Tyler Nottley / Shutterstock.com)

Uno de los algoritmos más conocidos de *Deep Learning* son las redes convolucionales. Su diseño permite tratar imágenes como datos de entrada, y ha supuesto una revolución en el perfeccionamiento de la visión de las máquinas.

Los artilugios construidos bajo este tipo de red neuronal pueden detectar y diferenciar elementos que contiene una imagen: líneas, curvas, profundidad, etc. Gracias a ello, un robot puede identificar el rostro de una persona.

IMPORTANTE

El aprendizaje de las máquinas puede transferirse de unas a otras por medio de las redes convolucionales. Esto hace posible la creación de potentes modelos (con varios aprendizajes) a partir de un entrenamiento cuyo resultado final es totalmente distinto al preentrenado.

- -

ACTIVIDAD COMPLEMENTARIA

6. Busca algún ejemplo de dispositivos con inteligencia artificial capaces de percibir sentidos tal y como lo hace una persona.

- -

Aunque las técnicas aplicadas por *Machine Learning* y *Deep Learning* parecen similares, realmente no lo son. Cada tipo de aprendizaje automático utiliza **algoritmos diferentes:**

Arquitectura estándar de *Machine Learning*
- *Machine Learning* suele utilizar una arquitectura basada en árboles de decisión o bien una estructura neuronal de capas superficiales.

Arquitectura estándar de *Deep Learning*
- *Deep Learning* generalmente emplea una arquitectura de redes neuronales artificiales profundas conectadas (varias capas), muy parecida al funcionamiento de las neuronas biológicas.

Los distintos tipos de aprendizaje automático pueden desarrollarse como modelos supervisados o no supervisados. Pero, **¿qué significa esto?**

- **Aprendizaje automático supervisado:** se seleccionan algoritmos para la construcción de un modelo predictivo cuyo fundamento es la entrada de datos y una salida. El concepto supervisado viene del tratamiento (etiquetado y clasificación) al que han sido sometidos los datos que servirán de muestra para que la máquina realice un entrenamiento.
  El entrenamiento realizado por la máquina permitirá que esta aprenda con supervisión. Además, permite realizar todos los ajustes necesarios para construir un modelo de aprendizaje automático que realice estimaciones precisas.
- **Aprendizaje automático no supervisado:** el funcionamiento de los algoritmos utilizados en el aprendizaje automático no supervisado es muy parecido al anterior. La diferencia estriba en que este último se va ajustando (va mejorando) acorde a los datos de entrada, sin tener en cuenta los datos de salida. Esto significa tres cosas:

  ◖ Los datos de entrada no están etiquetados.
  ◖ El modelo no necesita el etiquetado ni el clasificado de los datos de entrada para aprender a través del entrenamiento.
  ◖ El modelo aprende a resolver problemas predictivos sin que la intervención humana sea necesaria. Ha aprendido durante el entrenamiento a tomar decisiones con la introducción de nuevos datos de entrada.

 **IMPORTANTE**

Los modelos (algoritmos) supervisados aprenden con la supervisión humana. Se le indica al algoritmo qué resultados ha de obtener (datos de salida), y adquiere el aprendizaje con datos de entrenamiento (datos de entrada) que han sido etiquetados.

Los modelos (algoritmos) no supervisados aprenden a resolver problemas predictivos sin que la intervención humana sea necesaria. Este aprendizaje se ha adquirido durante el entrenamiento previo con datos de entrada no etiquetados, lo que permite al algoritmo tomar decisiones solo, puesto que no se le proporciona información de cómo ha de ser el resultado. La resolución del problema la lleva a cabo con la simple entrada de nuevos datos.

Entre los más conocidos **algoritmos** empleados en el **aprendizaje automático supervisado** están los que se enumeran a continuación:

- **K-vecinos más próximos**
  K- nearest neighbors
- **Redes neuronales artificiales**
  Artificial neural networks
- **Algoritmos bayesianos**
  Bayes algorithms
- **Árboles de decisión**
  Decision trees
- **Regresión logística**
  Logistic regression
- **Máquina de vectores soporte**
  Support vector machines

El **esquema** llevado a cabo por el **aprendizaje automático supervisado** puede quedar representado de la siguiente forma.

¡Presta atención al diagrama publicado en el artículo de Soldai escrito por Javier Luna González, en el que hace referencia al modelo de aprendizaje supervisado!

Modelo de Aprendizaje Supervisado

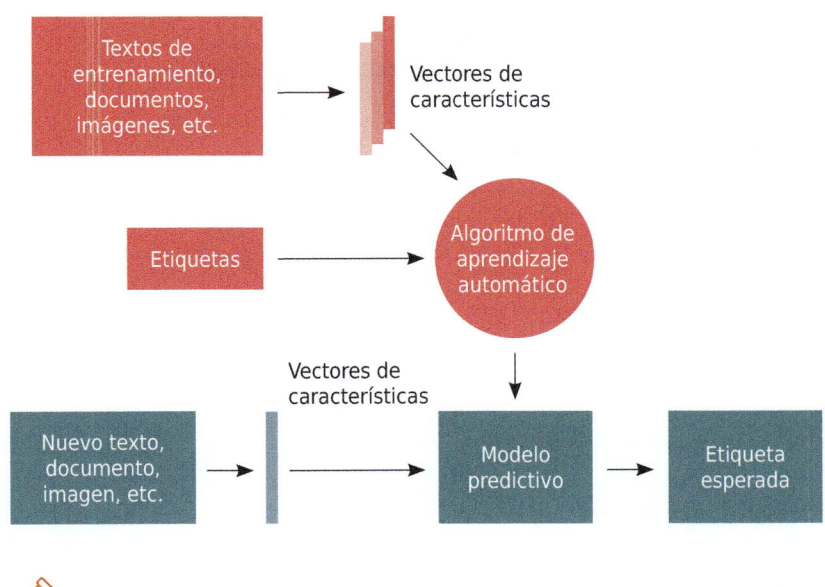

IMPORTANTE

Osvaldo Simmeone definió muy bien en qué consistía el aprendizaje automático supervisado:

"El algoritmo se entrena con un histórico de datos y así aprende a asignar la etiqueta de salida adecuada a un nuevo valor, es decir, predice el valor de salida" (Simmeone, 2018).

En cuanto a los **algoritmos** empleados con mayor asiduidad en el **aprendizaje automático no supervisado** de las máquinas, podrían englobarse estos otros:

- K-medias » *K-means*
- Mezcla de Gaussianas » *Gaussian mixtures*
- Agrupamiento jerárquico » *Hierarchical clustering*
- Mapas autoorganizados » *Self organizing maps*

El **esquema** llevado a cabo por **aprendizaje automático no supervisado** puede quedar representado de esta otra forma.

¡Observa con la misma atención al diagrama que hace referencia al modelo de aprendizaje no supervisado!

Modelo de Aprendizaje No Supervisado

Textos de entrenamiento, documentos, imágenes, etc.

Vectores de características

Etiquetas

Algoritmo de aprendizaje automático

Vectores de características

Nuevo texto, documento, imagen, etc.

Modelo predictivo

Probabilidad o *cluster* ID o mejor representación

2.3. Aprendizaje por refuerzo

La tecnología avanza tan rápido que la más innovadora contiene una inteligencia artificial que hace posible que las máquinas parezcan humanizadas e interactúen solas. Lo más relevante de todo ello es que simples ordenadores son capaces de tomar decisiones sin que previamente hayan sido sometidos a unas programaciones específicas.

Como ejemplos de algunas de estas tecnologías están:

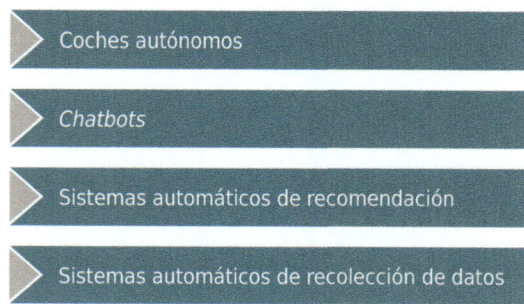

Coches autónomos

Chatbots

Sistemas automáticos de recomendación

Sistemas automáticos de recolección de datos

NOTA

El aprendizaje por refuerzo no puede considerase aprendizaje automático supervisado ni no supervisado. Conocerás las razones algo más adelante.

El **Aprendizaje por Refuerzo** se caracteriza por ser modelos cuyo objetivo está enfocado a "premiar" las acciones llevadas a cabo por un agente inteligente.

En esta área de la inteligencia artificial, los algoritmos utilizados derivan del conocimiento que el humano ha adquirido a través de la **teoría conductista** o **conductivismo.**

John Broadus Watson, psicólogo americano, defendió esta teoría tras estudiar la conducta en los individuos. Watson promulgó que en la conducta humana era observable el comportamiento de las personas, y que la conducta se modificaba tras un proceso compuesto por tres fases que finalizaba con el **aprendizaje.**

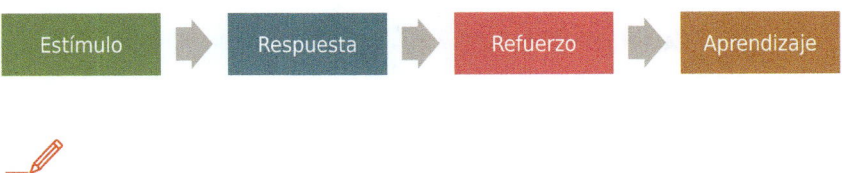

NOTA

Watson concluyó que eran relevantes las relaciones existentes entre los estímulos y sus respuestas, ya que de ahí nacían nuevos comportamientos y conductas. Un ejemplo típico y muy conocido para explicar esta teoría es la salivación que produce un perro al oír ciertos estímulos justo antes de encontrarse con el plato de comida.

La teoría conductista se caracteriza por una serie de elementos que luego serían aplicados a las máquinas a través del **Aprendizaje por Refuerzo:**

➲ **La influencia:** se puede ejercer influencia por medio de las estimulaciones.

- **El experimento:** a través del método experimental es observable la relación causal.
- **La observación:** la observación directa puede aplicarse mediante los experimentos e investigaciones.
- **El condicionamiento:** a los estímulos y a sus respuestas se une el condicionamiento, que forma parte del proceso de aprendizaje.
- **La jerarquía:** lo aprendido se acumula y queda organizado en un orden jerárquico.
- **El análisis:** las respuestas a los estímulos son observables objetivamente y pueden ser analizadas.
- **Relación causal:** se produce la relación causa-efecto (estímulos-respuestas).

Ahora observa con atención el diagrama que viene a continuación, en el que podrás advertir cómo se traduce el conductivismo a un modelo de Aprendizaje por Refuerzo.

Modelo de Aprendizaje por refuerzo

En el Aprendizaje por Refuerzo las máquinas realizan un recorrido para adquirir conocimiento. Este aprendizaje está basado por la influencia del estímulo y a partir de ahí se ofrecen respuestas.

Abordarás en mayor profundidad este tipo de aprendizaje algo más avanzada la unidad.

APLICACIÓN PRÁCTICA

Juan es la primera vez que se adentra en el complejo mundo de los algoritmos. Su entusiasmo por las nuevas tecnologías le hace indagar cómo aprenden las máquinas haciendo uso de la inteligencia artificial. Sin embargo, con tantos tecnicismos, Juan no ha adquirido aún ciertos conocimientos básicos asociados con el aprendizaje automático.

En función de lo hasta ahora aprendido, ¿podrías indicarle a Juan cuántos tipos de aprendizaje automático existen?

Solución

Son tres los tipos de aprendizaje automático. Aunque todos son modelos de aprendizaje automático que contienen algoritmos capaces de aprender simulando la manera en que lo hacen los humanos, cada uno de ellos presenta características diferentes:

- Aprendizaje supervisado.
- Aprendizaje no supervisado.
- Aprendizaje por refuerzo.

TAREA 3

Roberto trata de construir un modelo que sea capaz de detectar la presencia de intrusos dentro de una zona de seguridad. El prototipo que está diseñando es algo complejo, pues requerirá de muchos datos para llevar a cabo distintas funcionalidades.

Por un lado, deberá contar con un algoritmo que aprenda a clasificar imágenes y, por otro lado, algoritmos que detecten patrones de comportamientos sospechosos. A Roberto este trabajo le está resultando algo tedioso, pues cada algoritmo necesitará una gran cantidad de datos, además de necesitar mucho tiempo para ser entrenado.

Con estos datos, ¿podrías ayudar a Roberto identificando qué algoritmos son capaces de transmitir a otros modelos el aprendizaje que adquirió en el entrenamiento anterior?

----

3. *Machine Learning:* modelos supervisados

👉 HILO CONDUCTOR

Antes de que Stephanie tomara la gran decisión de aprender sobre datos y tecnología, pensaba que el avance tecnológico perjudicaría considerablemente el papel del intelecto humano en los entornos organizativos. Sin embargo, ahora que se ha adentrado en el mundo de la IA, y que una gran idea de negocio le ronda por su cabeza, ha llegado a comprender que ahora las empresas requieren de personal bien formado. ¿Cómo aprenden las máquinas, para qué y cuál es la responsabilidad de los profesionales con perfil tecnológico?

A la hora de llevar a cabo un proyecto en el que se integrarán importantes elementos de inteligencia artificial, suelen surgir diferentes dudas:

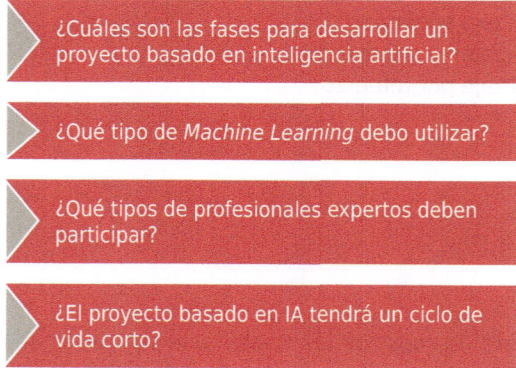

¿Cuáles son las fases para desarrollar un proyecto basado en inteligencia artificial?

¿Qué tipo de *Machine Learning* debo utilizar?

¿Qué tipos de profesionales expertos deben participar?

¿El proyecto basado en IA tendrá un ciclo de vida corto?

En primer lugar, y de manera general, es posible dividir un proyecto de negocio con aprendizaje automático en varias etapas:

1. Análisis del negocio
2. La infraestructura de la inteligencia artificial
3. La ingeniería de datos
4. El modelado
5. La implementación

De manera más visual, puedes observar que todo el **ciclo de vida del proyecto** de negocio con *Machine Learning* girará en función de la **infraestructura de la inteligencia artificial**.

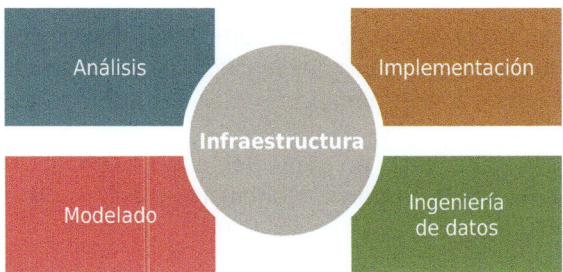

Imagina ahora que el proyecto consiste en crear una aplicación capaz de detectar y reconocer objetos. En esta tecnología tendrán que participar algoritmos de aprendizaje automático que formarían una red neuronal artificial.

Esta red deberá ser capaz de identificar cosas anteriormente nunca vistas por la máquina para lo cual debe ser bien entrenada.

La red neuronal artificial debe estar preparada no solo para reconocer un solo objeto, sino también para detectar distintos objetos específicos entre una multitud.

Siguiendo con el ejemplo anterior, no todos los algoritmos son capaces de detectar objetos. Por tanto, para este proyecto se considerarían aquellos elementos que puedan realizar determinadas tareas:

- **Objetos:** reconocer objetos múltiples y variados.
- **Posición:** dar con la posición exacta del objeto enmarcada entre dos puntos o bien segmentar las imágenes.
- **Tiempo:** gestionar el factor tiempo para, en caso de equivocación, poder reanudar la búsqueda del objeto dentro de un plazo de tiempo lógico.

Una vez que se ha elegido el tipo correcto de algoritmo de *Machine Learning* en función del objetivo, hay que conseguir que la máquina, con la supervisión del humano, pueda ir aprendiendo del modelo.

¿Cómo conseguir este reto?

Al tratarse de un **aprendizaje automático supervisado,** el experto en datos es el indicado para informar a la máquina de dos cuestiones importantes:

- **Qué objetos ha de detectar:** correspondería determinar la clase de objeto que se ha de detectar (por ejemplo, hombre o mujer, niño o niña, etc.).
- **Qué posiciones tienen los objetos:** correspondería indicar la posición del objeto (X = ancho e Y = alto del objeto) detectado dentro de una amplia imagen (por ejemplo, imágenes captadas por una cámara de vi-

deovigilancia dentro de un parque en las que se aprecian muchos elementos y donde habría que identificar las posiciones de aquellos objetos clasificados como hombres).

Para el caso planteado en particular, el entrenamiento supervisado de la máquina se realiza proporcionándole información sobre imágenes o datos etiquetados.

Existen sistemas a los que hay que dotar de diversas funcionalidades como, por ejemplo, la resolución de problemas relacionados con el reconocimiento de patrones para la clasificación de objetos en una imagen (por ejemplo, razas de perro). Para ello, se deben utilizar algoritmos de clasificación, los cuales son capaces de extraer unas reglas de clasificación por clases de objetos.

Sin embargo, también es posible dotar al modelo entrenado para clasificar que detecte todos los objetos que aparecen en la imagen sin requerir de una nueva iteración, pudiendo detectar otro tipo de objetos como pueden ser gatos:

Algoritmos de clasificación
- Se necesitarán algoritmos de clasificación para categorizar información por clases que aparece en las imágenes o en los datos de entrada.

Algoritmos de detección
- Se necesitarán un número distinto de algoritmos para la detección de objetos dentro de una misma imagen. No es lo mismo detectar un solo elemento que dos o más.
- A través de una **red convolucional,** con capacidad para reconocer la diversidad de objetos, es posible clasificar y detectar en un solo movimiento.

¿Cómo es algorítmicamente hablando la clasificación de imágenes y el posicionamiento de objetos detectados?

Pronto tendrás una rápida y sencilla respuesta. Para ello, has de imaginar que estás entrenando a una máquina que esté capacitada para detectar un objeto, el posicionamiento y la dimensión del mismo entre una multitud de elementos que aparecen dentro de una imagen.

Para mostrar el adiestramiento de la máquina con un sencillo ejemplo, el objetivo consistirá en detectar a un hombre dentro de los distintos objetos que aparecen en una fotografía. También se determinará el posicionamiento y su dimensión en dicha imagen.

Ahora sí podrás tener respuesta a la anterior cuestión formulada.

En la siguiente imagen observarás el código **1 0 100 100 32 23,** que correspondería a la numeración resultante de instruir con supervisión a la máquina para la detección de un elemento concreto dentro de una imagen.

El resultado de salida nos indica:

- ➲ **1 0:** correspondería a la identificación del objeto. Por ejemplo, 0 = hombre. 1 = unidad.
- ➲ **100 100:** correspondería a la dimensión del objeto en relación a la imagen. Por ejemplo, 100 100.
- ➲ **32 23:** correspondería a la posición del objeto. Por ejemplo, 32 23.

En realidad, son muchas las maneras en las que los algoritmos pueden clasificar imágenes. Como ejemplo:

- ➲ Por medio de procesos iterativos en los que se parte de una entrada de datos (foto original) y un resultado deseado (foto final donde queda enmarcado el objeto a detectar).

Foto original	Resultado deseado

⮞ Haciendo uso de la búsqueda selectiva.

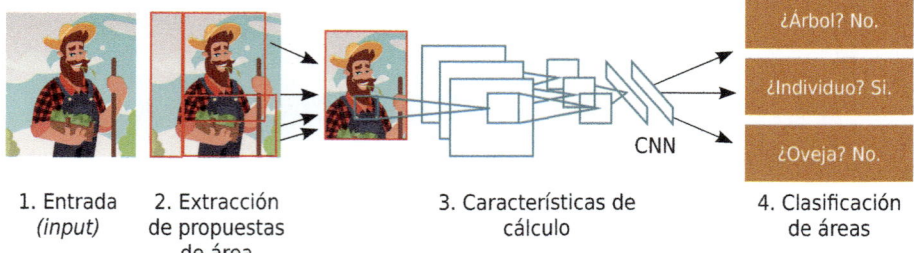

| 1. Entrada *(input)* | 2. Extracción de propuestas de área | 3. Características de cálculo | 4. Clasificación de áreas |

Siguiendo con el ejemplo y con la intención de evitar que las áreas se solapen, se ha de utilizar una fórmula que recibe el nombre de **Intersection over Union.**

 ## ACTIVIDAD COMPLEMENTARIA

7. Dirígete a tu buscador favorito de internet y averigua todo lo que puedas sobre el concepto de *Intersection over Union* (IoU). Una vez hayas investigado sobre él, trata de definir con tus palabras en qué consiste y para qué sirve.

Debes saber que existen multitud de alternativas algorítmicas para el reconocimiento de objetos, incluso es posible mediante funciones concretas detectar objetos de tamaños distintos y diversos de una sola vez.

En la práctica, son múltiples las utilidades de la detección de objetos. Una de ellas es la aplicación en la conducción. **¿Cómo crees que podrá llevarse a cabo la seguridad de los coches autónomos?**

 PARA SABER MÁS

Si quieres realizar un ejercicio práctico para aprender a clasificar objetos, puedes clicar el siguiente enlace y encontrarás todos los recursos necesarios y una guía para hacer alguna actividad. No obstante, puedes dejar para más adelante esta práctica, cuando tengas más avanzada la unidad. De esta manera conocerás la mayoría de los conceptos que se trabajan en ella.

Consiste en un ejercicio en el que clasificarás imágenes deportivas utilizando *Python*. Si aún no te atreves, igualmente puedes leer el artículo e indagar sobre él. Seguro que aprenderás mucho sobre este interesante tema.

https://redirectoronline.com/ifct163po0201

4. Construcción de un modelo de *Machine Learning*

 HILO CONDUCTOR

En el día de hoy, Stephanie va a aprender los pasos necesarios para crear su propia máquina con inteligencia artificial. Aunque aún le falta mucho camino por recorrer, lo importante es poder entender cómo un artilugio puede llegar a tener

Continúa en página siguiente >>

<< Viene de página anterior

una inteligencia superior capaz de percibir las emociones de las personas. En el futuro ella pretende crear, con la ayuda de expertos, una inteligencia artificial que pueda predecir ataques epilépticos. Esta es una de las secuelas que su hijo padece tras la dura enfermedad que también le impide hablar.

Si dentro de tus objetivos está el diseñar un modelo de **Machine Learning,** aquí y ahora encontrarás los ingredientes necesarios que has de utilizar más algunos consejos para que la construcción de la máquina cuente con inteligencia artificial.

1. Recolectar datos
2. Preparar y acondicionar los datos
3. Elegir el modelo
4. Entrenar a la máquina
5. Evaluar los resultados
6. Reconfigurar los parámetros del modelo
7. Probar la máquina
8. Interpretar el modelo elegido

 **NOTA**

Más adelante, irás conociendo detalle a detalle qué has de tener en cuenta para avanzar en cada paso con firmeza. Antes recordarás la importancia de comprender bien y averiguar el problema que el modelo debe resolver.

Como ya se explicó al inicio de la unidad, es importante apreciar el enfoque que hay que dar a la edificación de un modelo de aprendizaje automático. No olvides que finalmente este modelo quedará integrado dentro de un sistema mucho más amplio.

Con independencia de las distintas fases de las que se compone el proceso de construcción de cualquier modelo de aprendizaje automático, piensa que hay que realizar un esfuerzo inicial para comprender qué problema ha de resolver y así darle un enfoque correcto.

¡Observa en el diagrama el objetivo (implementación) que persigues al diseñar el modelo con cierta visión estratégica!

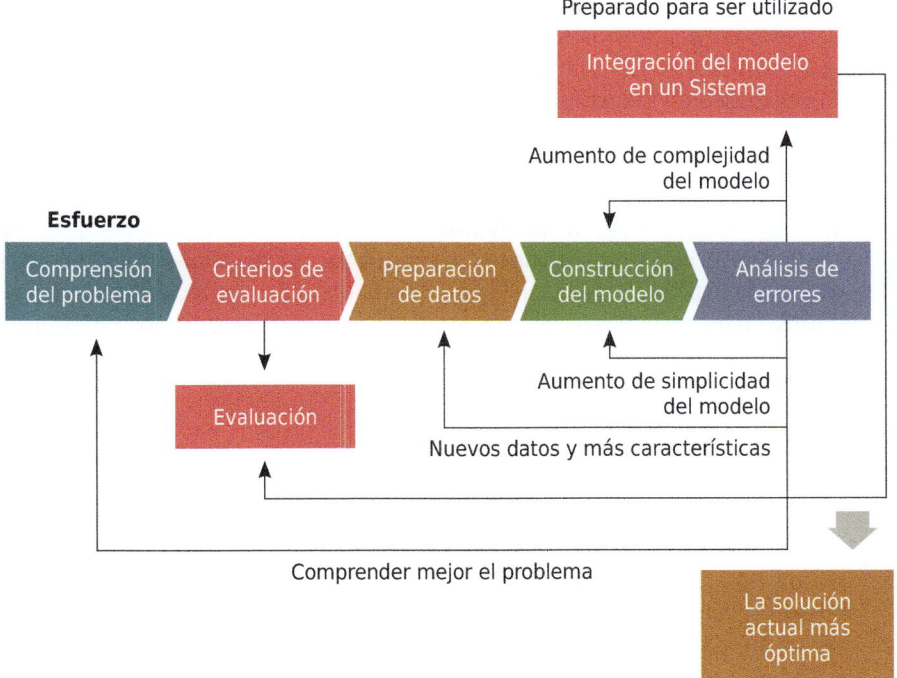

Visión estratégica para la construcción de un modelo de aprendizaje automático e integración en un sistema

4.1. Recolectar datos

El primero de los pasos para poder crear una máquina inteligente no es otro que el de recolectar datos y más datos, a fin de poder dar buenos nutrientes a tu inminente invento.

- **Volumen de datos:** cuanta mayor cantidad de datos puedas recopilar, mejor y más ajustados serán los resultados proporcionados por tu máquina.
- **Calidad de los datos:** igualmente importante es la calidad de los datos y la información que obtengas; todo ello enriquecerá el modelo de *Machine Learning* y favorecerá su éxito.

CONSEJO

Puedes conseguir la información de una base de datos que ya dispongas, o bien partir de la nada y comenzar a crear una potente plataforma de información.

Puedes obtener los datos a través de métodos de investigación, para posteriormente trasladarlos a una sencilla hoja de cálculo que más adelante serán exportados como **archivos en formato CSV.**

Un CSV (**Comma-Separated-Value**) es un simple archivo de texto en formato abierto que permite que los datos puedan ser clasificados y separados en columnas, por comas y en filas, es decir, en tablas perfectamente organizadas. La funcionalidad de estos archivos permite que los datos puedan ser fácilmente importados o exportados a diferentes programas o aplicaciones.

 PARA SABER MÁS

Si no sabes cómo crear un archivo CSV, puedes leer el siguiente tutorial que te explicará cómo hacerlo:

https://redirectoronline.com/ifct163po0202

Muchas personas que se inician en el mundo de los datos, desconocen la existencia de un infalible método automatizado que permite obtener cuantiosa información y de alta calidad. Se trata de la técnica denominada **Web Scraping.**

Gracias a este método, es posible recopilar datos de distintas fuentes para ser extraídos de manera automática, por ejemplo:

- Artículos encontrados en diferentes sitios web.
- Noticias diversas.
- Base de datos estadísticas.
- Etc.

CONSEJO

No olvides que cada fuente de datos puede proporcionar información relevante para la máquina que estás construyendo, por lo que es posible que te haga falta dominar la técnica de *Web Scraping* para realizar la extracción y descarga de datos de forma automática.

Necesitarás:

- Disponer de conocimientos básicos sobre lenguaje HTML y CSS.
- Tener curiosidad para investigar multitud y diferentes sitios web.
- Aprender a exportar los datos en archivo CSV para ser trasladados al formato Excel.
- Utilizar librerías que permitirán aplicar esta interesante técnica, como Anaconda.

- -

Como puedes imaginar, en el aprendizaje automático supervisado intervienen profesionales llamados **científicos de datos.** Su principal función a la hora de iniciar la construcción de un modelo de *Machine Learning* es la de explorar y analizar los datos con los que se ha de trabajar.

La mecánica utilizada por estos profesionales expertos se inicia con el denominado *Exploratory Data Analysis* (EDA):

- **Análisis descriptivos:** a raíz de la recepción de un archivo CSV, el experto hará conjeturas sobre lo que se debe perseguir en función de la realidad del entorno contextual, aunque el escenario perfecto sería disponer previamente de un objetivo claro y directo en el que al científico de datos se le haya informado ya de las necesidades del negocio según unos datos proporcionados:

Por ejemplo:

- ¿Qué predicción de ventas tendremos a 90 días?
- ¿Cómo podemos pronosticar posibles fugas de clientes?
- ¿Cómo podríamos identificar actividades fraudulentas en tiempo real?
- ¿Sería posible contar con una clasificación de la información que permita diferenciar la malignidad o benignidad de una enfermedad en una gran comunidad de individuos?

- **Análisis predictivo y prescriptivo:** percibirá los probables patrones y reconocerá la manera en la que quedarán distribuidas las estadísticas a fin de que estas sean factibles, expectantes y de gran utilidad. Para ello, realizará un análisis predictivo definiendo lo que ocurrirá en un futuro y prescribirá unas pautas de actuación.

La primera actividad que lleva a cabo un científico de datos es tratar de dar respuestas a una multitud de cuestiones relacionadas con el archivo CSV que ya obra en su poder:

- **¿De cuántos registros se dispone?**

  - Son excesivos.
  - Son carentes para poder hacer un procesamiento correcto.

- **¿La tabla proporcionada tiene todos los campos completados?**

  - Si tuviera muchos campos sin informar, hay que determinar si los datos restantes son suficientes para avanzar.

- **De los datos cuantitativos, ¿cuáles son discretos y cuáles continuos?**

  - Los datos discretos son datos cuantitativos expresados en números enteros que difícilmente pueden tener más precisión. Por ejemplo, un granjero no puede tener 1,4 ovejas.
  - Los datos continuos son datos cuantitativos expresados con decimales que aportan información más precisa. Por ejemplo, la medida de la mesa es 1,2 metros. Este dato permitiría de forma continua informar de la misma medida en centímetros, milímetros, etc.

- **¿Existe algún problema asociado a la supervisión?**

  - Comprobación que los datos de entrada (pendientes de analizar estadísticamente) y de salida están balanceados:

⬍ Datos de entrada: datos que se desean analizar.
⬍ Datos de salida: resultados.

⮑ ¿Qué datos pueden ser descartables?

◐ Observar si existen datos que puedan ser descartables para mejorar el análisis.

⮑ ¿Se aprecia algún tipo de correlación?

◐ Determinar si existe o no algún tipo de característica común entre los datos.

⮑ ¿Existe duplicidad de categorías de datos?

◐ Determinar si una misma categoría de datos se nombra de forma diferente o contiene algún error, dando lugar a una duplicidad. Por ejemplo:

⬍ Granjero/ganadero.
⬍ Vaca/baca.

⮑ ¿La problemática es dependiente del tiempo?

◐ Determinar si se han seleccionado muestras en intervalos temporales con la misma regularidad. La finalidad es obtener patrones de comportamiento del objeto estudiado para realizar predicciones más precisas, pero estas pueden depender del tiempo o no.

⬍ Dependientes del tiempo: regresión lineal (el consumo de leche no es estacional).
⬍ Independientes del tiempo: estacionalidad (el consumo de cerveza aumenta en verano).

⮑ ¿Existen muestras suficientes para definir un modelo de aprendizaje automático?

◐ Las muestras representan un conjunto de datos para que el modelo entrene. Si no existen suficientes muestras el entrenamiento no será efectivo.

⮑ ¿Se localizan datos que interfieren o desvían?

◐ Son datos eliminables: rechazar datos.
◐ Son datos erróneos de carga: conservar los datos.

◔ **¿Existe alguna carencia de datos?**

◑ El análisis de los datos debe detectar que el resultado que ofrezca no discrimina a una clase minoritaria por no haberla tenido en cuenta en el estudio.

IMPORTANTE

Tras los análisis de datos llevados a cabo, el experto tendrá que valorar si solicitar más información a la persona o empresa que le aprovisionó del archivo o los archivos CSV analizados, para así complementar campos no informados y necesarios.

4.2. Preparar y acondicionar los datos

Una vez que los datos han sido recopilados, el segundo paso hacia el diseño de una máquina inteligente consiste en introducir la información dentro del artilugio que estás construyendo. El objetivo es conseguir que la máquina cuente con los datos necesarios para que ofrezca resultados ágiles y lo más precisos posible. Se trata de no atiborrar a la máquina de datos innecesarios que ralenticen su operatividad.

¿Qué herramientas has de utilizar?

¡Recuerda con atención las iniciales que aparecen en la imagen!

En Machine Learning se utilizan los PCA (Principal Component Analysis) como instrumento para eliminar datos no relevantes que no aportan valor al resultado predictivo de una máquina con inteligencia artificial y sí complican las labores de los algoritmos, haciéndoles perder efectividad.

Para llevar a cabo el proceso de acondicionamiento de datos, deberás realizar una clasificación seleccionando las características que directamente influirán en el resultado y obviar aquellos otros datos no tan válidos para reducir así la dimensión del trabajo.

Con **Principal Component Analysis** (PCA) se evita eliminar información relevante para la predicción, concretando en aquellas variables que aportan más valor:

➲ **Eliminación de dimensiones:** PCA garantiza que las dimensiones rechazadas son las que menor repercusión tienen.
Por ejemplo: el precio de venta por m^2 de viviendas en una población no variará si los habitantes tienen o no gatos en sus casas.
Sin embargo, hay que evitar eliminar dimensiones que pueden resultar interesantes. Por ejemplo: El precio de venta por m^2 de viviendas en una población puede variar si cuentan o no con una conexión a internet a través de fibra óptica.

➲ **Extracción de características:** consiste en redactar un listado con un número determinado de características a las que se le sumará otro listado de características independientes y nuevas.
Al nuevo listado se le establecerá un orden:

 ◑ Primero estarán las mejores variables, es decir, las que mejor predicen. Con ello se conseguirá de manera más óptima predecir el comportamiento de las variables dependientes.

NOTA

En definitiva, el segundo paso consiste en ir introduciendo datos de forma equilibrada en la máquina para que esta cuente con suficientes valores representativos para permitirle que aprenda con soltura y fluidez con las variables introducidas.

- -

No hay que olvidar que es en esta fase de preparación y acondicionamiento de los datos cuando hay que crear dos grupos de datos:

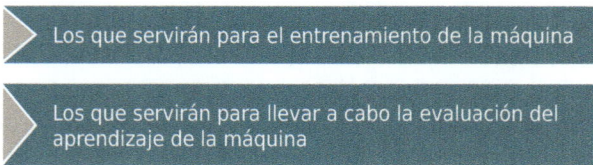

CONSEJO

Aprovecha también este paso para eliminar de tu base de datos aquella información errónea o aquella que tengas por duplicado.

- -

4.3. Elegir el modelo

Es el momento de hacer una **selección** del **modelo de aprendizaje automático** que irá en función de la meta marcada. Esto significa que deberás seleccionar cuáles son los algoritmos más apropiados que debes utilizar.

A continuación, se describen algunos de ellos:

- ⮞ **Predicciones:** *Logic Regression* es el algoritmo que puede predecir la probabilidad de que surja un evento.
- ⮞ **Clasificaciones:** *Fully Connected Network* se trata de un ensamblado de algoritmos (red conectada) que se utiliza para el reconocimiento de objetos (clasificación) de distinta índole.

- **Procesamiento de imágenes para detección de objetos:** *Convolutional Neural Networks,* al igual que el anterior, sirve para la clasificación de objetos por medio de una red neuronal conectada, pero con la diferencia de que asume explícitamente que los datos de entrada son siempre imágenes.

- **Reconocimiento de voz:** *Recurrent Neural Networks* es una red neuronal que integra bucles de realimentación. Esto permite que puedan tratar los datos secuenciales de forma muy eficaz. Además, permite recordar las salidas como entrada. Su estructura es compleja y prueba de ello es su utilidad para el reconocimiento de voz.

- **Antifraude. Detección de estafas:** *Random Forest* funciona a modo de árboles predictores. Sirven para la detección de fraudes en las transacciones a través del reconocimiento de patrones.

- **Creación de imágenes reales:** *Generative Models* hace posible la generación de imágenes como si fueran reales, de tal manera que permite crear fotos de caras que difícilmente pueden distinguirse si son falsas o auténticas.

- **Motores para hacer recomendaciones por proximidad:** *K-Nearest Neighbors* sirve para, entre otras cosas, construir un sistema de recomendación, también para la detección de anomalías o para búsquedas sistemáticas.

- **Otras clasificaciones:** *Bayesian Classifiers* permite realizar clasificaciones en función de unas variables. Por ejemplo, puede clasificar el género de un individuo con las variables: n.° de pie, altura y peso.

- **Segmentación de datos:** *K-Means* tiene como principal objetivo dividir o segmentar un conjunto de observaciones detectadas dentro de un grupo. Por ejemplo, en el ámbito empresarial, pueden construirse modelos basados en este algoritmo para la segmentación de mercados.

4.4. Entrenar a la máquina

Una vez elegidos los algoritmos que determinarán el modelo de *Machine Learning,* llega el momento de poner en marcha el entrenamiento de tu máquina.

¿Qué deberás utilizar para que tu invento pueda entrenar?

Tipos de algoritmos	Iteraciones
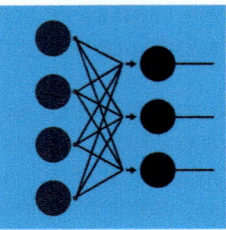	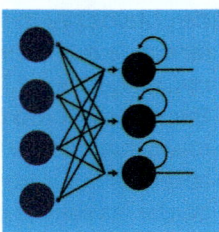
- Se hará uso de los algoritmos de entrenamiento.	- El entrenamiento se realizará con iteraciones que permitan ir obteniendo de manera incremental una respuesta predictiva más óptima.

No se ha de olvidar una cuestión importante durante el entrenamiento del modelo y en la que los algoritmos comienzan a aprender. Para ello, recordarás algunos aspectos relacionados con los **procesos sinópticos** de las neuronas tratados en la primera unidad. No obstante, presta atención porque a todo ello se añadirá nueva información:

Modelo genérico: elementos de una neurona artificial

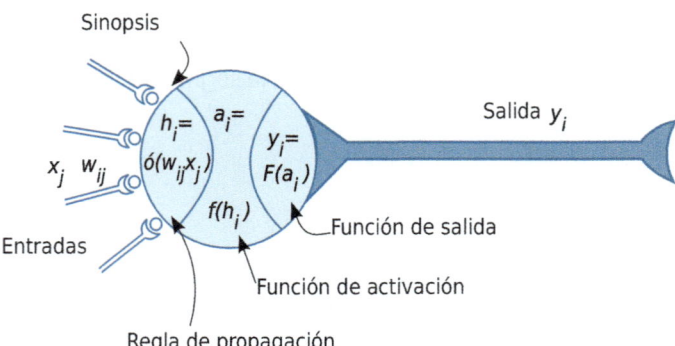

➲ **Sinapsis:** donde el proceso sinóptico (emulación de la transferencia de impulsos nerviosos entre neuronas) tendrá más o menos *intensidad, dependiendo de las dos clases de neuronas que intervienen:

    ◊ Neurona presináptica.
    ◊ Neurona postsináptica.

*La intensidad o fuerza de la interacción existente entre las neuronas presinápticas y las neuronas postsinápticas recibe el nombre de **pesos sinápticos.** Los pesos sinápticos son valores que perturban las relaciones entre las neuronas presinápticas y las neuronas postsinápticas, afectando así las relaciones que existen entre las entradas *(inputs)* y las salidas *(outputs).*

⮑ **Entradas:** corresponden a las variables de entrada y las variables de salida.

⮑ **Reglas de propagación:** otorgan el valor del denominado **potencial postsináptico,** que no es otra cosa que el potencial que tendrá una neurona acorde a dos elementos:

   ☉ Los pesos sinápticos.
   ☉ Las entradas.

¡Ahora no pierdas de vista cómo es la estructura artificial que imita un sistema nervioso compuesto por redes neuronales que se asocian con otras redes!

La idea es que, con cierta objetividad, puedas esclarecer dónde y en qué parte actúan los algoritmos para su aprendizaje.

Elementos necesarios para simular artificialmente un sistema nervioso

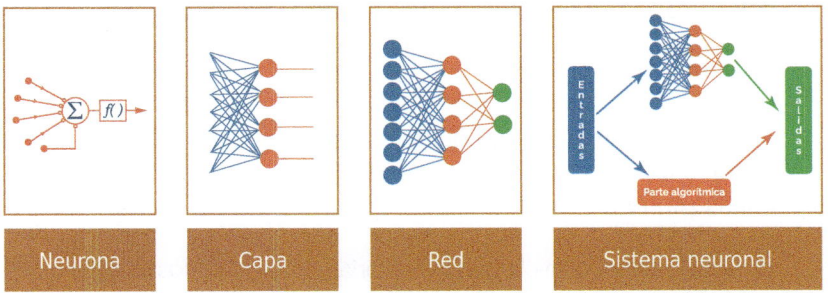

Como has visto en la imagen anterior, las neuronas quedan agrupadas por capas conformando una estructura en forma de red con **tres niveles de capas:**

[157]

De ENTRADA	Capa OCULTA	De SALIDA
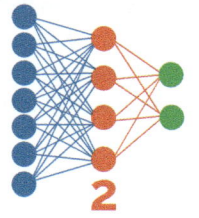	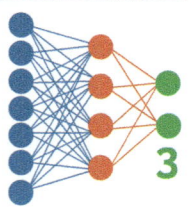	
- Nivel "sensorial" en el que las neuronas perciben los datos.	- Nivel de procesamiento en el que las neuronas realizan una conexión con el contexto.	- Nivel de respuesta donde las neuronas ofrecen la solución. - Nivel de respuesta donde las neuronas ofrecen la solución.

 IMPORTANTE

Una de las principales diferencias entre *Machine Learning* y *Deep Learning* es la profundidad de las capas que este último contempla, imitando las conexiones neuronales de un sistema neuronal biológico.

Ahora que ya habrás conseguido ir enlazando todas las piezas, averiguarás la manera en la que un algoritmo de inteligencia artificial aprende con un intenso entrenamiento.

Una vez que se ha inicializado aleatoriamente los pesos sinápticos en el modelo, estos van a ir ajustándose de forma automática, gracias a la intervención del algoritmo que se seleccionó en el paso anterior (3.er paso: elección del modelo). Es ahí cuando comienza el duro entrenamiento para el algoritmo.

 IMPORTANTE

Es posible describir los procesos iterativos de manera metafórica. Imagina que se trata de una tabla de ejercicio que se repite a modo de ciclo. Esto permitiría fortalecer cada vez más la musculatura.

Continúa en página siguiente >>

<< Viene de página anterior

De la misma manera, los algoritmos aprenden rápido ajustando los valores tras cada tabla de ejercicios realizados. La revisión de los resultados conseguidos en la iteración anterior les permite mejorar la tabla de ejercicios. Recuerda que cuanto más entrenados estén los algoritmos, mejores serán los resultados.

4.5. Evaluar los resultados

Ahora que ya tienes entrenando a tu máquina inteligente, el siguiente paso consistirá en realizar una evaluación de los resultados que va proporcionando.

¿Qué elementos deben integrar tu kit de evaluación?

- **Entradas nuevas:** los algoritmos se enfrentarán con datos nuevos para los que nunca han sido entrenados.
- **Métricas de evaluación:** se dispondrán de métricas para evaluar. Gracias a ellas será posible detectar errores a la hora de construir un modelo de algoritmos de inteligencia artificial.
- **Ratios de evaluación:** se dispondrán de ratios de resultados de evaluación. Los resultados obtenidos en las pruebas a las que se les ha introducido nuevas entradas deberán tener una precisión superior al 50 %. En caso contrario, el modelo no cumplirá con los mínimos requerimientos para ser considerado un prototipo de modelo supervisado de confianza.

IMPORTANTE

Un modelo entrenado que presenta un porcentaje de precisión igual o superior a un 90 % es considerado por los expertos como un modelo estándar que ofrece un nivel de precisión de respuestas realmente confiable.

El kit de evaluación te permitirá enfrentar a la máquina a nuevos retos para demostrar su maestría con su porcentaje de inteligencia.

4.6. Reconfigurar los parámetros del modelo

El rendimiento de un modelo de *Machine Learning* dependerá en gran medida de los parámetros ajustables. Con ello, es posible hacer un control de cómo están siendo los resultados del entrenamiento.

Esta fase tiene como objetivo mejorar el modelo para que los resultados que ofrezca estén optimizados a través de estos retos:

- Avanzar hacia un modelo más complejo
- Retroceder hacia un modelo más sencillo
- Identificar qué nuevos datos son necesarios o qué características se necesitan
- Hacer un mejor desarrollo del problema con idea de comprenderlo mejor y dar pasos acertados, etc.

Igualmente, en esta fase de reconfiguración de parámetros y en relación a las redes neuronales artificiales, es el momento de decidir el número necesario de capas ocultas o bien determinar cuántos nodos ha de tener cada capa.

La reconfiguración de parámetros debe advertirse como una etapa importante en la construcción del modelo de aprendizaje automático, ya que permite detectar errores y asegurar que el modelo tiene la suficiente capacidad de concluir con generalizaciones a fin de predecir con efectividad.

Es habitual que el modelo (prototipo) ofrezca algunos resultados óptimos llegados a esta fase si el procedimiento de construcción se está siguiendo a pies juntillas. No obstante, si el deseo es obtener excelentes resultados, será necesario iterar repetitivamente pasos anteriores, para disminuir los errores propios de la generalización. Por todo ello, toma relevancia esta fase de reconfiguración de parámetros.

 IMPORTANTE

En el ámbito del aprendizaje automático el concepto *generalizar* hace referencia a la destreza del modelo para generar inmejorables resultados al utilizar nuevos datos.

Con idea de que vayas familiarizándote no solo con conceptos teóricos, sino también con herramientas que te permitirán entrenar tu modelo, seguidamente tendrás una interesante propuesta de una conocida plataforma de entrenamiento alojada en la nube, con la que además podrás realizar un adecuado seguimiento a algoritmos, ya sean de *Machine Learning, Deep Learning* o incluso Aprendizaje Profundo.

Herramienta de Microsoft para la implementación de modelos de aprendizaje automático.
(© Imagen: Azure Machine Learning / azure.microsoft.com)

⊕ PARA SABER MÁS

Conoce cómo reconfigurar los parámetros del modelo utilizando *Azure Machine Learning*.

https://redirectoronline.com/ifct163po0204

4.7. Probar la máquina

Llegado a este punto, tu modelo de *Machine Learning* está listo para ser utilizado. Si has realizado cada uno de los pasos anteriores, tu máquina podrá predecir e **inferir** los resultados.

La **inferencia** es un concepto que viene a extraer conclusiones a partir de una fuente de información (datos). Es posible generarse con tres elementos: la analítica, las características y las probabilidades.

 **EJEMPLO**

Si observas desde una ventana que las personas pasean por la calle muy abrigadas, puedes deducir (infieres) que hace frío. En el ámbito de la inteligencia artificial, una inferencia es una predicción a demanda.

Tu modelo formará parte de un sistema (tecnología predictiva) basado en datos, donde un algoritmo ha sido entrenado para hacer predicciones.

4.8. Interpretar el modelo elegido

Es posible que te preguntes por qué es importante hacer una **interpretación del modelo.** Pues bien, la respuesta la tendrás con este sencillo ejemplo.

 **EJEMPLO**

Imagina por un momento que el modelo elegido decidirá, entre el personal de un departamento, quién es el que se beneficiará de un ascenso en función de las características de la organización y todo su historial. Imagina también que el resultado del algoritmo en apariencia es bueno, puesto que ha seleccionado a profesionales muy preparados para puestos de mayor responsabilidad. Sin embargo, detectas que entre el grupo de candidatos no hay ninguna representación femenina. ¿Puedes imaginar cuáles son los motivos?

Durante el entrenamiento, el algoritmo debió aprender que, a lo largo de la historia de la compañía, los puestos directivos eran exclusivos para hombres. ¿Comprendes ahora las implicaciones que supondría no hacer una interpretación del modelo a tiempo?

Para interpretar el algoritmo se ha de contar con la ayuda de otro algoritmo. Solo de esta manera los profesionales expertos podrán comprender los resultados valiéndose siempre de otro modelo.

El proceso más simple consistiría en realizar interpretaciones de fórmulas y gráficas. Para ello, se utilizaría la **clasificación lineal** o un **árbol de decisión.**

No obstante, si se habla de la complejidad de un modelo basado en redes neuronales con capas profundas, es realmente difícil interpretar un modelo utilizando esas técnicas.

Lo cierto es que la **interpretación de modelos** de aprendizaje automático confiere numerosos **beneficios:**

Confianza en el modelo
- Los resultados del modelo son más confiables si han sido interpretados previamente.

Ayuda a la depuración del modelo
- Ayuda a sanear el modelo tras el análisis que supone la interpretación del mismo.

Ayuda a la *Feature Engineering*
- La ingeniería de características *(Feature Engineering)* mejora del rendimiento del algoritmo, ya que con ella se extraen características de los datos sin procesar, utilizando técnicas propias de la minería de datos.

Detecta necesidades nuevas
- Descubre nuevas necesidades de recolectar más muestras.

Aporta mayor seguridad al modelo
- Dota de robustez al modelo construido.

 **DEFINICIÓN**

Árbol de decisión
Consiste en una estructura parecida a la de un árbol compuesta por ramas y por nodos. Cada nodo representa una hoja, que no es más que un atributo que en *Machine Learning* es un resultado. Cada rama simboliza una regla de decisión. El árbol de decisión sirve para la toma de decisiones.

Dentro del contexto del aprendizaje automático supervisado se utilizan las características de un elemento para determinar a qué grupo corresponde, ya que este es su objetivo principal. Con la clasificación lineal se consigue que el algoritmo tome decisiones de clasificación.

 **NOTA**

El proceso de interpretación de modelos basados en aprendizaje automático es un procedimiento por el cual las decisiones tomadas por el algoritmo quedan descifradas.

Aun habiendo visto algunos beneficios que aporta la interpretación de un modelo de *Machine Learning,* quizá te resulte mucho más relevante este proceso si te planteas alguna cuestión como esta: si un modelo es capaz de detectar qué personas sufrirán una enfermedad, ¿no te parecería interesante conocer cómo el algoritmo consigue hacer esta predicción?

El concepto de interpretación en *Machine Learning* implica cómo adentrarte a una maquinaria y descomponer todas sus piezas. El objetivo es analizar el modelo "curioseando" todos los fragmentos y comparándolos con otro modelo que ya ha sido entrenado.

➲ Del análisis podrás obtener información relevante:

    ᴑ Los *features* (características) de mayor importancia.
    ᴑ El efecto que produjo una característica para obtener una predicción específica.

El efecto que produjo cada *feature* al global de la predicción.

A continuación conocerás algunas técnicas muy conocidas para interpretar modelos de aprendizaje automático:

Permutation Importance
- Sirve para determinar qué características son las más relevantes para las predicciones.

Continúa en página siguiente >>

<< Viene de página anterior

Partial Dependence Plots
- Se emplea para mostrar cómo las diversas características impactan en las predicciones.

Shap Values
- Su fin es comprender las predicciones y cómo contribuye cada característica.

Permutation Importance

Para comprender cómo funciona cada técnica, recurriremos al interesante contenido que publica el blog sobre inteligencia artificial cuyo nombre es "Aprende *Machine Learning*".

En dicho blog se explica en qué consiste la mecánica para la interpretación de modelos y qué herramientas se pueden utilizar en cada caso.

```
Import eli5
eli5.show_weights(mymodel)
```

Weight	Feature
0.5660	Sex
0.1336	Fare
0.0831	Pcclass
0.0721	Embarked
0.0691	SibSp
0.0506	Age
0.0255	Parch

Procedimiento para aplicar la técnica Permutation Importance.

Aquí tienes un resumen de los pasos indicados para aplicar la primera técnica:

- **Primer paso:** entrenar un modelo y ajustarlo.
- **Segundo paso:** tomar el kit de validación y coger las características una por vez. Se toma la primera columna de entrada y se mezclan todos sus valores entre sus filas, permaneciendo el resto de características igual.

⊃ **Tercer paso:** realizar la predicción utilizando el modelo entrenado (los resultados variarán a peor). En el caso de que los resultados empeoren bastante, significa que esa característica es muy relevante. En caso contrario, esa *feature* no es muy relevante.

⊃ **Cuarto paso:** iniciar de nuevo el proceso con cada una de las características.

 CONSEJO

Para llevar a la práctica esta técnica y poder visualizar el resultado, es posible hacer uso de la librería **ELI5 para Python**, una biblioteca que sirve para depurar e inspeccionar clasificadores de *Machine Learning* y poder interpretar sus predicciones.

Partial Dependence Plots

En el caso de aplicar la técnica **PDP** *(Partial Dependence Plots),* lo que se hará es ir tomando de una en una las distintas filas, e ir variando los valores de una sola característica, de tal manera que el resultado pueda ir enfrentándose a un modelo previamente entrenado.

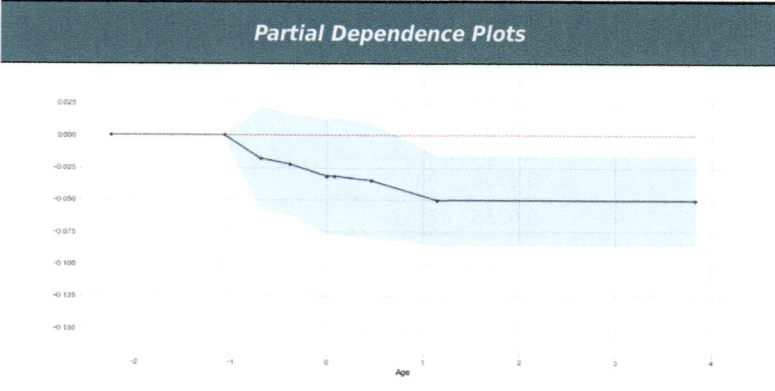

Procedimiento para aplicar la técnica Partial Dependence Plots. (© Imagen: "Aprende Machine Learning")(2019).

- Con esta técnica se puede observar el efecto de una o hasta dos características y la relación existente entre la variable de salida investigada.

 **CONSEJO**

Para llevar a la práctica esta técnica y poder visualizar el resultado, es posible hacer uso de la librería **PDPBox**, una biblioteca que sirve para depurar e inspeccionar clasificadores de *Machine Learning* y poder interpretar sus predicciones.

Shap Values

La tercera técnica está indicada para las predicciones individuales. Está basada en las mecánicas de los juegos, y es una de las técnicas que mejor interpretan las predicciones de los modelos.

Para explicar cómo funciona cogeremos la misma metáfora que utiliza la fuente original:

SHAP viene de "Shapley Additive exPlanation" y está basado en la teoría de Juegos para explicar cómo cada uno de los jugadores que intervienen en un "juego colaborativo" contribuyen en el éxito de la partida. Con esto podemos comprender una predicción y cómo impacta cada feature. Podemos decir que la interpretabilidad que nos ofrecen los valores SHAP es de las mejores.

De manera muy sencilla —e incompleta— de cómo se calculan estos valores podemos imaginar a un grupo de desarrolladores, testers, arquitectos y managers (features) que trabajan en conjunto ("juegan"/colaboran) para crear un Sistema de Software y queremos saber cuánto contribuyó cada uno de ellos en su producción. Lo que haremos es ir intercalando a los participantes en diversos "orden de aparición" ABCD, ABDC, ADBC, etc., e ir midiendo la "contribución marginal" de cada participante cada vez. Con ello sacaremos el promedio de cada uno y tendremos los valores Shapley que nos indican cuánto contribuyó cada jugador a conseguir el resultado obtenido

(Aprende Machine Learning, 2021).

Procedimiento para aplicar la técnica *Shap Values*
para la interpretación de modelos.

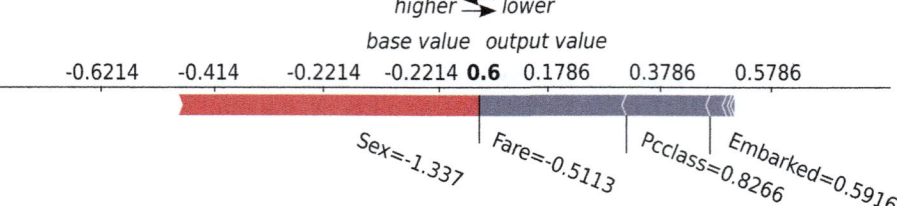

Vistos algunos importantes aspectos asociados a la disciplina de *Machine Learning,* ha llegado el momento de avanzar para recordar las características del **aprendizaje automático supervisado.**

¿Cómo participa el ser humano en el proceso de aprendizaje supervisado de las máquinas?

Para reconocer los aspectos que caracterizan el **aprendizaje automático supervisado** y lo que implica la intervención humana en este proceso de aprendizaje, sigue leyendo la información que aparece en el siguiente esquema; seguro que estarás de acuerdo con la importante función que tienen los científicos de datos en esta área de la inteligencia artificial:

◕ **La persona participa en el proceso de aprendizaje de las máquinas:** con la tecnología de *Machine Learning* supervisado, los sistemas de expertos aprenden gracias a la inteligencia artificial y a la ingesta de datos. Estos datos deben introducirse con la intervención del profesional, a quien se le debe la labor de etiquetarlos, clasificarlos e introducirlos dentro del algoritmo en cuestión.
◕ **Los algoritmos ofrecen soluciones esperadas en función de los datos suministrados:** esto es posible porque, al hacer la entrada de los datos dentro del algoritmo, estos han sido previamente etiquetados y clasificados. Por tanto, las respuestas no son más que datos de salida que realiza el modelo según los datos de entrada.

 **APLICACIÓN PRÁCTICA**

Gonzalo está diseñando un programa informático que seleccionará los mejores currículos de una larga e interminable lista. Se trata de un *software* que facilitará la labor del departamento de RR. HH. de cualquier empresa.

Dicho sistema debe por sí solo aprender a distinguir información relevante que se muestre en los *currículums* y descartar aquellos que no cumplen con las expectativas de los *Headhunters*.

¿De qué característica asociada al *Machine Learning* supervisado deberá disponer este programa que hará posible que dé los resultados esperados?

Solución

Los algoritmos de *Machine Learning* supervisados se caracterizan por ofrecer soluciones en función de unos datos etiquetados, clasificados y siempre introducidos por un profesional. Por este motivo, y gracias a la participación humana, las respuestas que ofrecen estos algoritmos son esperados.

---

5. Métricas de rendimiento de un modelo de *Machine Learning*

👉 **HILO CONDUCTOR**

Aunque todavía Stephanie no ha tenido la oportunidad de construir su propio modelo de *Machine Learning,* ya conoce qué pasos ha de seguir antes de poder implementarlo en un proyecto de negocio. Pero ¿qué métricas son las que servirán para evaluar si el algoritmo ha conseguido un resultado ajustado a la realidad? No hay que olvidar que el objetivo final de Stephanie es desarrollar una solución inteligente, capaz de leer la mente a personas que tienen dañado su sistema neuronal, bien por un accidente o por causa natural.

Las **métricas de rendimiento** van a permitir **evaluar** tu modelo de aprendizaje automático. Para seleccionar las más adecuadas, has de tener en cuenta a qué problema te enfrentas, es decir, con qué dificultades más corrientes se topará el modelo construido.

Los problemas suelen ser diversos:

Problemas de clasificación
- A la hora de clasificar el algoritmo, este se enfrentará a dificultades de predicción como estas:
    - Dar respuestas como: sí / no / no tengo la seguridad.

Problemas de regresión
- El algoritmo de regresión deberá proporcionar valores predictivos como, por ejemplo, "la fuerza con la que el viento soplará mañana".

Problemas de clasificación por categoría de datos
- El modelo construido deberá ser capaz de establecer una jerarquía de clasificación para hacer una correcta predicción. Por ejemplo:
    - Se dispone de un colectivo, el cual hay que clasificar según unos datos físicos (peso, altura, etc.):
        - De menor a mayor.

Partiendo de la dificultad o problema que resolver, hay que localizar qué métricas darán con la solución de la problemática inicial.

Seguidamente vas a conocer algunos ejemplos de métricas de rendimiento.

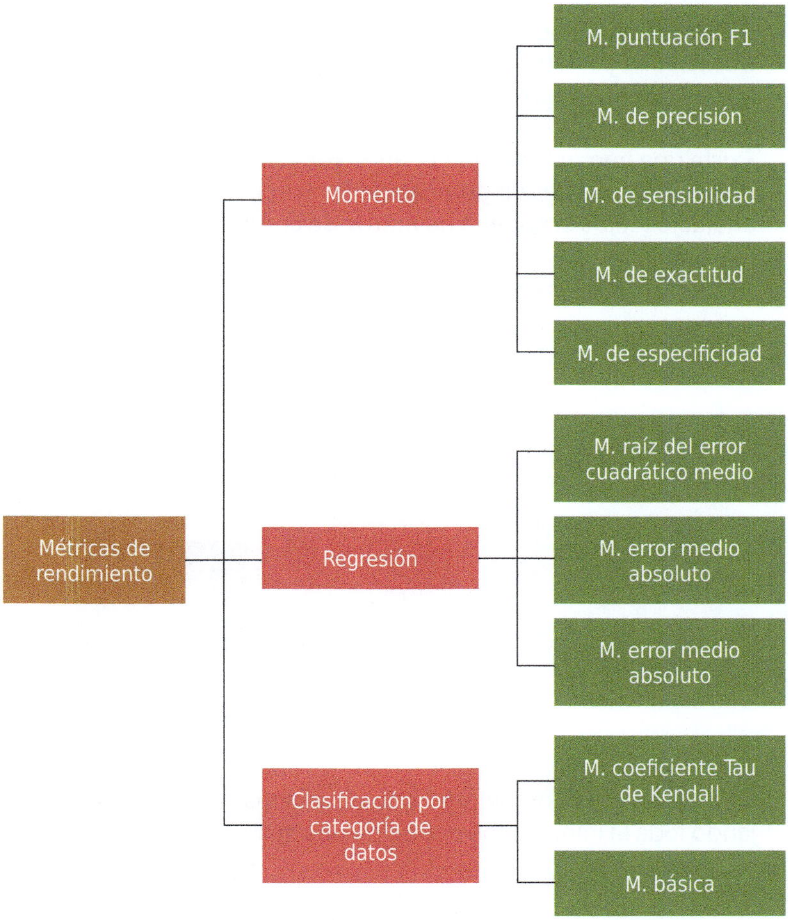

```
                                              ┌─────────────────────┐
                                              │  M. puntuación F1   │
                                              └─────────────────────┘
                                              ┌─────────────────────┐
                                              │   M. de precisión   │
                                              └─────────────────────┘
                          ┌──────────┐        ┌─────────────────────┐
                          │ Momento  │────────│ M. de sensibilidad  │
                          └──────────┘        └─────────────────────┘
                                              ┌─────────────────────┐
                                              │  M. de exactitud    │
                                              └─────────────────────┘
                                              ┌─────────────────────┐
                                              │ M. de especificidad │
                                              └─────────────────────┘

                                              ┌─────────────────────┐
                                              │   M. raíz del error │
                                              │   cuadrático medio  │
                                              └─────────────────────┘
  ┌──────────────┐        ┌──────────┐        ┌─────────────────────┐
  │ Métricas de  │────────│Regresión │────────│   M. error medio    │
  │ rendimiento  │        └──────────┘        │      absoluto       │
  └──────────────┘                            └─────────────────────┘
                                              ┌─────────────────────┐
                                              │   M. error medio    │
                                              │      absoluto       │
                                              └─────────────────────┘

                                              ┌─────────────────────┐
                          ┌──────────┐        │ M. coeficiente Tau  │
                          │Clasifica-│        │    de Kendall       │
                          │ción por  │────────└─────────────────────┘
                          │categoría │        ┌─────────────────────┐
                          │de datos  │        │     M. básica       │
                          └──────────┘        └─────────────────────┘
```

NOTA

A la hora de diseñar un modelo de aprendizaje automático supervisado, es posible que se requiera la ayuda y los consejos del consultor estratégico en ciencia de datos.

5.1. Métricas de rendimiento. Problemas de clasificación. Matriz de confusión y métricas de especificidad, exactitud, precisión y sensibilidad. Métrica F1.

Existe una herramienta que permite **ver** cómo se desenvuelve el algoritmo de clasificación utilizando una matriz con cuatro opciones diferentes. Este artefacto recibe el nombre de **matriz de confusión.**

¡Ahora entenderás el porqué de su nombre!

Otra manera de comprender cómo funciona la matriz de confusión es fijando toda la información dentro de una misma tabla.

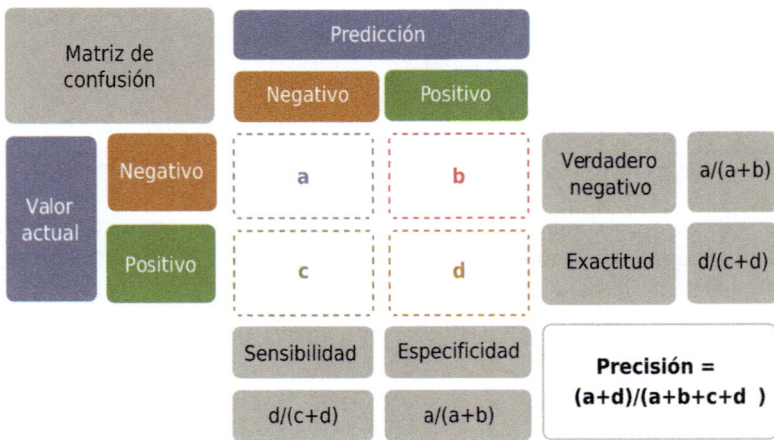

- **a:** son el número de **negativos reales:** coincide la predicción del algoritmo con el valor actual.
- **b:** son **falsos positivos (FP):** el número de predicciones no correctas del algoritmo.
- **c:** son **falsos negativos (FN):** el número de predicciones no correctas del algoritmo.
- **d:** son **positivos reales:** el número de predicciones acertadas del algoritmo.

¿Cuáles son las métricas que se aplican a la matriz de confusión?

A continuación, tendrás información sobre cuatro importantes métricas que miden la agudeza del algoritmo de clasificación, y que se valen de la matriz de confusión para llevar a cabo su labor:

Exactitud
- Métrica que indica el nivel de acercamiento a un resultado que se entiende como verdadero. Es un porcentaje de predicciones de positivos reales en función de todos los resultados positivos encontrados (verdaderos positivos).

$$(VP + VN) / (VP + FP + FN + VN)$$

- VP = verdadero positivo
- VN = verdadero negativo
- FP = falso positivo
- FN = falso negativo

Precisión
- Métrica que indica un valor (casos positivos detectados) como resultado de aplicar mediciones repetitivas. Esto significa que cuanto más dispersas se encuentran las predicciones correctas (positivas y negativas), menor será la precisión de la predicción.

$$VP / (VP + FP)$$

Sensibilidad
- Los resultados obtenidos por las métricas de sensibilidad y especificidad informan de la destreza del algoritmo para segregar los resultados positivos de los negativos:
  - Sensibilidad = tasa de verdaderos positivos encontrados por el algoritmo.
- Ejemplo: capacidad de un modelo para detectar verdaderos positivos (VP) (personas contagiadas) entre un colectivo estudiado de personas con dolencias diversas:

$$VP / (VP + FN)$$

Continúa en página siguiente >>

<< Viene de página anterior

Especificidad
- Al igual que la métrica de la sensibilidad, la especificidad consigue disgregar información proporcionada por el algoritmo de clasificación.
  - Especificidad = tasa de verdaderos negativos encontrados por el algoritmo.
- Ejemplo: capacidad de un modelo para detectar verdaderos negativos (VN) (pacientes saludables) entre toda la población de personas sanas.

VN / (VN + FP)

NOTA

Más adelante tendrás una nueva definición de estas métricas que te facilitarán aún más su comprensión. Además, conocerás cómo se identifican en el argot de la ciencia de datos.

- -

En función de toda la información que proporciona la métrica, es posible determinar el grado de precisión y exactitud de la predicción que hace el algoritmo de clasificación expresada por la matriz de confusión.

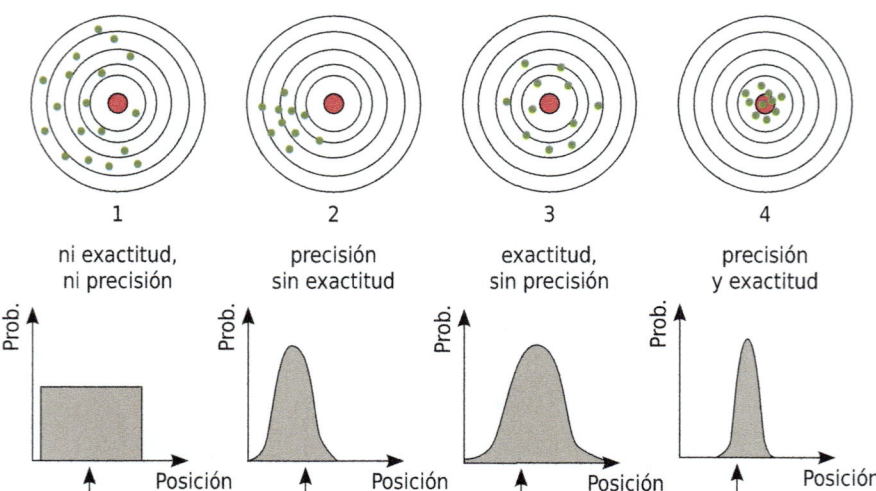

Representación gráfica de la información proporcionada por una matriz de confusión.

A continuación vas a ver un sencillo ejemplo para comprender mejor cómo se traduce el planteamiento operativo de los algoritmos de clasificación, para luego aplicarle las métricas.

 **EJEMPLO**

Disponemos de un algoritmo supervisado de clasificación, capaz de diferenciar entre un colectivo de personas que padecen una enfermedad contagiosa de otras que están sanas.

El colectivo consta de 200 personas; de ellas 95 tienen la enfermedad y el resto no.

Gracias al algoritmo elegido, será posible acordar qué porcentaje del total de las pruebas realizadas ofrece un resultado correcto.

Se procede a realizar a todas las personas que conforman el colectivo las pruebas pertinentes. El resultado obtenido servirá para hacer una comparativa entre la predicción del modelo y el valor real.

La matriz de confusión propone cuatro alternativas: verdaderos positivos, falsos positivos, falsos negativos y verdaderos negativos.

Veamos ahora la propuesta de la matriz de confusión:

- **Verdadero positivo:** individuo clasificado como enfermo por las pruebas médicas realizadas y que el modelo también lo determinó como enfermo.

  - Enfermo (valor real).
  - Enfermo (predicción).

- **Verdadero negativo:** individuo clasificado como sano por las pruebas médicas realizadas y que el modelo lo clasificó como sano.

  - Sano (valor real).
  - Sano (predicción).

- **Falso negativo:** individuo clasificado como enfermo por las pruebas médicas realizadas y que el modelo lo clasificó como sano.

Continúa en página siguiente >>

<< Viene de página anterior

- · Enfermo (valor real).
- · Sano (predicción).

- **Falso positivo:** individuo clasificado como sano por las pruebas médicas realizadas y que el modelo lo clasificó como enfermo.

  - · Sano (valor real).
  - · Enfermo (predicción).

Siguiendo con el ejemplo anterior, la matriz de confusión quedaría representada de la siguiente manera:

⊃ Verdaderos positivos

  ↻ Enfermos (valor real).
  ↻ Enfermos (predicción).

⊃ Falsos positivos

  ↻ Sanos (valor real).
  ↻ Enfermos (predicción).

⊃ Falsos negativos

  ↻ Enfermos (valor real).
  ↻ Sanos (predicción).

⊃ Verdaderos negativos

  ↻ Sanos (valor real).
  ↻ Sanos (predicción).

La matriz de confusión es una herramienta que estudia el modelo y permite determinar el grado de certezas predictivas de los algoritmos de clasificación, haciendo uso de las métricas anteriormente vistas y que ahora de nuevo recordarás ahondando más sobre ellas:

⊃ **Métricas de exactitud** *(accuracy):* informa sobre el número de artículos que han sido clasificados adecuadamente haciendo una comparativa con el total de elementos.

- **Métricas de precisión** *(precision):* trata sobre la fidelidad del sistema de información, la capacidad que tiene para recopilar información de los datos y la destreza del modelo para hacer un reconocimiento de patrones.
- **Métricas de sensibilidad** *(recall):* informa sobre el porcentaje de elementos que el modelo es capaz de identificar.
- **Métricas de especificidad** *(specificity):* informa del nivel de acercamiento que el modelo hace de la realidad.

Métricas de rendimiento. M. puntuación F1.

Otra métrica de rendimiento muy conocida que evalúa los algoritmos de clasificación es la denominada **métrica de puntuación F1.**

Esta nueva métrica se caracteriza por proporcionar un resultado de evaluación, cuya información es la misma si se utilizaran dos métricas que ya conoces:

Utilidad de la métrica de puntuación F1

Una visión práctica que permite ver la utilidad de la métrica de puntuación F1 es, por ejemplo, cuando existe una distribución diferente entre valores:

La cifra de enfermos que presenta una condición es del 30 % y otra es del 70 %.

La **fórmula** de la métrica de puntuación F1 es la siguiente:

Puntuación F1 = 2 × (Sensibilidad × Precisión) / (Sensibilidad + Precisión)

De la métrica de puntuación F1 se extraen cuatro posibles casos:

- **Alta precisión y alta sensibilidad:** el modelo construido trae perfectamente ese valor.
- **Alta precisión y baja sensibilidad:** el modelo construido no averigua bien el valor, pero, cuando lo consigue, el valor obtenido es realmente confiable.

⊃ **Baja precisión y alta sensibilidad:** el modelo construido averigua perfectamente el valor, pero contiene muestras de otros valores.
⊃ **Baja precisión y baja sensibilidad:** el modelo construido no consigue hacer la clasificación adecuadamente.

 IMPORTANTE

Cuando se quiere descartar los falsos positivos es recomendable utilizar para la evaluación del modelo la alta especificidad.

 APLICACIÓN PRÁCTICA

Imagina que eres profesor y tu alumnado está realizando en este justo momento un examen. Quieres imponer un castigo inmediato a todos aquellos que tienen escondida algún tipo de chuleta. Tu objetivo es que a ningún alumno/a que no haya cometido ninguna irregularidad se le imponga el castigo. En este sentido, ¿qué valores o clases debe descartar el modelo empleado si seleccionas alta especificidad?

Solución

El objeto de valoración está enfocado a detectar los verdaderos positivos, es decir, aquellos estudiantes que tienen intenciones de copiar. Puede conseguirlo a través de estas vías:

• Detectando verdaderos negativos.
• Descartando falsos positivos.

Elegir la alta especificidad consigue descartar aquellos falsos positivos, consiguiendo no imponer un castigo a quien no lo merece. No sería tolerable que el propio modelo mostrara falsos positivos y no los rechazara. Igual de importante es que el modelo detecte los verdaderos negativos que no son más que falsos positivos para el ejemplo mostrado.

En ambos casos, definir la alta especificidad consigue este reto.

Ahora vas a imaginar que has construido un modelo de *Machine Learning* con algoritmos de clasificación.

El siguiente vídeo te mostrará un ejemplo de métricas con las que podrías contar para llevar a cabo la correspondiente evaluación del modelo.

 VÍDEO

En este vídeo se identifican métricas para evaluar modelos de clasificación utilizando *Scikit Learn*.

https://redirectoronline.com/ifct163po0207

 TAREA 4

Bea ha construido un modelo supervisado de clasificación con el que pretende facilitar el trabajo de un equipo de investigación de un reconocido laboratorio donde elaboran fármacos. Necesitan predecir el porcentaje de la población que podría beneficiarse de un medicamento para la prevención de una dolencia. Este dato es importante, pues le ayudará a afinar qué fondos serán los necesarios para elaborar el total de dosis que harían falta crear.

La población total (sanos y enfermos) asciende a 142.000 habitantes, aunque se seleccionará una muestra representativa lo suficientemente grande para que los valores se aproximen a la realidad. La idea es comprobar si su modelo predictivo puede proporcionar datos certeros que se aproximen a los resultados reales y así evitar en futuras ocasiones tener que destinar más dinero a realizar pruebas y analíticas a la población.

Continúa en página siguiente >>

<< Viene de página anterior

Basándote en la información proporcionada, representa las fórmulas genéricas de las métricas de clasificación conociendo el funcionamiento de la matriz de confusión.

Como recordarás, *Big Data* representa una nueva tecnología que aborda los datos y su procesamiento con extraordinaria agilidad. En este sentido, las complejas mecánicas utilizadas por el *Big Data* para la interpretación de los **Datasets** (base de datos, archivos, *folder,* webs, etc.) parecen técnicas muy sencillas.

 DEFINICIÓN

Datasets

Son bases de datos de diferentes índoles que, al aplicarse con tecnología *Big Data,* permiten su interpretación aun pudiendo ser estas muy voluminosas. De otra forma existirían grandes dificultades para interpretar este gran volumen de datos por sistemas de información estándar.

Cuando existe un *Dataset* desequilibrado, el resultado es el siguiente:

- ⮌ Altísima precisión para el valor mayoritario
- ⮌ Bajísima sensibilidad para el valor minoritario

Un *Dataset* desequilibrado implica que, para la clasificación de valores, es necesario hacer un previo **balanceo de clases** (acción de equilibrar).

Los *Datasets* están teniendo gran relevancia gracias a que son parte de los elementos necesarios para construir modelos de *Machine Learning.* Sin nutrientes las máquinas inteligentes no podrían hacer bien su trabajo.

 **CONSEJO**

Deberás realizar el balanceo de clases para contar con un mayor grado de precisión en la estadística. El objetivo del balanceo es equilibrar con la misma cantidad los falsos positivos y los falsos negativos.

Retomando la actuación del algoritmo de clasificación y la aplicación de la métrica de posicionamiento F1 para su evaluación, esta métrica le preguntará al modelo dos cuestiones:

¿Cuántos ítems seleccionados son relevantes? Y, ¿cuántos ítems relevantes son seleccionados?

Representación de la métrica binaria F1 (precisión y sensibilidad)

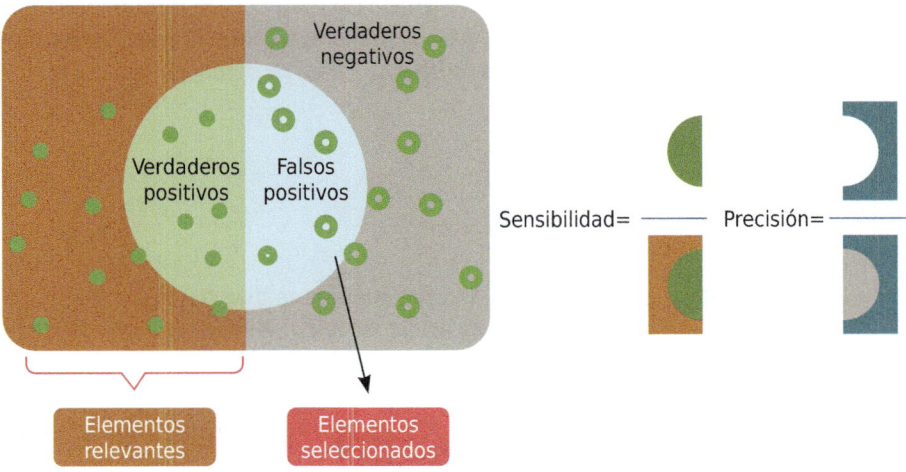

La métrica de posicionamiento F1 será de gran utilidad en la matriz de confusión si existe un desequilibrio entre valores o clases.

 **PARA SABER MÁS**

Puedes leer atentamente el artículo propuesto publicado en el blog *"Health Big Data"*. Con ello conseguirás averiguar más sobre qué es el balanceo de valores o clases para modelos de *Machine Learning*.

https://redirectoronline.com/ifct163po0208

A modo de resumen de este primer grupo de métricas de rendimiento, tienes a tu disposición el siguiente vídeo que te ayudará a realizar un repaso de todo lo aprendido en este apartado.

 VÍDEO

En este vídeo se aborda un pequeño resumen de lo que son las métricas de rendimiento para modelos de clasificación. También se indica cómo proceder a implementarlas haciendo uso de la librería de *Scikit Learn*.

https://redirectoronline.com/ifct163po0209

5.2. Métricas de rendimiento. Problemas de regresión: error medio absoluto, error cuadrático medio y raíz del error cuadrático medio.

Gracias a los algoritmos de regresión, será posible hacer averiguaciones tan interesantes como las que formula la siguiente cuestión:

¿Cuántos clientes van a utilizar un determinado servicio?

 CONSEJO

La inteligencia artificial puede ayudar no solo a realizar una segmentación y clasificación de potenciales clientes, pacientes, etc.; también sirve para diseñar eficaces estrategias organizacionales. Lo importante es conocer los diferentes enfoques posibles a la hora de construir un modelo de *Machine Learning* para determinar si es más apropiado utilizar modelos de clasificación o mejor tratar el problema como una cuestión de regresión.

Los enfoques sirven para abordar un problema y te posicionan para la adopción de la mejor decisión. Para ello, y con idea de elegir el mejor modelo que has de construir, tendrás que preguntarte qué objetivos persigues, pero también debes saber plantear muy bien cuestiones para maquinar el modelo de algoritmos más apropiado que dé con las mejores soluciones.

 EJEMPLO

Si tienes un problema relacionado con la detección de correos *spam*, tendrás que utilizar algoritmos de clasificación. Sin embargo, si tu intención es hacer averiguaciones sobre cuántas veces usará un cliente el servicio que ofreces, el problema es radicalmente diferente.

Para este último caso requerirás un modelo capaz de determinar un valor concreto, ya que a lo que te enfrentas es a un problema de regresión.

A continuación, vas a conocer algunas métricas que miden el rendimiento de un modelo de aprendizaje automático enfocado a determinar valores.

Problemas de regresión. M. error medio absoluto

La métrica **error medio absoluto** (**MAE**) es una fórmula que proporciona la medida básica del error de pronóstico.

Para el cálculo se han de tener en cuenta dos variables:

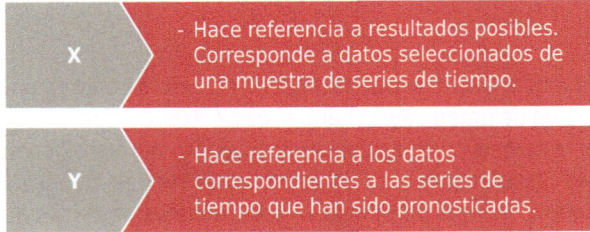

| X | - Hace referencia a resultados posibles. Corresponde a datos seleccionados de una muestra de series de tiempo. |

| Y | - Hace referencia a los datos correspondientes a las series de tiempo que han sido pronosticadas. |

Sabiendo que las series de tiempo deben ser repartidas de manera homogénea y que cuentan con el mismo tamaño, la fórmula de la métrica queda definida de la siguiente forma:

$$MAE = SAE / N = \sum_{i=1}^{N} (X_i - X_i^{\hat{}}) / N$$

- **xi:** corresponde a lo observado de las series de tiempo.
- **x^i:** corresponde a la estimación o pronóstico.
- **SAE:** son las desviaciones o suma de errores absolutos.
- **N:** corresponde al número de puntos de datos presentes.

 **NOTA**

El error absoluto representa la diferencia existente entre el valor real y el valor aproximado (media de las diferentes medidas). Representa el mayor valor entre el error del medidor y el error del pronóstico.

A continuación, tienes una tabla como ejemplo que muestra los datos para hacer un cálculo y obtener la media del error absoluto. Con ello se determina la utilidad de esta métrica para calcular el posible error de pronóstico con los resultados posibles.

	A	B	C
1	Fecha	Series temporales 1	Series temporales 2
2	01/01/2021	#N/A	#N/A
3	01/02/2021	−2,83	−0,28
4	01/03/2021	−0,95	−0,90
5	01/04/2021	−0,88	−1,72
6	01/05/2021	1,21	1,92
7	01/06/2021	−1,67	−0,17
8	01/06/2021	0,83	−0,04
9	01/07/2021	−0,27	1,63
10	01/08/2021	1,36	−0,12
11	01/09/2021	−0,34	0,14
12	01/10/2021	0,48	−1,96
13	01/11/2021	−2,83	1,30
14	01/12/2021	−0,95	−2,51
15	01/01/2022	−0,88	−0,93
16	01/02/2022	1,21	0,39
17	01/03/2022	−1,67	−0,06
18	01/04/2022	−2,99	−1,29
19	01/05/2022	1,24	1,41
20	01/06/2022	0,64	2,37

$$\text{MAE} = \text{SAE} / N = \sum_{i=1}^{N}(X_i - \hat{X_i}) / N$$

FÓRMULA MAE $(B_3:B_{21}, C_3:C_{21})$

RESULTADO = 1.336

Problemas de regresión: M. error cuadrático medio

Otro criterio de evaluación de modelos de aprendizaje automático es la conocida métrica de **error cuadrático medio (MSE).**

En esta ocasión, lo que se pretende calcular es la cantidad de errores existentes entre dos conjuntos de datos. Dicho con otras palabras, esta métrica hace una comparativa entre lo que el modelo ha predicho y un valor conocido.

 **EJEMPLO**

Imagina que tu modelo es de regresión lineal y este viene representado por una línea de color verde. Los puntos que se observan en la gráfica son los datos que quieres estimar. En ella se observa unas líneas rojas que representan errores que da el modelo lineal.

Según esta información, el error cuadrático no es más que la diferencia entre el valor real y el valor estimado al cuadrado.

Error cuadrático = (Valor real – Valor estimado)^2

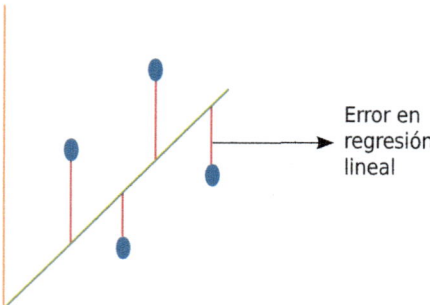

Para el cálculo del error medio cuadrático, la fórmula que utilizar es la siguiente:

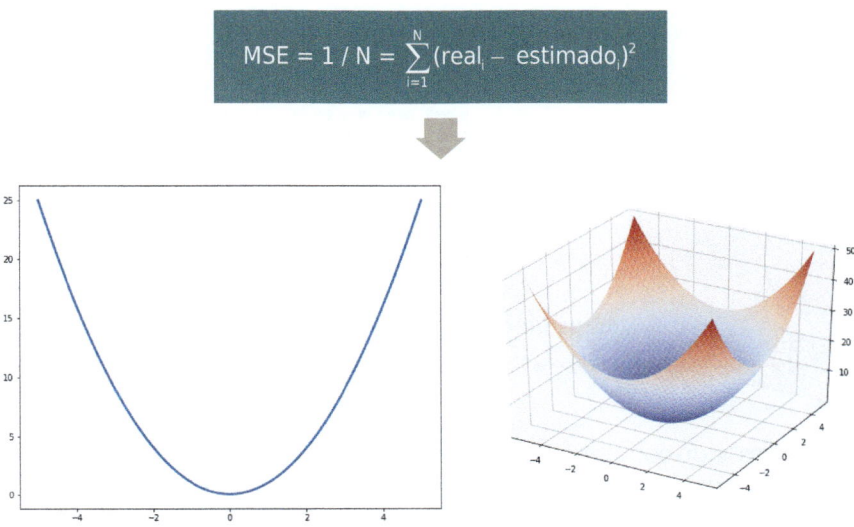

$$MSE = 1 / N = \sum_{i=1}^{N} (real_i - estimado_i)^2$$

Representación gráfica del error cuadrático medio. (© Imagen: IArtificial / iartificial.net)

Elevar el error al cuadrado permite que siempre el valor sea positivo. Un error perfecto es aquel que tiene el valor igual a cero. Esto marca la diferencia con el error simple, ya que este puede ser negativo.

Otra alternativa para no elevar el error al cuadrado es tomar el valor absoluto. Sin embargo, con esta opción no sería derivable la función.

¿Por qué es importante obtener una función derivable?

Una función derivable permite que los algoritmos de optimización sean realmente eficaces. Elementos como el gradiente descendiente son importantes en el aprendizaje automático, para lo cual se hace necesaria dicha función.

 PARA SABER MÁS

¿No sabes aún qué es el gradiente descendiente y sus implicaciones en el *Machine Learning?* Lee con atención el artículo propuesto, donde además podrás repasar todo lo aprendido sobre las métricas de regresión.

Continúa en página siguiente >>

<< Viene de página anterior

https://redirectoronline.com/ifct163po0210

Si has leído con atención el artículo propuesto, habrás advertido los motivos por los que la métrica de error cuadrático medio no es del todo intuitiva. Por este motivo, nace la **raíz cuadrada del error cuadrático medio (RMSE),** la cual permite reducir esa sensación de errores que ofrece la métrica anterior.

$$RMSE = \sqrt{MSE = 1/N = \sum_{i=1}^{N}(real_i - estimado_i)^2}$$

 IMPORTANTE

Mientras que el error cuadrático medio realiza un cálculo para obtener el valor medio de la diferencia al cuadrado entre el valor real y el estimado para cada todos los puntos de datos, la raíz del error cuadrático medio es simplemente la raíz cuadrada del error cuadrático medio. Para ello, maneja valores absolutos mucho más pequeños, lo cual es de gran utilidad si lo que se necesita es realizar cálculos a nivel de informática.

5.3. Métricas de rendimiento. Problemas de clasificación por categorías de datos: m. básica y m. coeficiente Tau de Kendall

El tercer y último grupo de métricas de rendimiento son aquellas que tratan de medir el funcionamiento de algoritmos de clasificación con categorías de datos.

Se clasifican en **dos tipos de métricas:**

➲ Métrica básica
➲ M. coeficiente Tau de Kendall

Inmediatamente conocerás qué tipo de resultados ofrece cada métrica.

Problemas de clasificación por categorías de datos. Métrica básica.

A continuación, vas a conocer cómo funciona la **métrica básica:**

- El algoritmo genera una clasificación para diferenciar las vacas de otros animales.

- La métrica recoge aquel elemento que entiende que es más relevante.

- Posteriormente, se realiza una comparativa con otra clasificación que ha sido generada por el profesional experto y se comprueba cómo de acertadas son las respuestas del modelo.

Problemas de clasificación por categorías de datos. Métrica de coeficiente Tau de Kendall.

La **métrica de coeficiente Tau de Kendall** es una medida no paramétrica, que proporciona el nivel de dependencia entre dos variables. Esta métrica proporciona un coeficiente identificando las relaciones concordantes y aquellas otras discordantes.

La **fórmula** de cálculo de esta métrica es:

$$\Upsilon = C_n - NC_{n/c}\, n + NC_n = \Upsilon \in [0,1]$$

¿Quieres desglosar la fórmula para ver qué significa cada valor? Lo hacemos a continuación.

Veamos ahora qué valores se han de introducir en la fórmula para el cálculo del coeficiente Tau de Kendall:

- **C_n:** corresponde al n.° total de relaciones concordantes entre pares.
- **NC_n:** corresponde al n.° total de relaciones discordantes entre pares.

El **cálculo del coeficiente Tau de Kendall** se realiza con el siguiente procedimiento:

1. **Clasificación:** en primer lugar se asigna una clasificación al observar cada variable. Es necesario aprender a identificar las relaciones entre pares (variables) que son concordantes de las que no.
2. **Relación de dependencia:** se analiza la dependencia existente en la relación establecida entre dos variables.
3. **Ordenación:** se establecen las definiciones de los elementos de los que se compone la fórmula.
4. **Cálculo del coeficiente:** después se calcula el nivel de dependencia tras haber ordenado ascendentemente en una columna lo estudiado en cada variable.

Ahora observa con atención un ejemplo para comprender mejor cómo es el procedimiento que se ha explicado para obtener el valor de la métrica.

 EJEMPLO

Imagina que quieres hacer una evaluación sobre si los clientes de un supermercado tienen el mismo orden de preferencia para adquirir un producto X o un producto Y.

Clasificación. La clasificación de las valoraciones podría ser:

    1 = enormemente preferible.
    7 = en absoluto preferible.

Relación de dependencia. La cuestión que plantear para el caso propuesto sería:

¿Existe alguna relación de dependencia entre las preferencias de los clientes de este supermercado que optan por el producto X o por el producto Y?

Continúa en página siguiente >>

<< Viene de página anterior

Ordenación. Se establecen las definiciones:

X = valoración de los clientes para adquirir el producto X.
Y = valoración de los clientes para adquirir el producto Y.
C = relación de pares concordantes.
NC = relación de pares discordantes.
Ei = producto X.

Cálculo del coeficiente. Se lleva a cabo el siguiente procedimiento:

Se parte de la muestra de n = 7 observaciones en el supermercado.

Cada fila en la tabla corresponde a las clasificaciones que han proporcionado los clientes del supermercado.

Cada par de productos pueden ser concordantes o no.

En las columnas NC y C se contabilizará exclusivamente los pares en un solo sentido. Por ejemplo, los pares EF y FE quedarán contabilizados como un único par para no ser repetido.

Las observaciones obtenidas se expresan en una tabla en la cual quedan ordenadas en ambas columnas y de forma ascendente.

Producto X	X	Y
A	1	1
B	2	3
C	3	4
D	4	2
E	5	7
F	6	6
G	7	5

Los elementos de ambas columnas (X e Y) han de ser comparados. Se localizarán aquellas relaciones entre pares que son concordantes y las que no lo son.

Continúa en página siguiente >>

<< Viene de página anterior

Observa en la siguiente tabla cómo la columna X está perfectamente clasificada en orden ascendente. Sin embargo, las clasificaciones de la columna Y no tienen este orden. Esto significa que esas relaciones no ascendentes son discordantes:

- Serán relaciones de pares con concordancia todos los valores de clasificación que estén por debajo de la referencia asignada.
- En la fila A (par de clientes A), los valores clasificados inferiores a 1 (referencia) son pares que tienen concordancia con A.
- En la fila A, el valor 6 indica que toda la relación de pares son concordantes con A y ninguna discordante, por eso el valor NC es igual a cero.

Por otra parte, la última fila (G) siempre quedará sin poder observarse, puesto que no se dispone de otro conjunto de observaciones para ser comparada.

¡Observa toda esta explicación en esta segunda tabla!

Producto X	X	Y	C	NC
A	1	1	6	0
B	2	3	5	0
C	3	4	5	1
D	4	2	4	0
E	5	7	4	1
F	6	6	4	1
G	7	5	43	3

6. Algoritmos de inteligencia artificial

☞ **HILO CONDUCTOR**

No todos los modelos de aprendizaje automático utilizan los mismos algoritmos de inteligencia artificial. Es el enfoque del proyecto el que determinará qué

Continúa en página siguiente >>

<< Viene de página anterior

algoritmo o conjunto de algoritmos se han de utilizar. Stephanie necesita un modelo que haga predicciones, pero que además sea capaz de tomar decisiones frente a la adversidad. Son muchas y distintas las circunstancias que se pueden presentar cuando hablamos de personas con discapacidad. Ahora le toca conocer importantes y diversos tipos de algoritmos.

Machine Learning es uno de los conceptos más nombrados de la inteligencia artificial.

Las máquinas cuya base tecnológica tienen integrados algoritmos de esta importante rama de la inteligencia artificial son capaces de aprender copiando la manera en la que los seres humanos experimentan el proceso de aprendizaje.

Como disciplina con alma propia dentro del mundo de la inteligencia artificial, *Machine Learning* no es más que una metodología científica que consigue que las máquinas que dispongan de un contenido computacional (ordenadores, tabletas, dispositivos, etc.) aprendan con el fin de descubrir relaciones o patrones dentro de una voluminosa cantidad de datos.

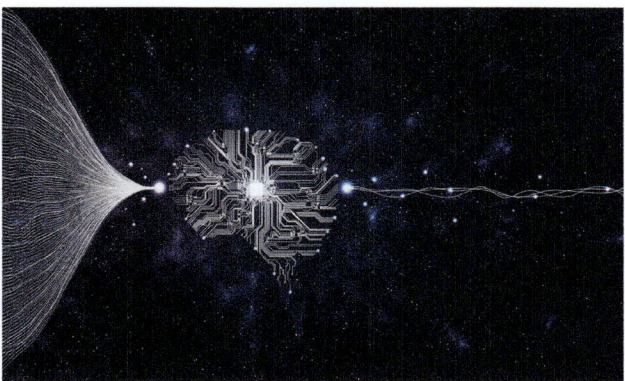

El fundamento del aprendizaje automático es conseguir que la extracción de esos patrones puedan ser utilizados para realizar predicciones de comportamiento, de la misma manera que los resultados ofrezcan información que permita tomar decisiones de forma óptima.

IMPORTANTE

Machine Learning tiene como objetivo diseñar un modelo capaz de resolver tareas de carácter predictivo, utilizando un alto volumen de datos a través de los cuales el modelo aprende y se capacita para predecir sucesos.

Pero antes de que *Machine Learning* entrara en escena, la analítica automatizada para la toma de decisiones necesitaba sí o sí la intervención de una persona experta en la materia. Sin el factor humano, no era posible que la máquina por sí sola descubriera reglas o patrones entre una inmensa multitud de datos que permitieran dar con las soluciones que resolvieran problemas determinados.

Por entonces, el **método de trabajo** era el siguiente:

- La persona experta era quien, basándose en los datos, trataba de revelar de manera más acertada o no las reglas.

- Una vez descubiertas las reglas, el experto debía formularlas.

- Posteriormente, sería el ingeniero de *software* quien se encargaba de programar las reglas en la máquina.

IMPORTANTE

Como resultado del trabajo realizado por profesionales expertos, se conseguía obtener un modelo que se aproximaba a la realidad y que permitía prever de forma estimada aquello que iba a acontecer. En este sistema estaba el método para la toma de decisiones.

Sin embargo, y hasta entonces, el único método de trabajo utilizado en el que participan las máquinas con cabida computacional con interacción de los humanos mostraba algunos e importantes **inconvenientes:**

- **Insuficientes profesionales expertos:** resulta complicado encontrar a personal formado que esté lo suficientemente capacitado para dominar esta materia.
- **Dificultad en el proceso de automatización de reglas:** resulta bien complicado que las reglas advertidas por los expertos puedan ser incorporadas en los sistemas computacionales para que puedan aplicarse de forma automática a un voluminoso conjunto de datos. El trasvase de información entre los profesionales expertos que intervienen puede ocasionar fallos, ralentizando el proceso de ejecución.
- **Inadaptabilidad de modelos:** una vez el sistema está constituido y proporciona soluciones, resulta complejo, costoso y poco ágil poderlo adaptar a otros modelos.
- **Limitaciones del modelo:** los problemas requieren soluciones, sin embargo, la solución de un problema no implica la no aparición de otro más complejo, por lo que los modelos se ven frecuentemente limitados.

Debido a la creciente y voluminosa masa de datos, es totalmente imprescindible concebir el *Machine Learning* como pieza necesaria para un engranaje óptimo de nuevas tecnologías.

NOTA

Vista la relevancia de haber encontrado la fórmula para que la inteligencia artificial no dependa en su totalidad de la mano del humano, sino directamente de un dispositivo computarizado que marca las reglas y aprende solo, los algoritmos de *Machine Learning* aparecen en escena con una importante fuerza, ya que construyen modelos que aprenden por sí solos, con todas las implicaciones que ello supone. No obstante, el factor humano sigue siendo importante como se viene advirtiendo a lo largo del contenido.

- -

Con una visión muy amplia y global, el procedimiento que *Machine Learning* utiliza para alcanzar su objetivo viene descrito paso a paso a continuación:

1. **Datos:** se trata del alimento del que se nutren los algoritmos para que el entrenamiento y aprendizaje sea efectivo. Los datos pueden ser de cualquier índole que interese para el objeto de estudio.

2. **Preproceso:** se trata del procedimiento por el cual los datos han de ser acomodados en un formato admitido para que los algoritmos de la inteligencia artificial puedan procesarlos.

3. **Estrategia de validación:** consiste en la selección de la métrica a partir de la cual podrá ser evaluada la tarea que tiene por delante el algoritmo. Las métricas pueden ser diversas, y ellas servirán para determinar el tipo de algoritmos que utilizar para dar con la solución a diferentes problemas. Como estrategia sencilla, se han de dividir los datos disponibles en tres grupos:

   ᴑ Datos para el entrenamiento.
   ᴑ Datos para las validaciones.
   ᴑ Datos para el testeo *(testing).*

4. **Entrenamiento algorítmico:** con los datos agrupados, se pondrá en marcha el modelo de aprendizaje automático que se desee utilizar. Cada modelo funciona de manera diferente, ya que la composición de las fórmulas son distintas.
   El entrenamiento algorítmico significa que se han de localizar parámetros óptimos según los datos elegidos y el modelo seleccionado.
   Cuando los algoritmos hayan entrenado suficiente, será cuando se les proporcionarán datos nuevos que jamás hayan examinado.
   Has de recordar que:

   ᴑ Se utilizarán los datos de validación cuando se esté trabajando y no acabado.
   ᴑ Se emplearán los datos de testeo al finalizar.

5. **Predicción y pronóstico:** finalmente, el resultado (pronóstico o predicción) vendrá en forma numérica acorde a la métrica de evaluación seleccionada.

 **NOTA**

El proceso de transformación de los datos puede incluir aspectos distintos como podría ser la conversión de texto en datos numéricos, la eliminación de datos duplicados, la identificación y relleno de valores ausentes (NaN), etc.

6.1. Grupos de algoritmos de aprendizaje automático

Llegados a este punto no está de más recordar que las distintas modalidades de algoritmos utilizados definirán el modelo de aprendizaje de la máquina.

A continuación, se describen las características que definen los tres grupos de algoritmos que existen; seguro que sus nombres te resultan conocidos:

Algoritmos de aprendizaje supervisado
- Aprenden de datos que son introducidos con la intervención humana.

Algoritmos de aprendizaje no supervisado
- Aprenden de datos pero con la singularidad de que, en esta modalidad de aprendizaje, la máquina busca por sí sola relaciones o patrones sin la necesidad de que intervenga el ser humano en su clasificación.

Algoritmos de aprendizaje por refuerzo
- Están sometidos a procesos de aprendizaje reglado. Se les facilitan las acciones, las medidas o los parámetros y también los valores finales. Persigue que la máquina aprenda mediante la exploración de distintas opciones, atendiendo a los agentes implicados y al contexto en el que se desarrolla el aprendizaje.

NOTA

Ahora que ya tienes definida la principal diferencia que distingue los grandes grupos de aprendizaje automático, conocerás las particularidades de cada modalidad, a fin de profundizar poco a poco en este mágico mundo de los algoritmos inteligentes.

6.2. Tipos de algoritmos de *Machine Learning*

Ahora bien, como podrás ya intuir, son innumerables los algoritmos existentes que están englobados dentro del reconocido aprendizaje automático. Sin embargo, hay una clasificación de unos siete tipos de algoritmos, que vienen a representar aquellos más conocidos y habituales que se aplican en los modelos de *Machine Learning* (supervisados y no supervisados).

A continuación, presentamos los nombres de los algoritmos más comunes del aprendizaje automático. Posteriormente averiguarás las características de cada tipo:

- Bayesianos
- De regresión
- De agrupación
- De árbol de decisión
- De redes neuronales
- De reducción de dimensión
- De aprendizaje profundo

 CONSEJO

Ten en cuenta que, en función de la tarea encomendada al modelo, será mejor trabajar con un tipo de algoritmo que con otro.

Debido a que las analíticas inteligentes *(Machine Learning)* están revolucionando el mundo de los negocios, facilitando el éxito de las organizaciones por todas las ventajas que esto supone, es realmente decisivo proveerse de un importante volumen de datos. Estos han de ser de calidad, hay que saber elegir los algoritmos más apropiados y, por supuesto, se debe aprender a parametrizar los algoritmos en función de la problemática expuesta.

Algoritmos bayesianos

No hay que olvidar que los algoritmos son, en sí mismos, un conjunto de pasos en perfecto orden que realizan la labor de encontrar una solución a problemas concretos. Conocerás seguidamente una relación de algoritmos asociados a la inteligencia artificial con nombre propio.

Uno de los algoritmos más conocidos de *Machine Learning* es el denominado **algoritmo bayesiano.** Este tipo de algoritmo recibe este nombre porque está basado en el **teorema de Bayes.**

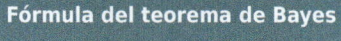

Fórmula del teorema de Bayes

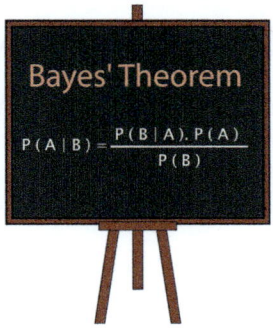

Bayes' Theorem

$$P(A \mid B) = \frac{P(B \mid A) \cdot P(A)}{P(B)}$$

- Considerada como la **teoría de la probabilidad,** este teorema formulado por Thomas Bayes calcula la probabilidad de un hecho contando con información previa sobre el evento.

El aprendizaje automático basado en algoritmos bayesianos (aprendizaje bayesiano) es un proceso sencillo por el cual se trata de encontrar cuál es la hipótesis más probable a tenor de un conjunto de datos que sirven de entrenamiento, con unas premisas que, *a priori,* hablan de la probabilidad de cada una de las conjeturas.

La explicación de los compendios que aparecen en la **ecuación** formulada por Bayes es sencilla. A continuación se explica el significado de los elementos que aparecen en dicha **fórmula bayesiana:**

$$P[A_n/B] = \frac{P[B/A_n] \cdot P[A_n]}{P(B)}$$

- ⊃ A_n **y B:** son eventos.
- ⊃ **P (A_n/B):** la probabilidad de A dado B es verdadera. Probabilidad *a posteriori.*
- ⊃ **P (B/A_n):** la probabilidad de B dado A es verdadera. Probabilidad condicional.
- ⊃ **P (A_n):** probabilidades independientes de A. Probabilidad *a priori.*
- ⊃ **P (B):** probabilidades independientes de B. Probabilidad total.

Como se ha explicado previamente, la fórmula matemática bayesiana tiene como **objetivo** determinar el grado de probabilidad de que ocurra un suceso:

⮞ Se pretende realizar el cálculo de probabilidades para que ocurra un suceso A.
⮞ Se conoce de antemano que A tiene unas características que condicionarán la probabilidad de que el hecho ocurra.
⮞ Se añade un evento B con información.
⮞ Se calcula la probabilidad de que ocurra el suceso A condicionando a B.

Imagina una empresa que fabrica calzado con sofisticadas maquinarias. ¿Cómo podría calcular el grado de probabilidad de que alguna pieza salga defectuosa si cada máquina tiene un rendimiento diferente?

Con el próximo ejemplo vas a ver cómo trabajarían los algoritmos bayesianos para dar con la solución al problema planteado.

 **EJEMPLO**

La fábrica de zapatos tiene tres maquinarias diferentes que, diariamente, producen calzado que vende a distintos países del mundo.

- El aparato A produce un 40 % de toda la producción de zapatos. **P (A) = 0,40.**
- El aparato B produce el 30 %. **P (B) = 0,30.**
- El aparato C produce también el mismo porcentaje que la máquina B. **P (C) = 0,30.**

En todas las tiradas siempre aparece algún material con alguna tara (T), tanto es así que se dispone de la siguiente información:

- El aparato A produce un 2 % de material defectuoso. **P (T / A) = 0,02.**
- El aparato B produce un 3 % con taras. **P (T / B) = 0,03.**
- El aparato C, sin embargo, es el que produce zapatos defectuosos con un mayor porcentaje y llega a alcanzar el 5 %. **P (T / C) = 0,05.**

Basándose en esta información, el departamento de producción se cuestiona lo siguiente:

¿Qué probabilidades hay de que un par de zapatos fabricado en esta empresa tenga una tara?

Continúa en página siguiente >>

<< Viene de página anterior

Para dar respuesta a esta cuestión, se calcula la probabilidad total partiendo de los hechos informados. De esta manera, el departamento en cuestión podrá conocer el porcentaje de probabilidad de que ese par de zapatos tenga una tara.

Veamos ahora la fórmula que daría con la solución **P (T) = ?**

Probabilidades = P (T) = [P (A) × P (T / A)] + [P (B) × P (T / B)] + [P (C) × P (T / C)].

Probabilidades = P (T) = [0,4 × 0,02] + [0,3 × 0,03] + [0,3 × 0,05] = 0,032.

Solución: existe un 3,2 % de probabilidades de que esos zapatos vendidos presenten una tara.

Ahora la cuestión planteada es diferente:

Si se selecciona un zapato aleatoriamente producido en esta fábrica, ¿qué probabilidades existen de que haya sido facturado por una máquina u otra?

En este sentido, y para dar respuesta a esta cuestión, los algoritmos bayesianos actuarían de la siguiente forma porque se dispone de información previa: se conoce que el zapato presenta una tara.

Veamos ahora cómo aplicar la fórmula bayesiana para determinar el porcentaje de taras que produce cada máquina:

Máquina A

P (A / T) = [P (A) × P (T / A)] / P (T)

P (A / T)= [0,40 × 0,02] / 0,032 = **0,25**

La máquina A tiene un 25 % de probabilidades de haber producido esa tara.

Máquina B

P (B / T) = [P (B) × P (T / B)] / P (T)

P (B / T) = [0,30 × 0,03] / 0,032 = **0,28**

Continúa en página siguiente >>

<< Viene de página anterior

La máquina B tiene un 28 % de probabilidades de haber producido esa tara.

Máquina C

P (C / T) = [P (C) × P (T / C)] / P(T)

P (C / T) = [0,30 × 0,05] / 0,032 = **0,47**

La máquina C tiene un 47 % de probabilidades de haber producido esa tara.

 **NOTA**

No olvides que el aprendizaje automático o *Machine Learning* pretende conseguir que las máquinas extraigan patrones escondidos en los datos a través de su análisis automatizado. Por tanto, y como prioridad, hay que nutrir de datos a las máquinas para que estas aprendan siempre en un formato legible por ellas. Este respecto será tratado mucho más adelante, donde conocerás cómo hacerlo.

En definitiva, la teoría bayesiana aplicada a la inteligencia artificial hace posible que los algoritmos aprendan, valorando las incógnitas y siguiendo rondas probabilísticas con los datos proporcionados para obtener una solución óptima.

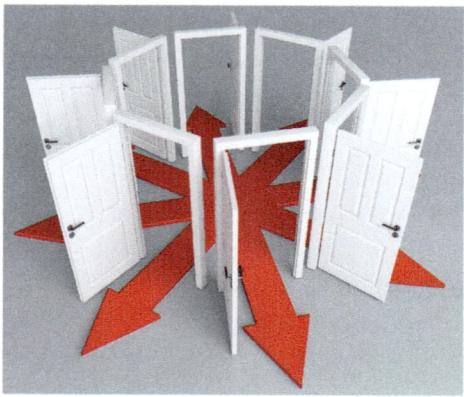

El aprendizaje automático con algoritmos bayesianos permite a la máquina categorizar en función de un conjunto de datos haciendo uso de la probabilidad. Proporciona unos resultados ponderados del nivel de certeza que se observa de un hecho, situación o evento.

¿Qué ventajas y qué inconvenientes presentan los algoritmos bayesianos?

- **Ventajas:** aun resultando ser un método sencillo de clasificación, el uso de los algoritmos bayesianos es frecuente en el aprendizaje automático, ya que su funcionamiento es realmente bueno si se compara con otras formulaciones más complejas. Suelen también utilizarse para proporcionar un marco de investigación sobre otros algoritmos de aprendizaje.
- **Inconvenientes:** requiere de alguna noción *a priori* para que puedan ser estimadas las probabilidades. También el coste del sistema o coste computacional (mantenimiento de *software, hardware,* etc.) de estos algoritmos es realmente alto para el número de hipótesis aspirantes.

Algoritmos de regresión

Existen algoritmos encargados de averiguar la relación que existe entre dos variables manejando un valor numérico que determina una medida de error. Este tipo de algoritmos recibe el nombre de **algoritmos de regresión,** y su principal uso es el estadístico.

¿Cómo funcionan estos algoritmos?

El mecanismo que hace posible que el modelo obtenga predicciones ajustadas y precisas es el **procedimiento iterativo,** que va acercando esas predicciones al objetivo (la respuesta más óptima o cercana a la realidad).

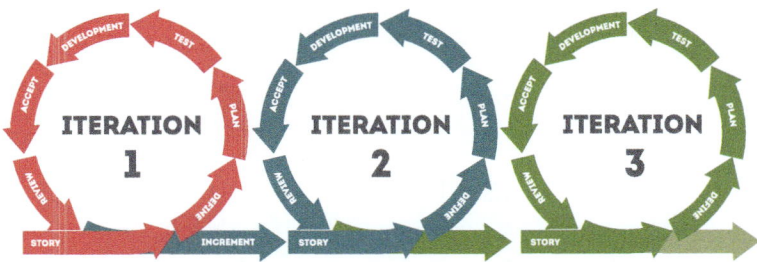

Unas ecuaciones sucesivas conforman un sistema de ecuaciones que, mediante iteraciones, permiten a los algoritmos de regresión aproximarse a la meta.

NOTA

A modo de curiosidad, has de saber que la suma de los datos estadísticos y los datos conocidos da como resultado datos comprobados.

La **analítica de regresión** focaliza su atención en **dos tipos de variables:**

➲ **Variable dependiente:** representa el objeto de estudio en el modelo estadístico.
➲ **Variables independientes:** representan las potenciales causas de variación de las variables. Son regresores o variables independientes.

En el contexto del análisis estadístico existe un objeto de estudio llamado **variable dependiente.** Los valores de esta variable dependiente estarán en manos de las variables independientes (variables manipuladas por el experimentador).

Con el siguiente ejemplo entenderás mejor la explicación.

 **EJEMPLO**

En el gráfico se muestran distintos datos que permiten describir un movimiento en función de unas u otras variables:

• Determinar la distancia en función del tiempo.
• Determinar la velocidad en función del tiempo.
• Determinar la aceleración en función del tiempo.

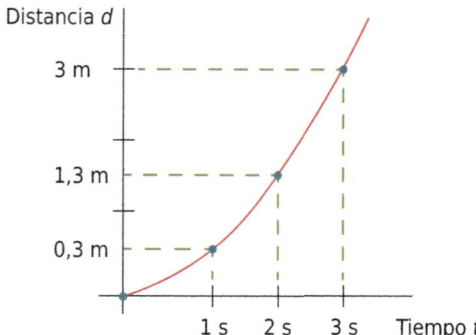

Para este caso, el objeto de estudio es el tiempo (variable dependiente), representado por una función lineal, mientras que la distancia, la velocidad y la aceleración son las variables independientes.

Con el aprendizaje de regresión se pretende crear un modelo automático cuyos algoritmos estimen y entiendan las relaciones entre las distintas variables. Con ello, los algoritmos de regresión hacen uso de la utilidad estadística para **predecir** y **pronosticar.**

Existe una **fórmula simple** que describe matemáticamente el modelo de los algoritmos de regresión. Esta sería la siguiente:

$$Y = AX + B$$

- ➲ **Y:** representa a la variable dependiente.
- ➲ **X:** representa a la variable independiente.
- ➲ **A y B:** las letras A y B representan a los coeficientes que se observan en la recta y que ofrecen el mejor y más ajustado de los resultados con respecto a los datos de entrada:

  - ◑ La pendiente.
  - ◑ El punto de corte.

Recuerda que el tercer paso en el procedimiento de *Machine Learning* consiste en llevar a cabo la estrategia de validación; una selección de **métricas** a partir de las cuales podrá ser evaluada la tarea que tiene por delante el algoritmo de inteligencia artificial.

Sin embargo, como puedes llegar a imaginar, las métricas pueden ser diversas. Estas variables servirán para determinar el tipo de algoritmos que utilizar para dar con la mejor solución a diferentes problemas.

En el caso de discutir un problema de **regresión lineal,** el problema es menor. Sin embargo, **¿qué pasaría si estamos delante de un gigante sistema de ecuaciones con multitud de funciones difíciles de resolver?**

Regresión lineal

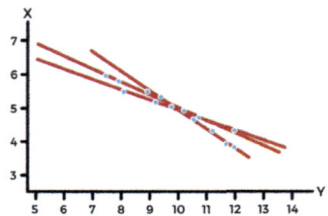

- La regresión lineal es el nombre de un algoritmo de aprendizaje automático supervisado. Dicho algoritmo busca la recta más ajustada en función de los datos proporcionados.

Veamos a continuación un interesante tutorial que da respuesta a la cuestión planteada en la pantalla anterior. Como advertencia previa, trata de pasar de largo aquellos conceptos que aún no dominas; quédate simplemente con la explicación general e intenta extraer información de ella.

 VÍDEO

En este vídeo podrás analizar qué problemas han de resolver los algoritmos de regresión cuando el planteamiento y la situación se complican. Además, te permitirá identificar ya el nombre de un algoritmo realmente eficiente.

https://redirectoronline.com/ifct163po0211

Algoritmos de agrupación

En muchas ocasiones, *Machine Learning* trabajará con un importante volumen de datos que están sin clasificar. Es posible que ni tan siquiera los datos estén separados en grupos, complicando la tarea a los algoritmos.

Para estas situaciones, los modelos de aprendizaje automático utilizan los llamados **algoritmos de agrupación** o **algoritmos de clusterización.**

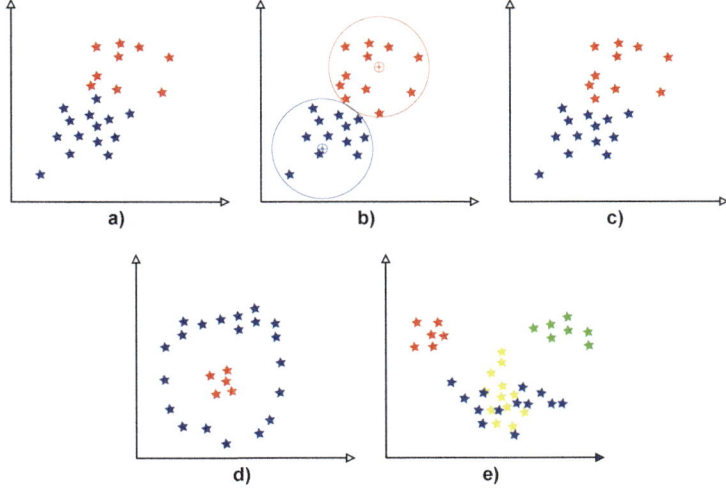

Estos algoritmos sirven para llevar a cabo una agrupación de datos no etiquetados que están libremente sin categoría definida.

 **NOTA**

Existe una ingeniería de datos que acondiciona mediante categorización los sistemas a fin de facilitar la manipulación de los datos.

DEFINICIÓN

Clusterización

Clasificación de datos. Los algoritmos de *clustering* son algoritmos de clasificación de *Machine Learning* que pueden utilizarse en aprendizaje supervisado, no supervisado y semisupervisado

---

En los modelos de *Machine Learning* que utilizan los algoritmos de agrupación, estos aprenden a través de la búsqueda de grupos de datos con características similares, localizando aquellos puntos de datos que se ven representados por alguna variable.

Los algoritmos de agrupación se utilizan normalmente cuando el aprendizaje de las máquinas no es supervisado y se pretende clasificar múltiples datos diversos (imágenes, textos, etc.).

La **técnica de agrupación** es muy necesaria para **labores de investigación,** ya que es posible localizar información de valor en grandes conjuntos de datos, tengan o no tengan etiquetas.

En cuanto a los criterios que han de tenerse en cuenta para realizar el agrupamiento de los datos, estos son muy diversos y dependerán de las necesidades de la investigación, y por supuesto de la acción que lleve a cabo el investigador de datos:

- **HAC:** los datos poco a poco se van aglomerando hasta que finalmente terminan conformando un solo grupo.
- **Divisivo:** los datos parten de una agrupación única, la cual se va dividiendo hasta quedar separados por grupos.
- **Densidad:** tienen una concepción del grupo basada en la densidad:

  - A mayor densidad mostrada por el grupo de datos, mayor número de características similares tienen los datos que compone este grupo.
  - A menor densidad mostrada por el grupo de datos, más características diferentes tienen los datos que componen este grupo.

- **Cuadrícula:** se utiliza una figura cuadricular con un espacio limitado para agrupar datos con un esquema similar. Cada figura es un grupo de datos con características independientes.
- **Partición:** con esta fórmula se parte el objeto de estudio y se transforma en cúmulos de datos.

⮑ **Jerarquía:** se realiza un agrupamiento jerárquico de patrones de los cuales la organización interna es desconocida, puesto que no existe noción ninguna acerca de las etiquetas de clase a las que pertenecen los datos.

Con la idea de que no pierdas el norte, y que esta inmersión a los algoritmos no enturbie la finalidad por la que has decidido adentrarte en el mundo de la inteligencia artificial, has de recordar un principio por el cual todo circula alrededor de los datos.

Las empresas que se inician en la cultura *Data Driven* deben saber que las máquinas realizan un aprendizaje automático utilizando toda esa mezcla de datos que gobiernan las organizaciones. Gracias a ello, es posible predecir y observar datos con alta precisión.

IMPORTANTE

Para que una organización pueda emplear *Machine Learning* rápidamente, es importante contar con algoritmos capaces de clasificar la diversa información que maneja una empresa.

Con esto, puedes imaginar que existen distintos tipos de algoritmos de clasificación; concretamente tres grupos, que conocerás a continuación.

Descubre ahora los tipos de algoritmos de *clustering* con los que puedes encontrarte:

Clustering supervisado
- Algoritmos que aprenden a clasificar información diversa (imágenes, escritos, etc.) a través de un conjunto de datos disponibles sin necesidad de que los datos estén etiquetados:
  - Se parte de un modelo de entrenamiento para que los algoritmos aprendan a realizar labores de clasificación. Esta primera fase consiste en etiquetar los datos con los que se entrenan los algoritmos.
  - Posteriormente, y gracias al entrenamiento recibido, ya es posible que los algoritmos clasifiquen solos datos nuevos sin necesidad de etiquetas, ya que la máquina ha aprendido y se ha entrenado para ello, y no hace falta etiquetar toda esa información.
  - Como has visto, no todos los datos utilizados estarán etiquetados. Un experto será quien etiquete los datos de entrenamiento.

Continúa en página siguiente >>

<< Viene de página anterior

Clustering no supervisado
- Se parte de un aprendizaje automático por parte de los algoritmos con datos sin etiquetar, pues este paso no es necesario, a diferencia del *clustering* supervisado. La clasificación se realizará partiendo de la representación interna de los datos a través de su estructura.

Clustering semisupervisado
- Se utiliza cuando los datos de entrenamiento son una mezcla entre datos etiquetados y datos no etiquetados. Para este supuesto es lógico pensar que el aprendizaje automático utilizará algoritmos supervisados, ya que de este modo no será necesario manejar todas las etiquetas de los datos, pues con algunas es suficiente.

 **RECUERDA**

Dentro del contexto del aprendizaje automático supervisado, se utilizan las características de un elemento para determinar a qué grupo corresponde, ya que este es su objetivo principal. Con la clasificación lineal se consigue que el algoritmo tome decisiones de clasificación.

Existe un tipo de algoritmo de agrupación realmente veloz y muy conocido y utilizado. Es fácil comprender su funcionamiento:

- **K- means Clustering:** es el nombre que recibe un tipo de algoritmo de agrupación que, mediante iteraciones, va asignando cada dato a un grupo determinado que reúne unas características acordes a una variable.
- **K:** es la variable que representa a los distintos grupos de datos. Esta variable simboliza el objetivo de la búsqueda entre una multitud de datos no categorizados.

 IMPORTANTE

K-means Clustering se utiliza principalmente cuando se pretende hacer un estudio de datos, ya que puede por sí solo buscar y vislumbrar los grupos que, de forma orgánica, se han constituido y comprender el porqué.

Algoritmos de árbol de decisión

Machine Learning otorga el poder a la inteligencia artificial de contar con la capacidad de aprender tareas. Muchos expertos utilizan en la construcción de modelos de aprendizaje automático algoritmos cuya estructura es parecida a la forma de un árbol.

Consiste en una estructura semejante a un árbol compuesta por ramas y nodos. Cada nodo representa una hoja, que no es más que un atributo que en *Machine Learning* es un resultado. Cada rama simboliza una regla de decisión. **El árbol de decisión sirve para la toma de decisiones.**

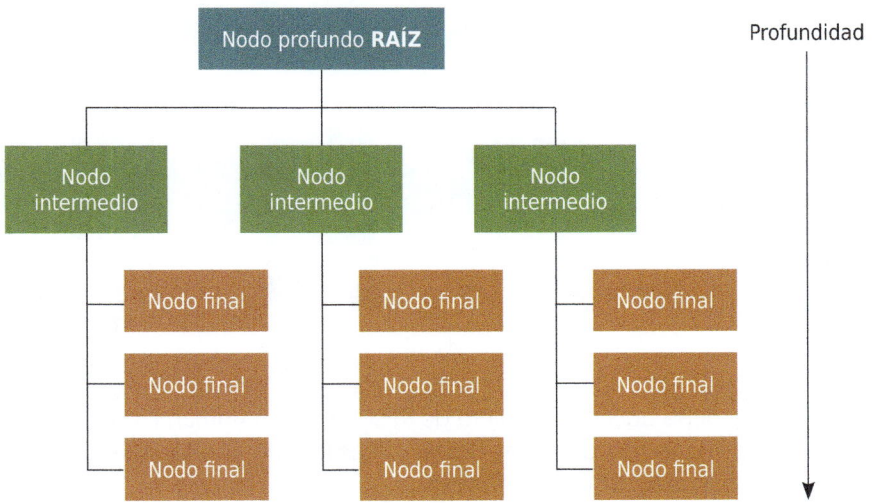

 **IMPORTANTE**

Los árboles de decisión son los algoritmos más comunes para la toma de decisiones frente a un problema de clasificación en el aprendizaje automático supervisado. Utiliza un curioso método para mostrar los resultados viables de una decisión.

La siguiente imagen muestra un ejemplo de la traducción de dicha estructura:

**Representación de una estructura de árbol de decisión
en la resolución de un problema**

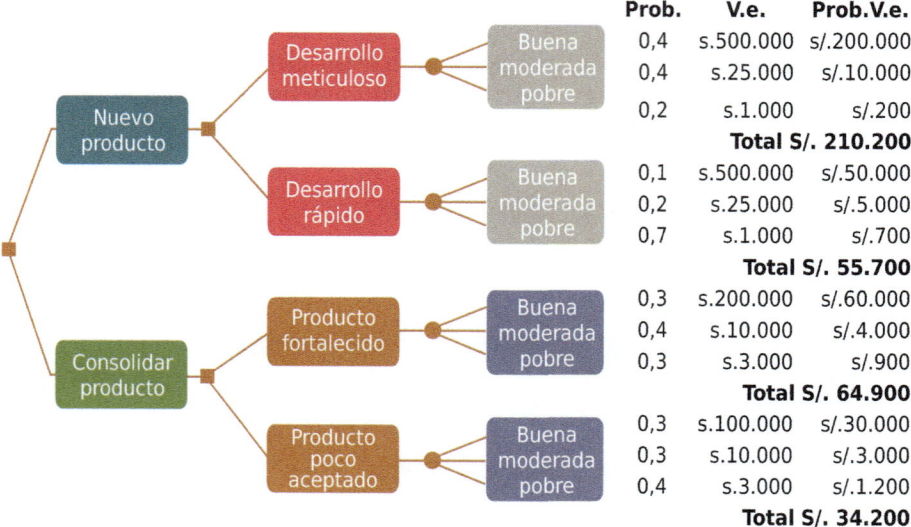

		Prob.	V.e.	Prob.V.e.
Desarrollo meticuloso	Buena	0,4	s.500.000	s/.200.000
	moderada	0,4	s.25.000	s/.10.000
	pobre	0,2	s.1.000	s/.200
			Total S/.	**210.200**
Desarrollo rápido	Buena	0,1	s.500.000	s/.50.000
	moderada	0,2	s.25.000	s/.5.000
	pobre	0,7	s.1.000	s/.700
			Total S/.	**55.700**
Producto fortalecido	Buena	0,3	s.200.000	s/.60.000
	moderada	0,4	s.10.000	s/.4.000
	pobre	0,3	s.3.000	s/.900
			Total S/.	**64.900**
Producto poco aceptado	Buena	0,3	s.100.000	s/.30.000
	moderada	0,3	s.10.000	s/.3.000
	pobre	0,4	s.3.000	s/.1.200
			Total S/.	**34.200**

Un árbol de decisión requiere de la supervisión humana, puesto que para que este modelo pueda aprender necesitará de una variable dependiente en el contexto del entrenamiento.

Para ello, hay que tener en cuenta una de estas tres variables y obtener así la división más apropiada:

- **Error de clasificación:** esta medida indica el grado de probabilidad de que un nodo incurra en un error de clasificación.
- **Índice de Gini:** esta medida proporciona el grado de pureza que tiene un nodo, es decir, cuanto más puro sea, significará que tendrá menos posibilidades de sacar dos registros del mismo tipo de nodo.
- **Entropía:** esta medida indica el grado de discrepancia entre datos reales.

NOTA

Aunque los árboles de decisión son muy sencillos de diseñar, interpretar e incluso visualizar, suelen tener como desventaja que están excesivamente sobreajustados. Esto implica que, al intentar el modelo hacer predicciones con nuevos datos, la estimación no tiene el mismo índice de aciertos. Tampoco son algoritmos muy recomendables con modelos de regresión.

- -

VÍDEO

A continuación vas a ver un vídeo en el que se explica de manera práctica cómo conseguir que un robot aprenda con un árbol de decisión.

Recuerda que no hace falta que lleves a la práctica los ejercicios que el tutorial explica. Céntrate exclusivamente en reconocer conceptos hasta aquí tratados.

https://redirectoronline.com/ifct163po0212

- -

Algoritmos de redes neuronales

La principal característica de los **algoritmos de redes neuronales** es que cada uno engloba una red conectada a través de capas. Esta estructura de red neuronal parecida a las neuronas biológicas se utiliza en el **aprendizaje profundo** o *Deep Learning.*

Las diferentes capas que conforman una red neuronal artificial (RNE) permiten el procesamiento de datos interconectados de forma unánime a fin de ofrecer soluciones a problemas complejos.

Las redes neuronales artificiales se caracterizan por ser capaces de aprender de su propia experiencia y también de ejemplos. Son enormemente rentables en la modelación de relaciones entre elementos no lineales, donde es muy dificultoso establecer relaciones entre las distintas variables de entradas por su difícil comprensión.

Algoritmos de reducción de dimensión

Existen otros algoritmos llamados **algoritmos de reducción de dimensión.**

La técnica utilizada por estos algoritmos consiste en reducir la dimensión del conjunto global de datos en espacios de dimensiones más pequeñas. Este método consigue realizar descripciones de los datos sin tanto esfuerzo ni coste.

La gran mayoría de expertos en datos coinciden en que, para construir un modelo de Machine Learning, es importante manejar recursos que no requieran mucho coste de esfuerzo y tiempo, ya que casi el 80 % del tiempo empleado se dedica prácticamente al procesamiento de los datos.

La reducción de la dimensionalidad permite reducir el número de las variables de un modelo que permita descubrir la información estrictamente necesaria.

¿Cómo reduce la dimensión un algoritmo de este tipo?

Consiste en la selección de aquellas variables que aportan el valor más óptimo.

NOTA

En la próxima unidad conocerás un programa informático que, de manera gratuita, es capaz de seleccionar las variables más significativas con un solo clic.

- -

Algoritmos de aprendizaje profundo

Corresponden a los algoritmos propios del *Deep Learning* o aprendizaje profundo. Normalmente funcionan como conjunto de algoritmos distribuidos en varias capas que conforman algoritmos de redes neuronales.

Suelen utilizarse proporcionando soluciones eficaces en un conjunto de datos con muchas columnas o muchas *features* (características).

Estos algoritmos van aprendiendo de forma progresiva a medida que van traspasando cada capa de la red neuronal artificial.

IMPORTANTE

Con el aprendizaje de la primera capa, el algoritmo consigue hacer una detección de las características más superficiales, como pueden ser bordes de un objeto. Con las capas más interiores van aprendiendo a combinar las características primarias con otras nuevas que van apareciendo.

- -

7. *Machine Learning:* modelos no supervisados

 **HILO CONDUCTOR**

Sin duda, el enfoque que Stephanie le ha de dar a su proyecto va más allá que construir un mero modelo de aprendizaje automático supervisado. Quizá requiera

Continúa en página siguiente >>

<< Viene de página anterior

de algo más para dotar a su futura máquina de la más innovadora tecnología, capaz de aprender de los nuevos datos que la ciencia pueda ir proporcionando.

Stephanie tiene un objetivo claro: ayudar a la sociedad y democratizar la inteligencia artificial para ayudar al mayor número de colectivos. Se está planteando aplicar la inteligencia artificial en usuarios diagnosticados de enfermedades consideradas raras. ¿Cómo aprende un algoritmo frente a situaciones nuevas donde no se le proporcionan datos etiquetados ni se le informa del resultado deseado? Conseguir entender este reto significa mucho para Stephanie.

Los algoritmos en el aprendizaje no supervisado consiguen alcanzar un conocimiento tan solo con los datos que le han sido proporcionados en la entrada.

En el aprendizaje automático no supervisado, no existen datos etiquetados ni tampoco se le instruye al sistema qué salidas (resultados) se desean obtener.

A continuación, vas a conocer de manera genérica cuál es el procedimiento utilizado por los algoritmos en el aprendizaje automático no supervisado:

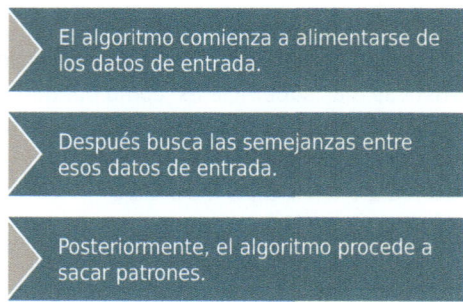

El algoritmo comienza a alimentarse de los datos de entrada.

Después busca las semejanzas entre esos datos de entrada.

Posteriormente, el algoritmo procede a sacar patrones.

El objetivo de los algoritmos de aprendizaje no supervisado es atender a las estructuras ocultas de los datos y ejemplos que pueden encontrarse en cualquier tipo de información.

Presta atención al ejemplo propuesto donde se aprecian los pasos que sigue un algoritmo no supervisado para adquirir conocimiento.

 **EJEMPLO**

En el supuesto de que tengas un grupo de imágenes de diferentes animales, en el aprendizaje automático no supervisado no se introduce qué significa cada imagen. Lo que se hace es introducir ese banco de imágenes en el algoritmo de clasificación no supervisado, y este lo clasificará estudiando los datos con idea de agruparlos

Una de las principales técnicas manejadas por estos algoritmos de aprendizaje no supervisado es la conocida **técnica de clusterización.**

Con el *clustering* se consigue segmentar los datos en diferentes grupos que previamente no han sido definidos. Esto permite agrupar a los elementos por su similitud.

 ACTIVIDAD COMPLEMENTARIA

8. ¿Sabías que Netflix es una conocida plataforma que utiliza algoritmos de clusterización?

   A lo largo de todo el contenido, se ha venido explicando qué son los algoritmos de clusterización. En este último apartado, has conocido cómo se emplea esta técnica en el aprendizaje no supervisado. Ahora te toca a ti.

   Investiga los motivos por los que Netflix utiliza este tipo de algoritmos y gracias a él qué servicios puede ofrecer al usuario de esa plataforma.

7.1. Utilidades del *Machine Learning* no supervisado y otros algoritmos

El **aprendizaje automático no supervisado** tiene **utilidades** muy concretas:

➲ **Problemas de *clustering*,** por ejemplo:

    ◑ Predecir los gustos de los clientes.

◑ Establecer relaciones entre clientes.
◑ Segmentar tipos de clientes.

Establece reglas asociativas por atributos de las demandas.
● **Asociación de coocurrencia:** consiste en una labor de aprendizaje automático por la cual se establecen reglas asociativas al tratar de descubrir algunas relaciones sistemáticas.
Por ejemplo: Si un cliente ha comprado un detergente para la lavadora, es muy probable que compre también suavizante.
Establece reglas asociativas observando la coocurrencia de esas demandas en las operaciones.
● ***Profiling:*** con el *profiling,* el algoritmo trata de determinar la conducta de un grupo o de un individuo.
Por ejemplo: ¿Qué patrón de conducta es característico de este segmento de clientes?

El procedimiento del entrenamiento que debe seguir la construcción de un modelo de aprendizaje automático no supervisado puede resumirse en el siguiente gráfico:

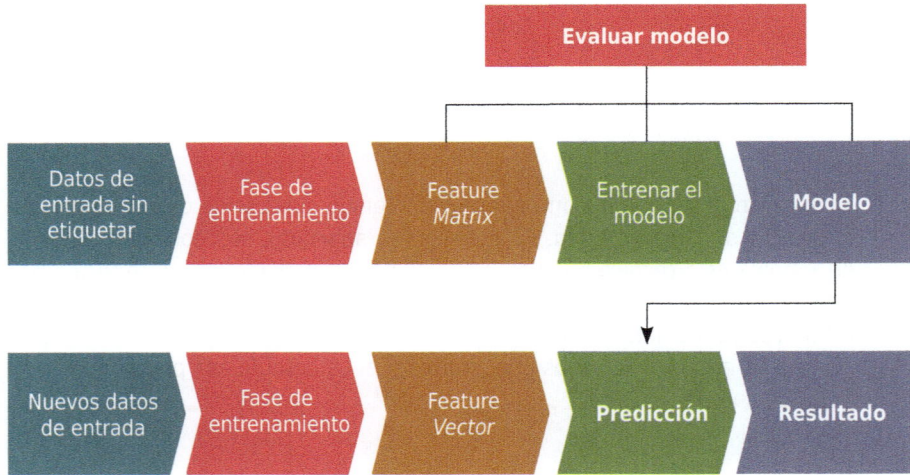

El algoritmo toma los datos sin etiquetar para iniciar la fase de entrenamiento del modelo de *Machine Learning* no supervisado. Tras el primer paso, se evalúa el modelo ya entrenado haciendo una validación de los resultados hasta ahora obtenidos. Para finalizar, ya es posible implementar el modelo en un contexto productivo real donde se obtendrán nuevos resultados de predicción.

Aunque al principio de esta lección se nombraron algunos algoritmos de aprendizaje no supervisado, has de saber que, además de los de *clustering,* este tipo de *Machine Learning* maneja de forma habitual otros conocidos algoritmos.

A modo informativo, y con idea de que puedas investigar sobre ellos, aquí tienes otros tres nombres de algoritmos no supervisados:

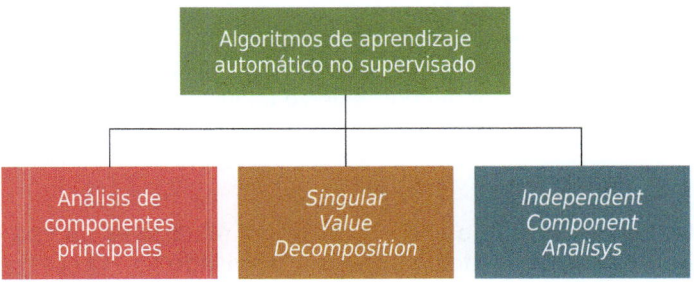

8. Aprendizaje por refuerzo

☞ HILO CONDUCTOR

Es evidente que la inteligencia artificial no podría avanzar sin ingesta de datos. En relación al proyecto que Stephanie trae entre manos, ella piensa en el papel que juega en millones de familias que sufren cada día las consecuencias de muchas y raras dolencias. Y es que no hay mejor y fiable fuente de datos que los que pueden proporcionar los "superpadres" que tienen a cargo hijos e hijas con problemas graves. Una bonita e interesante colaboración donde la ciencia y la investigación médica se alían con la sapiencia de las familias y, por supuesto, con la tecnología. ¿De qué manera puede un modelo de aprendizaje automático rendir más y optimizar al máximo su resultado?

Para mejorar la respuesta de cualquier modelo de aprendizaje automático, se utiliza el **aprendizaje por refuerzo.**

¿Cómo es al aprendizaje por refuerzo de un algoritmo?

En realidad, este tipo de aprendizaje consiste en un sencillo proceso de retroalimentación.

La manera en la que en esta ocasión el algoritmo aprende es a través de la observación del entorno que le rodea.

El *feedback* son los datos de entrada obtenidos del entorno fuera de él como respuesta a la acción o acciones que va llevando a cabo.

IMPORTANTE

El modelo de aprendizaje por refuerzo adquiere el aprendizaje por medio de pruebas y errores.

¿Es posible decir que el aprendizaje por refuerzo es un tipo de **Machine Learning supervisado o quizá no supervisado?**

La respuesta es no.

- ⮕ **El aprendizaje por refuerzo no es un aprendizaje automático supervisado:** los *inputs* (entradas) no son estrictamente datos etiquetados. Son monitorizaciones de las respuestas a las acciones llevadas a cabo por el algoritmo.
- ⮕ **El aprendizaje por refuerzo no es un aprendizaje automático supervisado:** al construir el modelo ya se conoce de antemano y se espera la que será la recompensa.

La teoría conductista focaliza en las leyes imperantes que rigen la conducta voluntaria de las personas. Aplicada esta psicología al mundo de los algoritmos, el **condicionamiento operante** es el proceso de aprendizaje por el cual la acción de un algoritmo está seguida de algo deseable (recompensa). Este aprendizaje lleva al algoritmo a repetir la acción si la recompensa es deseable o, en caso contrario, lo disuade por percibir algo no deseable.

NOTA

La base del éxito del aprendizaje por refuerzo es que un algoritmo nunca se cansa ni se aburre en llevar a cabo acciones para aprender, mientras que el ser humano desiste rápidamente de cualquier aprendizaje si se compara con una máquina.

¿Qué es el condicionamiento operante y qué relación tiene con el aprendizaje por refuerzo?

Presta mucha atención a la siguiente locución, en ella se trata de forma clara conceptos importantes de *Machine Learning.*

 **IMPORTANTE**

Esta locución explica con detenimiento la relación entre la teoría conductista y el aprendizaje profundo de las máquinas.

https://redirectoronline.com/ifct163po0213

 **APLICACIÓN PRÁCTICA**

Víctor trabaja en una empresa en la que tiene automatizada la actividad industrial. Esto significa que la tecnología participa de forma activa y de forma autónoma tanto en la fase de fabricación como en la cadena de suministro. Sin embargo, ha detectado que ante el fuerte dinamismo del mercado se ha de mejorar el sistema informático. La idea es introducir elementos que permitan al sistema dar respuestas rápidas a situaciones complejas y cambiantes. Necesita identificar qué tipo de aprendizaje automático puede entrenarse para determinar el comportamiento ideal y que este se adapte al contexto con retroalimentación, reforzando así las decisiones óptimas.

Si has prestado mucha atención a la locución anterior, no tendrás problema en dar solución a la siguiente cuestión. ¿Qué tendencias de *Machine Learning* aprenden a través de un sistema de recompensas?

Continúa en página siguiente >>

<< Viene de página anterior

Solución

Existen tres importantes tendencias dentro del *Machine Learning:*

- Métodos supervisados.
- Métodos no supervisados.
- Métodos de aprendizaje por refuerzo.

Sin embargo, solo el método de aprendizaje por refuerzo utiliza un sistema de recompensas para que el algoritmo aprenda.

----

9. Modelos profundos *(Deep Learning)*

☞ HILO CONDUCTOR

Con todo lo aprendido en este duro camino, Stephanie, como madre, tiene una buena intuición. Una red neuronal artificial podría reemplazar el trabajo de un sistema neuronal biológico dañado. Ella sabe qué papel podrá desempeñar más allá de su apuesta tecnológica. Necesita fondos y recursos y tendrá que transmitir a la sociedad la necesidad de apostar por proyectos como el suyo.

Aunque llegado a este punto ya deberías saber definir y diferenciar muchos conceptos relacionados con la inteligencia artificial y el aprendizaje automático de las máquinas, este apartado, en el que se tratará el **aprendizaje profundo,** es una excelente oportunidad para definitivamente aclarar lógicas dudas que te puedan surgir en torno a esta temática.

Para comenzar has de recordar que el **aprendizaje profundo** o *Deep Learning* es una disciplina avanzada de la inteligencia artificial que queda integrada dentro del *Machine Learning.*

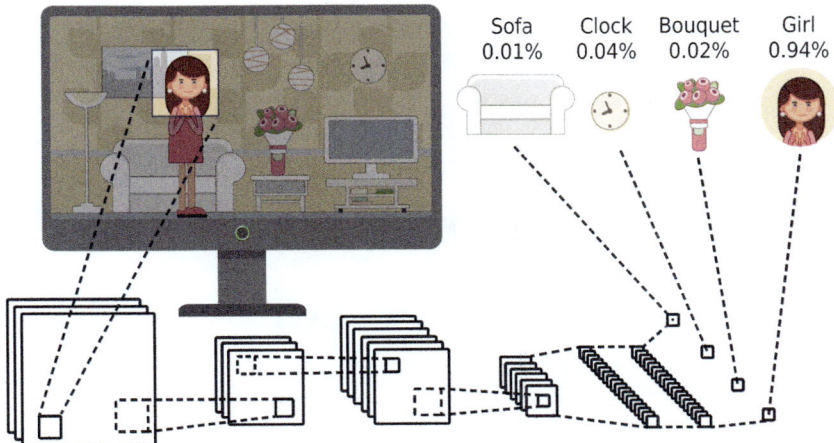

El Aprendizaje Profundo cuenta con una peculiaridad significativa, utiliza las redes neuronales para obtener de los datos aquellas interpretaciones más significativas y lo hace a través de un aprendizaje automático por capas.

Desde los primeros sistemas de expertos nacidos allá por los años sesenta, los cuales fueron considerados innovadoras computadoras capaces de simular la mente humana con apenas reglas lógicas, se pasó directamente, trascurridos unos años, a un campo de investigación con nuevos e importantes recursos, que permitieron dar lugar a la modalidad de *Machine Learning* o aprendizaje automático.

Los avances tecnológicos han permitido desarrollar el *Machine Learning* a un nivel superior. Ya no es un algoritmo de aprendizaje automático el que va en busca de una solución a un problema determinado, sino un conjunto de algoritmos de aprendizaje automático que, a modo de red neuronal, adopta una sensibilidad similar a la del ser humano.

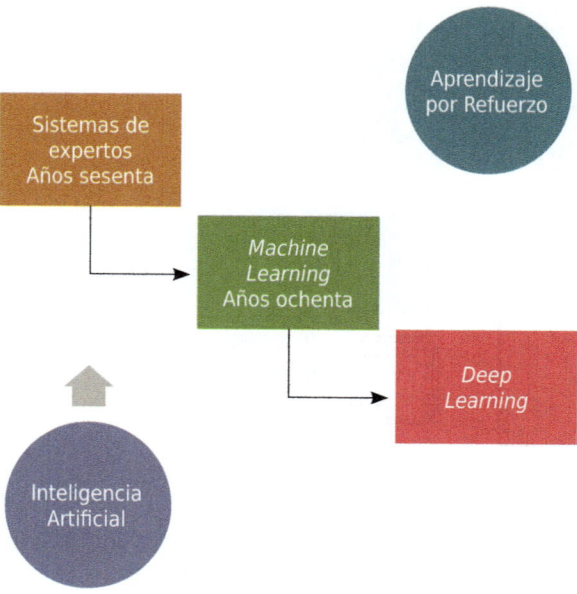

Las redes neuronales han conseguido, tras intensas y largas investigaciones, dotar a la tecnología de una inteligencia artificial suprema, ya que son capaces de descubrir de los datos de entrada *(inputs)* una información oculta y aprender con ella a través de un entrenamiento sin fin.

¿Cómo funciona el entrenamiento de una red neuronal?

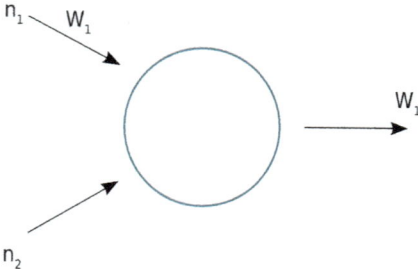

Representación simple de una neurona que forma parte de una red neuronal.

La nomenclatura n_1 y n_2 de la representación que aparece en la pantalla anterior corresponde a los *inputs* o **datos de entrada.**

En la figura mostrada, y a tenor de los datos de entrada, existe una combinación de parámetros representados por w_1 y w_2 (pueden ser muchas más en función del número de los datos de entrada); estos reciben el nombre de **función peso.**

Combinados los datos de entradas y las funciones peso, proporcionan resultados específicos.

Por tanto, la fórmula que aplicar sería $(\mathbf{w}_1 \times \mathbf{n}_1 + \mathbf{w}_2 \times \mathbf{n}_2)$.

Sin embargo, la dificultad estriba en investigar cuáles son los valores que han de contar los parámetros (w_i) con idea de conseguir el resultado más aproximado a la realidad.

Gracias al entrenamiento de la red neuronal, se consigue determinar la combinación de valores $(w_i \times n_i)$ que proporcionan como resultado una información de salida *(output)* que ya se conoce.

 **EJEMPLO**

Si tu intención es entrenar una red neuronal para que detecte pájaros, los *inputs* (datos de entrada) son las imágenes, y los *outputs* (datos de salida) son el resultado que ofrece la red neuronal, indicando si en la imagen proporcionada aparecen en ella pájaros o no.

Poco a poco, la red neuronal ajusta sus parámetros de forma automática. El entrenamiento tiene como objetivo la identificación de la información oscura para poder configurar correctamente aquellos patrones ocultos en los datos de entrada que permitirían identificar pájaros de cualquier tipología con rapidez (pájaros grandes, pequeños, de diversos colores, etc.).

Deep Learning utiliza técnicas de minería de datos basados en la inteligencia artificial, que permite aplicar algoritmos en un conjunto de datos de entrada a fin de obtener resultados óptimos.

En la próxima unidad profundizarás en este aspecto y conocerás herramientas como *Orange* y *Weka* para poder visualizar y explorar datos.

 **PARA SABER MÁS**

Si quieres saber más sobre el aprendizaje profundo, no dejes de leer el interesante artículo de ThinK Big Empresas titulado: *Transfer Learning* en modelos profundos.

https://redirectoronline.com/ifct163po0214

 TAREA 5

Es la primera vez que el departamento de RR. HH. de una empresa adopta un modelo basado en inteligencia artificial. Su objetivo es entrenarlo y obtener unos resultados ajustados para próximos *assesments* en los que participarán empleados como candidatos a nuevos puestos dentro de la organización. La idea es entrenar al modelo para realizar la futura labor de selección de manera efectiva. Para ello, se obtiene un análisis a través de la calificación conseguida por los aspirantes.

Se pretende conseguir que el sistema inteligente determine por sí solo si un perfil profesional cumpliría como candidato todas las expectativas.

La información de la que se dispone es la siguiente:

La calificación de las pruebas a las que se ha sometido el modelo vienen representadas por n_1 y n_2.

Si la suma de los *inputs* multiplicada por el peso correspondiente (wi) es mayor a un valor igual o superior a 1, significa que el candidato ha pasado satisfactoriamente las pruebas. En caso contrario, el candidato no cumpliría con las

Continúa en página siguiente >>

<< Viene de página anterior

expectativas deseadas para el nuevo puesto. Por tanto, la fórmula que aplicar sería $(w_1 \times n_1 + w_2 \times n_2)$.

Pero el problema surge cuando no se dispone de alguna información necesaria. ¿Cómo podría el sistema determinar el valor de los pesos que definitivamente influirían en los resultados?

Basándote en la información proporcionada, determina el modelo de aprendizaje automático que permita resolver un problema de este tipo con idea de proporcionar resultados que se ajusten al máximo a la realidad.

10. Resumen

La **inteligencia artificial** está compuesta de una serie de tecnologías que permiten **emular** destrezas exclusivas del **intelecto humano,** capacitando a artilugios a realizar labores predictivas totalmente cercanas a la realidad.

Dentro de la disciplina de la inteligencia artificial, pueden diferenciarse **tres importantes áreas del aprendizaje automático** de las máquinas.

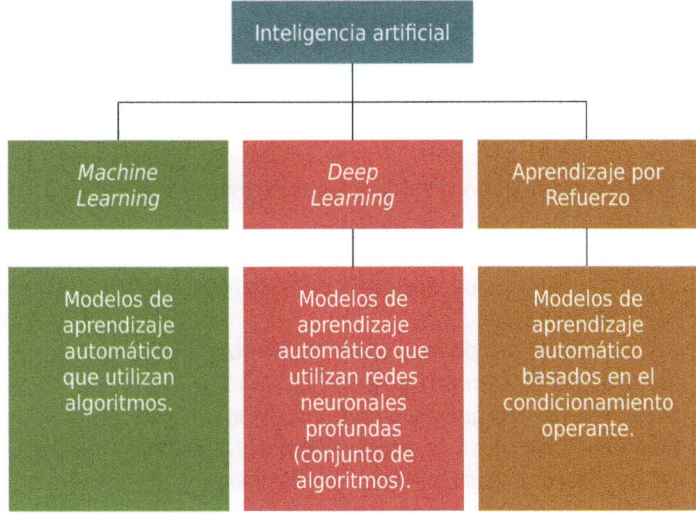

Machine Learning y *Deep Learning* pueden utilizar tanto **algoritmos de aprendizaje supervisado** como **no supervisado.**

➲ **Supervisado:** modelos que aprenden con la supervisión humana. Se le indica a la máquina qué resultados ha de obtener (datos de salida). Requiere de datos de entrada etiquetados (datos de entrenamiento) para llevar a cabo este aprendizaje.

➲ **No supervisado:** son modelos que se entrenan con datos de entrenamiento no etiquetados. Además, no se le indica al algoritmo cómo deben ser los datos de salida. El modelo aprende a resolver problemas predictivos sin que la intervención humana sea necesaria. Este aprendizaje se ha adquirido durante el entrenamiento. Esto permite al algoritmo tomar decisiones solo, sin intervención humana, con la simple entrada de nuevos datos.

A la hora de **construir un modelo de aprendizaje automático** que permita ser integrado dentro de un sistema inteligente, este se ha de someter a un entrenamiento. Se trata de una de las fases más importantes hasta poder ser implementado:

1. Recolectar datos
2. Preparar y acondicionar datos
3. Elegir el modelo
4. Reconfigurar los parámetros del modelo
5. Evaluar los resultados
6. Entrenar a la máquina
7. Probar la máquina
8. Interpretar el modelo

Los algoritmos utilizados en cada modelo deben ser elegidos acorde a las aplicaciones deseadas:

➲ **Aplicaciones del modelo:** selección del modelo
➲ **Predicciones:** *Logic Regression*
➲ **Clasificaciones:** *Fully Conneted Network*
➲ **Procesamiento de imágenes para detección de objetos:** *Convolutional Neural Networks*
➲ **Reconocimiento de voz:** *Recurrent Neural Networks*
➲ **Antifraude. Detección de estafas:** *Random Forest*
➲ **Creación de imágenes:** *Generative Models*
➲ **Recomendaciones de proximidad:** *K-Nearest Neighbors*
➲ **Otras clasificaciones:** *Bayesian Clasifiers*
➲ **Segmentación de datos:** *K-Means*

Los modelos basados en inteligencia artificial tratan de resolver diferentes problemas (regresión, clasificación, etc.). Para medir el rendimiento del modelo, y poder analizar si los resultados ofrecidos responden bien a los problemas propuestos, es necesario utilizar distintas métricas que medirán el rendimiento.

Clasificación
- M. puntuación F1
- M. de precisión
- M. de sensibilidad
- M. de exactitud
- M. de especificidad

Regresión
- M. raíz del error cuadrático medio
- M. error cuadrático medio
- M. error medio absoluto

Clasificación por categoría de datos
- M. coeficiente Tau de Kendall
- M. básica

Ejercicios de autoevaluación
Unidad de Aprendizaje 2

1. Indica si las siguientes afirmaciones son verdaderas o falsas:

    a. En términos generales, *Machine Learning* representa la manera de construir inteligencia artificial.

        ■ Verdadero
        ■ Falso

    b. *Machine Learning, Deep Learning* y Aprendizaje por Refuerzo contienen algoritmos capaces de aprender simulando la manera en la que lo hacen los humanos.

        ■ Verdadero
        ■ Falso

    c. *Machine Learning, Deep Learning* y Aprendizaje por Refuerzo son tres conceptos que vienen a definir el mismo significado del aprendizaje automático.

        ■ Verdadero
        ■ Falso

2. ¿Qué modelo de aprendizaje automático percibe el entorno como una fuente de conocimiento exactamente igual que lo hace el cerebro humano?

    a. *Machine Learning* o Aprendizaje Profundo.
    b. *Machine Learning* o Aprendizaje por Refuerzo.
    c. *Deep Learning* o Aprendizaje Profundo.
    d. *Deep Learning* o Aprendizaje por Refuerzo.

3. ¿Qué tipos de algoritmos pueden aprenden con datos de entrenamiento etiquetados?

    a. *Deep Learning.*
    b. *Machine Learning.*
    c. Modelos de aprendizaje automáticos supervisados.
    d. Todas las opciones son correctas.

4. **¿Con qué nombre se reconoce al tipo de algoritmo al que no se le proporciona información de cómo ha de ser el resultado que debe ofrecer?**

   a. Algoritmo de *Machine Learning.*
   b. Algoritmo de *Deep Learning.*
   c. Algoritmo supervisado.
   d. Algoritmo no supervisado.

5. **¿Cuál de los siguientes algoritmos son característicos del aprendizaje automático supervisado?**

   a. *K-means*
   b. *Gaussian mixtures*
   c. *Bayes algorithms*
   d. *Self organizing*

6. **¿Qué tipo de formato electrónico se suele utilizar en la exportación de datos para la construcción de un modelo de aprendizaje automático?**

   a. Archivos PDF
   b. Archivos CSV
   c. Archivos Word
   d. Archivos JPG

7. **¿Qué nombre recibe el instrumento utilizado en *Machine Learning* para eliminar datos no relevantes que no aportan valor al resultado predictivo de una máquina o sistema con inteligencia artificial?**

   a. CSV *(Comma-Separated-Value)*
   b. *Web Scraping*
   c. EDA *(Exploratory Data Analysis)*
   d. PCA *(Principal Component Analysis)*

8. **¿De qué elementos se compone un kit de evaluación para valorar los resultados obtenidos por un modelo de aprendizaje automático?**

   a. Datos nuevos de entrada.
   b. Métricas de evaluación.

c. Ratios de evaluación.

d. Todas las opciones son correctas.

9. **¿Qué acción hay que llevar a cabo tanto si se pretende simplificar un modelo de *Machine Learning* como si se desea avanzarlo a uno más complejo?**

a. Entrenar el modelo.

b. Construir un nuevo modelo.

c. Recolectar datos.

d. Reconfigurar parámetros.

10. **¿Qué tipo de problema se busca resolver al medir el rendimiento de un modelo cuando se utiliza la métrica Puntuación F1?**

a. Problema de clasificación.

b. Problema de clasificación por categoría de datos.

c. Problema de regresión.

d. Todas las opciones son correctas.

Ejemplos de modelos

Contenido

Objetivos

El objetivo general de esta Unidad de Aprendizaje es:

→ Descubrir distintos modelos predictivos, aprendiendo el funcionamiento de una plataforma de aprendizaje automático.

Los objetivos específicos de esta Unidad de Aprendizaje son:

→ Distinguir los tipos de gráficas interactivas que ofrecen los modelos de aprendizaje automático, conociendo el funcionamiento de los componentes de *Orange* como plataformas de *Machine Learning*.

→ Aprender a crear flujos de trabajo en *Orange*, interactuando con los elementos que forman parte de la caja de herramientas de esta plataforma.

→ Interpretar los gráficos resultantes de una exploración de datos, describiendo las características relevantes que aparecen en ellos.

→ Crear visualizaciones en *Orange* conectadas por componentes, partiendo de una base de datos propia.

→ Preparar un modelo de *Machine Learning* para ser entrenado, creando un flujo de trabajo en *Orange* con árboles de clasificación.

1. Introducción

La mejor manera de comprender y comprobar cómo un sistema es capaz, con su inteligencia artificial, de simular a la inteligencia humana es desmembrando modelos de aprendizaje automático con ejemplos.

Con ellos es posible vislumbrar cómo se construye la inteligencia artificial y cómo se entrenan los modelos para dotarlos de esas capacidades humanas para que aprendan de forma automática a razonar, deducir y predecir con enorme agilidad.

En esta unidad aprenderás a crear inteligencia artificial utilizando plataformas muy conocidas y al alcance de todos con las que se puede practicar y conseguir un buen resultado. Pero antes iniciarás este proceso de aprendizaje en el que destaca el papel crucial del *Data Mining*.

Para ello, y como siempre, prestaremos atención al caso que nos acompaña y a su protagonista, Stephanie. Una madre emprendedora que sabe aprovechar las oportunidades que la vida le depara.

2. Procesamiento de datos con *Orange* y *Weka*

☞ **HILO CONDUCTOR**

A raíz del daño neurológico que sufrió Juan, y tras la magnífica evolución tras un pésimo primer diagnóstico, su madre, Stephanie, en su afán de ayudar, tuvo la gran oportunidad de conocer a gente maravillosa de la que aprendió muchas de cosas.

Esa mala noticia que recibió sobre el padecimiento de Juan fue la fuente de inspiración para aprender y ponerse al día de técnicas y tecnologías. Desde entonces, su obsesión es contar con buena formación para ayudar a más personas, sufran o no el mismo problema que su hijo Juan. ¿Quizá estará pensando en darle una vuelta a su idea de negocio? Esta pregunta tendrá respuesta pronto. Mientras tanto, ahora toca aprender cómo aprovechar los datos del historial de un paciente y los de estudios de investigación para integrarlos dentro de una plataforma inteligente de aprendizaje automático.

Uno de los grandes inconvenientes que, en apariencia, presenta la adopción de una nueva cultura organizativa basada en los datos y en la inteligencia artificial es el embrollo que se presupone el preprocesar la información que se posee y se maneja.

No obstante, las dudas o inconvenientes desaparecen muy rápidamente al pensar cómo el aprendizaje automático puede ayudar a acelerar un negocio:

- ⮑ Automatización de procesos
- ⮑ Priorización de toma de decisiones
- ⮑ Alertas de nuevas oportunidades
- ⮑ Inspiración de acciones
- ⮑ Optimización de logros y resultados
- ⮑ Procesamiento de datos en tiempo real
- ⮑ Predicción de fallos y errores
- ⮑ Ajuste rápido de procesos productivos

 IMPORTANTE

El aprendizaje automático, y en especial la estructura de su variante *Deep Learning*, está diseñado para razonar y extraer conclusiones, tal y como lo hace una mente humana en toda su complejidad.

Las aportaciones de la inteligencia artificial en el mundo de los negocios son enormes. Pero se sospecha desde hace mucho tiempo que aún augura grandes e importantes logros, por lo que todavía queda mucho por descubrir.

No hay que olvidar que grandes compañías tecnológicas cuyas plataformas son de uso cotidiano por millones de personas siguen invirtiendo importantes sumas de dinero en desarrollar una inteligencia artificial más avanzada.

Conocidas empresas a nivel mundial utilizan *Machine Learning* en la toma de decisiones basadas en lo ya aprendido, y desarrollan redes neuronales artificiales más complejas *(Deep Learning)* para facilitar la toma de decisiones por ellas mismas.

Por otra parte, estas organizaciones se valen del aprendizaje por refuerzo para mejorar resultados de todo lo creado.

¿Quieres conocer algún ejemplo práctico del uso del aprendizaje automático por parte de estas grandes compañías tecnológicas?

Una de las prácticas más democratizadas en la que participa la inteligencia artificial es una experiencia de usuario que pasa totalmente desapercibida por la gran mayoría. Se trata de las respuestas obtenidas a las simples y habituales consultas que se hacen en el conocido buscador de *Google.*

Google, al proporcionar una recomendación como respuesta a la búsqueda de un usuario, ya está utilizando su propia inteligencia artificial apoyada en su enorme base de datos. (© Fotografía: Twin Design / Shutterstock.com)

NOTA

Detrás de las respuestas que se obtienen por internet, o simplemente al acceder a plataformas como *Instagram, Facebook, TikTok* o cualquier otra red social, hay conjuntos de algoritmos que están basados en inteligencia artificial, posibilitando multitud de interacciones.

Con este sencillo ejemplo, en el que los usuarios hacen búsquedas en internet, se podrá comprobar cómo se han aplicado procedimientos algorítmicos en los que la inteligencia de *Google* se aprovecha de la inmensa base de datos que tiene.

¿Son las pequeñas y medianas empresas conscientes de la gran riqueza que poseen?

2.1. Técnicas de minería de datos o *Data Mining*

A día de hoy, raro es el negocio que no dispone de **capacidades de almacenamiento** para guardar la información que se va generando en la actividad diaria. Sin embargo, son todavía muchas las empresas que no son capaces de sacar el máximo provecho a toda esa riqueza de datos almacenados.

 **IMPORTANTE**

Para que la toma de decisiones basada en los datos sea determinante para el buen funcionamiento de todo tipo de negocios, es necesario implementar técnicas de minería de datos con visión estratégica antes de adoptar cualquier solución basada en inteligencia artificial.

Los datos diarios relacionados con los procesos productivos de las empresas, junto con los datos de un mercado totalmente globalizado, hacen posible que se vaya acumulando una gran variedad de información interna y externa en una organización.

Estas bases de datos servirán para alimentar los sistemas inteligentes automatizados, listos para ser adoptados por pequeñas, medianas y grandes empresas.

Según un estudio realizado por *GrupoBIT Business Analytics,* es enorme la ingesta de datos que se transmiten por todo el mundo a través de internet y en tan solo un minuto.

A continuación, se explica qué pasa en 60 segundos a nivel de tecnología, comunicación y comercio electrónico:

Tecnología e internet
- Los norteamericanos usan 3.138.420 GB de datos en internet.
- Se venden 2.833 teléfonos celulares.
- Se envían 159.362.760 *e-mails.*
- *Skype* soporta 176.220 llamadas.
- Se envían 12.986.111 mensajes de texto.
- Se producen 3.877.140 búsquedas en *Google.*

Media, entretenimiento y redes
- Se reproducen 97.222 horas de vídeo en *Netflix.*
- Los usuarios de *YouTube* miran 4.333.560 vídeos.
- Se suben 400 horas de vídeo a *YouTube.*
- Se escriben 473.400 tuits en *Twitter.*
- Se publican 49.380 fotos en *Instagram.*
- *Spotify* reproduce más de 750.000 canciones.

Comercio electrónico
- Amazon envía 1.111 paquetes.
- Se generan 73.249 transacciones por internet.
- Los compradores dejan enormes sumas de dinero abandonado en sus carritos de compra.
- Toda esta información corresponde a un estudio cuyos datos analizados son del año 2019. Para entonces se preveía que los datos producidos se duplicarán cada año en función del año anterior. Con la situación de la Covid-19, es patente la crecida exponencial de la transmisión de datos a través de internet.

No obstante, y como ya se ha anticipado, son muchas las empresas que desperdician este gran recurso que representan los datos.

Con una visión estratégica, las **técnicas de minería de datos** *(Data Mining)* permiten que grandes volúmenes de datos puedan ser tratados, con independencia de si estos están estructurados o no estructurados.

A continuación, se describe el proceso en el que la extracción de datos se convierte en fuente de conocimiento para la toma de importantes decisiones.

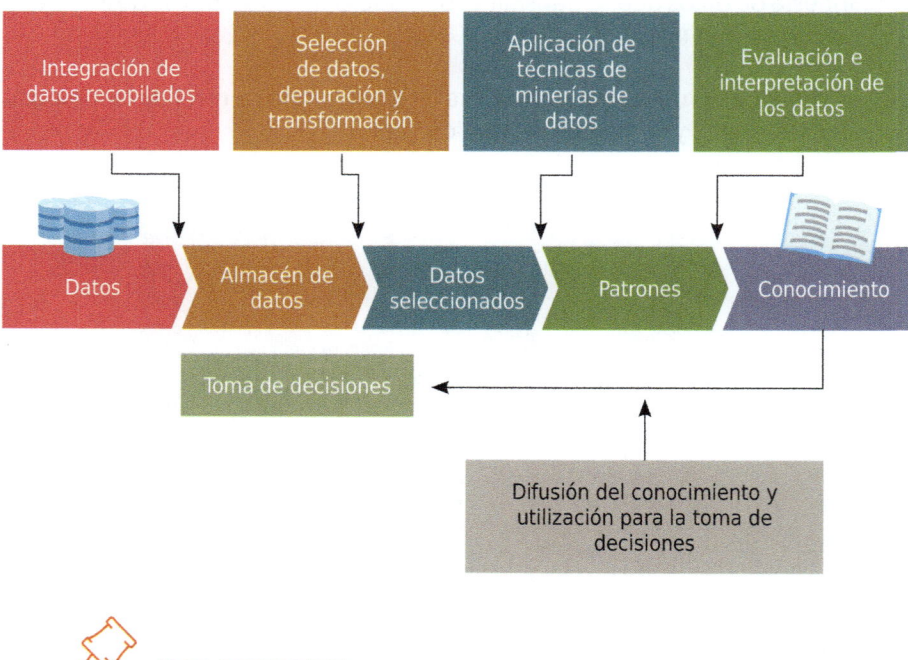

IMPORTANTE

Las técnicas de minería de datos exploran un conjunto de datos que previamente han sido seleccionados tras un proceso inicial de depuración. La idea es no sobrecargar al algoritmo con datos innecesarios con independencia de que, a la hora de construir el modelo de aprendizaje automático, ese conjunto de datos pueda seguir teniendo algún error que requiera corrección.

APLICACIÓN PRÁCTICA

Verónica está organizando información de su empresa en un documento *Excel*. Poco a poco está acondicionando todos los datos que genera la organización para poder aplicar en un futuro inmediato técnicas de minería de datos. Pero le surge una duda: ¿en qué momento del proceso en el que los datos se convertirán en conocimiento para la empresa se aplicarán estas técnicas?

Solución

Las técnicas de minería de datos *(Data Mining)* permiten que puedan ser tratados volúmenes de datos con independencia de si estos están estructurados o no estructurados. Sin embargo, estas técnicas se aplican tras un preprocesamiento donde ya se ha seleccionado el conjunto de datos con los que se va a trabajar.

- -

Como se ha mostrado en el anterior gráfico, en la minería de datos se llevan a cabo distintos trabajos:

Tareas descriptivas	Tareas predictivas
- Consiste en la identificación de patrones que dan explicación a los datos o a sus resúmenes.	- Consiste en la estimación de valores futuros que son desconocidos y de los que se obtienen a través de variables existentes en la base de datos.

Para llevar a cabo tanto las tareas descriptivas como las tareas predictivas en *Data Mining,* el científico de datos tendrá que utilizar una serie de técnicas diferentes para sacar el mejor provecho a los datos:

⊃ **Técnicas de sistemas de agrupamiento:** con las que se obtienen datos naturales agrupados a partir de un volumen de datos iniciales. Recuerda que estas técnicas se reconocen también con el nombre de técnicas de *clustering* o técnicas de segmentación.
⊃ **Técnicas de reglas de asociación:** con las que se consigue identificar relaciones ocultas entre variables.

- **Técnicas de reglas de asociación secuenciales:** con las que se consigue identificar reglas de asociación en las que se acuerdan relaciones temporales entre datos.
- **Técnicas correlaciónales:** con las que se obtienen grados de semejanza entre distintas variables cuantitativas.
- **Técnicas de clasificación:** con las que se consigue hacer una predicción de la clase (valor de un atributo) a la que pertenecen objetos, teniendo en cuenta otras variables.
- **Técnicas de regresión:** con las que se consigue hacer una predicción del valor que toma una determinada variable en nuevos elementos, partiendo de la información proporcionada por el resto de variables.

Si has meditado sobre una de las formas en las que *Google* utiliza su base de datos para ofrecer respuestas a los usuarios, habrás comprendido que los datos manejados por las grandes compañías tecnológicas sustentan la base de sus innovaciones.

Por todo ello, y para que cualquier tipo de empresa pueda implementar un sistema de inteligencia artificial con éxito, es necesario realizar un paso previo relacionado con la gestión de los datos.

¿Existe alguna herramienta de fácil uso que permita a cualquiera aplicar estas técnicas y con la que se pueda practicar?

En la actualidad hay numerosas plataformas que pueden utilizarse para aplicar diferentes técnicas de *Data Mining*. En ellas se pueden introducir datos, añadir criterios e incluso dar instrucciones sobre las estrategias basadas en inteligencia artificial que se quieran aplicar en la actividad del negocio.

2.2. Ejemplos de plataformas de aprendizaje automático

Las múltiples plataformas de exploración de datos cuentan con interesantes características para aplicar las técnicas de minería al conjunto de datos con los que una empresa puede trabajar.

A continuación, conocerás dos ejemplos de estos interesantes programas informáticos:

Orange
- *Orange* es una plataforma de trabajo para el aprendizaje automático creada por la Universidad de Liubliana. Se trata de un *software* de código abierto, que facilita la visualización de datos y la creación de flujos de trabajo en el análisis de datos de una manera muy visual. Cuenta con diversas herramientas para facilitar el manejo y procesamiento de un gran volumen de datos.

Weka
- *Weka* es otra conocida plataforma de trabajo para el aprendizaje automático creada por la Universidad de Waikato. Se trata de un *software* de código abierto con una intuitiva interfaz gráfica. Su uso está recomendado tanto como plataforma de enseñanza como aplicaciones empresariales en las que se manejan una ingesta importante de datos. Contiene herramientas diversas para llevar a cabo las tareas propias del aprendizaje automático: Scikitlearn, R y Deeplearning4j.

 IMPORTANTE

Tanto *Orange* como *Weka* son programas de código abierto que sirven para construir modelos basados en inteligencia artificial sobre un conjunto de datos, a fin de obtener resultados predictivos que den soluciones a multitud de problemas. Realizan tareas de explotación y exploración de datos, y con estas plataformas es posible entrenar al algoritmo para realizar tareas.

3. *Orange*

 HILO CONDUCTOR

Aunque Stephanie tiene claro que su objetivo principal es ayudar a aquellas familias con algún integrante que padezca alguna enfermedad rara, está decidida a ir más allá, pues sabe que la inteligencia artificial puede colaborar a mejorar la calidad asistencial y los diagnósticos clínicos de cualquier tipo de padecimiento. Por este motivo, hoy es un día muy especial: por fin comprenderá que importantes

Continúa en página siguiente >>

<< Viene de página anterior

técnicas de inteligencia artificial servirán para predecir cómo un paciente evolucionará a lo largo de los años gracias a la explotación y exploración de los datos.

La *suite* de aprendizaje automático *Orange* está desarrollada por la universidad eslovena de Liubliana. Miembros de su facultad de informática han conseguido diseñar una ágil herramienta con una interfaz de programación realmente versátil, permitiendo aplicar las técnicas de minería de datos con cierta facilidad.

Este *software* permite programar la visualización de información para el **análisis de las exploraciones de datos,** las **secuencias de comando** y la **librería de** *Python.*

 **IMPORTANTE**

Python es un lenguaje de programación mundialmente conocido. Sus numerosas librerías compuestas de paquetes y módulos contienen operaciones para que el programa desarrollado ejecute tareas acorde a los objetivos.

PARA SABER MÁS

Si te interesa el lenguaje de programación de *Python*, o bien tienes interés por conocer cómo se desarrollan las apps o quieres aprender más sobre las librerías de *Python*, este artículo te aportará cosas interesantes sobre este conocido lenguaje informático.

https://redirectoronline.com/ifct163po0301

Orange cuenta, además, con un atractivo **juego de componentes** conocidos como *widgets*, que sirven para el procesamiento de un gran volumen de datos:

⊃ **Aplicación de técnicas para la descripción de datos:** métodos de *clustering, k-means*, etc.
⊃ **Aplicación para el preprocesamiento de datos:** selección de datos, depuración, transformación, etc.
⊃ **Aplicación para la entrada de datos y salidas:** *Orange* soporta diferentes formatos de datos como protocolo de comunicación. Entre ellos están:

    ᴑ Formato retis.
    ᴑ Formato tab.
    ᴑ Formato assistant.
    ᴑ Formato C4.5.

⊃ **Aplicación para el modelado predictivo:** selección de modelos en función del enfoque:

    ᴑ Árboles de decisión.
    ᴑ Bayes.
    ᴑ Reglas de asociación.
    ᴑ Regresión.
    ᴑ Etcétera.

⊃ **Aplicación de técnicas de validación del modelo:** entre las que está la técnica *Cross-Validation* o método de validación cruzada.

NOTA

Una gran biblioteca de componentes posibilita a los usuarios del programa, ya sean expertos o no, una investigación más orientada a focalizar en temáticas concretas.

Existen dos fórmulas para acceder a los componentes que presenta *Orange:*

Script de Python
- *Script* son secuencias de comandos. Informalmente se hace referencia a ellos para nombrar lenguajes de programación. Para este caso hablamos del conocido lenguaje de programación *Python.*

Widgets desde Canvas
- *Widgets* son pequeñas aplicaciones que permiten facilitar el acceso a funciones para mostrar información de manera visual. Gracias a ellos, se posibilita la interacción con información que se intercambia en internet. Para *Orange, Canvas* es el programa de información gráfica que utiliza.

Orange es una plataforma con múltiples funcionalidades de *software* libre y código abierto. Esto permite a los usuarios poder disponer de ella e incluso realizar modificaciones del *software,* siempre que estas acciones se lleven a cabo para mejorar el programa.

PARA SABER MÁS

Puedes descargar la aplicación de *Orange* según el sistema operativo que tenga tu dispositivo. Para ello, has de acceder al sitio web de *Orange.*

Continúa en página siguiente >>

<< Viene de página anterior

https://redirectoronline.com/ifct163po0302

3.1. Visualización interactiva de datos

Orange permite que el conocimiento adquirido en el procesamiento de datos pueda traducirse en **visualizaciones interactivas** que favorezcan la comprensión. Estas visualizaciones facilitan la comunicación y comprensión de las predicciones.

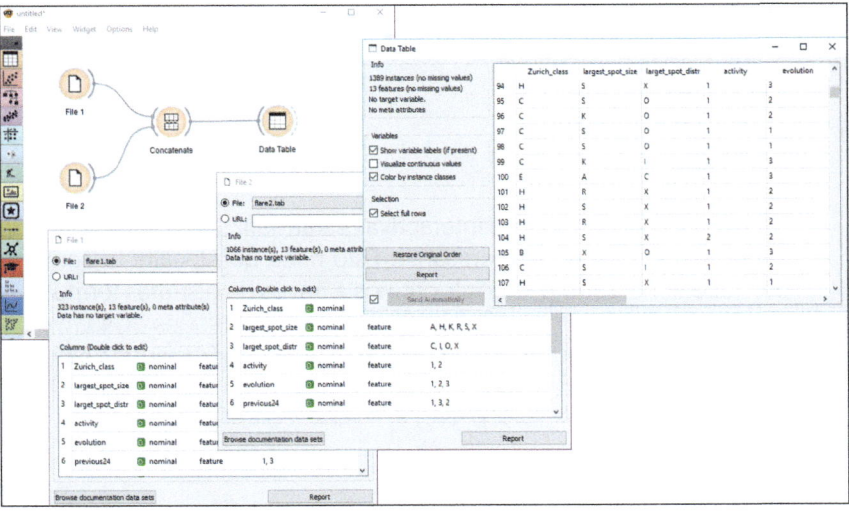

Representación gráfica de tablas de datos en Orange (© Imagen: orange / orangedatamining.com)

Antes de contar con algunos ejemplos gráficos de *Orange* para conocer cómo se visualizan los datos de forma interactiva, has de saber qué información puede descubrir y de qué forma se muestran estas interacciones:

- **Visualizar patrones:** facilita la visualización de patrones ocultos en la información descubiertos por el modelo.
- **Visualizar información específica:** cuenta con *widgets* de visualización como diagramas de dispersión, diagrama de caja e histograma. Esto permite mostrar la base de datos con visualizaciones muy específicas:

  - Dendograma.
  - Diagrama de silueta.
  - Árboles.
  - Etc.

- **Desarrollar la inteligencia intuitiva de las organizaciones:** facilita la visualización de procedimientos intuitivos que apoyarán conclusiones para la toma de decisiones partiendo de la analítica de datos. Proporciona una comunicación mediante gráficas muy claras y sencillas.
- **Utilizar diferentes complementos de visualización:** ofrece la posibilidad de utilizar complementos que pueden mostrar visualizaciones de varios tipos:

  - Mapas geográficos.
  - Redes.
  - Nubes de palabras.
  - Etc.

Contar con visualizaciones interactivas estandarizadas hace de *Orange* una herramienta realmente interesante. Esto hace que facilite la comprensión del trabajo realizado por los algoritmos a través de distintas fórmulas.

¿Con qué tipo de gráficos se pueden visualizar los resultados?

Diagrama de dispersión	Diagrama de caja
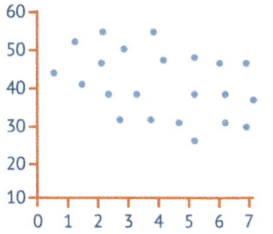	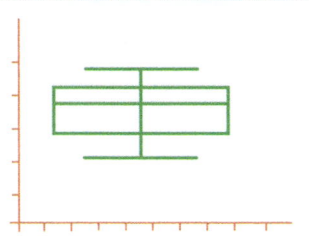
- Perfecto para visualizar las correlaciones entre pares de variables o atributos.	- Perfecto para visualizar estadísticas básicas.

Mapa de calor	Diagrama de proyección
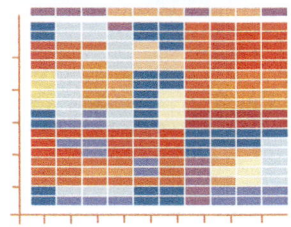	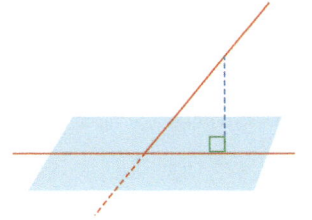
- Perfecto para visualizar una representación general de todo el conjunto de datos.	- Perfecto para trazar los datos específicos del caso (datos multinominales) en dos dimensiones.

Una vez cargados los datos en *Orange,* y que estos hayan sido procesados en esta multiplataforma, es posible convertir las visualizaciones en **gráficos interactivos.**

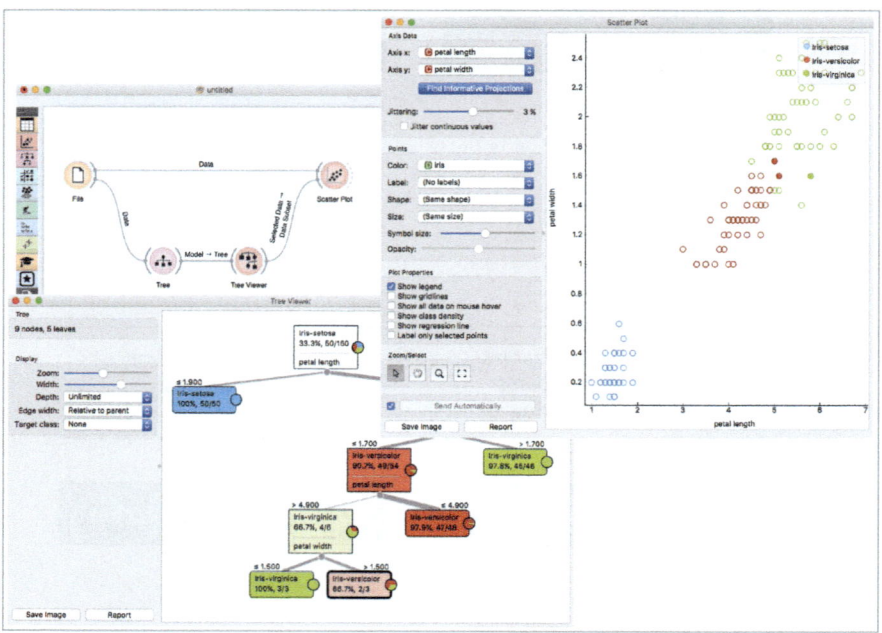

La interactividad de las visualizaciones permite seleccionar puntos de datos en diagramas de dispersión, así como también seleccionar algún nodo en el árbol de clasificación. (© Imagen: orange / orangedatamining.com)

IMPORTANTE

El diagrama de dispersión analiza la relación existente entre dos variables, cómo afectan en una variable los cambios producidos en otras y las posibles relaciones entre causa/efecto. Visualizar todo ello de forma gráfica ayuda a interpretar la información con mayor precisión.

3.2. Interpretación de resultados de visualización

La **interpretación de los gráficos** es realmente importante, más aún cuando se puede incidir de manera interactiva en pares de variables. Por ejemplo, el **diagrama de dispersión** puede mostrar resultados diferentes al seleccionar un punto de datos, o bien utilizar un **diagrama de caja** a través del cual se obtendría una representación muy visual que describiría varias características relevantes de las variables en un mismo tiempo.

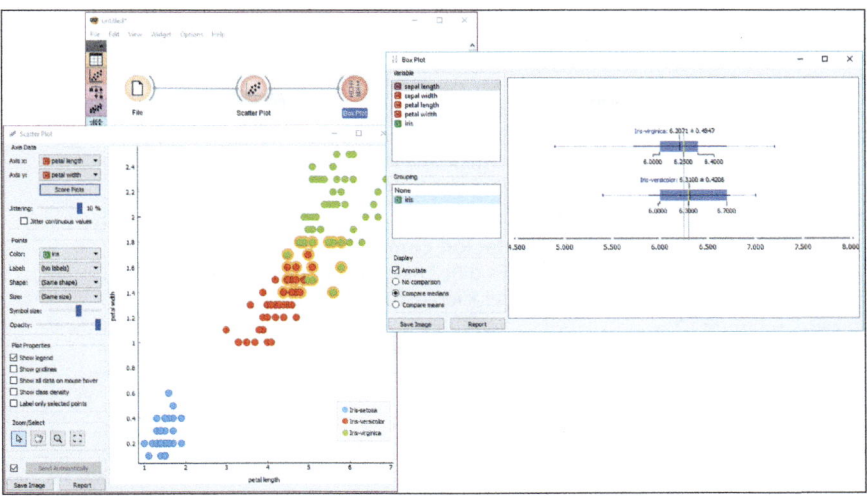

El resultado del análisis ofrece una imagen visual de un diagrama de caja. En una línea se representan los valores máximos y mínimos de los datos, permitiendo así visualizar medidas estadísticas y otra información adicional valiosa como valores extremos. (© Imagen: orange / orangedatamining.com)

Con la visualización interactiva, es posible razonar la existencia de un patrón de comportamiento en dos grupos de mediciones. Por ejemplo, el diagrama de dispersión permite conocer de antemano cómo es el tipo de relación entre pares de variables seleccionadas:

	Relación nula - La correlación entre variables es inexistente, por lo que no se aprecia ningún tipo de relación.
	Alta correlación positiva - Existe un leve incremento del valor de una variable (X) a medida que aumenta el valor de la otra variable (Y).
	Baja correlación positiva - Existe un leve incremento del valor de una variable (Y) a medida que aumenta el valor de la otra variable (X).
	Fuerte correlación negativa - Existe una clara disminución del valor atribuido a la variable (X) conforme se incrementa el valor de la variable (Y).

Continúa en página siguiente >>

<< Viene de página anterior

	Débil correlación negativa - Existe una tímida disminución del valor atribuido a la variable (X) conforme se incrementa el valor de la variable (Y).
	Relación compleja - Es difícil establecer con claridad la relación establecida entre las dos variables, aunque sí se puede apreciar cierta relación.

TAREA 6

Gabriel lleva poco tiempo tanteando una plataforma de aprendizaje automático. Él es estadístico de profesión, y tras encontrar muchas dificultades laborales ha decidido emprender una actividad en el sector de la consultoría. Gabriel quiere aprovechar todas las oportunidades que ofrece *Machine Learning* para ofrecer servicios estadísticos a empresas del sector educativo. Por este motivo, y después de crear una base de datos, quiere comenzar a entrenar el algoritmo e ir interactuando con distintos gráficos para obtener estadísticas básicas. ¿Podrías indicarle a Gabriel qué gráficos de *Orange* permiten visualizar datos estadísticos e interactuar con ellos?

Aprovecha el caso y distingue los tipos de gráficas interactivas que has conocido hasta ahora por medio de los componentes de *Orange*.

- -

La importancia que tiene poder interactuar con los distintos gráficos que ofrece la plataforma es que cualquier interacción en ellos se entenderá como una instrucción para generar una rápida respuesta de los datos en tiempo real.

A continuación vas a ver lo fácil que es interactuar con los gráficos:

⊃ **Selección del área:** al seleccionar un conjunto de datos dentro de un gráfico, estos se enviarán como un subconjunto de datos pertenecientes a esa parte seleccionada del gráfico de visualización.
⊃ **Respuesta a la interacción:** posteriormente, y al interactuar en el área seleccionada, provocará una respuesta en tiempo real del modelo.

Conocida ya la importancia de poder interactuar con los gráficos que proporciona la plataforma, se ha de conocer que también es posible visualizar e interactuar con la información que proporcionan las distintas representaciones.

La imagen muestra la combinación en un mismo panel de visualización de un diagrama de dispersión con un árbol de clasificación.

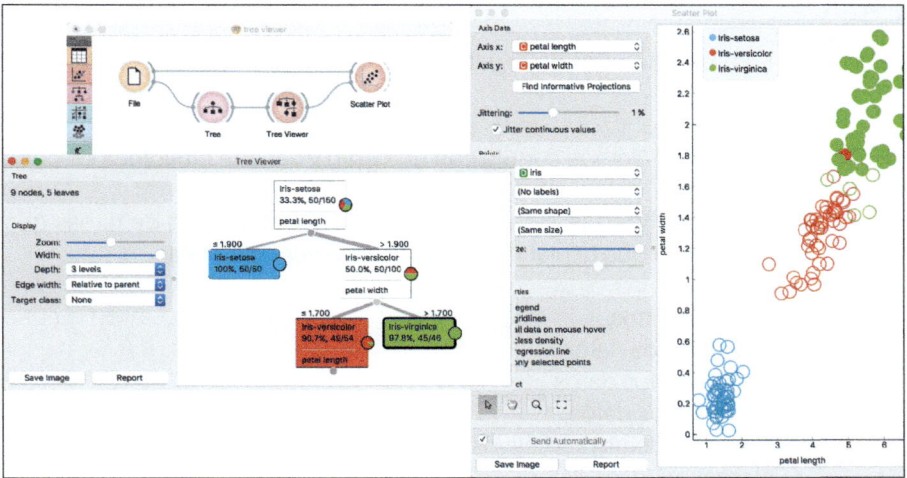

Visualización e interacción en el árbol de clasificación y visualización de resultados como diagrama de dispersión (© Imagen: orange / orangedatamining.com)

NOTA

El diagrama muestra el global de los datos, pero destaca el subconjunto de datos al que pertenece el nodo seleccionado del árbol de clasificación.

3.3. Flujos de trabajo

Orange cuenta con otras funcionalidades, además de las visualizaciones interactivas. La virtud principal de este programa es que su interfaz es muy sencilla. Su uso está indicado tanto para usuarios expertos como para aquellos otros que carecen de experiencia en la explotación de datos con aprendizaje automático.

Por otro lado, facilita la focalización del análisis de los datos en una *suite* nada compleja sin codificaciones laboriosas.

¿Conoces de qué ingredientes se vale este reconocido *software* para que su uso sea tan sencillo e intuitivo?

⊃ ***Sus widgets:*** son las unidades de trabajo de *Orange*. Estos componentes son los que dotan de funcionalidad a la plataforma. Para que *Orange* sea operativa, necesitará de dos ingredientes básicos:

  ◑ Los componentes o *widgets.*
  ◑ Los datos.

El *software* de *Orange* cuenta con una gran y variada biblioteca de componentes.

⊃ **Sus funcionalidades:** los *widgets* llevan a cabo multitud de tareas que hacen posible que la plataforma de *Orange* sea operativa:

  ◑ Leen los datos.
  ◑ Procesan los datos.
  ◑ Visualizan los datos.
  ◑ Agrupan los datos.
  ◑ Crean modelos predictivos y ayudan a estos modelos a realizar la exploración de los datos.

NOTA

La simplicidad de *Orange* se basa en la funcionalidad de sus *widgets* consistente en una gran biblioteca de componentes, puesto que la analítica de datos se lleva a cabo con la compilación de estas funcionalidades en los flujos de trabajo.

En la mayoría de las ocasiones, cuando se procede a iniciar un **flujo de trabajo** sobre un lienzo en blanco, se suele utilizar el componente llamado *File.*

Es tan sencillo como seleccionar con el ratón el *widget* correspondiente y arrastrarlo a esa gran área en blanco de trabajo que aparece al lado derecho de esta primera pantalla, y que prácticamente ocupa todo el espacio de trabajo.

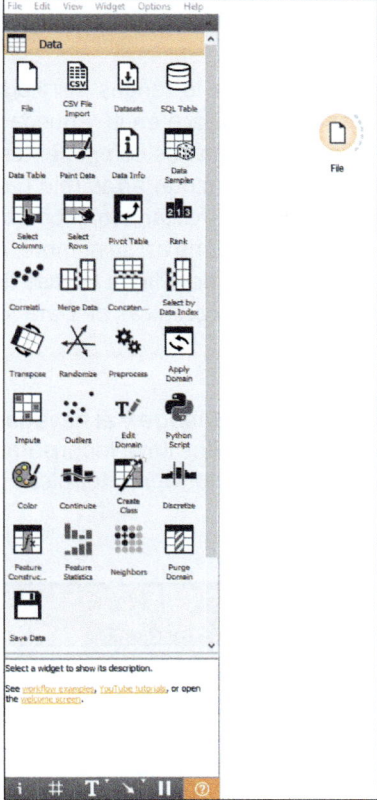

Área de trabajo de Orange
(© Imagen: Aplicación Orange)

DEFINICIÓN

Flujo de trabajo
Corresponde a la secuencia de acciones para poder realizar una tarea concreta.

ACTIVIDAD COMPLEMENTARIA

9. Crea tu primer flujo de trabajo en el lienzo de *Orange*, iniciándolo con unos sencillos pasos. Para ello, deberás descargar en tu ordenador este

Continúa en página siguiente >>

<< Viene de página anterior

programa gratuito. Una vez lo tengas instalado, solo tendrás que cerrar la primera ventana que aparece en él y quedarte con el lienzo en blanco. Después, dirígete a la columna de componentes y selecciona el *widget File* en el apartado DATA. Finalmente, arrástralo hacia el panel en blanco que está a la derecha. No olvides clicar con el botón derecho del ratón sobre el componente *File* para cambiarle así su nombre. Nombra a este componente con una denominación que identifique la base de datos que insertarás más adelante con idea de aplicar técnicas de *Data Mining*.

Al acceder a la plataforma de *Orange* y al navegar por los distintos *widgets,* observarás que cada uno de ellos lleva incorporadas distintas funcionalidades. Todas esas tareas corresponden a técnicas de minería de datos basadas en componentes.

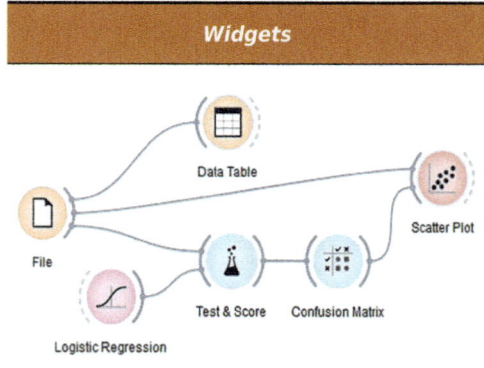

- Recuperación de datos.
- Preprocesamiento de datos.
- Visualización de datos.
- Modelado.
- Evaluación del modelo.

 **IMPORTANTE**

La combinación de los distintos componentes *(widgets)* en los flujos de trabajo con *Orange* posibilita la creación de sencillos esquemas de analíticas de datos en tiempo real.

Tal y como se ha explicado, la visualización interactiva de *Orange* es algo que destacar en este *software*. Sin embargo, lo que verdaderamente aporta gran valor a esta increíble plataforma es la facilidad con la que se puede llevar a cabo una **exploración interactiva de datos.**

El **proceso de exploración,** descrito de una manera muy sencilla, es el siguiente:

- **Comunicación entre componentes:** los distintos componentes de *Orange* se comunican entre sí. Por ejemplo: un componente de archivo, cuya tarea sea la de leer los datos, conecta su salida con otro componente como, por ejemplo, una tabla de datos. Como resultado se obtendrá un flujo de trabajo que está funcionando en tiempo real.
- **Recepción y envío de datos entre componentes:** los componentes reciben datos sobre la entrada y envían datos procesados o ya filtrados. El envío pueden ser modelos o cualquier otro elemento que haga que se convierta en un *widget* de salida. Esto significa que si existiera cualquier interacción que afectara a los datos de entrada, como por ejemplo cambiar un parámetro, automáticamente se propagarán los cambios de manera instantánea al siguiente flujo de trabajo. La respuesta de todos los componentes posteriores a un cambio es inmediata.

 NOTA

Orange posibilita la construcción de flujos de trabajo complejos al permitir distintas conexiones de componentes. De esta manera, es posible vislumbrar las respuestas de los modelos frente a una importante variedad de tareas.

- -

 APLICACIÓN PRÁCTICA

Debido a la gran complejidad que supone el funcionamiento de la empresa, Matías está utilizando *Orange* para construir flujos de trabajo complejos. Esta labor le permitirá anticiparse a respuestas del mercado, pudiendo visualizar los resultados obtenidos tras analizar datos con los que está interactuando. Matías maneja distintos paquetes de variables que han sido seleccionadas de una tabla. En primer lugar introduce datos de entrada a través de un componente de archivo. Posteriormente,

Continúa en página siguiente >>

<< Viene de página anterior

Orange **los convierte con otro** *widget* **en una tabla. Finalmente, y tras seleccionar de la tabla distintas variables, el resultado se muestra en una gráfica. Con el resultado, Matías podrá observar distintas influencias de las variables.**

¿Podrías indicar qué tipo de gráfica ha seleccionado el modelo de Matías para visualizar de forma interactiva el flujo de trabajo mostrado en la imagen?

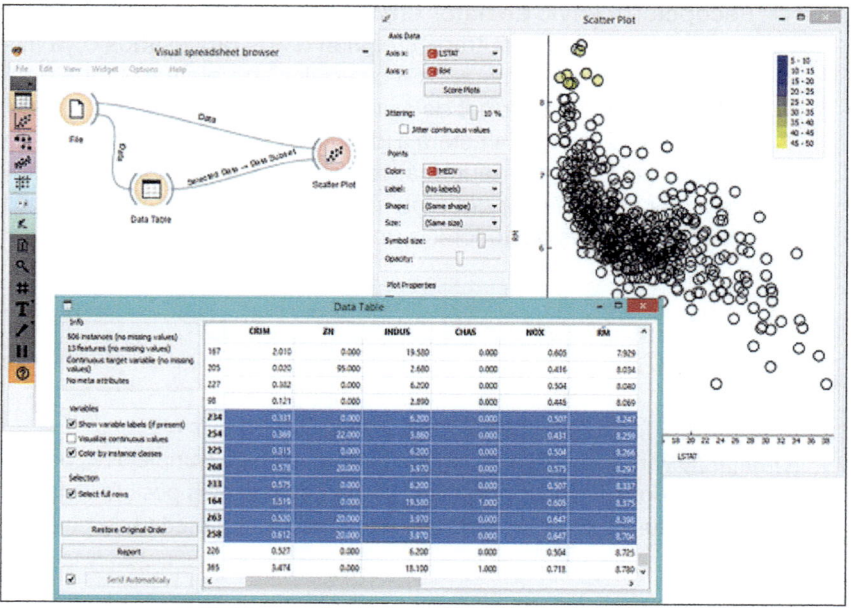

Flujo de trabajos complejos en Orange
(© Imagen: orange / orangedatamining.com)

Solución

Matías dispone de una visualización interactiva representada por un diagrama de dispersión. Parece que su objetivo es visualizar las correlaciones entre diferentes pares de variables o atributos seleccionados de una tabla.

Ahora retomarás de nuevo cómo iniciar un primer flujo de trabajo. Para ello, debes recordar dónde encontrar los distintos elementos que forman parte de esa increíble caja de herramientas que *Orange* proporciona.

Una vez instalado el *software,* aparecerá una pantalla de aviso desde la que podrás acceder a crear tu primer flujo de trabajo. No obstante, si previamente ya lo hiciste, puedes también aquí acceder a él.

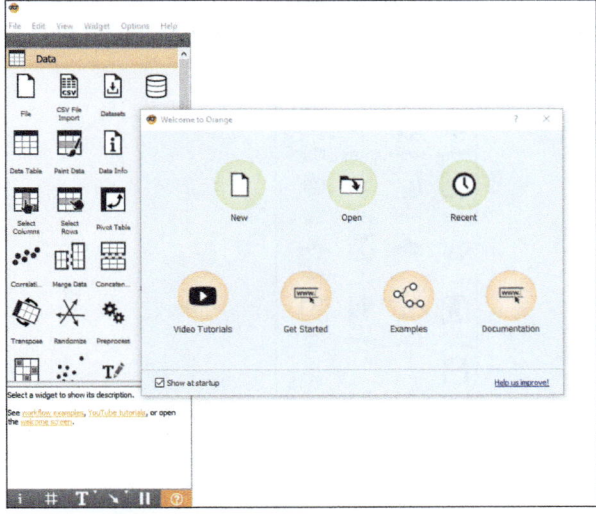

Pantalla de bienvenida de Orange (© Imagen: Aplicación Orange)

 **NOTA**

Orange guarda de forma automática todos los avances que vayas realizando en tu trabajo y que han ido apareciendo en el lienzo. En cualquier momento puedes, acceder, retroceder, suprimir cualquier elemento o incluso eliminar el flujo de trabajo creado hasta el momento.

Al obviar el mensaje inicial, y como recordarás, *Orange* te muestra el lienzo en blanco y una columna a la izquierda. En ella aparecen los numerosos componentes con los que podrás interactuar.

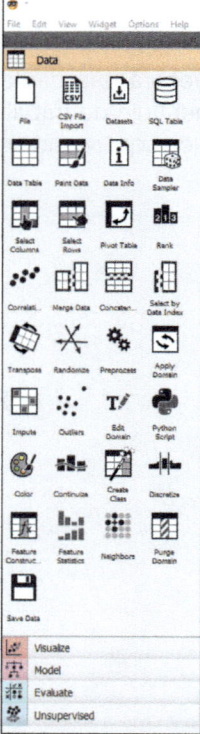

Caja de herramientas
(© Imagen: Aplicación Orange)

Se ha de recordar que los datos disponibles de una empresa no siempre se muestran en forma de tabla. Pueden venir en un formato muy variado: imágenes, audio, vídeos, textos, etc., por lo que es muy importante llevar a cabo una transformación de los datos no estructurados a un tipo de representación con forma vectorial. **¡Esta importante labor la facilita *Orange!***

En seguida verás qué sencillo es construir un flujo de trabajo con *Orange:*

1. **Inicio del *widget:*** como ya se indicó, los flujos de trabajo para el análisis de los datos suelen iniciar con el componente *Files*. Sin embargo, también es posible partir de cualquier otro *widget*. En este paso solo se ha de seleccionar el componente y clicar sobre él para arrastrarlo a la parte derecha en la que aparece el lienzo en blanco.

2. **Carga de datos:** una vez que se muestra el primer *widget* sobre el lienzo, hay que pulsar sobre él para que nos ofrezca la oportunidad de cargar la base de datos que servirán de datos de entrenamiento.

Para practicar sobre la marcha, *Orange* tiene cargadas varias bases de datos con las que puedes directamente trabajar y realizar una exploración de datos a la par que vas aprendiendo a utilizar esta interesante herramienta.

¿Cómo acceder a estas bases de datos?

1. Abre el componente seleccionado con doble clic: accederás a distintas bases de datos. Elige la que más te guste para practicar. Observarás que se trata de bases de datos reales, ya que *Orange* hace una descripción e identifica correctamente la fuente.

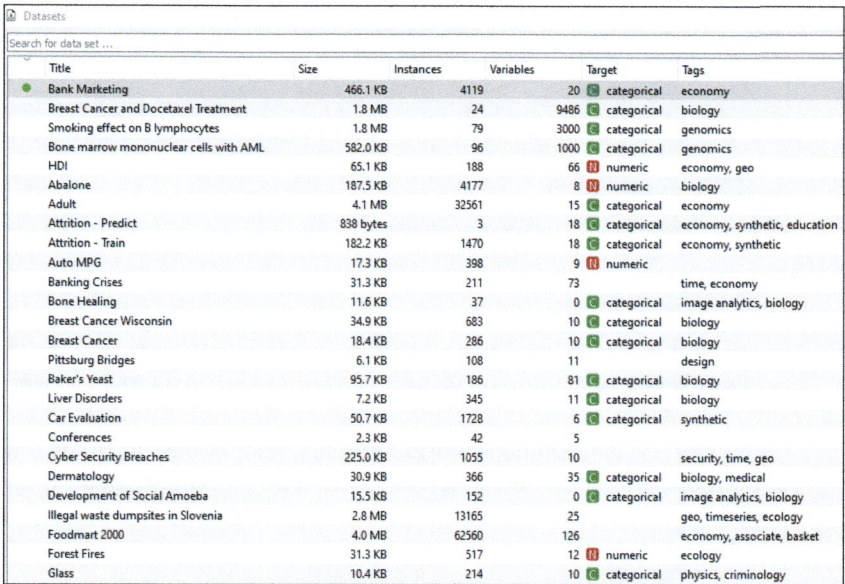

Title	Size	Instances	Variables	Target		Tags
Bank Marketing	466.1 KB	4119	20	C	categorical	economy
Breast Cancer and Docetaxel Treatment	1.8 MB	24	9486	C	categorical	biology
Smoking effect on B lymphocytes	1.8 MB	79	3000	C	categorical	genomics
Bone marrow mononuclear cells with AML	582.0 KB	96	1000	C	categorical	genomics
HDI	65.1 KB	188	66	N	numeric	economy, geo
Abalone	187.5 KB	4177	8	N	numeric	biology
Adult	4.1 MB	32561	15	C	categorical	economy
Attrition - Predict	838 bytes	3	18	C	categorical	economy, synthetic, education
Attrition - Train	182.2 KB	1470	18	C	categorical	economy, synthetic
Auto MPG	17.3 KB	398	9	N	numeric	
Banking Crises	31.3 KB	211	73			time, economy
Bone Healing	11.6 KB	37	0	C	categorical	image analytics, biology
Breast Cancer Wisconsin	34.9 KB	683	10	C	categorical	biology
Breast Cancer	18.4 KB	286	10	C	categorical	biology
Pittsburg Bridges	6.1 KB	108	11			design
Baker's Yeast	95.7 KB	186	81	C	categorical	biology
Liver Disorders	7.2 KB	345	11	C	categorical	biology
Car Evaluation	50.7 KB	1728	6	C	categorical	synthetic
Conferences	2.3 KB	42	5			
Cyber Security Breaches	225.0 KB	1055	10			security, time, geo
Dermatology	30.9 KB	366	35	C	categorical	biology, medical
Development of Social Amoeba	15.5 KB	152	0	C	categorical	image analytics, biology
Illegal waste dumpsites in Slovenia	2.8 MB	13165	25			geo, timeseries, ecology
Foodmart 2000	4.0 MB	62560	126			economy, associate, basket
Forest Fires	31.3 KB	517	12	N	numeric	ecology
Glass	10.4 KB	214	10	C	categorical	physics, criminology

Datasets (© Imagen: orange / orangedatamining.com)

2. Al seleccionar una de las bases de datos, te aparecerá en el margen inferior izquierdo una ventanita con una cifra. Pulsa sobre ella y te proporcionará detalles interesantes con los que trabajarás, como:

   a. Número de instancias.
   b. Números de variables.
   c. Números de características.

d. Porcentaje de valores perdidos.
e. *Target* y meta.

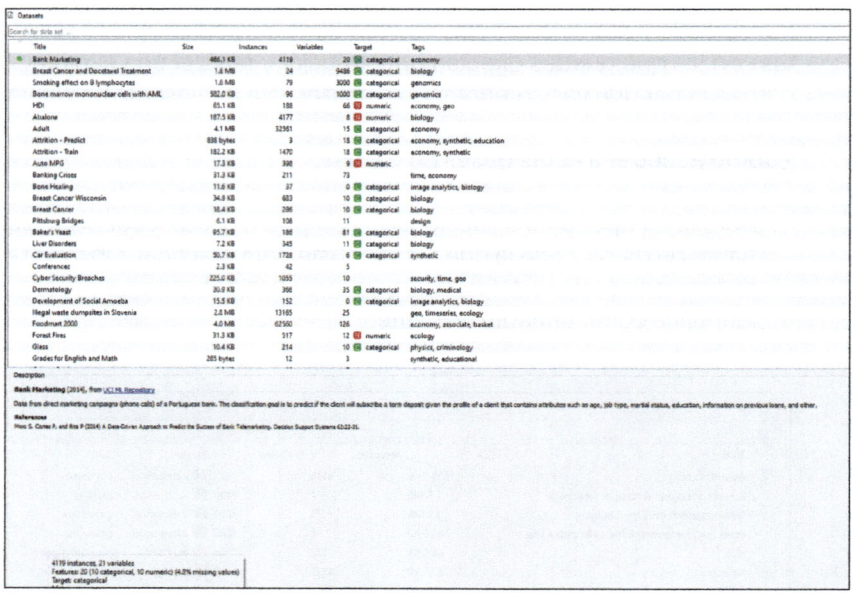

Datasets (© Imagen: orange / orangedatamining.com)

No olvides que puedes aprovechar y utilizar tus propias bases de datos para practicar. Lo importante es que conozcas que un flujo de trabajo en *Orange* podrás iniciarlo tanto con un *widget File* como con un *widget Datasets*.

La función de este primer componente al iniciar el trabajo no es otro que el de recuperar el conjunto de datos del repositorio con idea de enviarlo posteriormente a otro componente para que el trabajo pueda seguir con fluidez.

Gracias a la función del *Data Table,* es posible mostrar los datos de valor de cada atributo correspondientes a una base de datos en una hoja de cálculo.

Conectar *Files* con *Data Table* implica enviar un conjunto o varios conjuntos de datos como datos de entrada para que sean presentados por el *Data Table* de forma ordenada.

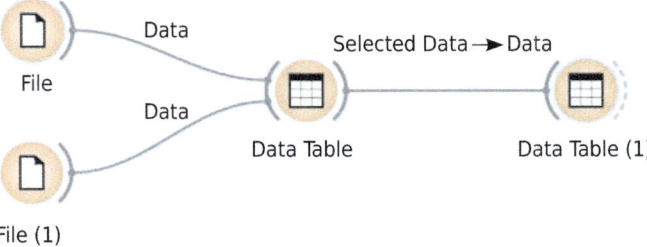

Integración de dos conjuntos de datos (Data Files) en una hoja de cálculo con el componente Data Table (© Imagen: orange / orangedatamining.com)

 **NOTA**

El resultado que ofrece el *widget Data Table* permite observar las instancias de los datos clasificadas por valores de atributo. También este componente admite la selección de instancias de datos de forma manual.

Para integrar el conjunto o conjuntos de datos en una única tabla, solo hay que conectar con el ratón de tu ordenador los dos componentes.

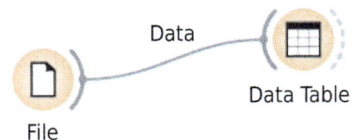

Conexión de dos widgets (© Imagen: Aplicación Orange)

Como has visto, los componentes se comunican entre sí. Esto significa que dos *widgets* conectados poseen cada uno un conducto de entrada y un conducto de salida; para traspasar los datos de un lado al otro solo hay que marcar con el ratón la dirección:

- ➲ **Función de salida:** *Data Files* hace la función de salida del conjunto de datos desordenados.
- ➲ **Función de entrada:** *Data Table* hace la función de entrada del conjunto de datos para clasificarlos y ordenarlos.

Ejemplo de flujo de trabajo

A continuación, y tras hacer entrada el *Data Table* en el conjunto de datos provenientes del *Data File,* vas a ver el resultado que ofrece, que será mucho más ordenado y fácil de interpretar.

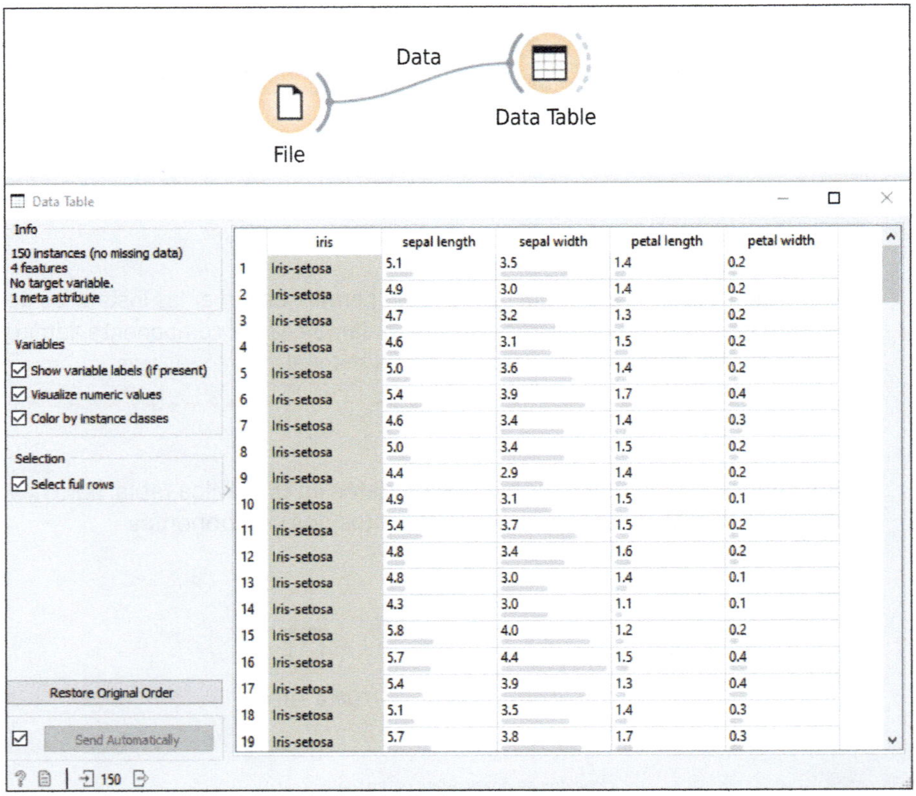

Visualización del archivo de datos (Data Files) en una tabla de datos (Data Table) (© Imagen: Aplicación Orange)

NOTA

Data Table ordena las 150 instancias. A cada instancia le corresponden valores distintos según la información proporcionada en cada columna y que hacen que se distingan unas de otras.

El archivo *File* seleccionado se ha convertido en una tabla de datos, iniciando así el primer flujo de trabajo. En la imagen anterior se muestran 150 instancias (filas); estas instancias corresponden a 150 flores de iris.

Existen tres especies de iris:

Iris setosa   Iris versicolor   Iris virginica

Las flores quedan descritas en términos generales por cuatro *features* o características:

- ⮕ La longitud del sépalo
- ⮕ El ancho del sépalo
- ⮕ La longitud del pétalo
- ⮕ El ancho del pétalo

Hasta aquí, la información disponible es:

- ⮕ 150 Flores de iris
- ⮕ 3 Clases de flores de iris diferentes
- ⮕ 4 Características que definen a las flores

 **NOTA**

Las distintas flores de iris están etiquetadas permitiendo diferenciarlas por especie: setosa, versicolor y virginica.

El conjunto de datos provenientes, generalmente, de un archivo con datos de entrada queda distribuido en una tabla de la siguiente manera:

- ⮕ **Filas:** instancias de datos. Para el ejemplo mostrado, son 150 filas y cada fila tendrá 5 columnas.

- **Columnas:** valores de atributo de las instancias bien ordenadas. Para el ejemplo que se ha tenido en cuenta, el orden es el siguiente:
  - Columna 1: tipo de iris.
  - Columna 2: valor del atributo longitud del sépalo.
  - Columna 3: valor del atributo ancho del sépalo.
  - Columna 4: valor del atributo longitud del pétalo.
  - Columna 5: valor del atributo ancho del pétalo.

NOTA

Es posible interactuar con cada instancia con un conjunto de instancias o con todas las instancias a la vez. Los cambios se comunican automáticamente a otros *widgets* o componentes que se conecten. Esto significa que es posible seleccionar qué conjunto de datos queremos ver.

Sin embargo, y aun habiéndose ordenado en filas y en columnas todos los datos en una tabla de datos, hay demasiados registros (valores numéricos) que enturbian toda la información.

¿De qué manera *Orange* contribuirá para que la información sea más clara y visual?

1. **Tipos de visualización:** creando un conector con el ratón desde el *Data File,* se mostrará en el lienzo una variedad de maneras en las que se puede volcar los datos y cuya apariencia será enormemente más gráfica que una tabla u hoja de cálculo.

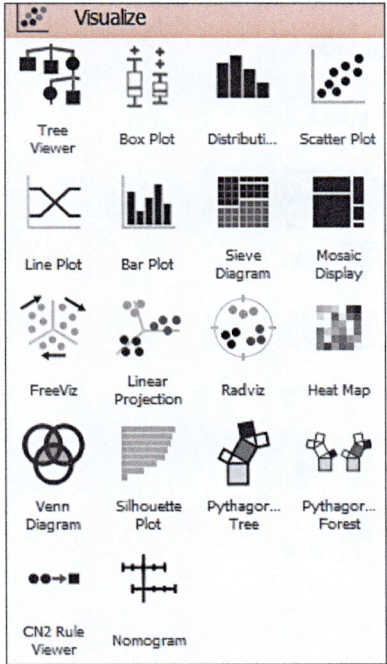

2. **Selección de la gráfica:** al seleccionar cualquiera de las numerosas opciones gráficas que aparecen el resultado será mucho más visual, permitiendo diferenciar con paletas de colores las distintas características.

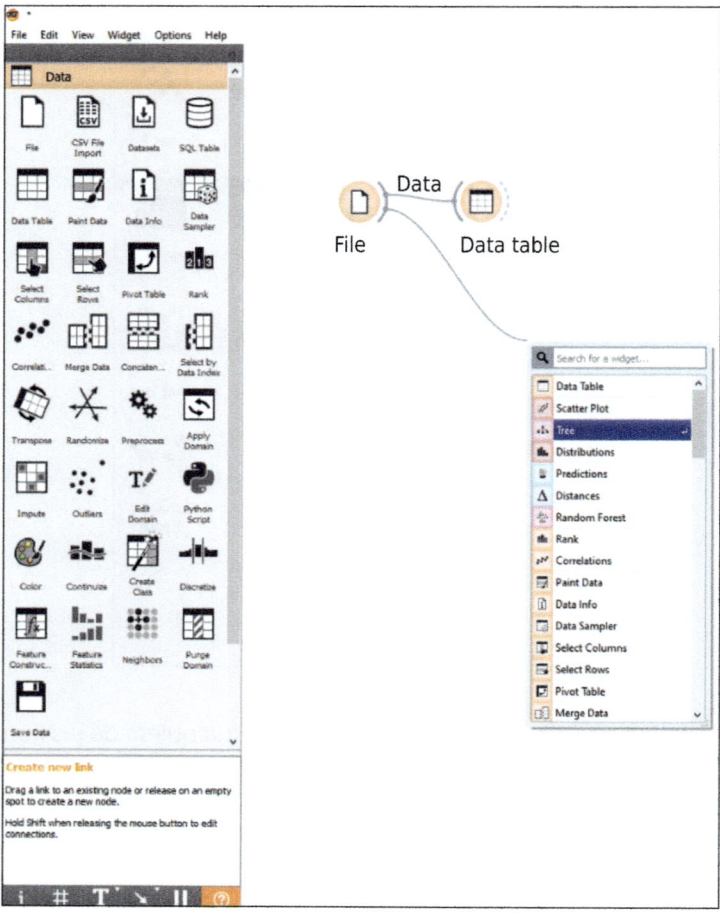

Como verás, son muchas las formas con las que *Orange* permite visualizar el conjunto o conjuntos de datos objeto de análisis. Entre ellos está el árbol de decisión y numerosos tipos de diagramas, aunque hay otras fórmulas.

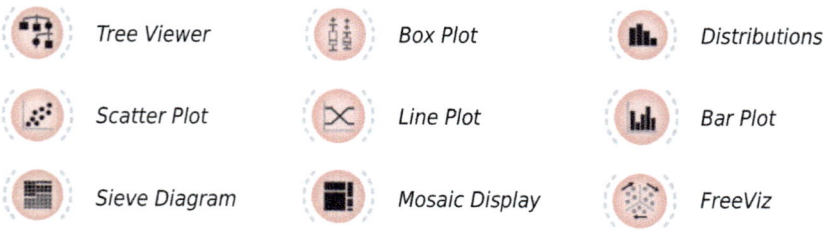

Tree Viewer   Box Plot   Distributions

Scatter Plot   Line Plot   Bar Plot

Sieve Diagram   Mosaic Display   FreeViz

Continúa en página siguiente >>

<< Viene de página anterior

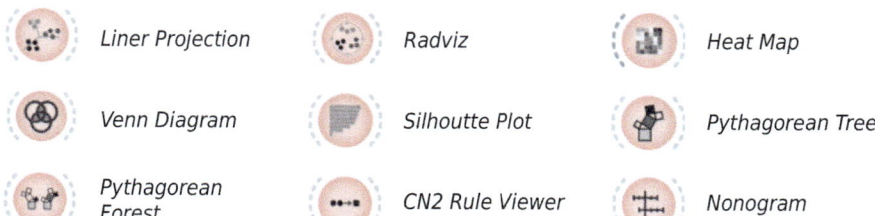

	Liner Projection		Radviz		Heat Map
	Venn Diagram		Silhoutte Plot		Pythagorean Tree
	Pythagorean Forest		CN2 Rule Viewer		Nonogram

Conocerás un poco más sobre alguno de estos visores más adelante.

TAREA 7

El negocio de Martín maneja un conjunto importante de datos. Él pretende utilizarlos para poder sacar provecho de todo ello, ya que ha averiguado que sin tener grandes conocimientos y empleando unas herramientas adecuadas, él mismo puede extraer información e incluso obtener una previsión de ventas.

En base a esto, ayuda a Martín a crear su primer flujo de trabajo en *Orange,* interactuando con los elementos que forman parte de la caja de herramientas de esta plataforma. Para ello, has de mostrarle cómo es un flujo de trabajo conectando varios componentes incluido el de visualización (no es necesario cargar datos solo mostrar cómo sería el orden de conexión entre componentes en un flujo de trabajo simple).

Diagrama de dispersión

Este sería el resultado si se eligiera transformar el archivo de datos *(File)* en un **diagrama de dispersión *(Scatter Plot).***

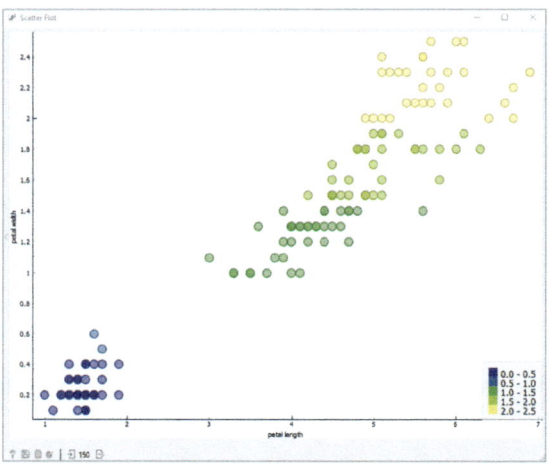

Scatter Plot (© Imagen: Aplicación Orange)

 **CONSEJO**

Para que la visualización sea aún mejor, puedes ayudarte de un recurso interesante como asignar con distintos colores a cada especie de flor.

Ya has visto cómo se crean visualizaciones interactivas y lo práctico que resulta tratar tanta diversidad de datos con las clasificaciones que el propio programa *Orange* proporciona.

Explicado esto, ya habrás aprendido a crear tu primer flujo de trabajo. Ahora seguirás avanzando en el aprendizaje del manejo de esta interesante herramienta. Para ello, continuarás con el ejemplo anterior, donde se pretende explorar los datos relativos a una flor:

1. **Widget Distributions. Longitud del sépalo:** en primer lugar, hay que decir que todas las imágenes muestran el resultado del envío de datos desde *Files* al componente *Distributions*. En esta primera imagen se observa que, al interactuar con las funcionalidades de los datos y en este caso con la longitud del sépalo, el gráfico muestra de forma interactiva que es el largo del sépalo, la característica destacable que hace que se puedan distinguir las distintas especies de esta flor llamada iris. Por tanto, es observable que aparecen con mayor frecuencia sépalos largos en la especie iris setosa, y es algo menos frecuente que se presente esta característica en las especies virginica y la versicolor.

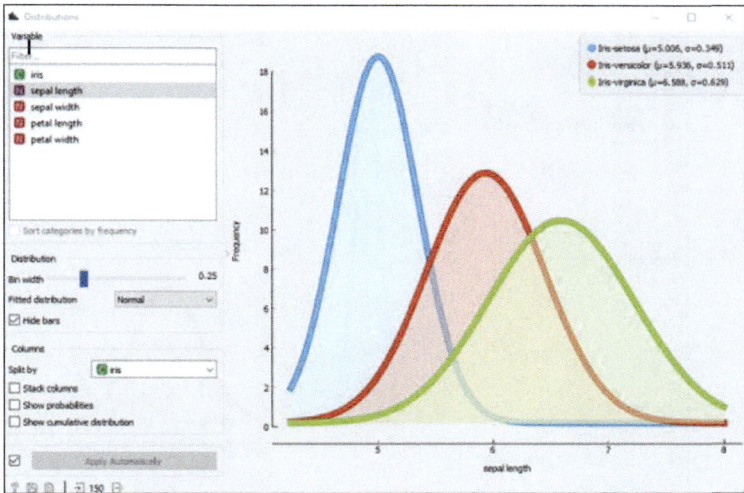

Widget Distributions (© Imagen: Aplicación Orange)

2. **Widget Distributions. Ancho del sépalo:** en esta segunda imagen, se observa que la flor iris versicolor y la iris virginica presentan con mayor frecuencia un ancho de sépalo similar.

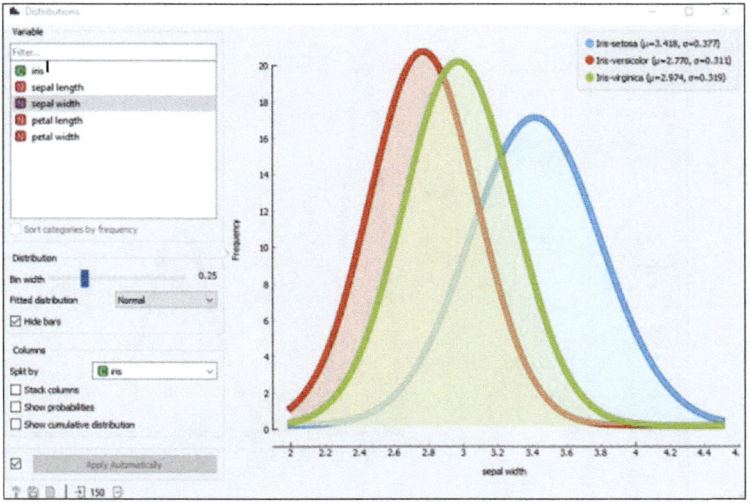

Widget Distributions (© Imagen: Aplicación Orange)

3. **Widget Distributions. Longitud del pétalo:** en esta tercera imagen, se observa claramente que la iris setosa es la que presenta con mayor frecuencia los pétalos más largos.

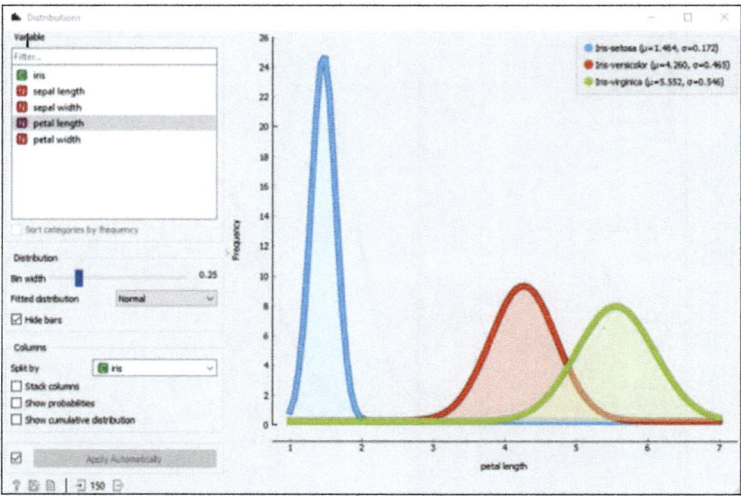

Widget Distributions (© Imagen: Aplicación Orange)

4. **Widget Distributions. Ancho del pétalo:** la cuarta y última imagen muestra que también es la iris setosa la que presenta con mayor frecuencia el pétalo más ancho.

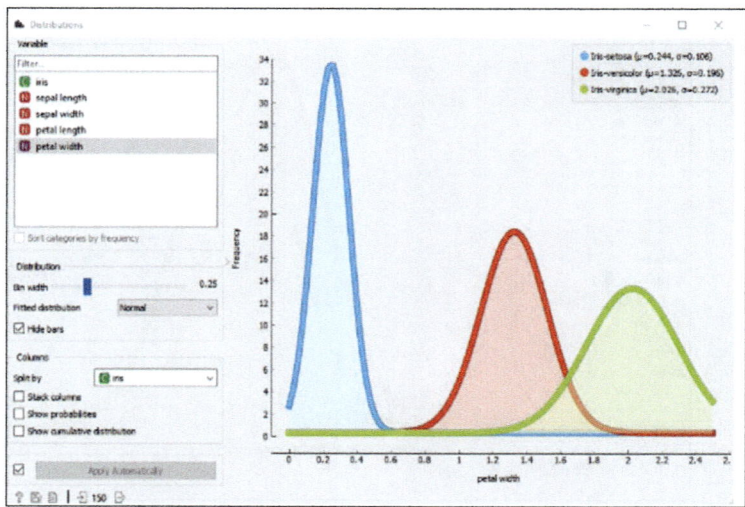

Widget Distributions (© Imagen: Aplicación Orange)

IMPORTANTE

Este análisis permite determinar que tanto el ancho como el largo del pétalo son variables clave para diferenciar las tres clases o especies de iris.

- -

Si has prestado atención a todos los detalles, la visualización de este gráfico de distribución permite combinar las distintas características de la flor como variables, para averiguar qué combinación de ellas es la más predominante. Ahora bien, **¿existirá algún par de características que pueda hacer una correcta distinción de cada especie?**

En función de ello, una meta u objetivo que alcanzar en la analítica de los datos podría ser determinar qué pares de variables separarían correctamente estas tres clases de flor: setosa, virginica y versicolor, ya que, por ejemplo, con el diagrama de dispersión se observa claramente que tanto la especie versicolor como la virginica están poco separadas cuando se compara el par de variables longitud y ancho de sépalo.

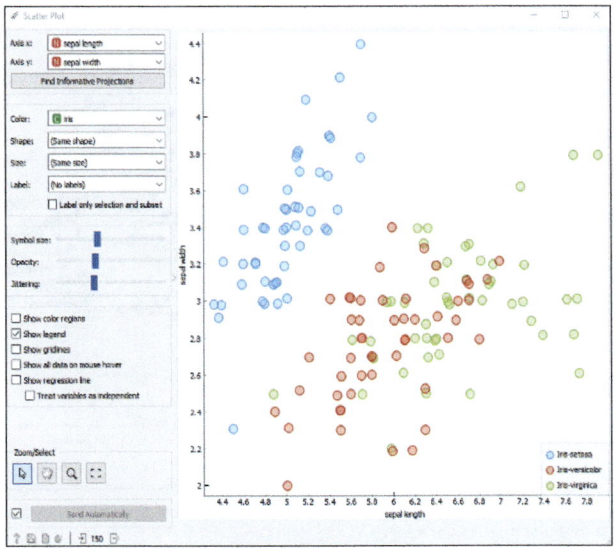

Diagrama de dispersión (© Imagen: Aplicación Orange)

Para conseguir el objetivo propuesto, y encontrar el par de características que harían una correcta distinción entre las distintas especies de flor de iris, será necesario utilizar **proyecciones de rango.**

Las proyecciones de rango permiten calificar todos los pares de características. De esta manera, y atendiendo a la puntuación podrá determinarse con
los valores más altos obtenidos qué pares de características conseguirían
una más óptima separación de clases.

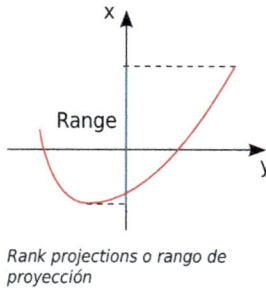

Rank projections o rango de
proyección

Presta atención a cada uno de los siguientes pasos que te llevarán a dar
respuesta a la cuestión planteada:

1. Observa cómo las instancias de iris virginica e iris versicolor no están lo
   suficientemente separadas.

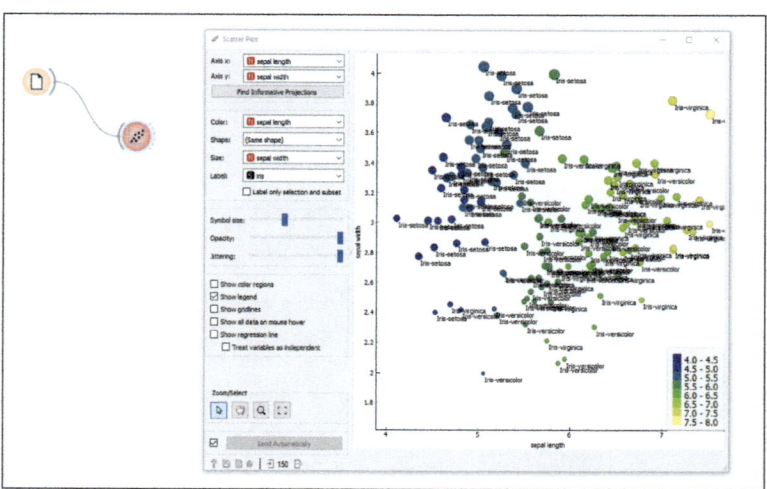

Observación de distancias entre distintas instancias en un diagrama de dispersión
(© Imagen: Aplicación Orange)

2. Haz clic en la pestaña en la que se indica cómo encontrar proyecciones
   informativas *(Find Informative Projections)*.

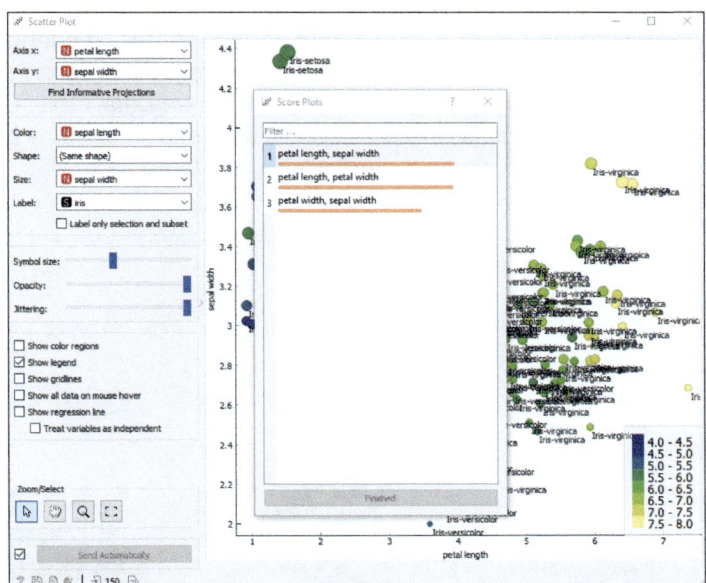

Proyecciones informativas entre pares de variables en diagrama de dispersión
(© Imagen: Aplicación Orange)

3. Interactúa con los diferentes pares de características y párate en aquel resultado en el que observes mayor amontonamiento de instancias.

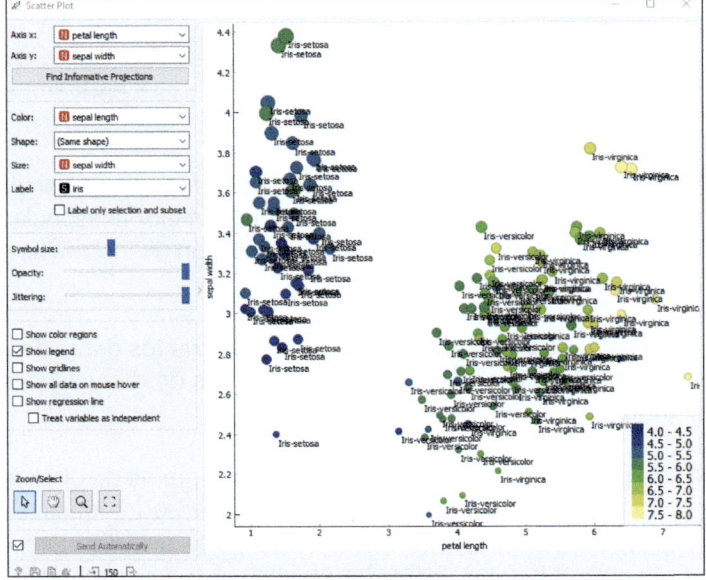

Localización de instancias superpuestas en un diagrama de dispersión
(© Imagen: Aplicación Orange)

4. Selecciona con el ratón aquella área en la que encuentres instancias de clases superpuestas y directamente regresa al lienzo para conectar el diagrama de dispersión *(Scatter Plot)* a un *Data Table.* Con este paso puedes analizar las instancias seleccionadas en esa área concreta a través de una tabla bien organizada.

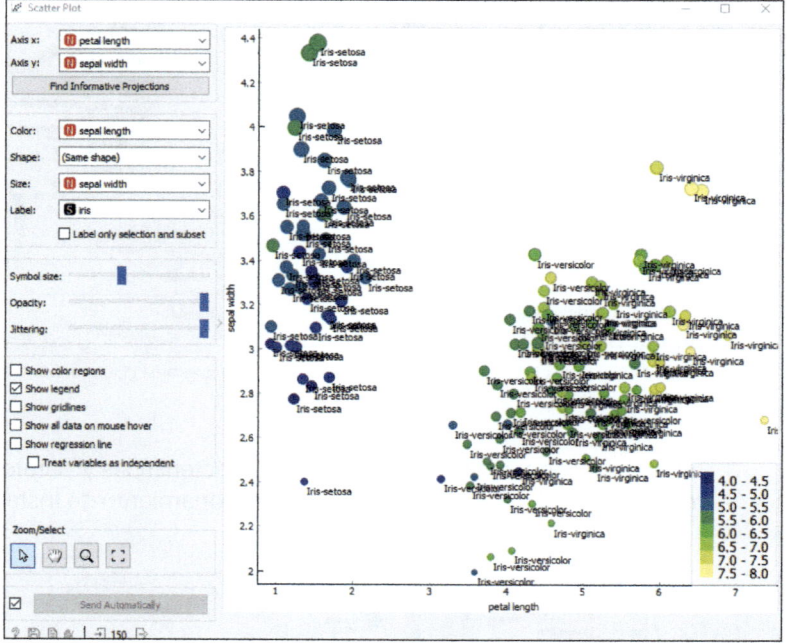

Selección de instancias en un diagrama de dispersión (© Imagen: Aplicación Orange)

Una vez seleccionada el área más confusa, recuerda que el objetivo era determinar qué pares de variables separarían mejor la especie versicolor de la virginica, ya que al existir una superposición de instancias era muy difícil apreciar la separación.

¿Qué recurso o componente permite mostrar los datos de una forma ordenada? Repasa primero los pasos que has de dar y así irás conociendo algunos *widgets* empleados:

1. Se conecta el conjunto de datos a un diagrama de dispersión y, al abrir este, se clica en la pestaña de proyecciones informativas para que se asignen calificaciones a pares de variables. Se selecciona el área donde se encuentran las instancias en las que se mezclan distintas clases de la flor.

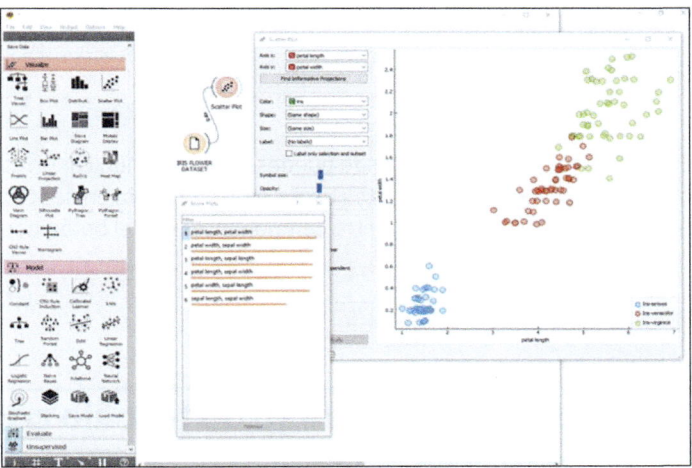

2. Una vez seleccionada el área con el ratón, solo hay que conectar el diagrama de dispersión con una tabla de datos para que este muestre el resultado en una lista en la que aparecerán el número de instancias encontradas en el área seleccionada.

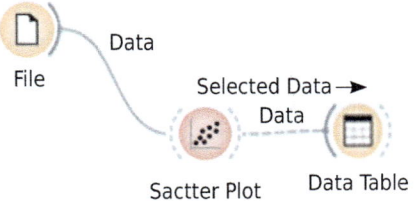

3. Resultado

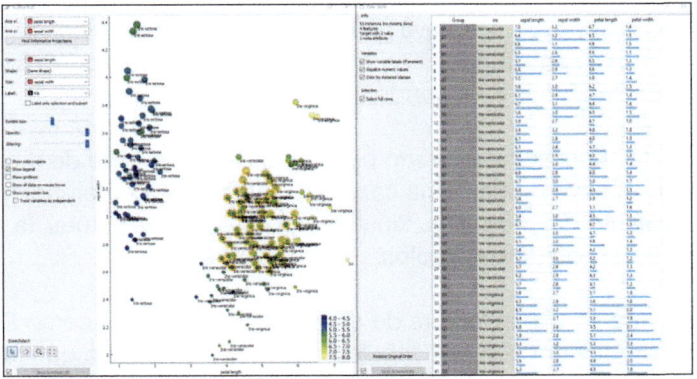

Datos de entrada en diagrama de dispersión, y datos de salida en tabla de datos
(© Imagen: Aplicación Orange)

[279]

IMPORTANTE

En todo momento, al usar *Orange* puedes no solo comunicar un componente con otro, sino que indicarle qué datos te gustaría enviar sin enviarlos todos. También puedes eliminar conexiones entre componentes con el botón derecho del ratón.

4. Construcción de un flujo de trabajo con base de datos propia

☞ HILO CONDUCTOR

El aprendizaje no resulta fácil para Stephanie, sin embargo más que decaer le lleva a querer superar todos los obstáculos con los que se va encontrando. *Orange* es una plataforma de aprendizaje automático y aunque ella contará con ayuda profesional para crear Inteligencia Artificial, quiere aprender a construir por sí sola flujos de trabajo utilizando una interesante base de datos sobre enfermedades raras.

4.1. Agrupamiento jerárquico

Uno de los aspectos clave para que el trabajo de la minería de datos pueda llevarse a cabo con rigor es saber preparar los datos con los que trabajarás en la plataforma de aprendizaje automático.

Hasta ahora se ha utilizado para la práctica una base de datos que el propio *software* proporciona con idea de poder ir comprendiendo el funcionamiento del programa. Sin embargo, y como es natural, la idea es poder **trabajar con datos propios.**

Orange admite la lectura de diversos formatos tales como *Excel,* archivos separados por comas y tabulación. Has comprobado que los datos se representan en tablas, donde las filas son las instancias, mientras que en las columnas están los atributos de los datos.

Orange permite, con un procedimiento muy sencillo, incorporar datos con los que se desea trabajar para así aplicar las técnicas de minería de datos en esta plataforma.

El procedimiento es bien simple. Solamente tienes que copiar la URL que dirige a la base de datos almacenada en tu ordenador o en algún servicio de almacenamiento en la nube.

Una vez tengas en tu ratón copiado el *link* correspondiente, tendrás que insertarlo justo donde se indica en esta imagen:

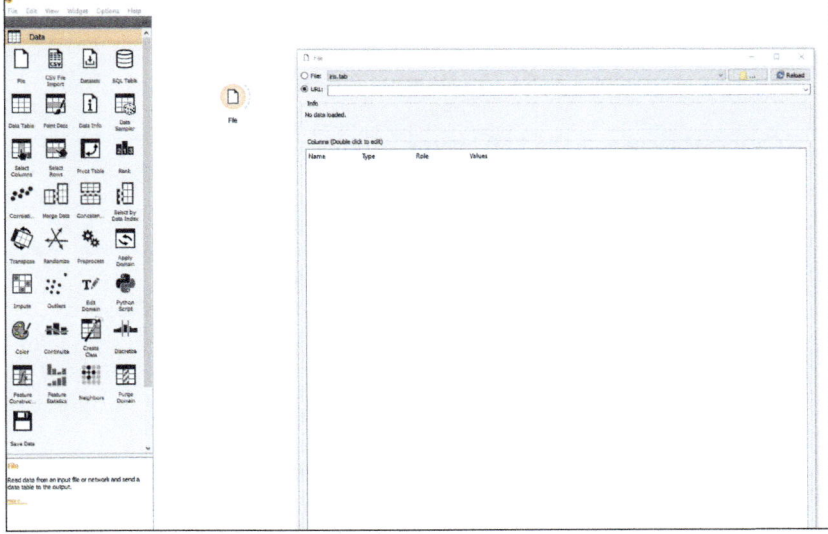

Inserción de datos por medio de URL (© Imagen: Aplicación Orange)

💬 CONSEJO

Puedes crear una base de datos en un formato *Excel* y copiar directamente su URL, utilizando el programa de hojas de cálculo *Google Sheets*.

TAREA 8

Gustavo tiene en su poder un listado donde aparece un grupo de personas identificadas por sus nombres y con unas características físicas que distinguen unos individuos de otros. Se le ha encargado que introduzca toda esa información en *Orange* a través de un *Excel*, con idea de preparar los datos para trabajar en una plataforma de aprendizaje automático e iniciar su primer flujo de trabajo.

Nombre I Género I Altura I Peso I Color de ojos I Color de pelo

Juana: Femenino I 170 I 60 I Marrón I Castaño

Andrés: Masculino I 175 I 75 I Marrón I Castaño

Carlos: Masculino I 185 I 80 I Verde I Rubio

Marta: Femenino I 165 I 82 I Azul I Pelirrojo

Javier: Masculino I 190 I 93 I Marrón I Castaño

Pedro: Masculino I 170 I 55 I Azul I Castaño

Cati: Femenino I 169 I 70 I Verde I Rubio

Con estos datos, crea visualizaciones en *Orange* conectadas por componentes partiendo del conjunto de datos que se le proporciona a Gustavo, para poder comenzar a trabajar en el lienzo en blanco de una plataforma de aprendizaje automático.

4.2. Construcción de modelos predictivos

Acabas de aprender a crear tu primer flujo de trabajo con *Orange*, integrando en la plataforma una base de datos propia creada por ti. Pero, **¿qué más puedes hacer con las instancias de datos que te puedes encontrar?**

Retomando el ejemplo de las flores y el conjunto de datos con sus 150 instancias, es posible hacer agrupamientos lógicos atendiendo a todas ellas. Sin embargo, aquí se presenta un gran problema, ya que no es posible saber si en un solo grupo se encuentra una misma clase o especie de iris o varias de ellas.

¿Cómo puedes descubrir grupos y subgrupos lógicos?

Para crear grupos lógicos de instancias, utilizarás una técnica denominada **agrupamiento jerárquico.**

NOTA

Con el agrupamiento jerárquico se pueden crear grupos de flores atendiendo a la similitud de algunas características. Por ejemplo: un grupo de flores cuyas medidas de sus hojas sean muy similares.

- -

Entre dos flores es posible hacer una verificación de cada medida de la hoja y calcular la diferencia entre estas medidas. Posteriormente se ajusta el valor para que dé positivo y finalmente se suman las diferencias cuadradas de las cuatro medidas.

Todo esto lo hace el correspondiente algoritmo de *clustering* aplicando su mágica fórmula matemática para calcular la distancia euclidiana entre dos puntos.

Métodos de agrupamiento
Hierárquico vs Particional

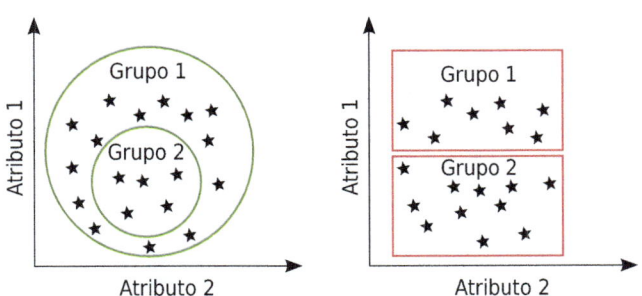

Los algoritmos de *clustering* determinan que cuanto menor sea la distancia entre dos puntos analizados, mayor será la similitud de las características observadas. En función de esta afirmación y siguiendo con el ejemplo anterior, se pueden utilizar las distancias entre las flores para construir grupos jerárquicos.

¿Cómo llevarías a cabo todo esto utilizando el lienzo de *Orange*?

1. **Fase 1:** incorporar el conjunto de datos en el lienzo por medio del componente *File*.

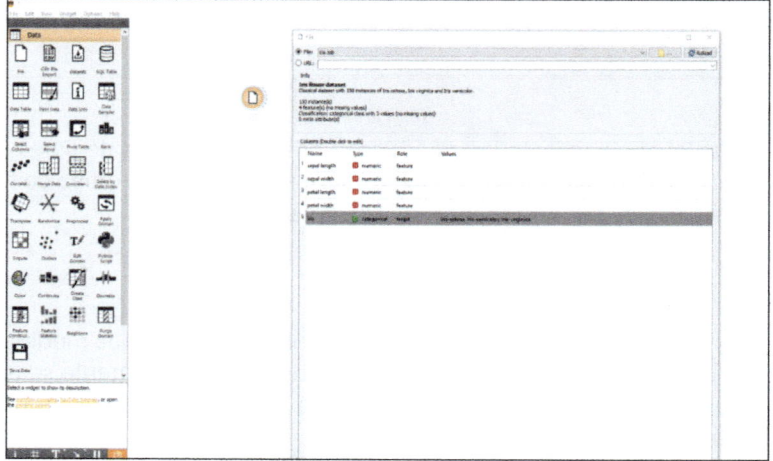

Integración de datos en componente File (© Imagen: Aplicación Orange)

2. **Fase 2:** conectar *File* con un nuevo *widget* denominado *Distances*.

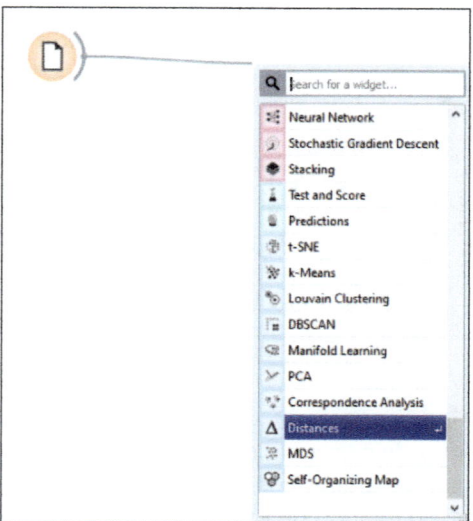

Envío de datos al componente Distances
(© Imagen: Aplicación Orange)

3. **Fase 3:** conectar *Distantes* con el componente *Hierarhical Clustering.*

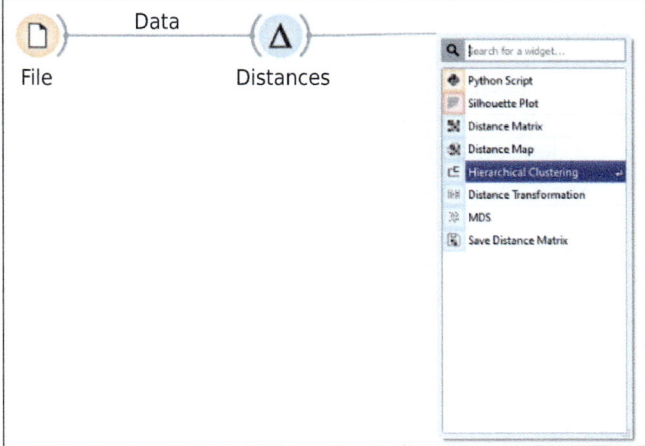

Envío de datos al componente Hieralchical Clustering
(© Imagen: Aplicación Orange)

4. **Fase 4:** visualizar la estructura de los grupos y subgrupos descubiertos por el algoritmo y observar la distancia entre grupos.

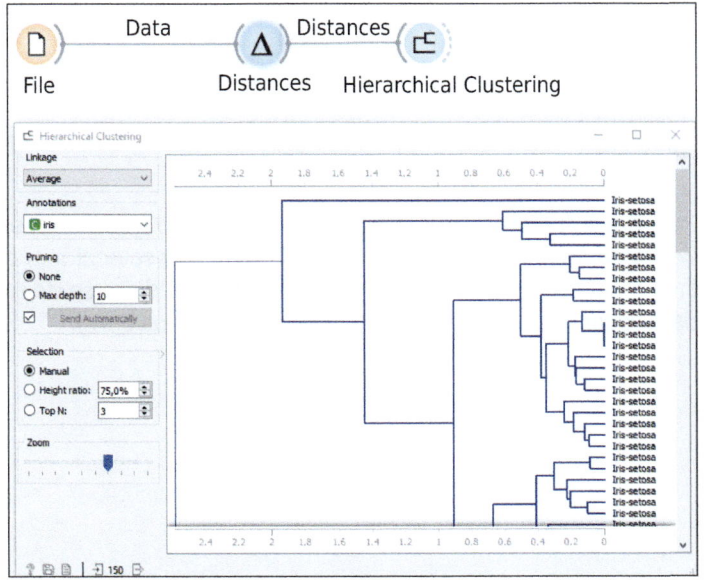

Visualización del dendograma Hieralchical Clustering
(© Imagen: Aplicación Orange)

El resultado obtenido en la práctica anterior, tras aplicar una técnica de minería de datos con el **algoritmo *Hierarchical Clustering*,** es un dendograma a través del cual se observan las distintas ramas que agrupan las diferentes clases de flores de iris. Con ello, se visualizan los grupos de flores que son de la misma especie, mostrándose todas ellas juntas agrupadas.

Sin embargo, puede darse el caso de que se observara alguna zona a lo largo del dendograma en la que se aprecie cierto desorden en los grupos.

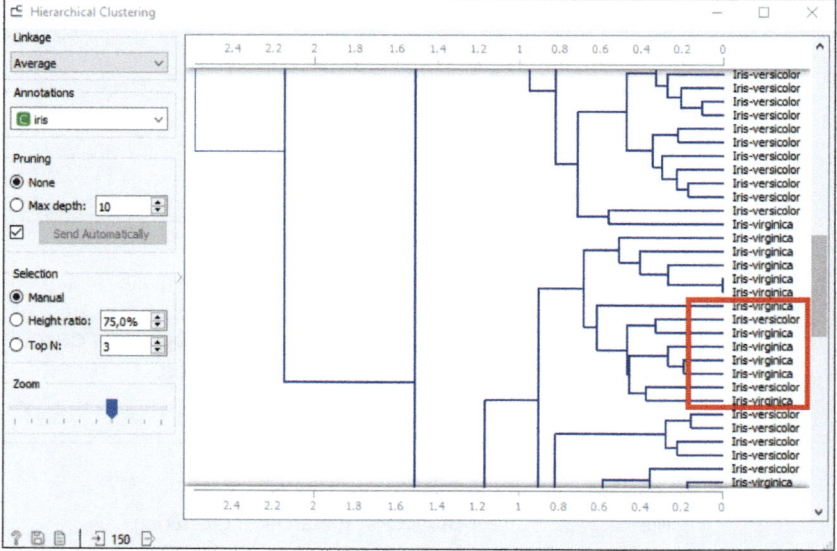

Visualización de área del dendograma Hieralchical Clustering (© Imagen: Aplicación Orange)

Para dar solución al problema de agrupamiento que se observó en el dendograma anterior, solamente se ha de marcar y seleccionar con el ratón el área afectada desde ese mismo dendograma y dirigirse de nuevo al lienzo para clicar sobre el componente *Hierarchical Clustering*.

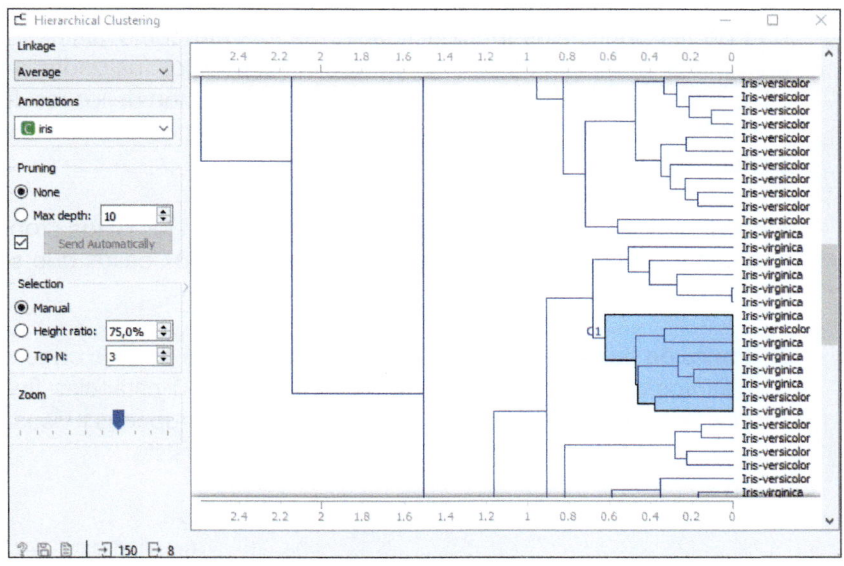

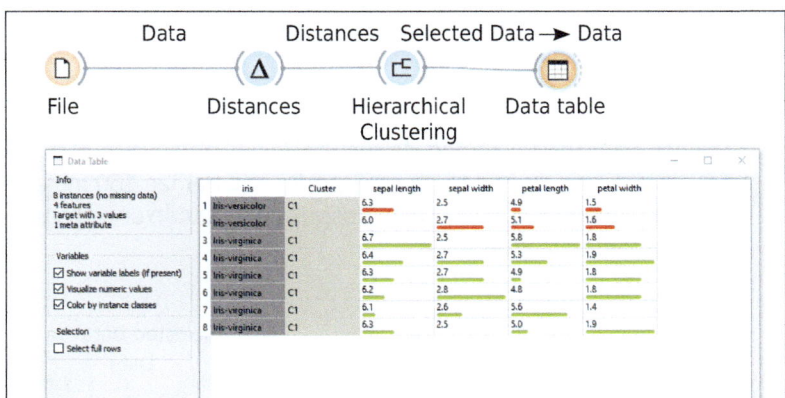

Corrección de desórdenes de agrupamiento (© Imagen: Aplicación Orange)

NOTA

Conectar un área de *Hierarchical Clustering* con un número de instancias desordenadas a un *Data Table* permite hacer una verificación de las instancias seleccionadas por si persiste dicho caos.

Una de las principales funcionalidades de *Orange* como plataforma de aprendizaje automático es poder ver todos los trabajos realizados en sencillas visualizaciones que dan facilidad a la comprensión de los resultados. Con la información proporcionada en una tabla de datos no se conseguiría explotar al máximo esta interesante plataforma.

A continuación, vas a ver qué más puedes hacer con los datos proporcionados por una tabla de datos, partiendo de todos los pasos que se han realizado:

- **Punto de partida: conexión de componentes:** se han ido conectando distintos componentes para agrupar y clasificar 150 instancias (flores de iris). Se han seleccionado ciertas instancias mal agrupadas y visualizado a través de una tabla para determinar si el error persiste.

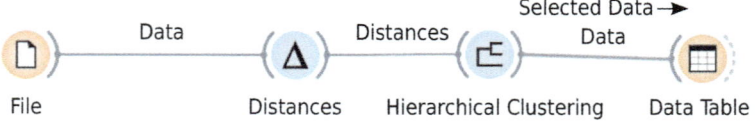

- **Mejora de la visualización de resultados:** el objetivo es el mismo, pero se utilizará otro componente para poder mostrar las 150 instancias con un diagrama de dispersión para después conectarlo con el componente de agrupamiento jerárquico.

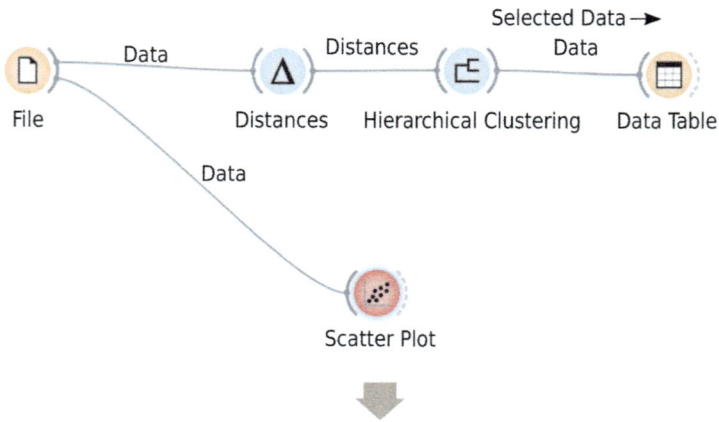

Continúa en página siguiente >>

<< Viene de página anterior

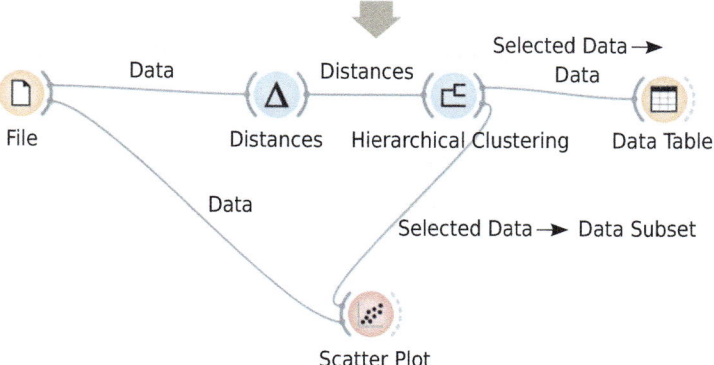

Conexión de agrupamiento jerárquico con diagrama de dispersión
(© Imagen: Aplicación Orange)

IMPORTANTE

Con todo esto se consigue visualizar mucho mejor que en una simple tabla de datos los diferentes mapeos que se vayan realizando, tanto en el dendograma como en el diagrama de dispersión. Es decir, permite transitar a través de los clústeres en agrupación jerárquica (áreas seleccionadas). Se observará mucho mejor así las confusiones que pueden estar originadas por zonas o áreas limítrofes entre clases o especies de flor.

Lo mejor de la inteligencia artificial es el poder que se le atribuye para **realizar predicciones** cuando se ponen en marcha esas técnicas asociadas a los científicos de datos.

Como ya se ha ido recordando a lo largo de este trayecto de aprendizaje, *Orange* es una excelente herramienta para aplicar la minería de datos. Esto significa que, entre las principales virtudes de *Orange,* está la de poder trabajar con infinidad de datos con la intención de hacer predicciones con un importante grado de certeza:

Datos
- Es necesario el ingrediente base, que podrá estar compuesto por un conjunto de datos o varios conjuntos de datos.

Widget **de predicciones**
- Este tipo de componente sirve para augurar etiquetas de clase para instancias en el conjunto de datos.

RECUERDA

No olvides que el objetivo deberá ser el modelo; para ello se ha de partir de unos datos de entrenamiento.

EJEMPLO

Imagina una empresa que elabora platos precocinados. En su base de datos tiene la relación de productos que utiliza con sus correspondientes valores nutritivos. La competencia es alta y quieren aprovechar su implicación como empresa para fomentar una alimentación sana como un valor añadido.

En esta empresa se hace una apuesta por la aplicación de técnicas predictivas. Para ello, se comienza a utilizar el aprendizaje automático y el *Data Mining*.

Elaboran un listado con todas las materias primas que emplean y definen las funcionalidades en el *Excel,* que permite hacer un cuenteo de los distintos nutrientes de cada producto, así como de sus calorías.

En función de las distintas características de las materias primas utilizadas, a esta empresa le gustaría hacer una predicción para determinar si un nuevo plato requerirá ser cocinado con un tipo de ingrediente u otro distinto.

¿Cómo conseguirá el modelo realizar esta predicción?

Con el planteamiento del ejemplo anterior, se pretende dar respuesta a dos importantes cuestiones:

- ¿Por qué es de gran utilidad implementar técnicas de minería de datos en cualquier actividad comercial?
- ¿Qué virtudes tiene una plataforma de aprendizaje automático?

Orange, como cualquier otra plataforma de aprendizaje automático, proporciona los recursos necesarios para construir inteligencia artificial a partir de un conjunto de datos.

La cantidad de datos que atesora un negocio o una organización es tan voluminosa que difícilmente puede gestionarse de forma óptima para transformar toda esa información en conocimiento para la empresa sin hacer uso de las técnicas de minería de datos.

¿Cuánto de importante es para una empresa poder predecir situaciones, comportamientos o determinar por ejemplo qué ingrediente para la elaboración de un producto funcionará mejor?

Con *Orange* te resultará bien sencillo hacer predicciones entrenando a tu modelo de *Machine Learning* siempre que:

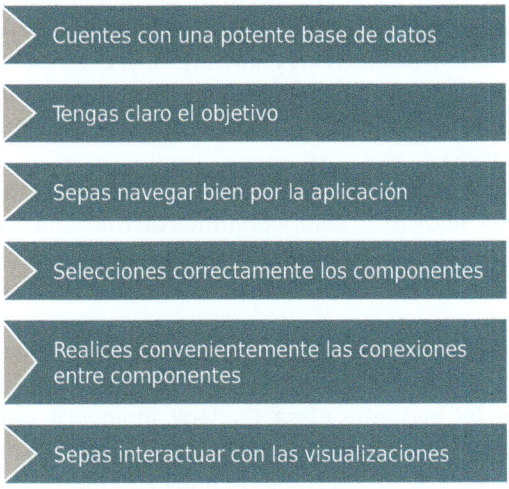

Cuentes con una potente base de datos

Tengas claro el objetivo

Sepas navegar bien por la aplicación

Selecciones correctamente los componentes

Realices convenientemente las conexiones entre componentes

Sepas interactuar con las visualizaciones

¿Imaginas qué componente puedes utilizar en *Orange* para hacer predicciones?

Construir un modelo predictivo es tan sencillo como, por ejemplo, vincular un conjunto de datos desde un componente *File* a un árbol de clasificación.

Con el árbol de clasificación se podrá determinar qué características entre muchas son las más relevantes para hacer una clasificación. O lo que es lo mismo, se trata de predecir etiquetas de clase para el total de las instancias que proporciona el conjunto de datos sobre el que se esté trabajando.

El procedimiento para entrenar al algoritmo que elijas para hacer las predicciones es prácticamente el mismo en el inicio de cualquier otra actuación:

1. Comenzar cargando el conjunto de datos en el *widget File*.
2. Conectar el *widget File* con una tabla de datos. Visualizar en la *Data Table* el número de instancias, características, clases y atributos correspondientes a la base de datos cargada y comprobar que se dispone de forma ordenada de una serie de datos de entrada para el entrenamiento del modelo. Esto facilita la selección futura de instancias y sus valores para entrenar al modelo a realizar sus predicciones.
3. En función de las características, seleccionar el algoritmo de clasificación para que comience su labor. Para ello, se conectará en primer lugar el conjunto de datos al algoritmo seleccionado. Por ejemplo, conectar un conjunto de datos *(File)* con un árbol de clasificación.
4. El algoritmo clasificará las características con objeto de determinar qué factores serán los más decisivos en la predicción. Para visionar el resultado hay que conectar el modelo seleccionado (árbol de clasificación) con un *widget* visor.
5. El visor de árboles de clasificación indicará qué características dividen mejor los datos a otros subconjuntos de datos mucho más claros. En definitiva, deja a la vista aquellas características que serán los factores más relevantes para ofrecer la mejor solución al problema estudiado por el algoritmo.
6. Una vez determinadas las características más relevantes, se ha de proceder a seleccionar las instancias sobre las cuales el modelo tendrá que predecir las etiquetas clase. Es decir, indicar de qué clase de elemento se trata.
    Tras la carga de los datos en un nuevo archivo *File,* se le indicará al modelo que realice la predicción realizando varias conexiones entre varios componentes.

A continuación verás paso a paso todo este proceso.

Tras la teoría que describe cómo hacer predicciones, vas a poder ver a través de unas indicaciones gráficas cómo es este sencillo procedimiento en el que se elige un ejemplo de modelo de aprendizaje automático, y cómo es su entrenamiento para predecir con acierto.

En primer lugar, tendrás que cargar una base de datos *(Dataset)* en la plataforma de *Orange*. Para ello, solo tendrás que desplazar un archivo *File,* llevarlo al centro del lienzo en blanco, abrir el *Data File* y cargarle el conjunto de datos.

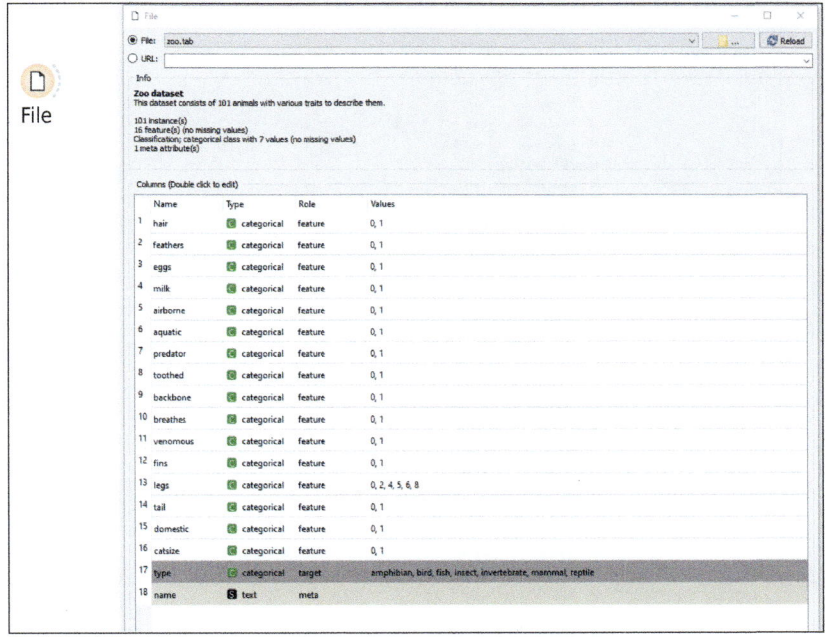

Volcado de la base de datos a Files (© Imagen: Aplicación Orange)

NOTA

Con este primer paso, y una vez insertado el *Dataset* en el *Data File,* ya se puede iniciar el flujo de trabajo.

Ahora toca enviar a un *Data Table* la información. Basta con conectar esos dos componentes. Al abrir la tabla de datos podrás ver distribuido en filas y columnas el conjunto de datos que insertaste en el primer paso, con idea de aplicar la técnica *Data Mining* de predicción.

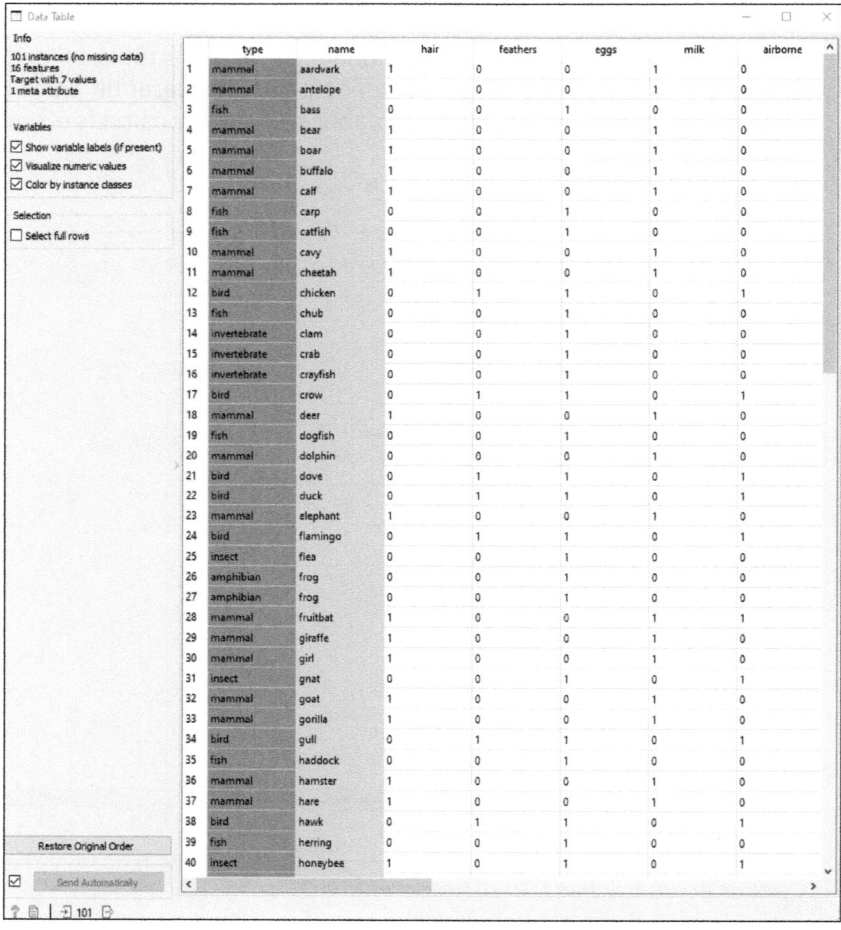

Visualización del conjunto de datos en Data Table (© Imagen: Aplicación Orange)

En la imagen anterior has podido observar cómo se distribuye el conjunto de datos en una tabla con el simple hecho de conectar los componentes *Data File* y *Data Table*.

El *Dataset* de partida elegido para este ejemplo tiene esta composición:

101 animales Instancias
- Las instancias son 101 animales con rasgos diferentes (columna *name*).

16 características Features
- Son los rasgos que describen a los 101 animales (fila 0):
  - *Hair*
  - *Feathers*
  - *Eggs*
  - *Milk*
  - *Airborne*
  - *Aquatic*
  - *Predator*
  - *Toothed*
  - *Backbone*
  - *Breathes*
  - *Venomous*
  - *Fins*
  - *Legs*
  - *Tail*
  - *Domestic*
  - *Catsize*

7 clases Target
- Son los 7 tipos de animales que aparecen en el listado (columna *type*):
  - *Fish*
  - *Reptile*
  - *Mammal*
  - *Bird*
  - *Invertebrate*
  - *Insect*
  - *Amphibian*

1 atributo de producto Metaatributo
- Una etiqueta que indica que todos son animales.

NOTA

Este conjunto de datos representa de 101 animales diferentes con varios rasgos para describirlos. Todos ellos servirán como datos de entrenamiento del modelo predictivo.

Los **objetivos** del **algoritmo árbol de clasificación** elegido son bien sencillos:

○ **Objetivo 1:** identificar cuáles de las características *(features)* son las más eficaces para hacer una correcta clasificación.
○ **Objetivo 2:** predecir con acierto las etiquetas clase para todas las instancias sobre el conjunto de datos según la clasificación de las características.

NOTA

El objetivo 1 persigue clasificar las 7 clases de animales que aparecen en el listado de la base de datos con aquellas características que mejor las definen. El objetivo 2 busca resolver los interrogantes como, por ejemplo:

- En función de unos valores, ¿será capaz el algoritmo de predecir de qué animal se trata?

Ahora es el turno del **algoritmo.** Para dotarlo de su funcionalidad solo tienes que conectar el conjunto de datos con el modelo de predicción deseado. Como sabes, en este ejemplo se ha seleccionado un **árbol de clasificación.**

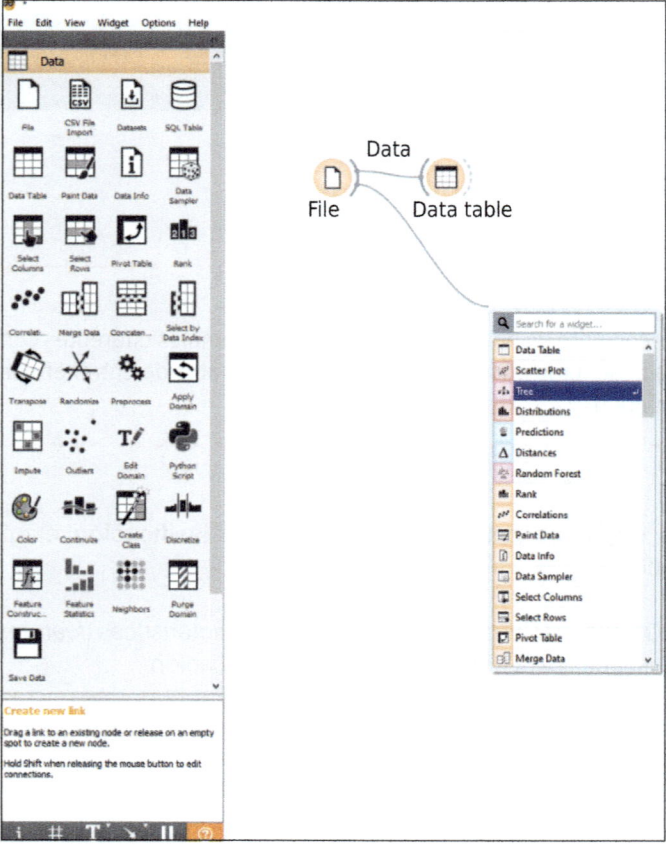

Selección del algoritmo (© Imagen: Aplicación Orange)

Para visionar el resultado del trabajo realizado por el algoritmo, de nuevo hay que hacer una conexión entre *widgets*. En esta ocasión has de conectar el **árbol de clasificación** con su **visor** correspondiente *(Classification Tree Viewer)*. El visor de clasificación vislumbrará aquellos factores que serán decisivos para la predicción.

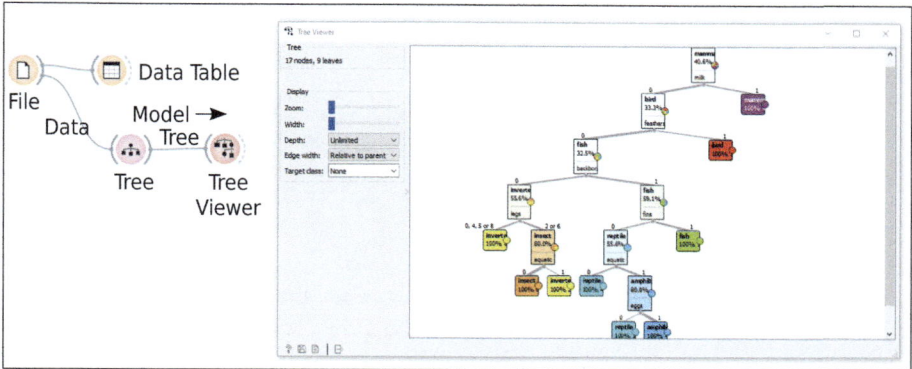

Visualización de los factores decisivos en la predicción (© Imagen: Aplicación Orange)

NOTA

Tal y como muestra la imagen resultante, se ha conseguido identificar las etiquetas de clase para aquellas instancias proporcionadas por el *Dataset* o conjunto de datos, donde prevalecerá una clase de animal sobre otra en función de la característica más importante. Para este ejemplo se trata de la leche *(milk)*.

Llega el momento más interesante. Toca ver cómo **hacer la predicción.**

Imagina que tienes un pequeño listado con tres animales. Sin embargo, desconoces de qué tipo de animales se tratan. Solo conoces una clasificación de valores que responden a las características que mejor separa grupos o clases de animales, pero necesitas predecir según esta información qué animales son.

Para que el modelo pueda predecir necesitará que le proveas de alguna incógnita. Para ello, puedes recurrir de nuevo a *Google Sheets*. Debes crear un *Excel* con un número determinado de instancias (tres o cuatro) recogidas tal cual de la base de datos inicial.

 **RECUERDA**

No olvides que lo que pretendes en este momento es poner a prueba tu modelo. El algoritmo elegido tendrá que ser capaz de predecir a qué clase de animales corresponden esas tres instancias a las que le has obviado el nombre.

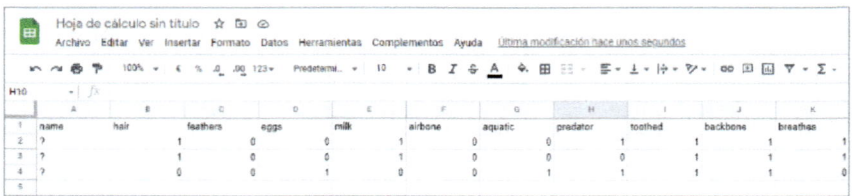

Preparación de Excel con datos para entrenar el modelo (© Imagen: Aplicación Orange)

 CONSEJO

Hay que prestar mucha atención y utilizar en el *Excel* las mismas nomenclaturas con las que se nombran las características y los valores que aparecen en los datos de entrenamiento.

Una vez creado el listado y copiado su URL, te dirigirás al lienzo de *Orange*. Allí copiarás y pegarás un nuevo *Data File* insertando el *link*.

¡Observa estos pasos en la imagen!

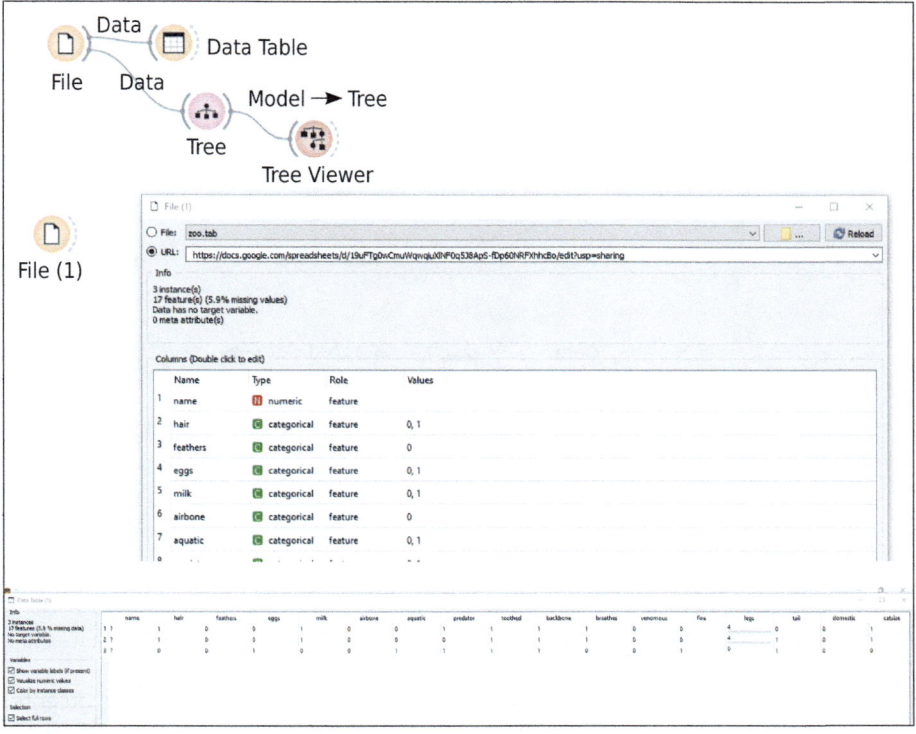

Carga de datos en File para entrenar el modelo (© Imagen: Aplicación Orange)

NOTA

En este paso tendrás un lienzo con doble archivo *File*. El primero que creaste tiene insertadas las 101 instancias; sin embargo, en el segundo archivo *File* solo aparecerán tres instancias con una primera columna que muestra al algoritmo qué problema ha de resolver prediciendo esos tres nombres.

- -

Ahora observa con mucha atención que nuevos componentes entran en escena y cómo debe establecerse el orden y la dirección de conexión entre *widgets* para poder visualizar la predicción.

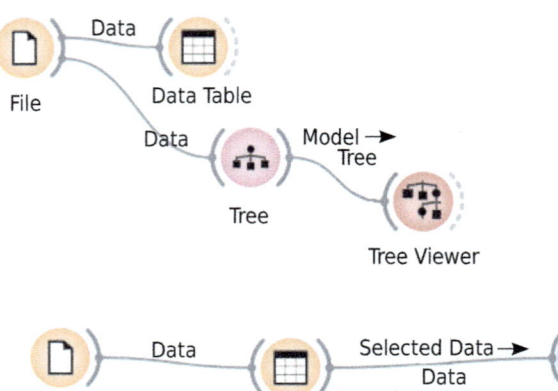

Conexiones entre widgets (© Imagen: Aplicación Orange)

 **CONSEJO**

En el flujo de trabajo, para hacer predicciones, se deberá indicar la siguiente información para que en este caso el componente *Predicted* pueda realizar su labor predictiva.

1. Número de instancias que predecir
2. Número de predictores
3. Selección de tarea:

   a. Tarea de clasificación
   b. Tarea de regresión

Con idea de hacer un *stop* en el camino y puedas tener una visión más general sobre las técnicas predictivas de minería de datos, a continuación tendrás un interesante tutorial en el que podrás apreciar la manera en la que un científico de datos consigue construir un modelo predictivo algo peculiar. **¿Conoces la historia del *Titanic*?**

VÍDEO

En este curioso vídeo se muestra cómo se utilizan recursos en una plataforma de aprendizaje automático distinta a *Orange,* pero que igualmente permite aplicar en ella técnicas de *Data Mining* para predecir la supervivencia de los pasajeros del *Titanic.*

https://redirectoronline.com/ifct163po0303

✏ **ACTIVIDAD COMPLEMENTARIA**

10. ¿Te ha parecido interesante cómo un algoritmo puede predecir la probabilidad de supervivencia ante una contingencia como el hundimiento del *Titanic?*

Efectivamente los modelos de aprendizaje automático sirven para observar a través de los datos comportamientos, prever situaciones y traer al presente esas situaciones futuribles para tomar decisiones óptimas.

Busca entre ese gran océano de información y datos algunas predicciones que te parezcan interesantes y que haya realizado un algoritmo.

5. Componentes de *Orange* y funciones

☞ HILO CONDUCTOR

Es increíble todo lo que *Orange* es capaz de hacer. Basta con comprender cómo funcionan los algoritmos y qué información se desea obtener. Avanzando en su aprendizaje y antes de conocer otras plataformas, Stephanie tiene curiosidad e interés por descubrir todas las funcionalidades de cada *widgets* en *Orange*.

La **versatilidad de *Orange*** en el tratamiento de los datos es realmente sorprendente.

Es importante que adviertas que la evolución de los **resultados del flujo de trabajo** dependerá del tipo de conexión que hagas entre los distintos componentes que ofrece *Orange:*

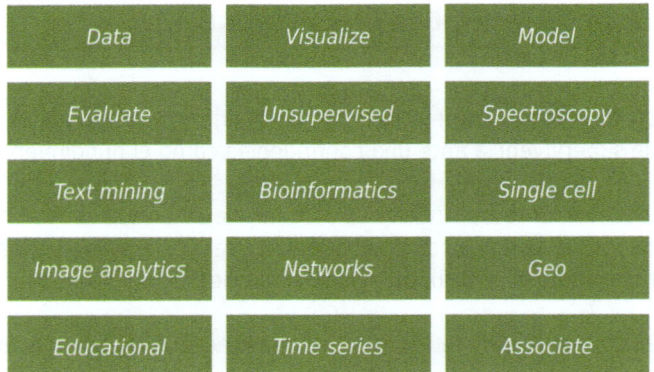

👁 EJEMPLO

Si llevas a cabo un Test & Score, estarás utilizando un componente que prueba los algoritmos de aprendizaje:

Continúa en página siguiente >>

<< Viene de página anterior

- Utilizar una matriz de confusión para que realice una evaluación previa del algoritmo y te muestre los distintos tipos de clasificaciones erróneas. Por ejemplo, confusión entre dos clases o especies de flor o entre dos tipos de animales.
- Utilizar un diagrama de dispersión para ver mucho mejor las clasificaciones erróneas del conjunto de datos y ver las diferencias entre características. Por ejemplo, entre la longitud y el ancho del pétalo de una flor.

5.1. *Data*

Se utiliza *Data* para leer archivos e integrar el conjunto de datos con el que se crearán flujos de trabajo dentro de la plataforma de *Orange.*

El *Data* más conocido es *File,* y según su funcionalidad se puede nombrar de dos formas:

➲ **Datos de entrada** *(inputs):* se llaman así porque el componente se encarga de leer los valores de atributo de un archivo (instancias).
➲ **Datos de salida** *(outputs):* se llaman así porque el componente se encarga de enviar el conjunto de datos al canal de salida, conectando con otro componente con distinta función.

IMPORTANTE

Es posible cargar archivos con otros formatos de archivo, como pueden ser imágenes, pero esto lo verás más adelante.

En *DATA,* además de *File,* encontrarás un amplio conjunto de componentes.

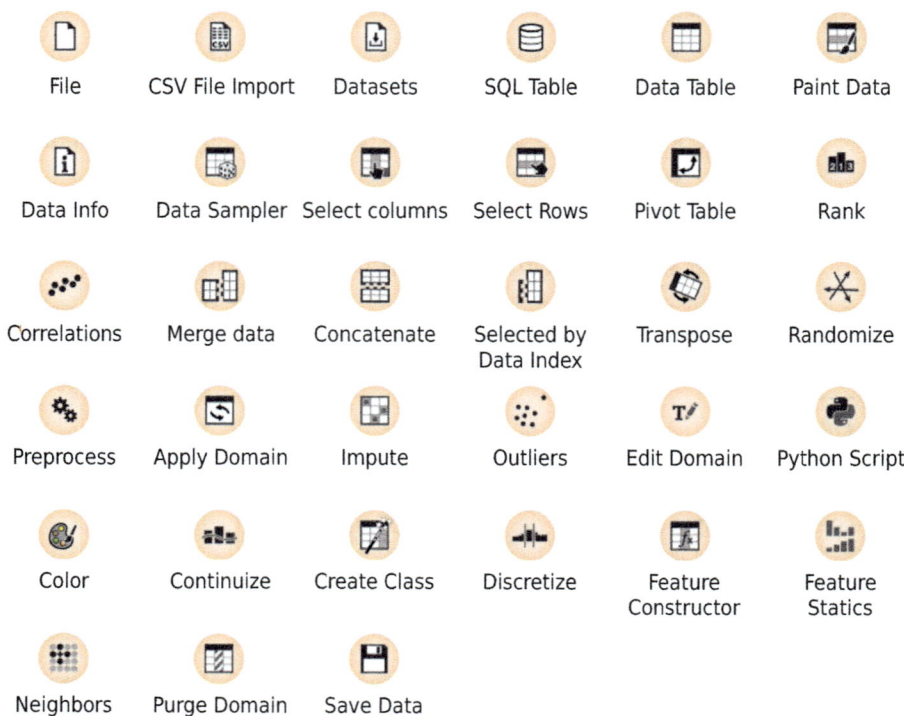

Widgets DATA (© Imagen: Aplicación Orange).

A continuación, verás algunos de ellos con idea de que conozcas las utilidades de estos recursos:

⊃ **CSV File Import:** lee los archivos separados por comas y envía el conjunto de datos a su canal de salida. Admite distintos separadores de archivos:

- ⋃ Comas.
- ⋃ Punto y coma.
- ⋃ Espacios.
- ⋃ Tabulaciones o delimitadores definidos manualmente.

⊃ **Datasets:** recupera el conjunto de datos seleccionado del servidor y lo envía a la salida. Admite trabajar sin conexión a internet.

⊃ **SQL Table:** accede a datos que están almacenados en una base de datos SQL. Se utiliza cuando se manejan grandes bases de datos.

⊃ **Data Table:** lee la información y la presenta como una hoja de cálculo. Es importante porque las instancias de datos se pueden clasificar por sus valores de atributo.

- **Paint Data:** crea un conjunto de datos colocando visualmente puntos de datos en un plano de dos dimensiones.
- **RanK:** el componente de rango puntúa las variables en función de su correlación con la variable objetivo numérica o discreta.
- **Pivot Table:** esta es una tabla dinámica que resume los datos de otra más extensa en una tabla de estadísticas. Es ideal para seleccionar un subconjunto de datos de la tabla y agruparlos por valores de fila.
- **Select Rows:** selecciona un subconjunto de un conjunto de datos de entrada, acorde a las indicaciones del usuario. Las instancias que coincidan con la regla de selección se colocan en el canal de datos coincidentes de salida.
- **Select Columns:** admite la selección de columnas que se utiliza para hacer una composición manual de datos con idea de que el usuario pueda decidir cuáles serán los atributos que utilizará y cómo lo hará.

Un interesante *widget* que puedes encontrar en la pestaña *DATA* es *Impute*. Este te permitirá descubrir valores desconocidos dentro de un conjunto de datos, lo que es importante porque, al detectarlos, podrás llevar a cabo un tratamiento de esos valores desconocidos a modo de preprocesamiento.

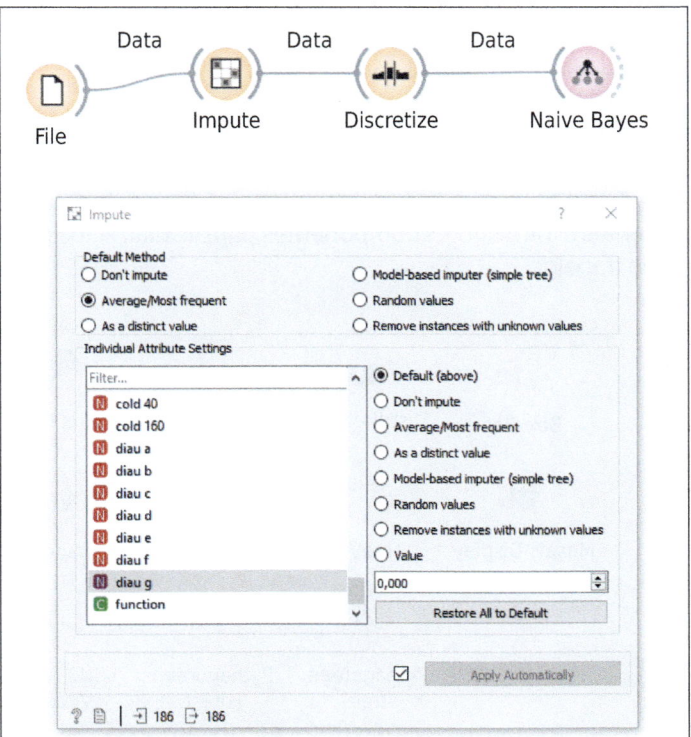

Identificación de variables desconocidas en el conjunto de datos con Impute
(© Imagen: Aplicación Orange)

Para que comprendas mejor la funcionalidad de este componente, fíjate muy bien en la explicación que viene a continuación, donde se detalla cómo finalmente se han de tratar los valores desconocidos identificados gracias al *widget:*

Conexión entre *widgets*
- Conectarás el *widget* que contiene el conjunto de datos que se van a tratar con el componente Impute.

Identificación de valores
- Al abrir *Impute*, observarás que se les asignará a los atributos un color:
    - Si es verde, los valores son conocidos.
    - Si es rojo, los valores son desconocidos.

Tratamiento de valores desconocidos
- Realizar el tratamiento de valores desconocidos clicando en *Average/Most frequent* (promedio / más frecuente) y conectar con el *widget Discretize* para discretización de los atributos. Finalmente, se podrán aplicar los métodos para la estimación de probabilidades de clase o las probabilidades de condicionales con Bayes.

5.2. *Visualize* (visualizaciones)

En el apartado de *Visualize* (visualizaciones de *Orange),* encontrarás numerosas herramientas que te ayudarán a ver de forma gráfica los iconos correspondientes a los distintos componentes para visualizar los resultados de un flujo de trabajo.

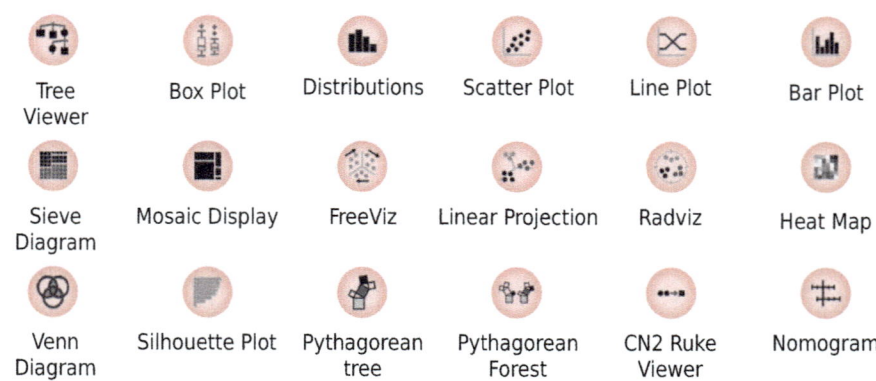

Widgets Visualize (© Imagen: Aplicación Orange).

NOTA

Aunque ya has visto alguna de estas visualizaciones, es importante hacer un pequeño repaso y ver algunas otras.

El recurso **Tree Viewer** muestra visualizaciones de árboles de clasificación y árboles de regresión. Se trata de un componente muy interesante, pues el usuario puede clicar un nodo y, como respuesta, tendrá un ramillete de datos asociados a ese nodo. Esto es muy interesante, ya que facilita el análisis de los datos mediante exploración interactiva de los nodos.

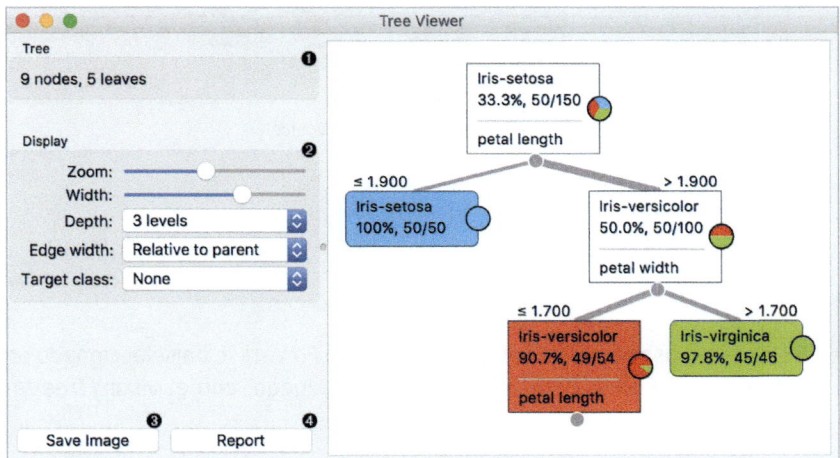

Visualización 2D de un árbol de clasificación (© Imagen: Aplicación Orange)

Este visor es interesante porque permite analizar cómo influyen los parámetros del algoritmo en la estructura del árbol resultante.

En esta imagen se muestra cómo se han de visualizar árboles de regresión.

Para ello, debes conectar el componente *Random Forest* con el componente *File* y, seguidamente, conectar el bosque de Pitágoras con el bosque aleatorio.

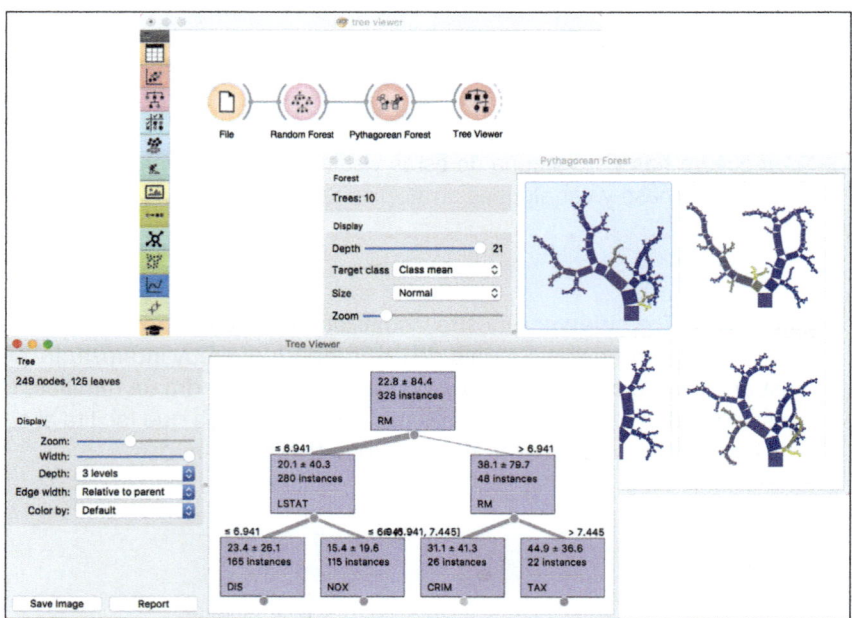

Visualización de árbol de regresión (© Imagen: Aplicación Orange)

 **NOTA**

Desde el bosque de Pitágoras *(Pythagorean Forest)* se ha seleccionado un árbol de regresión para analizarlo más a fondo; luego, con el visor *(Tree Viewer)*, puedes ver el resultado.

- -

El recurso **Box Plot** muestra visualizaciones de distribuciones de los valores de atributo.

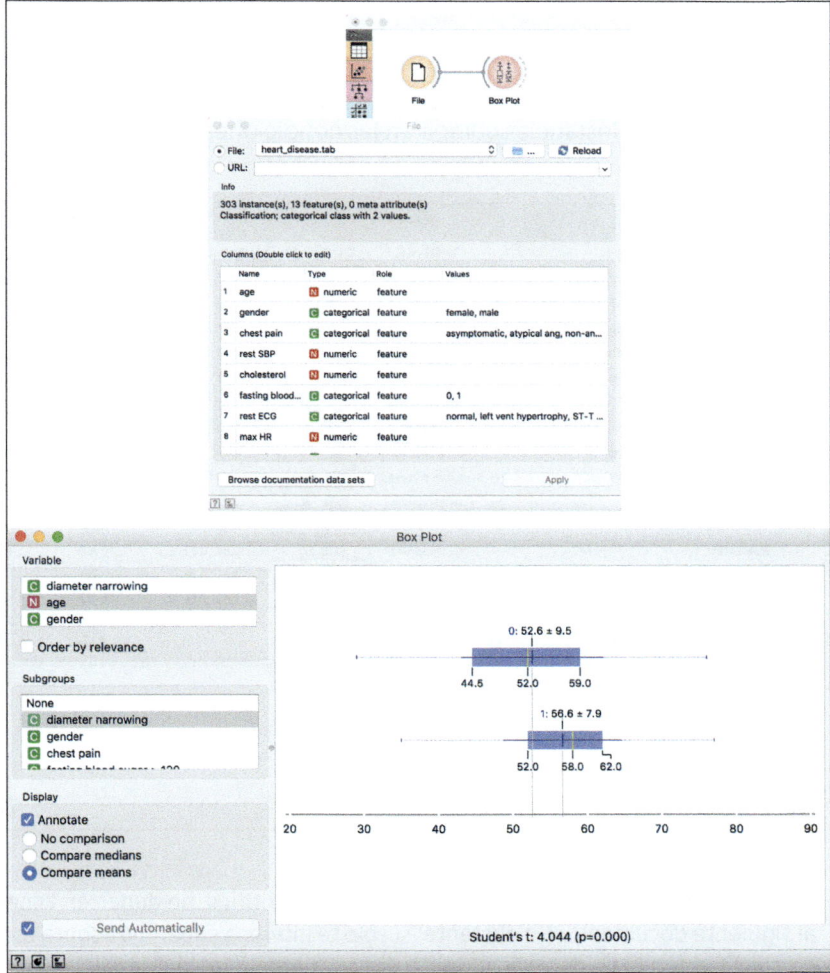

Visor Box Plot (© Imagen: Aplicación Orange)

¿Para qué puede servirte?

Aunque has visto anteriormente en uno de los apartados qué funcionalidad tiene, es importante recalcar para qué puede ser útil hacer uso de este visor. Así, comprobarás que su utilización habitual puede ser una excelente opción:

● **Corrección de errores:** sirve tanto para detectar errores como para poder corregirlos. Por ejemplo, alguna duplicidad de datos que deberá ser eliminada para no confundir al algoritmo.

● **Búsqueda de propiedades:** encuentra propiedades de un conjunto de datos específicos. Por ejemplo, instancias que manualmente se han incorporado a otro componente o que pertenecen a él.

El recurso *CN2 Rule Viewer* es un visor que refleja las **reglas de clasificación CN2.** Para utilizarlo, solo hay que comprobar que los datos estén correctamente conectados y, al elegir la regla, se analizará de forma automática cuáles de las instancias cumplirán las condiciones indicadas.

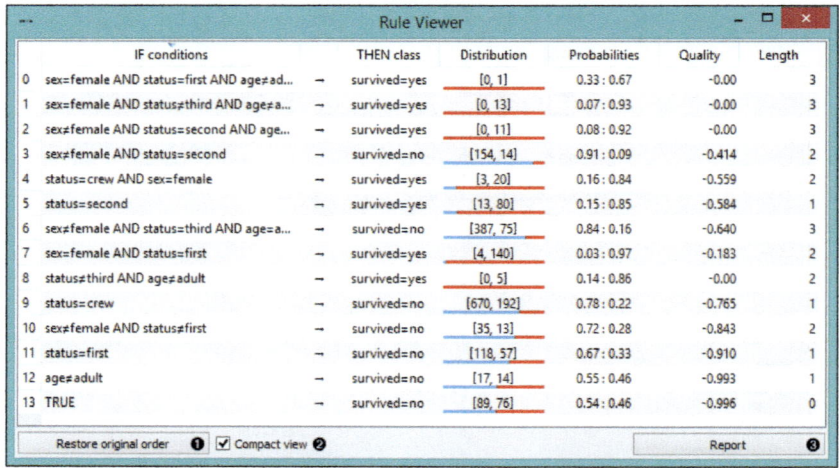

	IF conditions		THEN class	Distribution	Probabilities	Quality	Length
0	sex=female AND status=first AND age≠ad...	→	survived=yes	[0, 1]	0.33 : 0.67	-0.00	3
1	sex=female AND status=third AND age≠a...	→	survived=yes	[0, 13]	0.07 : 0.93	-0.00	3
2	sex=female AND status=second AND age...	→	survived=yes	[0, 11]	0.08 : 0.92	-0.00	3
3	sex≠female AND status=second	→	survived=no	[154, 14]	0.91 : 0.09	-0.414	2
4	status=crew AND sex=female	→	survived=yes	[3, 20]	0.16 : 0.84	-0.559	2
5	status=second	→	survived=yes	[13, 80]	0.15 : 0.85	-0.584	1
6	sex≠female AND status=third AND age=a...	→	survived=no	[387, 75]	0.84 : 0.16	-0.640	3
7	sex=female AND status=first	→	survived=yes	[4, 140]	0.03 : 0.97	-0.183	2
8	status≠third AND age≠adult	→	survived=yes	[0, 5]	0.14 : 0.86	-0.00	2
9	status=crew	→	survived=no	[670, 192]	0.78 : 0.22	-0.765	1
10	sex≠female AND status≠first	→	survived=no	[35, 13]	0.72 : 0.28	-0.843	2
11	status=first	→	survived=no	[118, 57]	0.67 : 0.33	-0.910	1
12	age≠adult	→	survived=no	[17, 14]	0.55 : 0.46	-0.993	1
13	TRUE	→	survived=no	[89, 76]	0.54 : 0.46	-0.996	0

Restore original order ❶ ☑ Compact view ❷   Report ❸

Visor CN2 Rule Viewer (© Imagen: Aplicación Orange)

PARA SABER MÁS

Si quieres abordar el aprendizaje de reglas de algoritmos, no dudes en acceder al siguiente documento. No obstante, si solo te interesa saber más sobre reglas de clasificación CN2, deberás dirigirte directamente a la página 32.

https://redirectoronline.com/ifct163po0304

El **diagrama de Venn** es un componente de visualización que muestra las relaciones lógicas entre conjuntos de datos. Los datos de entrada provienen de un *Dataset* y los de salida son instancias seleccionadas de la trama o datos completos con una columna en la que se debe indicar si se seleccionó una instancia o no:

➲ La visualización muestra el número de instancias de datos comunes a través de las filas.
➲ El diagrama de Venn muestra el número de características compartidas a través de las columnas.

¡Observa el flujo de trabajo y el resultado del visor!

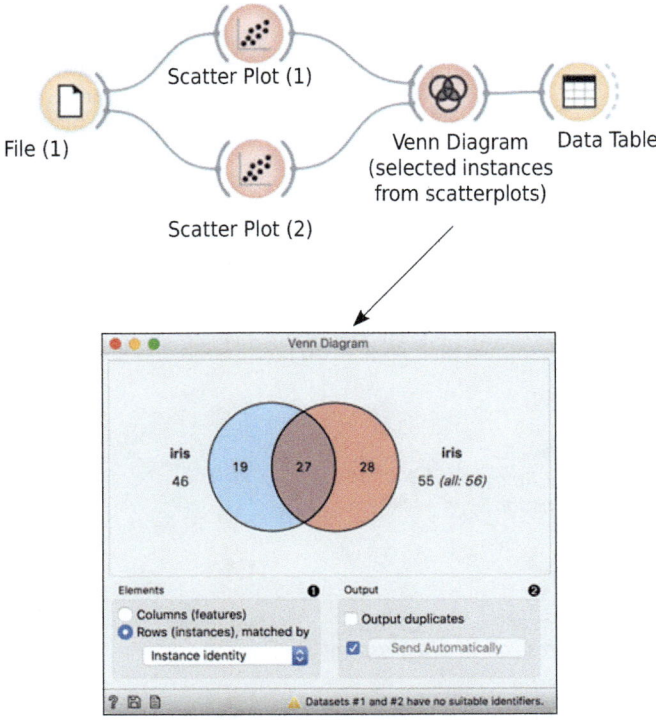

Flujo de trabajo y visor diagrama de Venn (© Imagen: Aplicación Orange)

NOTA

Puedes seleccionar una parte de la visualización y se generarán las instancias o características correspondientes.

5.3. *Model* (modelos)

Con *Orange* es muy fácil entrenar un modelo de aprendizaje automático. Sin embargo, antes hay que seleccionar qué algoritmo y qué método se quieren utilizar.

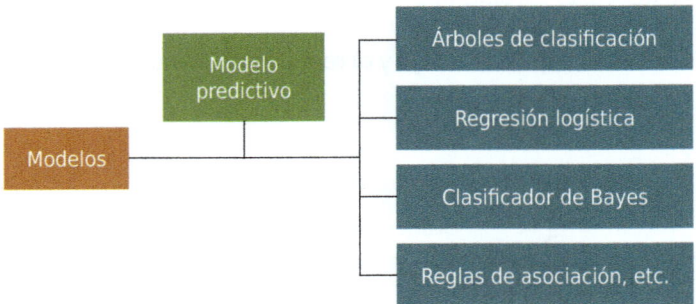

Presta atención primero a la denominación de los *widgets* modelos que aparecen en la siguiente imagen. Luego avanza para conocer un poco más sobre todos estos componentes.

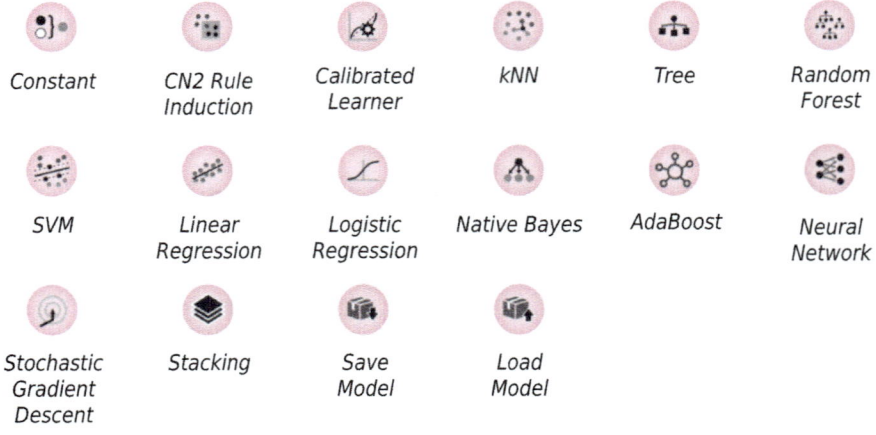

Widgets Visualize (© Imagen: Aplicación Orange)

El primer icono que muestra el recuadro que engloba todos los *widgets* Model es el correspondiente a **Constant.** Este componente se usa generalmente como **base para otros modelos.**

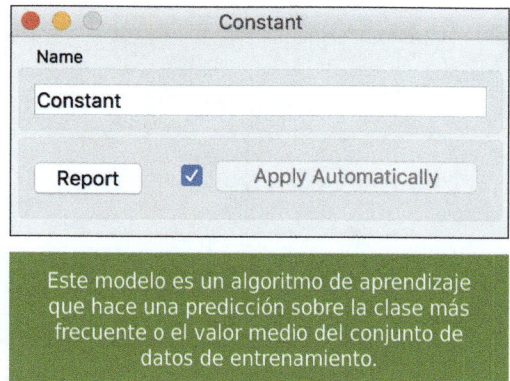

El algoritmo construye un modelo capaz de predecir la gran mayoría de los trabajos de clasificación, pero también calcula el valor medio de aquellas tareas de regresión.

¿Cómo realiza el algoritmo *Constant* estas labores predictivas y de regresión?

- **Predicción:** para la **clasificación por probabilidades,** al predecir el valor de la clase con el componente *Predictions,* este devolverá las frecuencias relativas de las clases en el conjunto de entrenamiento.
- **Regresión:** para la **regresión,** el algoritmo aprende la media de la variable de clase, después la devuelve un predictor con el mismo valor medio.

 **IMPORTANTE**

Las tareas de regresión de los algoritmos en aprendizaje automático consisten en hacer estimaciones y tratar de dar compresión a las relaciones existentes entre variables.

Recuerda que en **aprendizaje automático,** y en términos generales, se pueden llevar a cabo dos tipos de trabajo o **tareas:**

Tareas de clasificación
- Al aplicar estas tareas, el resultado que ofrece el algoritmo es una clase entre un determinado número de clases. Por ejemplo, si tu intención es que el algoritmo determine sí un correo electrónico es un *spam* (correo no deseado), las clases serán simplemente dos:
  - El correo entrante es *spam*.
  - El correo entrante no es *spam*.
- Otro sencillo ejemplo sería el siguiente: ¿Tendrá este cliente problemas a la hora de amortizar su préstamo?
  - Sí
  - No

Tareas de regresión
- Gran parte de los algoritmos de aprendizaje automático realizan clasificaciones para poder hacer las predicciones, es decir, son capaces de calcular el porcentaje de posibilidades de que ocurra o no un problema:
  - Un correo electrónico recibido tiene un 35 % de probabilidades de que sea *spam*.
  - Una imagen tiene un 45 % de probabilidades de que sea de un caballo.

APLICACIÓN PRÁCTICA

Martina está probando un prototipo de pulsera inteligente. Llega el momento de poner a prueba el algoritmo. El modelo tendrá que detectar el tipo de actividad que está realizando el usuario que lleva la pulsera en su muñeca. ¿Qué tipo de tarea tendrá que desarrollar este algoritmo?

Solución

El algoritmo debe realizar tareas de clasificación, ya que tendrá que predecir qué tipo de actividad (clase) entre un determinado número de actividades (clases), como correr, saltar, andar, montar en bici, etc., está realizando el usuario.

Si el problema fuese determinar el porcentaje de posibilidades de estar realizando un tipo de actividad, el tipo de tarea que tendrá que llevar a cabo el algoritmo es de regresión.

Ahora que ya sabes distinguir a la perfección las dos principales tareas que un algoritmo de aprendizaje automático puede realizar, vas a ver en dos sencillos gráficos los flujos de trabajo al utilizar *Constant* en su **función predictiva** (clasificación por probabilidades) y en su **función de regresión:**

- ➲ *CONSTANT* > **Flujo de trabajo de clasificación:** un ejemplo típico de clasificación es usar el componente para hacer comparativas entre puntuaciones de otros algoritmos, por ejemplo. Comparar el resultado de calificación entre *Constant* y *kNN.* Para poder obtener el resultado deberás conectar el conjunto de datos con *Test & Score,* para luego conectar *Constant* y el algoritmo *kNN* al componente *Test.*

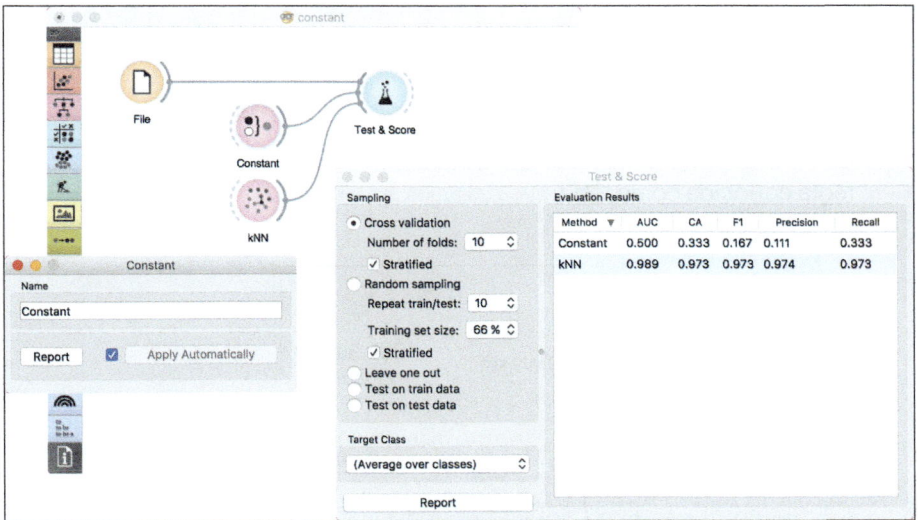

Flujo de trabajo de clasificación con Content (© Imagen: Aplicación Orange)

- ➲ *CONSTANT* > **Flujo de trabajo de regresión:** para las labores de regresión, usarás *Constant* para construir un predictor con el componente *Predictions.* El resultado ofrece un valor medio para todas las instancias.

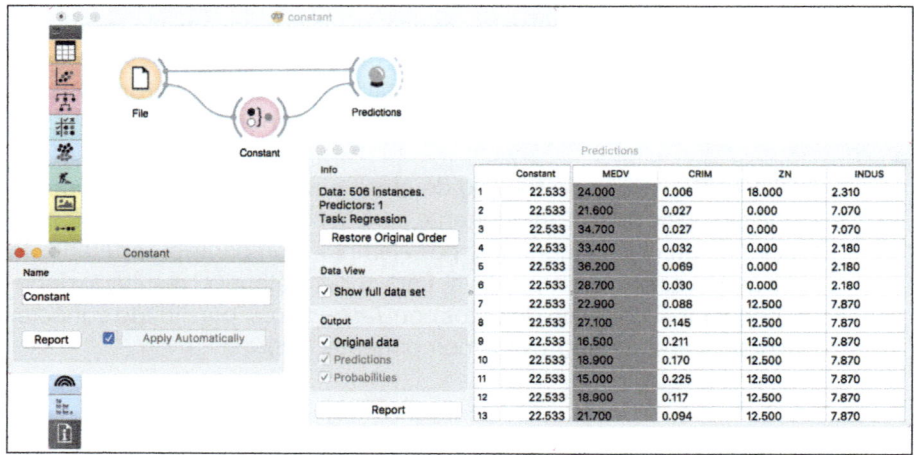

Flujo de trabajo de regresión con Content (© Imagen: Aplicación Orange)

Con el componente **CN2 Rule Induction,** se inducirá al conjunto de datos la regla conocida como CN2.

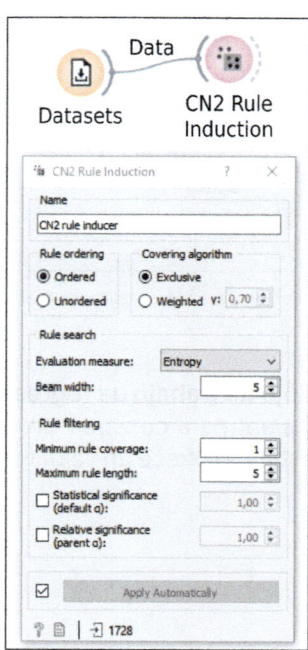

Este componente aplica una **técnica de clasificación** utilizando una regla muy sencilla.

"Si es CONDICIONAL…, entonces predice la clase"

Observa con detenimiento cómo aplicar reglas de clasificación.

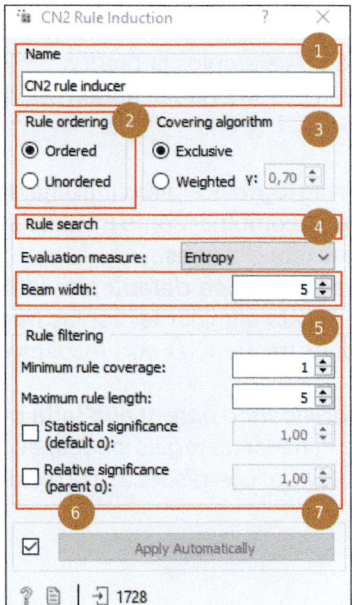

➲ **Nombre** *(name):* por defecto, y al seleccionar el *widget CN2 Rule Induction,* el nombre de la regla es *CN2 rule inducer.*
➲ *Rules ordering* **(reglas de ordenamiento)**

  ◑ *Ordered* (ordenada).
  ◑ *Unordered* (desordenada).

➲ *Rule search* **(selección de la medida de evaluación):** para evaluar las hipótesis encontradas:

  ◑ *Entropy:* entropía. Medida de imprevisibilidad del contenido.
  ◑ *Laplace accuracy:* precisión de Laplace.
  ◑ *WRAcc:* exactitud relativa ponderada.

➲ *Beam width* **(amplitud del rayo):** para que recuerde la mejor regla encontrada hasta ahora y monitoree un número fijo de alternativas.

➲ *Rule filtering* (**reglas de filtrado**): *Orange* da unas pautas sobre este filtrado de reglas:

⊎ *Minimung rule coverage* (**cobertura mínima de las reglas**):

⇕ Las reglas halladas deben envolver, al menos, el número mínimo requerido de ejemplos cubiertos.
⇕ Las reglas desordenadas deben cubrir tantos ejemplos de clases de destino.

⊎ *Maximum rule legth* (longitud máxima de la regla): las reglas encontradas pueden combinar como máximo el número máximo permitido de selectores (condiciones).
⊎ *Statistical significance default alfa* (**alfa por defecto**): prueba de significación para eliminar las reglas más especializadas (aplicadas en una menor frecuencia) con respecto a la distribución inicial de clases.
⊎ *Relative significance parent alfa* (**alfa principal**): prueba de significación para eliminar las reglas más especializadas (que se aplican con menos frecuencia) con respecto a la distribución de la clase principal.

NOTA

Al aplicar las reglas automáticamente se comunican los cambios entre *widgets* y se pone el algoritmo a entrenar.

Con el componente modelo de calibración **Calibrated Learner,** se podrá utilizar un conjunto de datos que requiera valores de clase binarios.

◉ EJEMPLO

Imagina que tienes un listado de clientes y quieres que el modelo realice una predicción que solo tendrá dos alternativas: un sí o un no. ¿Quién comprará y quién no? Para obtener unos resultados puedes utilizar la regresión logística,

Continúa en página siguiente >>

<< Viene de página anterior

pero, si aplicas una previa calibración, el resultado del modelo de regresión logística es mucho mejor que si este algoritmo realizara su tarea sin calibración.

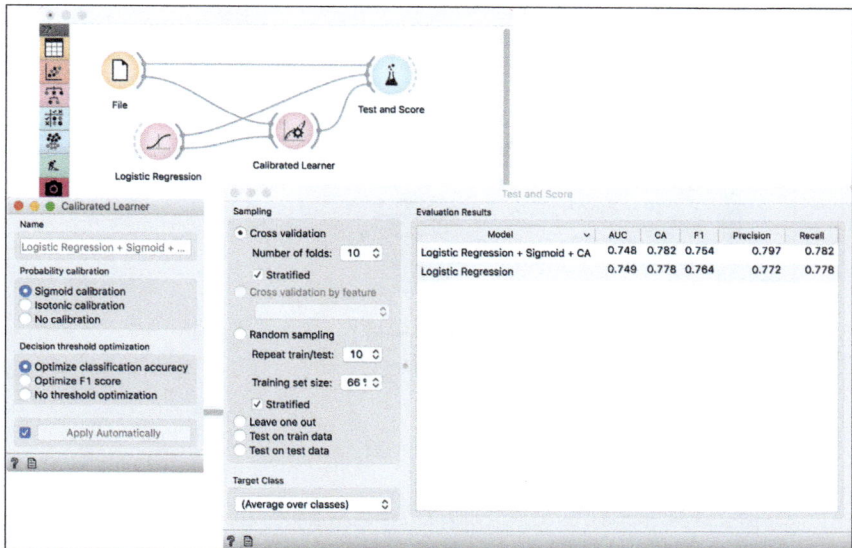

Flujo de trabajo para comprobar resultados de Logistic Regression con y sin calibración
(© Imagen: Aplicación Orange)

Como has visto, son muchos y variados los *widgets Model* con los que podrás no solo construir modelos predictivos, sino mejorar su predictibilidad con tu intervención, e incluso te ayudarán a comprobar los resultados que ofrecen distintos algoritmos.

◁◎▷ EJEMPLO

Puedes hacer una comparativa entre una tarea de clasificación sobre un conjunto de datos utilizando una red neuronal y luego comparar esos resultados con los que proporcionaría una regresión logística.

¿Qué componente debe intervenir para hacer la comparativa de resultados descrita en el ejemplo?

Sin duda, el *widget* será ***Test & Score.***

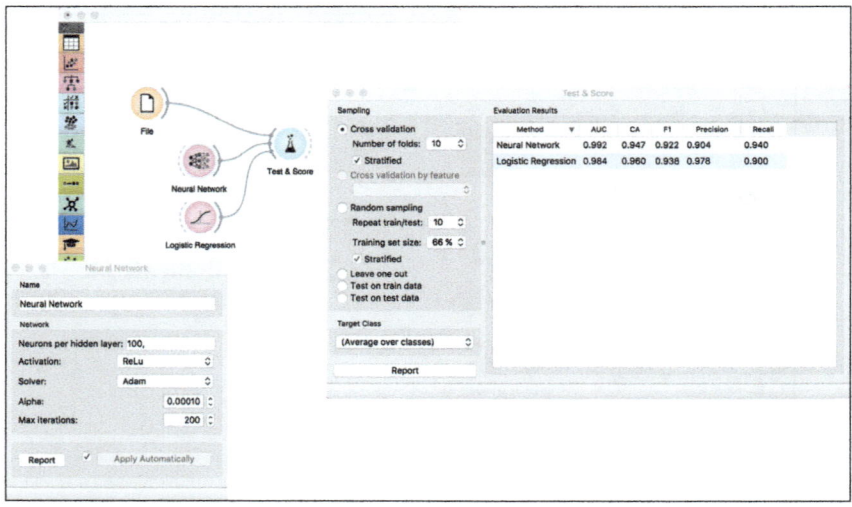

Comparativa de resultados de clasificación entre red neuronal y regresión logística
(© Imagen: Aplicación Orange)

Aunque quedarían muchos más componentes para profundizar en todas sus funciones, lo mejor que puedes hacer es practicar en todos ellos e investigar. A continuación, tendrás un pequeño resumen de qué tareas puedes realizar con esta diversidad de *widgets Model.*

- ○ kNN
- ○ *Tree*
- ○ *Random Forest*
- ○ SVM
- ○ *Linear Regression*
- ○ *Logistic Regression*
- ○ Naive Bayes
- ○ *AdaBoost*
- ○ *Neural Network*
- ○ *Stochastic Gradient Descent*
- ○ *Stacking*
- ○ *Save Model*
- ○ *Load Model*

El componente **kNN** utiliza el algoritmo denominado kNN *(k-Nearest neighbors)*. Busca k como ejemplo de entrenamiento más cercano en el espacio de características y usa su promedio como predicción. Se emplea tanto para tareas de clasificación como de regresión, por lo que el resultado dependerá del tipo de kNN utilizado.

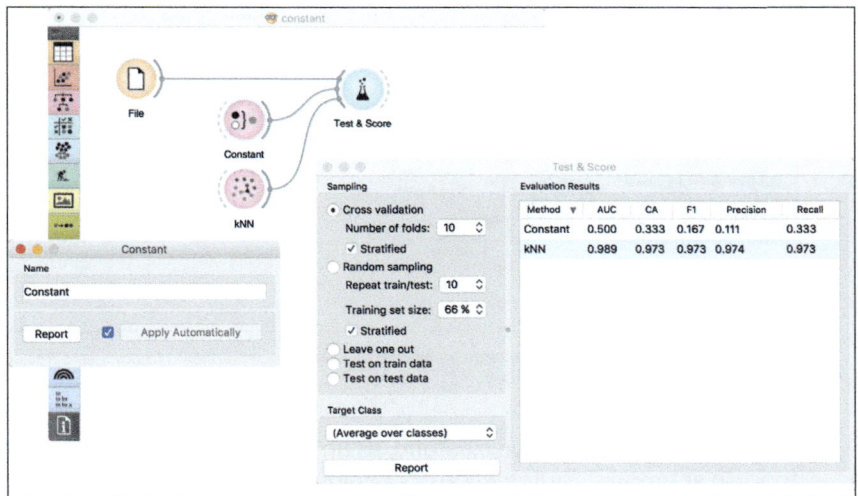

Comparativa de resultados de kNN con el modelo Constant (predicción de clase mayoritaria)
(© Imagen: Aplicación Orange)

El árbol de clasificación, o **Tree,** es un algoritmo simple cuya labor consiste en dividir el conjunto de datos en nodos, atendiendo a su pureza de clase. Se utiliza de forma precedente al *Random Forest*.

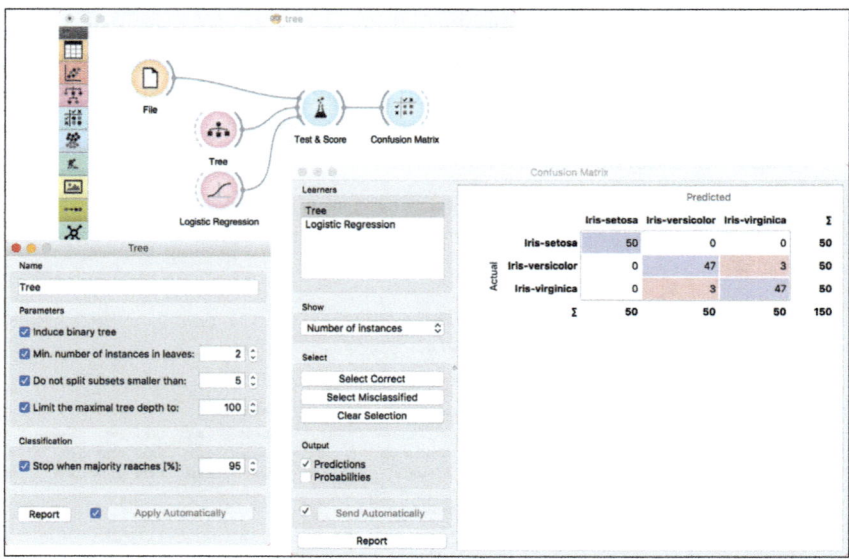

Ejemplo de esquema de entrenamiento de un modelo evaluando su rendimiento frente a la regresión logística(© Imagen: Aplicación Orange)

Random Forest, o bosque aleatorio, es un componente que integra un método de aprendizaje automático por conjuntos de datos y que se utiliza para realizar tareas de clasificación, regresión y otros trabajos.

Descubre cómo es la metodología para encontrar la mejor calificación de atributos y que el algoritmo pueda hacer una predicción más certera:

1. **Bosque:** este método construye un conjunto de árboles de decisión.
2. **Desarrollo de cada árbol:** cada árbol se va desarrollando a partir de una muestra de datos de entrenamiento.
3. **Extracción de atributos:** con el desarrollo de árboles individuales se puede extraer un subconjunto arbitrario de atributos.
4. **Selección del mejor atributo:** del subconjunto de atributos se selecciona el mejor atributo para la división.

El modelo resultante final al aplicar el método del bosque aleatorio está basado en el resultado de una votación, siendo el resultado final aquella propuesta de árbol más votada.

NOTA

Este método recibe el nombre de **bosque aleatorio** porque crea numerosos árboles de los cuales se extrae de forma aleatoria un subconjunto de atributos para seleccionar el mejor de ellos.

SVM es un componente que sirve a modo de herramienta de vectores de soporte y que utiliza una técnica de aprendizaje automático capaz de separar el espacio de atributos con un hiperplano.

¿Por qué esta técnica utiliza este método?

La respuesta a esta pregunta incluye dos motivos:

- Maximiza el margen entre las instancias con distintos valores de clase.
- Produce excelentes resultados de rendimiento en las predicciones.

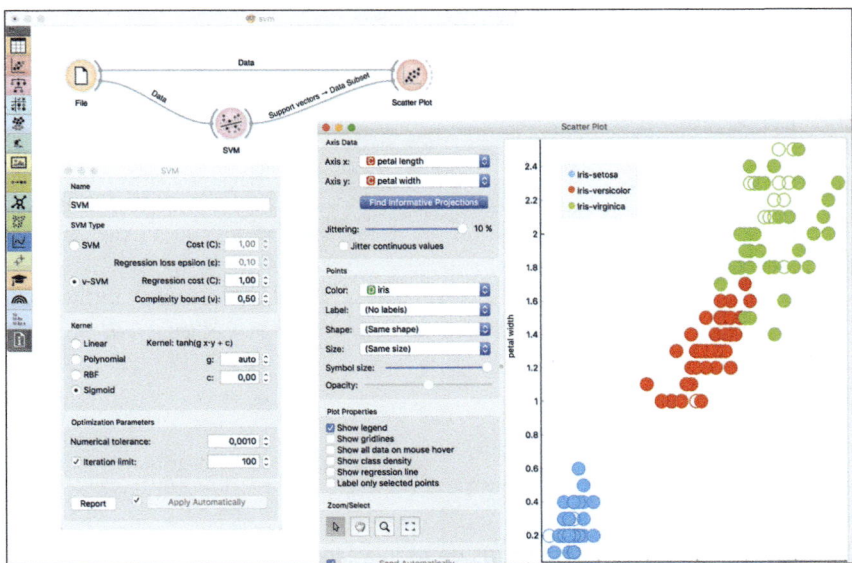

Ejemplo de entrenamiento del modelo utilizando el método SVM (© Imagen: Aplicación Orange)

NOTA

Este componente sirve tanto para tareas de clasificación como tareas de regresión.

El componente **Linear Regression** (regresión lineal) construye un modelo de entrenamiento o modelo aprendiz que ensaya una función lineal a partir de un conjunto de datos de entrada con el que identificará la relación existente entre un predictor y una variable de respuesta.

En la imagen siguiente se muestra un flujo de trabajo donde los datos son entrenados con este componente y bosque aleatorio para finalmente evaluar los resultados con el *Test & Score.*

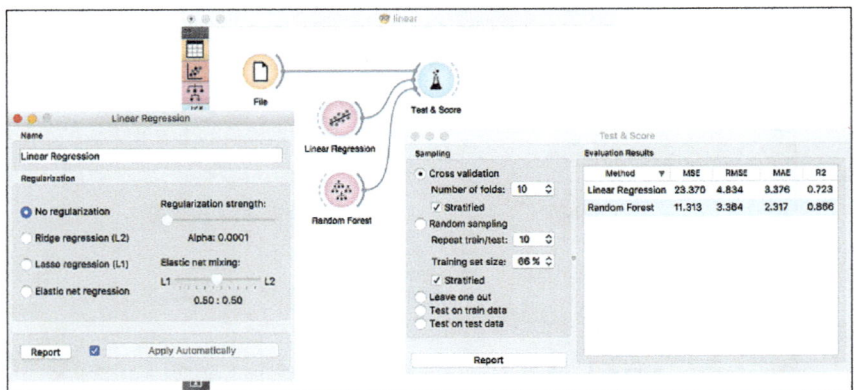

Ejemplo de entrenamiento de un modelo aprendiz con una función lineal (© Imagen: Aplicación Orange)

NOTA

Lasso y Ridge son parámetros de regularización:

- Lasso permite minimizar una versión penalizada de la función de pérdida por mínimos cuadrados con penalización de norma L1.
- Ridge consigue regularizar con penalización de norma L2.

Este componente solo funcionará con tareas de regresión.

El componente **Logistic Regression** suele usarse para hacer una composición manual de dominio de datos. Esto permite al usuario decidir qué atributos se manejarán y cómo lo hará.

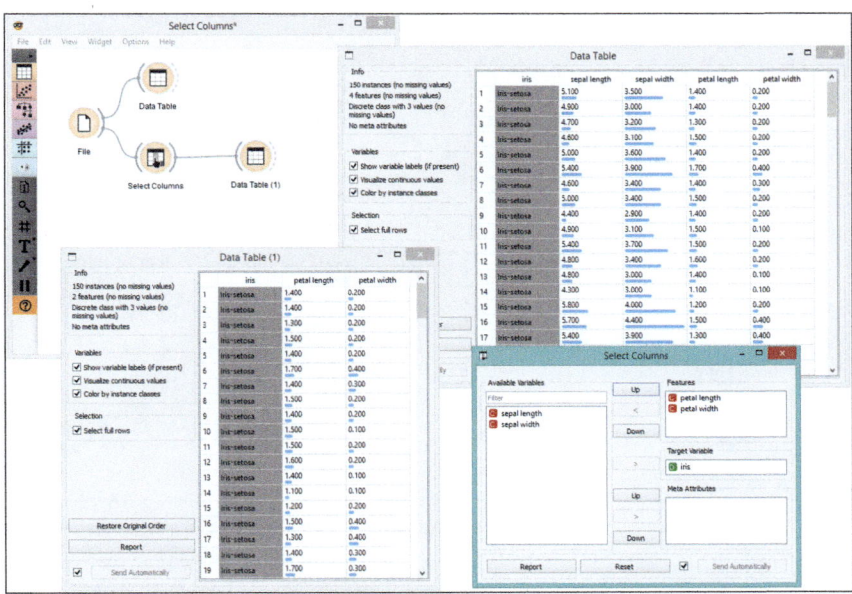

Ejemplo de flujo de trabajo en el que el usuario selecciona columnas para generar únicamente dos atributos sobre el total (© Imagen: Aplicación Orange)

NOTA

Este componente únicamente sirve para tareas de clasificación.

- -

Naive Bayes es un clasificador de probabilidades que utiliza la teoría de Bayes con todas sus limitaciones. El modelo de aprendizaje automático es entrenado para aprender a realizar tareas de clasificación.

El uso de este componente da lugar a elegir entre dos opciones:

- Elegir el nombre con el que aparecerá en otros componentes y posteriormente generar el informe.
- Utilizar el nombre que viene predeterminado por defecto y que responde a *Naive Bayes*.

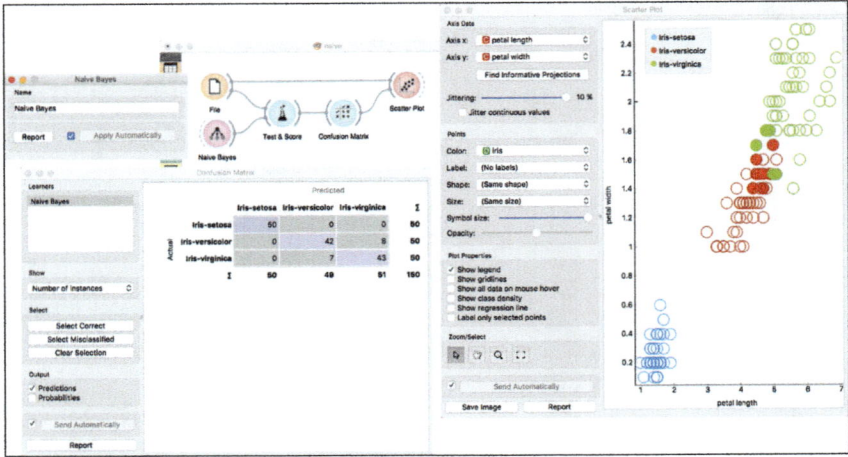

Ejemplo de esquema de predicción con la aplicación del teorema de Bayes (© Imagen: Aplicación Orange)

AdaBoost es un componente que funciona a modo de modelo de aprendizaje automático y que se utiliza junto a otros algoritmos para mejorar el rendimiento. Su mecanismo hace que los algoritmos débiles se puedan ajustar. De esta manera, se fortalece la red neuronal.

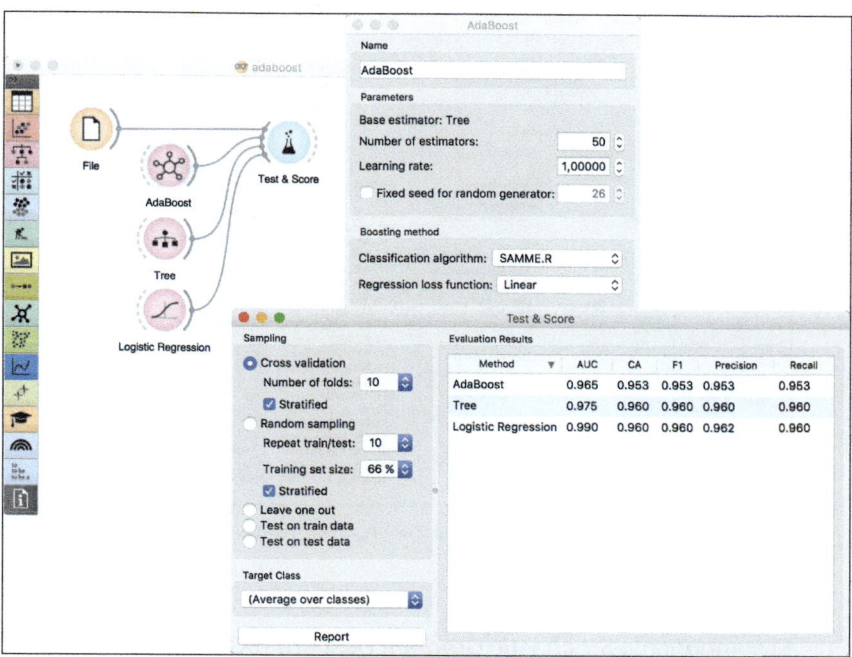

Ejemplo de entrenamiento del modelo utilizando AdaBoost (© Imagen: Aplicación Orange)

NOTA

Este componente sirve tanto para tareas de clasificación como para tareas de regresión.

- -

El componente **Neural Network** (red neuronal) aplica un algoritmo capaz de aprender de modelos lineales y no lineales.

Con este *widget* se pueden observar las predicciones (valores predichos) al ingresar en el flujo de trabajo el modelo predictivo de red neuronal.

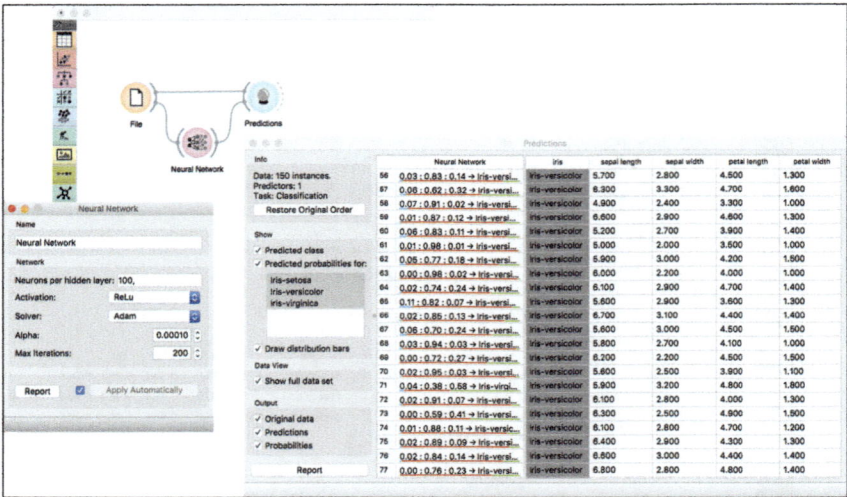

*Ejemplo de utilización en un flujo de trabajo del widget Neural Network y visionado de resultados
(© Imagen: Aplicación Orange)*

El componente **Stochastic Gradient Descent** (**SGD**) utiliza un algoritmo de aprendizaje de descenso de gradiente estocástico como modelo aprendiz. Sirve para optimizar la respuesta del modelo minimizando la diferencia entre la salida real y la estimada por la red neuronal.

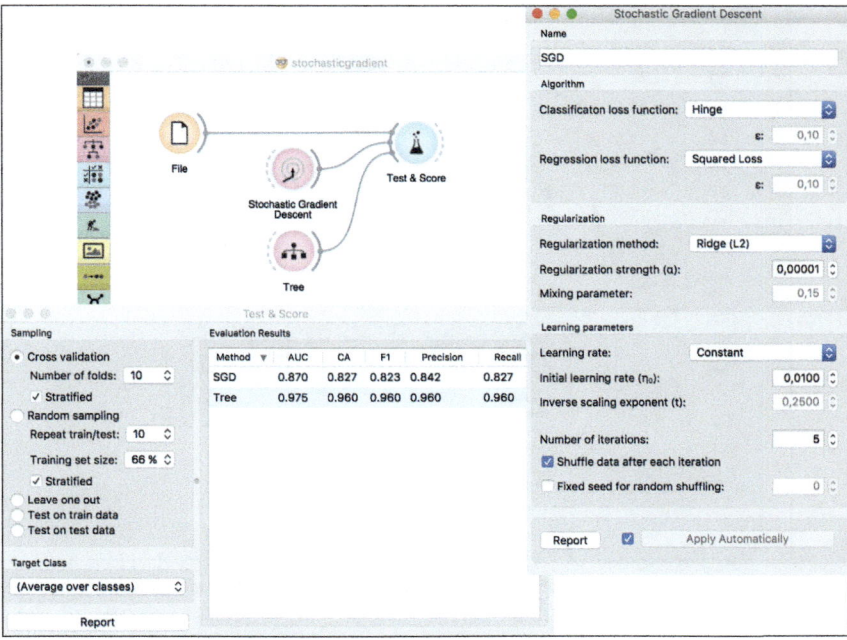

Ejemplo de optimización de modelos de aprendizaje con SGD (© Imagen: Aplicación Orange)

El componente **Stacking** entrena al algoritmo de apilamiento. Se trata de una técnica que hace un cálculo para la construcción de un gran modelo o metamodelo partiendo de varios modelos base.

El procedimiento es sencillo:

1. Consiste en ir agregando los modelos de entrada.
2. Selección del método para la construcción del megamodelo. Aunque puede elegirse métodos diferentes a los predeterminados, estos son:

   a. Regresión logística para clasificación.
   b. Regresión de crestas para problemas de regresión.

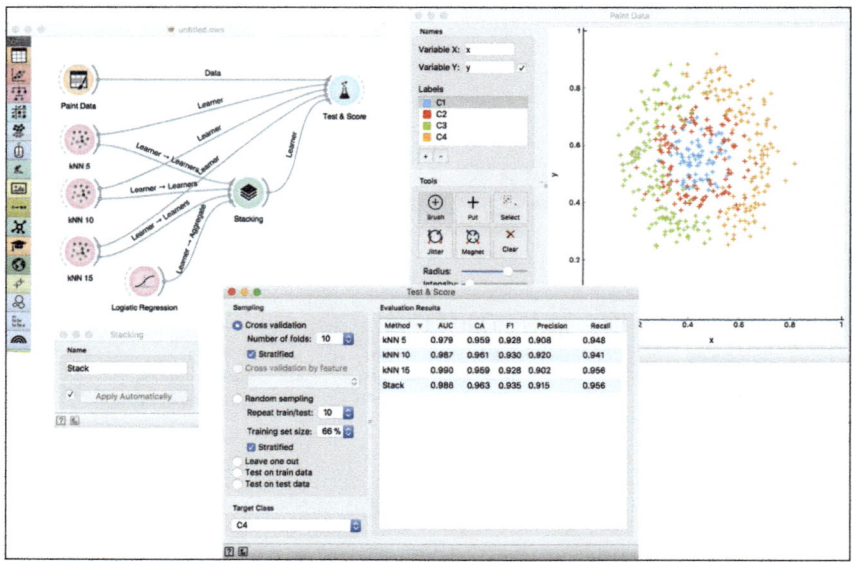

Ejemplo de resultado de un metamodelo utilizando varios modelos de entrada al flujo de trabajo (© Imagen: Aplicación Orange)

Finalmente, se han de describir dos *widgets Models* importantes que dotan a la plataforma de *Orange* de una gran operatividad y una gran experiencia de usuario final:

➲ **Save Model:** con el que se guardará el modelo entrenado.

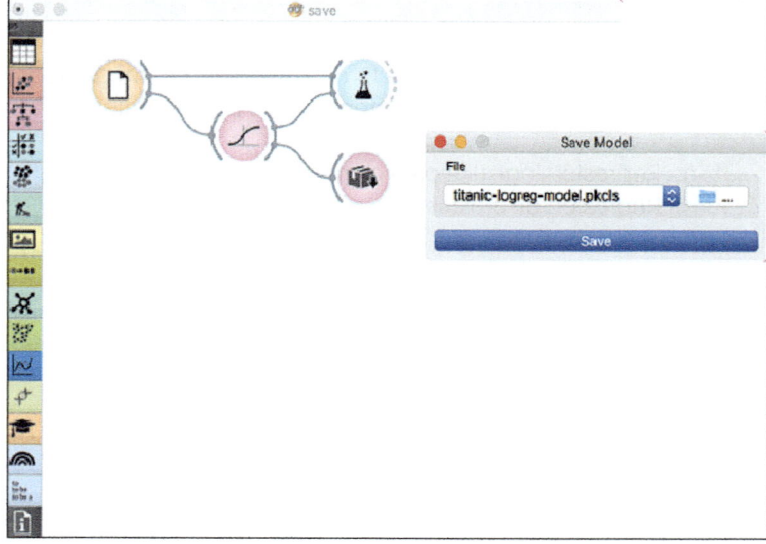

Utilización de Save Model para guardar un modelo ya entrenado (© Imagen: Aplicación Orange)

‣ **Load Model:** sirve para descargar aquellos modelos de aprendizaje automático que han sido guardados previamente.

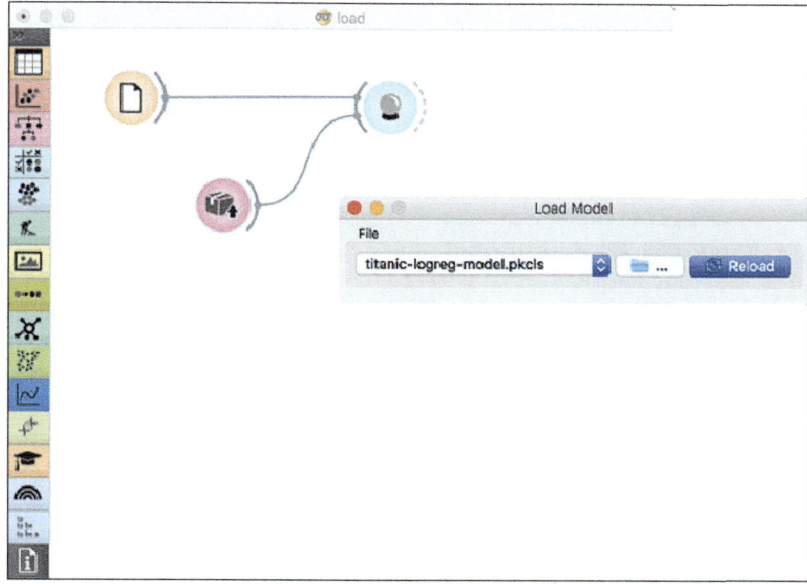

Ejemplo de descarga de modelo guardado en la plataforma Orange (© Imagen: Aplicación Orange)

 **APLICACIÓN PRÁCTICA**

Agustín anda ocupado entrenando un modelo predictivo para un conjunto de datos. Su objetivo es que el modelo aprenda a predecir con certeza las ventas de un producto con una estimación certera. Agustín utiliza un modelo que calificará las características con idea de conocer qué atributos son los más determinantes para que los consumidores adquieran ese producto.

Con esta tarea de clasificación, Agustín pretende construir un sistema capaz de pronosticar las ventas.

¿Qué componente puede utilizar que aplique métodos o algoritmos dedicados exclusivamente para tareas de clasificación?

Continúa en página siguiente >>

<< Viene de página anterior

Solución

De las opciones propuestas únicamente el componente *Logistic Regression* sirve exclusivamente para aplicar a tareas de clasificación. El resto de componentes pueden utilizarse tanto para clasificación como para tareas de regresión.

5.4. *Evaluate* (evaluaciones)

Otro importante apartado disponible para el usuario en la plataforma de *Orange,* y que se constituye con numerosos y eficaces componentes, es la pestaña de evaluaciones a través de las cuales se analiza cómo los modelos responden.

| Test and Score | Predictions | Confusion Matrix | ROC Analisys | Lift Curve | Calibration Plot |

Widgets Evaluate (© Imagen: Aplicación Orange)

A continuación tendrás una breve explicación de estos interesantes recursos:

⊃ **Test & Score:** componente que prueba los resultados de los algoritmos de aprendizaje automático mostrando una tabla con distintas medidas de desempeño para calificar el modelo predictor.
Además, *Test & Score* permite que el informe de predicción generado pueda utilizarse por otros componentes de evaluación: ROC y matriz de confusión.

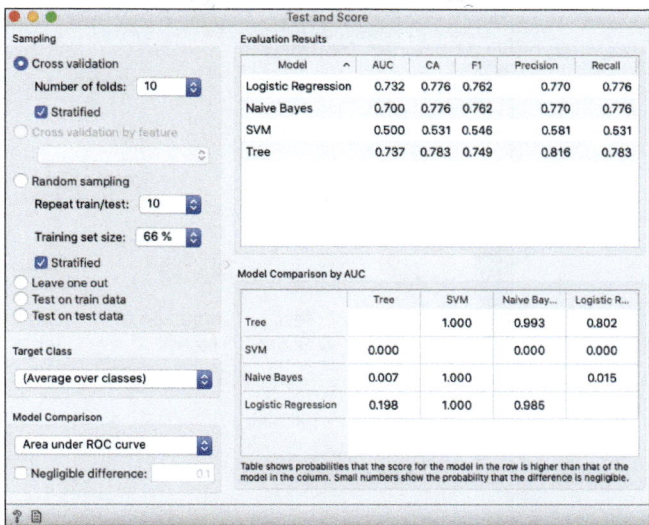

Ejemplo de evaluación de resultados con el complemento Test & Score
(© Imagen: Aplicación Orange)

➲ **Predictions:** el componente *Predictions* recibe un conjunto de datos más uno o varios modelos predictivos, para generar informes sobre predicciones.

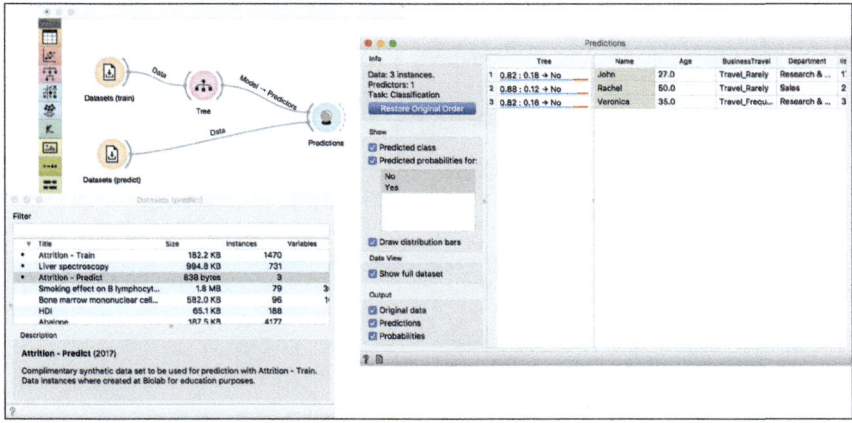

Ejemplo de evaluación de resultados con el complemento Predictions (© Imagen: Aplicación Orange)

➲ **Confusion Matrix:** o matriz de confusión, proporciona el número o proporción de instancias entre la clase prevista y la real. Así se consigue observar cuáles de las instancias específicas se clasificaron de forma errónea y cómo sucedió.

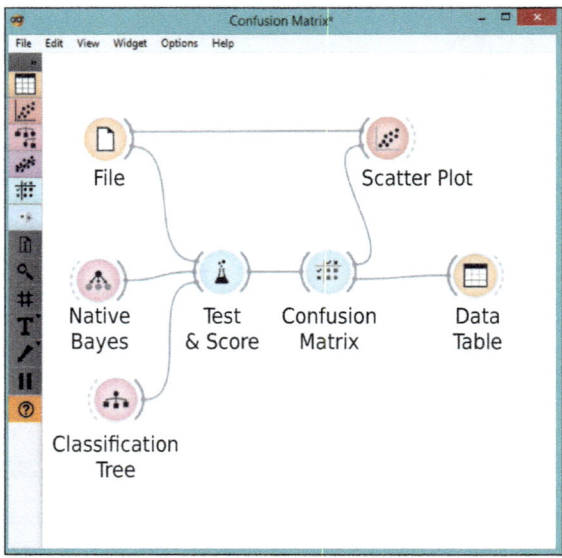

Ejemplo de flujo de trabajo utilizando el complemento matriz de confusión (© Imagen: Aplicación Orange)

⤿ ***ROC Analysis:*** este componente consigue trazar una tasa de verdaderos positivos y enfrentarla a la tasa de falsos positivos de pruebas.

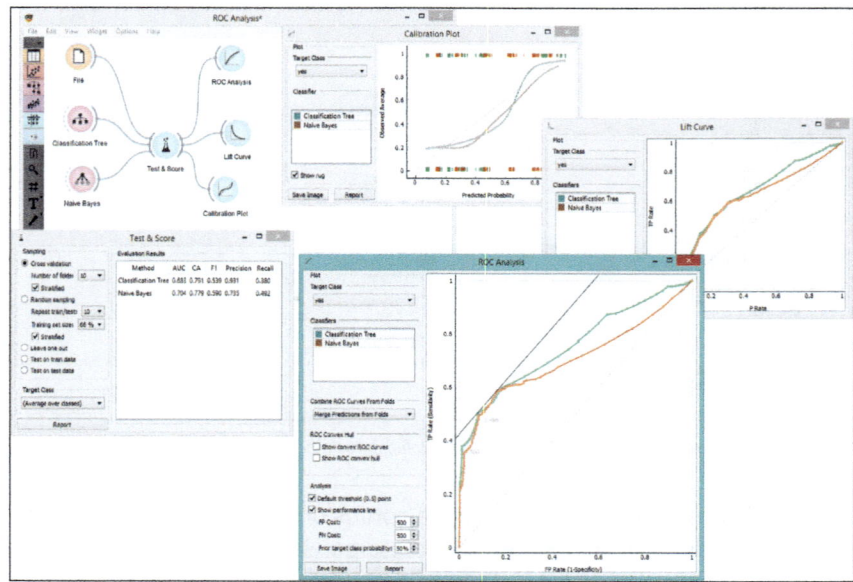

Ejemplo de evaluación de pruebas con ROC (© Imagen: Aplicación Orange)

➲ **Lift Curve:** un uso muy generalizado de este componente es para la segmentación del mercado. La curva evalúa el clasificador óptimo y el umbral del gráfico, y muestra la relación entre el número de instancias predichas como positivas y las que fueron reales.

Por ejemplo: consumidores que respondieron, y la relación de este dato con los consumidores que fueron contactados.

El gráfico de calibración o Calibration Plot enseña la coincidencia entre las distintas predicciones de probabilidad de varios clasificadores y también las probabilidades de clase reales. (© Imagen: Aplicación Orange)

➲ **Calibration Plot:** el gráfico de calibración o *Calibration Plot* enseña la coincidencia entre las distintas predicciones de probabilidad de varios clasificadores y también las probabilidades de clase reales.

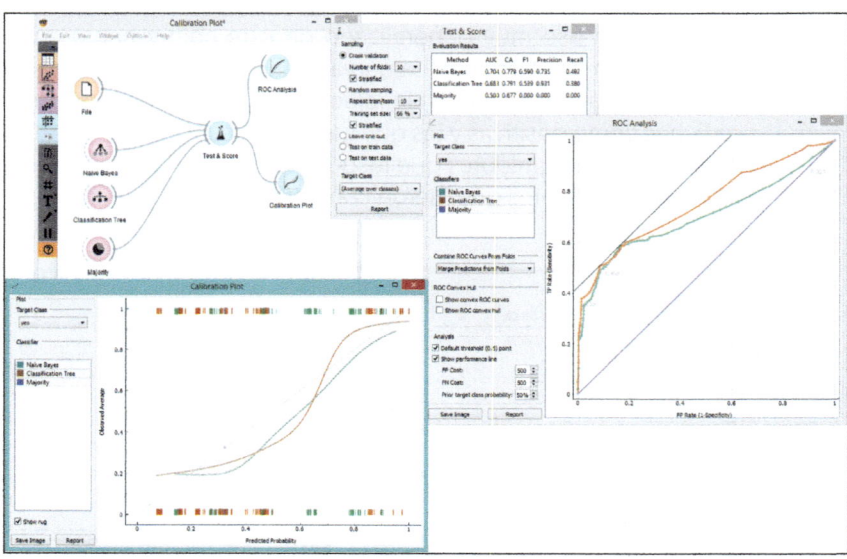

Ejemplo de comparativas de resultados de tres clasificadores con gráfico de calibración
(© Imagen: Aplicación Orange)

5.5. *Unsupervised* (modelos sin supervisión)

Orange también permite construir y entrenar modelos de aprendizaje automático no supervisados. Para ello, pone a disposición del usuario distintos *widgets*.

 **RECUERDA**

El aprendizaje supervisado se caracteriza por utilizar como datos de entrenamiento un conjunto de datos etiquetados.

En modelos de aprendizaje automático supervisado, el algoritmo se entrena con datos etiquetados donde las preguntas son los clasificadores y las respuestas son las etiquetas, mientras que, en los modelos sin supervisión, únicamente se le proporcionará al algoritmo las características pero nunca se le dará las etiquetas.

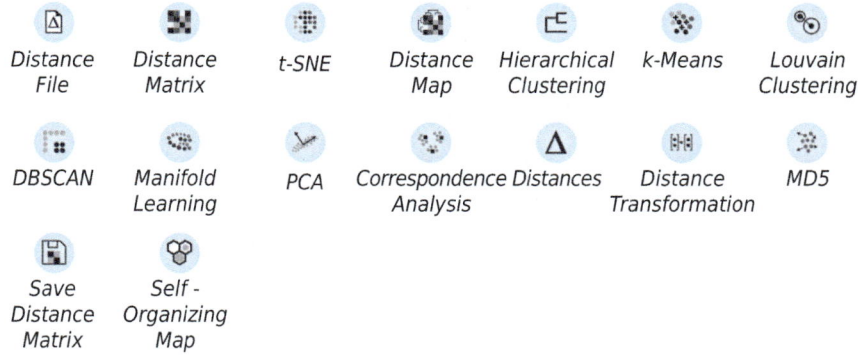

Distance File	Distance Matrix	t-SNE	Distance Map	Hierarchical Clustering	k-Means	Louvain Clustering
DBSCAN	Manifold Learning	PCA	Correspondence Analysis	Distances	Distance Transformation	MD5
Save Distance Matrix	Self - Organizing Map					

Widgets Unsupervised (© Imagen: Aplicación Orange)

A continuación vas a ver un vídeo que te ayudará a comprender la utilidad de alguno de los componentes que se suelen utilizar en el aprendizaje no supervisado. No obstante, también te servirá para distinguir las tareas de los algoritmos cuando se trata de un aprendizaje no supervisado frente al supervisado.

 **VÍDEO**

Aunque este vídeo no trata complementos específicos de *Orange*, sí nombra el método de agrupamiento *K-means.* Presta atención a las sencillas explicaciones y aplicaciones de este vídeo, donde se hace mención al aprendizaje automático sin supervisión.

¡Te ayudará a hacer un rápido repaso!

https://redirectoronline.com/ifct163po0305

5.6. *Spectroscopy* (análisis por espectroscopia)

La plataforma de *Orange* también aporta interesantes componentes para llevar a cabo **analíticas por espectroscopia** o con **datos espectrales.**

 **DEFINICIÓN**

Espectroscopia

Es la disciplina científica que estudia la interacción entre radiaciones electro-magnéticas y la materia causada por la absorción de la radiación o la emisión de la energía radiante.

La analítica por espectroscopia permite llevar a cabo un análisis de datos basados en imágenes en interacción con la luz. Se utiliza en numerosos campos como química, física, astronomía, etc.

Spectra	HyperSpectra	Spectral Series	Interpolate	Preprocess Spectra	Integrate Spectra	Multifile

Tile File	Average Spectra	Bin	Interferogram to Spectrum	Reshape Map	Align Stack

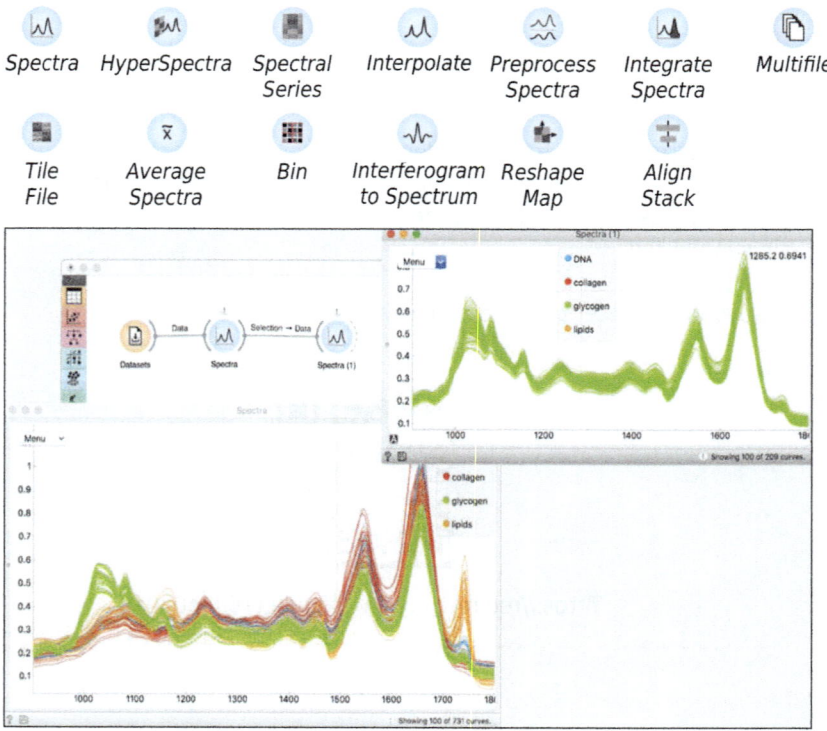

Widgets Spectroscopy (© Imagen: Aplicación Orange)

NOTA

El componente *Spectra* sirve para que sea posible la visualización de datos espectrales.

5.7. *Text Mining* (extracción de textos)

Hasta ahora, has comprobado cómo se introducen conjuntos de datos a través de componentes como *Files* o *Datasets*. Pero *Orange* también admite la posibilidad de que provengan de fuentes diversas.

Ejemplo de ello es este apartado en el que es posible llevar a cabo analíticas con una base de datos obtenidos de *Twitter* o cualquier noticiero o plataforma de redes sociales.

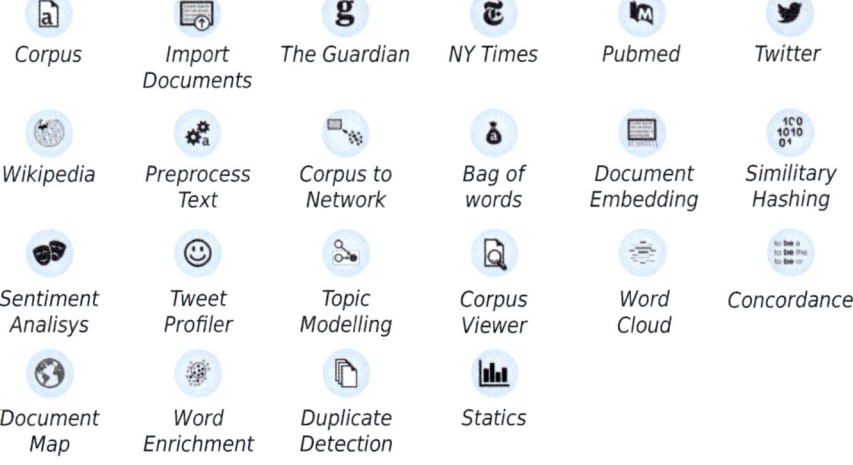

Widgets Text Mining (© Imagen: Aplicación Orange)

IMPORTANTE

La operatividad de estos componentes versa en la capacidad que tienen de crear conjuntos de datos tras acumular información de fuentes tan relevantes como son las aplicaciones de las redes sociales. Admite, por ejemplo, clasificar por contenidos o autores y una infinidad de transacciones.

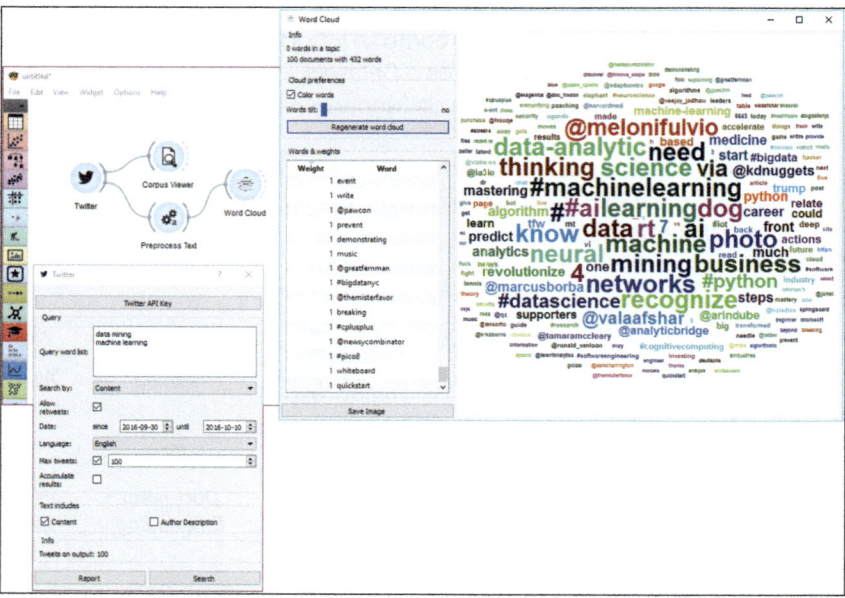

Ejemplo de flujo de trabajo con componentes Text Mining (© Imagen: Aplicación Orange)

5.8. *Bioinformatics* (bioinformática)

Con los *widgets Bioinformatics* se podrán crear flujos de trabajo utilizando datos relacionados con la analítica de secuencias de moléculas biológicas. Es decir, aquellas aplicaciones que utilizan programas informáticos para el estudio e investigaciones de ADN.

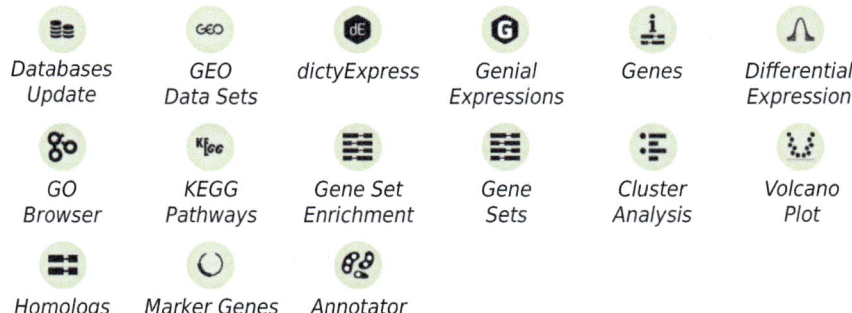

Widgets Bioinformatics (© Imagen: Aplicación Orange)

"La Bioinformática es un campo de las ciencias computacionales que lleva a cabo el análisis de secuencias de moléculas biológicas. Normalmente se aplica a los genes, al ADN, al ARN o a las proteínas, y resulta especialmente útil para comparar secuencias de genes y proteínas entre distintos organismos, pudiendo ver las relaciones evolutivas entre organismos, e intentando averiguar cuál es la función de dichos genes y proteínas. Podríamos decir que la Bioinformática se encarga de la parte lingüística de la genética. De la misma manera que los lingüistas estudian los patrones en el lenguaje, los bioinformáticos estudian los patrones en las secuencias de ADN o de proteínas"

(Christopher P. Austin, M. D., 2020).

5.9. *Single Cell* (unicelular)

Los *widgets Single Cell* están específicamente indicados para realizar estudios unicelulares utilizando el aprendizaje automático.

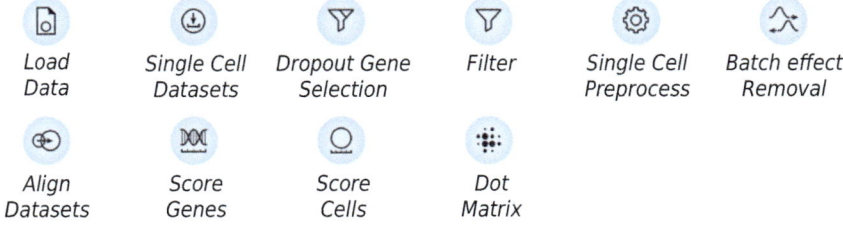

Widgets Single Cell (© Imagen: Aplicación Orange)

El conjunto de datos utilizados en estos componentes organizará la información de las células en filas (instancias) y los genes en columnas como variables.

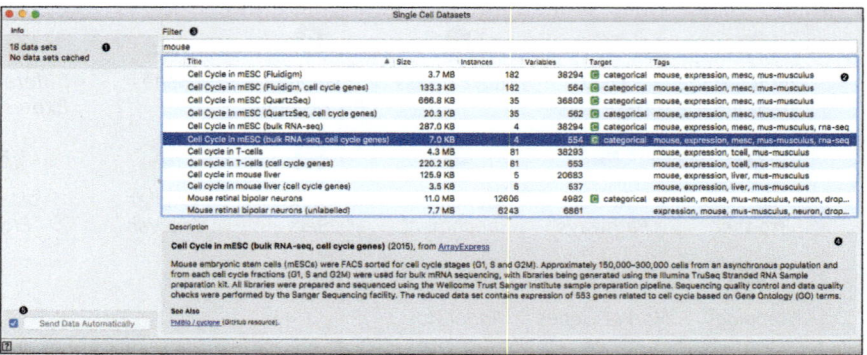

Ejemplo de widget Dataset Single Cell (© Imagen: Aplicación Orange)

5.10. *Image Analytics* (análisis por imagen)

Si quieres analizar un conjunto de datos basados en imágenes, necesitarás utilizar *widgets Imagen Analytics*.

| Import Images | Image Viewer | Image Embedding | Image Grid | Save Images |

Widgets Image Analytics (© Imagen: Aplicación Orange)

El proceso para **crear un flujo de trabajo basado en imágenes** es igual que cualquier otro, con la diferencia de requerir la importación de las imágenes.

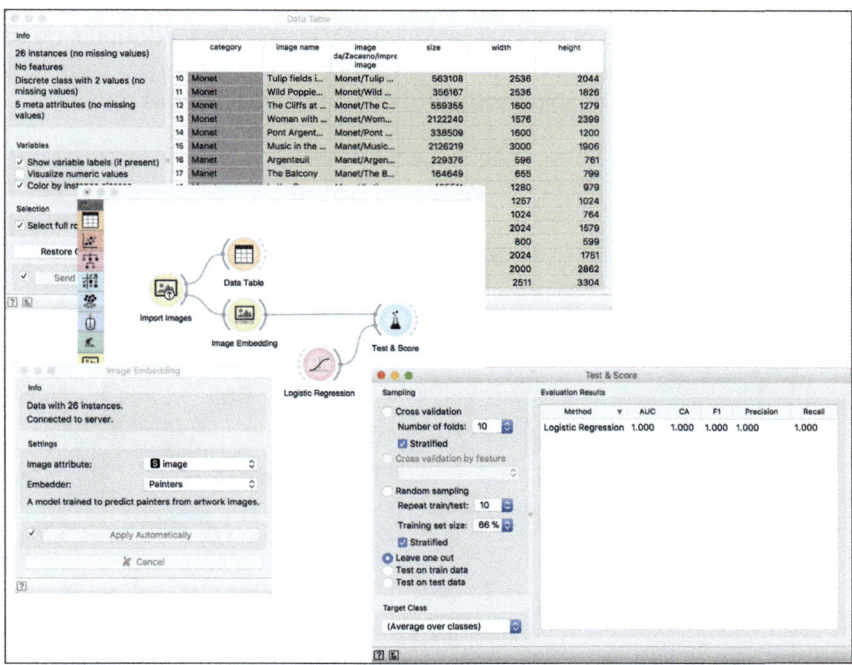

Carga de imágenes para ser usadas en la plataforma de Orange y flujo de trabajo
(© Imagen: Aplicación Orange)

5.11. *Networks* (redes)

Con los *widgets Networks* podrás construir una red neuronal y visualizar a través de gráficos, como *Network Explorer,* de qué forma se comporta esta red con todas sus propiedades.

| Network File | Network Explorer | Network Generator | Network Analysis | Network Clustering | Network Of Groups |

| Network From Distances | Single Mode | Save Network |

Widgets Networks (© Imagen: Aplicación Orange)

También puedes configurar los colores y el tamaño y etiquetas de los nodos, obtener una estadística, crear grupos de instancias por características y conectar estas relaciones de grupos, entre otras muchas opciones.

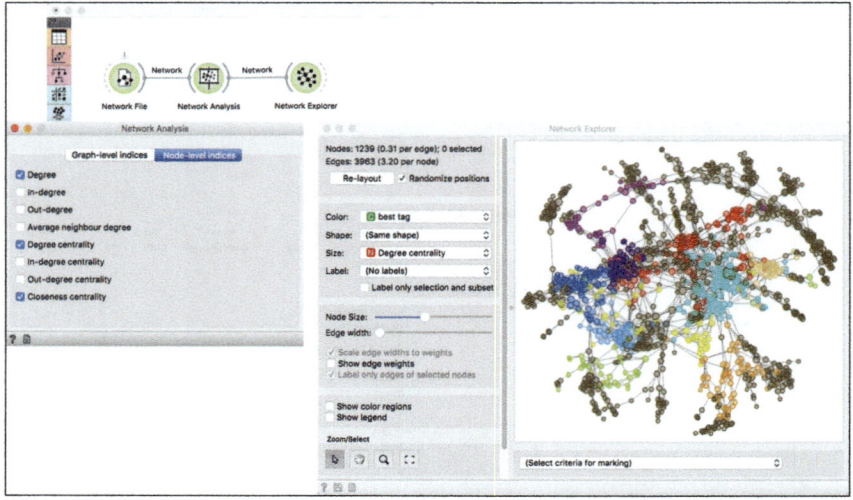

Ejemplo de cómo Network Analysis puede enriquecer un flujo de trabajo (© Imagen: Aplicación Orange)

5.12. GEO

¿Necesitas trabajar con una base de datos que contiene coordenadas geográficas?

No tendrás problema para trabajar con grandes volúmenes de datos que contemplan inmensidad de valores y atributos relacionados con latitudes y longitudes en *Orange*.

¡Utiliza para ello los componentes *Geocoding, Geo Map* o *Choropleth Map!*

Geocoding   Geo Map   Choropleth Map

Widgets GEO (© Imagen: Aplicación Orange)

Observa con mucha atención qué interesante es la estampa que proporciona el componente de visualización *GEO Map.*

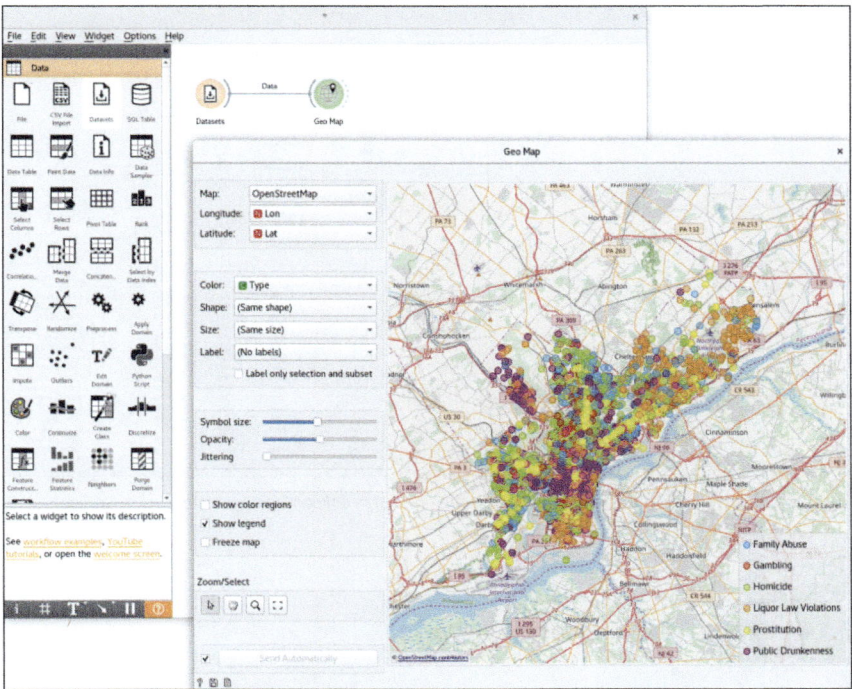

Resultado de aplicación de GEO Map en un flujo de trabajo (© Imagen: Aplicación Orange)

5.13. *Educational* (análisis educativo)

Otra importante área de estudio que puede ser estudiada e investigada con *Orange* para la aplicación de técnicas de *Data Mining* es el ámbito educativo.

Google Sheets   EnKlik Anketa   Interactive k-Means   Gradient Descent   Polynomial Regression   Polynomial Classification

Pie Chart   Random Data

Widgets Educationa (© Imagen: Aplicación Orange)

¿Sabías que el *widget EnKlik* es el ideal para analizar los resultados de encuestas como *survey monkey* o cualquier tipo de encuesta *online?*

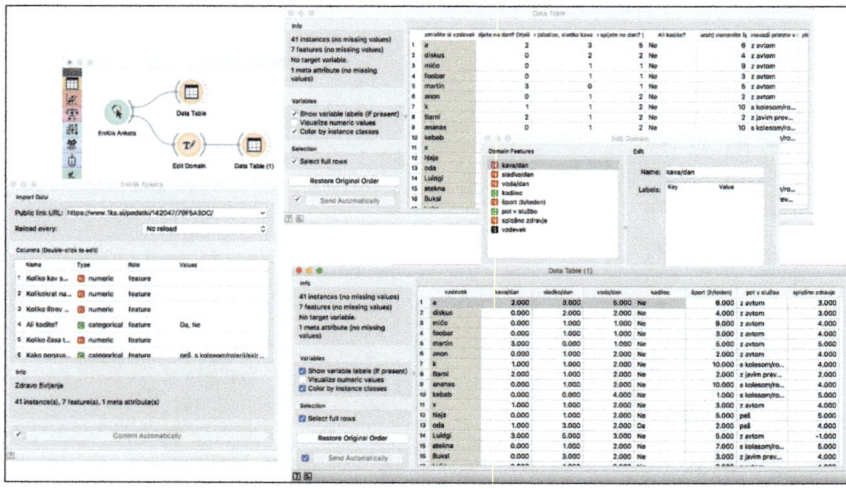

Ejemplo de análisis de datos provenientes de encuestas online (© Imagen: Aplicación Orange)

5.14. *Time series* (series de tiempo)

Si lo que necesitas es trabajar con una tabla de datos para que tu negocio pueda ajustar el precio de un producto o un servicio acorde al mercado, puedes utilizar los componentes *Time series,* de donde obtendrás valores históricos del mercado para generar series temporales y ayudarte a tomar decisiones en cuanto a cierre ajustado de precio.

Widgets Time Series (© Imagen: Aplicación Orange)

5.15. *Associate* (asociaciones)

Finalmente, si lo que te interesa es aplicar un algoritmo para detectar patrones frecuentes en una base de datos con pocos elementos condicionales, con los *widgets* **de asociaciones** podrás aplicar reglas de asociación e inducir una clasificación.

Frequent Itemsets

Association Rules

Widgets Associate
(© Imagen: Aplicación Orange)

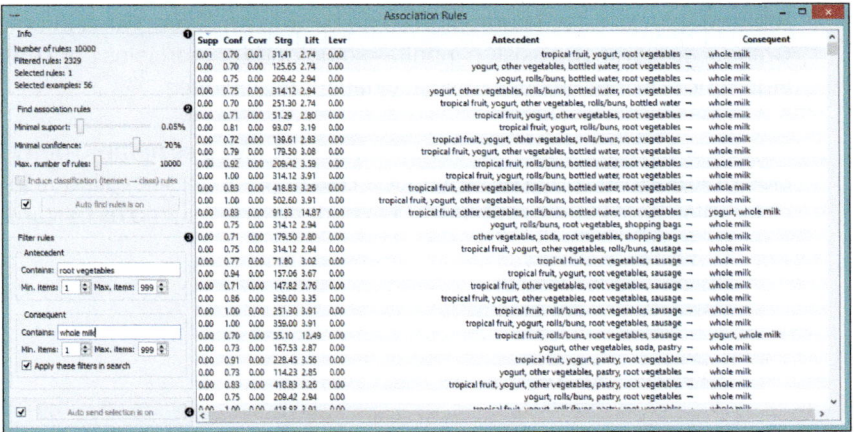

Inducción de reglas de clasificación (© Imagen: Aplicación Orange)

6. *Weka*

 HILO CONDUCTOR

Es increíble cómo en apariencia un simple programa informático ofrece la posibilidad de manejar millones de datos de forma natural, y lo que es mejor, cómo estas increíbles plataformas de aprendizaje automático facilitan la comunicación entre la máquina y el humano.

Continúa en página siguiente >>

[347]

<< Viene de página anterior

Stephanie pensaba que cuando llegara la hora de construir inteligencia artificial todo sería mucho más complicado. Reconoce que se asustó con tanta fórmula, pero ahora ya está convencida de que estos programas serán sus aliados para explotar tantos y tantos datos que su idea de negocio manejará.

Ahora toca aterrizar ese proyecto personal y profesional que lleva tanto tiempo preparando. Aun con todo esto, y antes de finalizar la jornada, le intriga conocer si existen otros programas tan útiles y sencillos como *Orange* para entrenar algoritmos de inteligencia artificial.

Aunque gran parte del contenido se ha basado en el programa informático *Orange,* es cierto que existen infinitas soluciones comerciales para entrenar algoritmos de inteligencia artificial y hacer predicciones.

No obstante, al principio del recorrido de esta unidad se nombró otra aplicación gratuita y de código libre llamada **Weka.** Como ya se explicó, la interfaz es también sencilla, sin embargo, la experiencia de usuario es bastante menos atractiva.

 PARA SABER MÁS

Si quieres hacer una comparativa entre *Orange* y *Weka*, puedes descargar el siguiente documento. Su autor, Francisco José García González, menciona ambas plataformas, pero se detiene en su explicación profundizando en *Weka*.

¡Puedes sacar tus propias conclusiones!

https://redirectoronline.com/ifct163po0306

TAREA 9

La empresa de Carlos, dedicada al sector automovilístico, quiere hacer uso del aprendizaje automático para hacer previsiones de ventas. Para ello, crea un modelo de decisión con el que trabajar una importante base de datos.

Para iniciar el camino de construcción de este modelo de decisión, Carlos va a utilizar una base de datos del *widget Datasets* de *Orange* denominada *Car Evaluation*. Este conjunto de datos incluye seis atributos entre los que están el precio de compra, el mantenimiento, el número de pasajeros y el tamaño del maletero. La idea es poder evaluar la utilidad de los vehículos desde el enfoque del consumidor.

Basándote en estos datos, prepara un modelo de *Machine Learning* paso a paso para ser entrenado, creando un flujo de trabajo en la plataforma de *Orange* con árboles de clasificación.

- -

7. Resumen

Con las diferentes plataformas de aprendizaje automático, cualquier tipo de usuario podrá llevar a la práctica las diversas técnicas de minería de datos. Esto significa que, sin necesidad de tener conocimientos de experto, será posible la exploración y explotación de datos, además de la construcción de modelos basados en inteligencia artificial, y el entrenamiento del algoritmo seleccionado para que realice sus tareas.

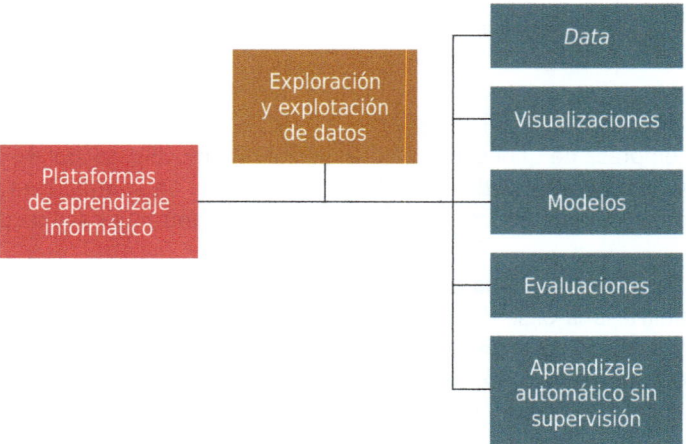

Son muchas las plataformas comerciales de aprendizaje automático. Una de las más atractivas por su interfaz sencilla e intuitiva es *Orange*.

La funcionalidad de *Orange* se divide en cuatro apartados, encontrándose en cada uno de ellos diferentes componentes o *widgets* con los que se podrá interactuar y poner en marcha el **entrenamiento del algoritmo.** El primero de la lista es el denominado **DATA.**

● Integrar el conjunto o conjuntos de datos.
● Seleccionar conjuntos de datos ya incluidos dentro de la plataforma.
● Limpieza de datos.
● Guardar datos, etc.

Los **componentes o *widgets*** sirven para:

● Dar entrada y salida de datos.
● Preprocesamiento: selección, corrección de errores, etc.
● Construir modelos predictivos: árboles de clasificación, regresión logística, clasificador de Bayes, reglas asociativas, etc.
● Visualizaciones para la descripción de datos de forma gráfica.
● Métodos de evaluación de modelos.

Los componentes se conectan a través de canales para crear los **flujos de trabajo:**

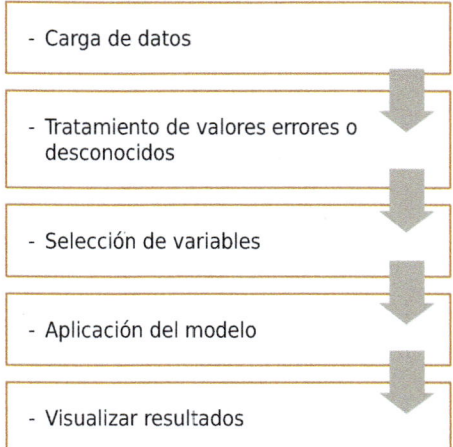

El algoritmo será el encargado de encontrar patrones entre los datos ocultos para la realización de predicciones, pero antes ha de llevar a cabo **tareas de clasificación** o **regresión.** El resultado proporcionado por el algoritmo será sometido a evaluaciones para mejorar su nivel de certeza:

● Tareas de clasificación
● Tareas de regresión

Ejercicios de autoevaluación
Unidad de Aprendizaje 3

1. Indica si las siguientes afirmaciones son verdaderas o falsas:

a. Uno de los grandes inconvenientes que, en apariencia, presenta la adopción de una nueva cultura organizativa basada en los datos y en la inteligencia artificial es el embrollo que presupone el preprocesar la información que se posee y se maneja.

- Verdadero
- Falso

b. Las bases de datos sirven para alimentar los sistemas inteligentes automatizados.

- Verdadero
- Falso

c. Para que la toma de decisiones basada en datos sea determinante para el buen funcionamiento de todo tipo de negocios, es necesario implementar técnicas de minería de datos con una visión estratégica después de adoptar cualquier solución basada en inteligencia artificial.

- Verdadero
- Falso

2. ¿Qué nombre reciben las técnicas que facilitan la transformación de datos en conocimiento?

a. *Data Centre.*
b. *Data Driven.*
c. Minería de datos.
d. Discretización de datos.

3. ¿Qué técnica de *Data Mining* se utiliza para sacar el máximo provecho de los datos y que cualquier científico de datos debe saber aplicar?

    a. Técnica de sistema de agrupamiento y de reglas de asociación.
    b. Técnicas de reglas de asociaciones secuenciales y técnicas correlacionales.
    c. Técnicas de reglas de clasificación y técnicas de regresión.
    d. Todas las opciones son correctas.

4. ¿Qué programa de código abierto permite construir modelos basados en inteligencia artificial a través de su plataforma?

    a. *Weka*
    b. *Rapidminer*
    c. *SPSS Modeler*
    d. *Azure Machine Learning*

5. ¿Qué gráfico permite analizar la relación existente entre variables y muestra el resultado con puntos de datos?

    a. Diagrama de caja.
    b. Diagrama de dispersión.
    c. Diagrama de proyección.
    d. Mapa de calor.

6. ¿Qué es el flujo de trabajo en la plataforma de *Orange*?

    a. Secuencia de acciones para llevar a cabo tareas concretas utilizando componentes de *Orange* y haciendo conexiones entre ellos.
    b. Secuencia de acciones para llevar a cabo una tarea concreta conectando todos los componentes de *Orange*.
    c. Secuencia de acciones para llevar a cabo una tarea concreta sin necesidad de utilizar componentes.
    d. Todas las opciones son incorrectas.

7. **¿Qué posibilita la combinación de componentes de *Orange* utilizados en los flujos de trabajo?**

   a. La comunicación entre componentes con el envío y recepción de datos.
   b. La explotación y exploración de datos aplicando técnicas de minería de datos.
   c. La creación de sencillos esquemas de analíticas de datos en tiempo real.
   d. Todas las opciones son correctas.

8. **¿Qué componente de *Orange* lee un archivo *Excel* desde una URL?**

   a. *Datasets*
   b. *File*
   c. *CSV File Import*
   d. *Data Table*

9. **¿Para qué sirve el recurso de *Orange* denominado *Tree Viewer*?**

   a. Para entrenar un modelo de árbol de clasificación.
   b. Para visualizar un árbol de clasificación.
   c. Para visualizar árboles de regresión.
   d. Para visualizar árboles de clasificación y de regresión.

10. **¿Cuál de los siguientes recursos es un componente de evaluación en *Orange*?**

    a. *kNN*
    b. *K-Means*
    c. *Predictions*
    d. *Random Forest*

Aplicaciones en la empresa

Contenido

Objetivos

El objetivo general de esta Unidad de Aprendizaje es:

→ Revelar las oportunidades que ofrecen la inteligencia artificial y el *Big Data* para el mundo de las empresas, descubriendo herramientas que tienen integradas este tipo de tecnología y métodos de trabajo que sirven para fomentar una cultura *Data Driven* dentro de los negocios para ser más competitivos.

Los objetivos específicos de esta Unidad de Aprendizaje son:

→ Describir *People Analytics* como recurso empresarial basado en inteligencia artificial para la gestión de personal, descubriendo qué distingue esta filosofía de otras fórmulas convencionales.

→ Identificar los beneficios que supone para una empresa implementar técnicas que engloba la metodología *People Analytics,* destacando aspectos clave de este recurso para la retención del talento.

→ Promocionar la cultura *Data Driven* y sus beneficios, destacando las facilidades que ofrece la inteligencia artificial para la gestión de grandes volúmenes de datos.

→ Aprender a acondicionar los datos de una empresa para construir un modelo de *People Analytics,* conociendo los pasos que se han de dar.

→ Indicar la clave para crear estrategias de *Social Media* eficaces, conociendo los beneficios que reporta el uso de la inteligencia artificial para la investigación del mercado.

→ Señalar las ventajas que aporta a las empresas el uso de la inteligencia artificial atendiendo a los factores que caracterizan esta tecnología.

1. Introducción

La inteligencia artificial es, para el ecosistema empresarial, una gran fuente de oportunidades para ganar rentabilidad, logrando que este sea más productivo.

La utilización de tecnología inteligente por parte de los negocios no es solo un recurso que permite el ahorro de tiempo, sino también un importante instrumento para automatizar procesos organizativos y tomar decisiones con un gran impacto económico.

Son muchas las aplicaciones del aprendizaje automático en las empresas, y grandes sus ventajas y beneficios. Sin embargo, puede resultar algo tedioso pensar en implementar la inteligencia artificial dentro de una organización o negocio sin una cultura *Data Driven* si no se conoce el gran potencial que esta ciencia puede aportar.

En esta unidad descubrirás una metodología protagonizada por la inteligencia artificial que cambiará la manera en la que las organizaciones innovan a la hora de gestionar a su personal. También conocerás iniciativas públicas y privadas para facilitar una infraestructura de carácter holístico que servirá para impulsar la actividad económica y el desarrollo de la sociedad. Finalmente, sabrás de una relación de importantes beneficios que vienen de la mano de la inteligencia artificial y que serán significativos para decidir, a nivel de empresa, cómo se ha de sobrevivir y ser más competitivo con la ayuda de las nuevas tecnologías.

Para ello, nos fijaremos en la experiencia de Stephanie. La suya es una bonita historia que te ha acompañado a lo largo de este aprendizaje y que te ha permitido entrar en este fascinante mundo de la inteligencia artificial a través de su experiencia.

2. Recursos humanos y técnicas de datos: *People Analytics*

 **HILO CONDUCTOR**

Stephanie tiene grandes miras que nada tienen que ver con la codicia. Su ambición le llevó a perseguir una innovadora idea de negocio que descubrió en un

Continúa en página siguiente >>

<< Viene de página anterior

sueño cuando a su hijo le diagnosticaron una dura enfermedad. Ahora que ya conoce las virtudes de la inteligencia artificial, tratará de poner en marcha una clínica especializada en tratamientos individualizados basados en la información que recopilará y explotará la inteligencia artificial. Sin embargo, y aunque todo esto lo tiene muy claro, Stephanie tendrá que abordar cómo gestionar el capital humano que formará parte de su clínica. ¿Contará Stephanie con algún tipo de tecnología capaz de detectar profesionales con suficiente talento?

Las nuevas tecnologías basadas en la inteligencia artificial y en el *Big Data* pueden aplicarse en múltiples campos en el ámbito empresarial. Sin duda, una de las áreas más favorecidas a nivel organizativo es la relacionada con el capital humano, ya que se trata del mayor activo.

La cultura *Data Driven* implica la realización de un análisis de personas dentro de las organizaciones con una perspectiva basada en los datos. Esto permite gestionar de forma eficaz la mayor riqueza que tiene una empresa: su recurso humano.

¿Cómo impacta la tecnología inteligente en el departamento de recursos humanos?

A grandes rasgos, las nuevas tecnologías enfocadas a *Data Driven* mejoran aspectos tan importantes como:

Gestión del talento
- Sirve para la identificación el talento dentro del equipo humano; también para la captación. Permite detectar en el personal aquellas competencias clave tan importantes para las organizaciones. La identificación del talento es el primer paso para poder gestionarlo con corrección, comprendiendo cuáles son sus necesidades implícitas y evitando así el daño que provoca la fuga de talentos.

Detección de áreas de mejora
- Identifica qué áreas competenciales se han de desarrollar para sacar el mayor potencial del personal. También hace mediciones del entorno y ambiente de trabajo.

Gestión del rendimiento
- Mide el desempeño de los colaboradores cuyas tareas permiten alcanzar los objetivos estratégicos de la empresa.

IMPORTANTE

El talento para una empresa es una fuerza humana que, bien gestionada, impacta de forma muy positiva en la productividad del negocio y a todos los niveles de la organización. Requiere de una gestión activa y la aplicación de técnicas específicas para mantener viva la motivación de los colaboradores y su talento.

2.1. *People Analytics*

Existe un término muy actual que corresponde a una **metodología** en la que intervienen conocidas técnicas de *Big Data:* el *Data Mining.* Este sistema de trabajo, asociado a la dirección de personas, recibe el nombre de *People Analytics.*

People Analytics es una metodología que aplica la inteligencia artificial que, junto al uso de métricas, permite evaluar los equipos de trabajo y su actividad.

Dichas mecánicas combinan técnicas propias del *Big Data* y del *Machine Learning.*

En realidad, *People Analytics* es un método que, a nivel gerencial, consiste en aplicar técnicas y herramientas de análisis de datos asociadas a las nuevas tecnologías. El fin que persigue es el de **identificar, seleccionar, conocer** y **gestionar** el **talento humano** de las organizaciones con un mayor nivel de eficacia.

Dicho esto, **¿podrías imaginar cuál es el objetivo principal de esta filosofía o forma de gestionar al capital humano, valiéndose las empresas de las nuevas tecnologías?**

NOTA

No hay que olvidar que contar con herramientas que permitan aumentar la rentabilidad de un negocio es una garantía de supervivencia para un complejo y cambiante contexto económico.

ACTIVIDAD COMPLEMENTARIA

11. Acude a cualquier buscador de internet y localiza información sobre el concepto de *People Analytics*. Trata de localizar aquellas características más destacadas para que puedas, con tus propias palabras, redactar una buena definición.

Con idea de seguir profundizando en la definición del término *People Analytics*, a continuación conocerás todo lo que este nuevo concepto representa. Con ello se tratará de dar respuesta a la siguiente cuestión: **¿qué tipo de mediciones lleva a cabo este innovador método asociado al departamento de recursos humanos?**

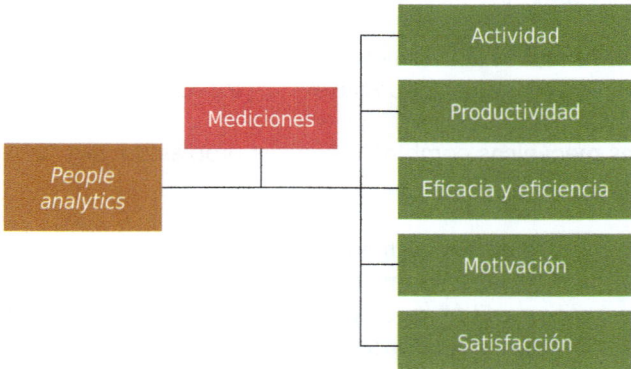

People Analytics es una técnica de recursos humanos que utiliza las nuevas tecnologías para medir la "felicidad" del empleado en el trabajo y para detectar talento dentro y fuera de él.

Innumerables estudios vienen a indicar que muchas empresas no terminan de encontrar el tipo de profesionales que ellos demandan. *People Analytics* sirve como herramienta eficaz y para conectar a las empresas con ese empleado potencial.

Medición de la actividad

Como herramienta de gestión de personas, *People Analytics* es capaz de medir en tiempo real qué labores llevan a cabo los empleados a lo largo de la jornada de trabajo.

Aunque en principio parece sencillo poder medir el desempeño, hasta ahora, sin la intervención de las nuevas tecnologías, la valoración de las tareas de un colaborador se hacía con herramientas tradicionales, con algo de intuición y con poca objetividad.

Ahora, con recursos basados en la inteligencia artificial, es posible conocer en todo momento y en tiempo real si el trabajo que está desarrollando el personal se aleja o no de su objetivo. No es necesario realizar análisis exhaustivos del cuadro de mando convencional.

¿Qué información proporciona esta eficaz herramienta?

¿Qué tareas hacen?	¿Cómo hacen la tarea?
- Detecta a aquellos colaboradores cuyas tareas desempeñadas los alejan del objetivo o meta.	- Identifica aquellos detalles relevantes como patrones actitudinales y competenciales, que hacen que un profesional rinda menos o más.

People Analytics alerta de las posibles desviaciones en los desempeños del personal que alejan a la organización de alcanzar sus objetivos estratégicos. Permite conocer cómo trabajan aquellos profesionales más eficaces para aplicar sus técnicas en la mejora del rendimiento de otros profesionales que no alcanzan resultados.

Medición de la productividad

Otro aspecto importante que hace que resulte interesante aplicar la metodología *People Analytics* en las organizaciones es el hecho de que permite mejorar la **productividad** del equipo de trabajo.

People Analytics puede ayudarte a hacer una medición sin ningún tipo de interpretación subjetiva sobre el grado de eficacia del personal que conforma tu equipo de trabajo.

◁◇▷ **EJEMPLO**

Imagina que estás al frente de un departamento en el que trabaja un equipo multidisciplinar. El objetivo es desarrollar un *software* encargado por un cliente, y tu labor es gestionar con eficacia al personal que conforma el equipo que lleva a cabo dicho trabajo.

No todos los componentes de tu equipo trabajan de igual forma, ni todos cumplen al mismo tiempo sus objetivos. Sin embargo, el desempeño de cada colaborador impacta directamente en el trabajo del otro y, por supuesto, en el resultado final del prototipo en desarrollo. ¿Cómo puedes usar la información que te proporciona la metodología *People Analytics?*

Esta herramienta te ofrecerá valiosa información, pues identificará a qué colaborador se le tendrá que ayudar a modificar su método de trabajo para que aprenda a alinearlo con el resto de componentes. También facilita información para tomar decisiones en cuanto al aumento o disminución de la carga de trabajo.

Medición de la eficacia y la eficiencia

Además de conseguir medir la actividad y la productividad de los colaboradores o empleados, *People Analytics* tiene la capacidad de determinar el grado de eficacia y eficiencia de cada individuo que forma parte de la organización y que contribuye con su trabajo en la consecución de objetivos estratégicos de esta.

¿Qué relevancia tiene para un negocio contar con esta medición?

Eficacia	- Saber de antemano si un profesional es eficaz indica que cuenta con las capacidades para alcanzar los objetivos propuestos en el plazo de tiempo pactado.
Eficiencia	- Ser eficiente indicará que es capaz de alcanzar la meta recurriendo al menor número de recursos disponibles.

Gracias a la información que proporciona *People Analytics,* la gerencia puede determinar si un profesional dedica los recursos apropiados para desempeñar sus tareas sin desperdiciar uno de los activos de más valor: el tiempo.

 **APLICACIÓN PRÁCTICA**

El departamento de recursos humanos de una conocida empresa de transporte está poniendo a prueba cómo la tecnología asociada a *People Analytics* puede ser de gran utilidad. Tras llevar a cabo un esmerado análisis sobre la actividad de sus conductores, este departamento acaba de obtener los primeros resultados. ¿Podrías indicar si esta herramienta fue capaz de medir la eficiencia de estos profesionales?

Solución

Ser eficiente significa ser capaz de realizar tareas, actividades y alcanzar objetivos, recurriendo al menor número de recursos disponibles. *People Analytics* determina si los recursos (físicos, intelectivos y temporales) utilizados por los empleados para abordar sus responsabilidades son los mínimos o si se exceden.

Medición de la motivación

Para gestionar adecuadamente el talento en una organización, se ha de conocer el nivel motivacional de los integrantes del equipo humano que forman parte de la empresa.

La **motivación laboral** tiene por objeto mejorar el rendimiento de los empleados, también llamados colaboradores, hacia su máxima expresión.

La personalidad del profesional y su propio sistema de creencias son los factores más influyentes en la **motivación** personal.

¿Qué implica cada uno de estos factores y por qué es tan complejo su análisis?

Personalidad del individuo
- Abarca la conducta manifestada y las vivencias experienciales por parte del individuo que le permite, adaptarse al entorno que le rodea. Esta conducta se convierte en un distintivo que diferencia a una persona de otra, definiéndola así como un individuo único e irrepetible.

Sistema de creencias de la persona
- Abarca las siguientes definiciones:
  - La definición que el propio individuo proporciona sobre sí mismo.
  - La definición que el individuo proporciona de su entorno.
  - La definición que el individuo proporciona de su entorno.
  - La definición que el individuo proporciona sobre la vida en general.
- El sistema de creencias de una persona da respuesta a por qué hace o deja de hacer algo. Representa cómo se concibe y funciona el mundo.

 **DEFINICIÓN**

Motivación

Es el conjunto de elementos que, a modo de energía interior, impulsan a un individuo a querer realizar algo, alcanzar un logro o cubrir una carencia manteniendo y dirigiendo la conducta necesaria a poder llegar al objetivo para finalmente satisfacer la necesidad y reducir toda la tensión creada.

A nivel organizacional, la **motivación de un colaborador** dependerá principalmente de dos factores:

- **Autoconocimiento:** es la base de la motivación intrínseca. Se trata de una conversación interior con uno mismo que permite conocer por dónde empezar para realizar una actividad con confianza, seguridad y con buen grado de asertividad. Sin el autoconocimiento, es difícil advertir qué es lo que generará disfrute y pasión para alcanzar la velocidad de crucero que requiere el ejercicio de una profesión o, lo que es lo mismo, llegar a ese estado de flujo.
- **Estimulación:** por otra parte, y a nivel de motivación exterior, la estimulación es la capacidad que tenga la organización, empresa o negocio para estimular al trabajador a realizar el trabajo con ánimo, buena actitud y agrado.

Sin embargo, la **motivación de los empleados** no es nada fácil de **medir** con métodos tradicionales, pues hay que recordar que no todos los individuos se lanzan a la acción por los mismos motivos.

La falta de motivación laboral es un problema que afecta a la productividad del negocio. Para resolver esta carencia, se requiere de un estado de conciencia por parte del trabajador que permita determinar qué área ha de trabajar y a qué nivel.

Pirámide de los nivéles neurológicos

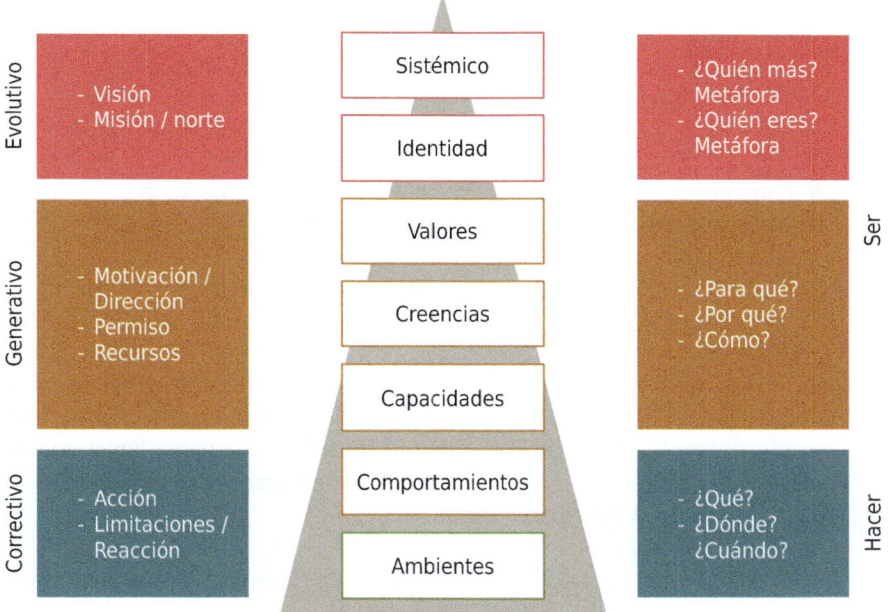

 **IMPORTANTE**

Para evitar estados de desmotivación entre los empleados que desemboquen en fugas de talentos y mermas de rentabilidad para el negocio, la estimulación de los trabajadores que integran la organización es un potente instrumento que mejora el desempeño proporcionando innumerables beneficios a la empresa.

Para que puedas comprender lo complejo que resulta motivar a un grupo de personas con "motivos" diferentes para actuar, y lo imprescindible que resultan las tecnologías para abordar esta gran complejidad, presta atención a la siguiente clasificación donde se agrupan diferentes tipos de motivos:

- Racionales
- Emocionales
- Egocéntricos
- Altruistas
- Atrayentes
- De rechazo

NOTA

Un motivo es aquello que es capaz de movilizar a una persona a realizar de manera inspirada una acción.

MOTIVO + ACCIÓN = MOTIVACIÓN

Aunque son muchas y variadas las teorías motivacionales, es cierto que es posible definir los motivos como razones concretas y específicas que impulsan con diferente grado de intensidad a las personas para cambiar su conducta, iniciarla o incluso frenarla.

Estas razones dan sentido y respuesta a por qué el individuo se siente motivado.

Todas las complejas variables en torno a la motivación de los empleados no son más que simples datos de entrada para la tecnología. Estos datos son sometidos a los algoritmos de la "felicidad", una forma de proceder a nivel organizacional donde recursos humanos adopta la cultura *Data Driven* y la inteligencia artificial para optimizar la productividad de cada empleado.

El área de recursos humanos aplica técnicas asociadas a las ciencias de datos para profundizar en el conocimiento de su cliente interno (empleados y colaboradores), de cara a aumentar la productividad y el nivel de satisfacción personal y profesional.

Medición de la satisfacción

Toda organización que aplique técnicas de *People Analytics* podrá conocer en todo momento el **grado de satisfacción** de sus trabajadores en el desarrollo de sus tareas y responsabilidades. Pero también este recurso proveerá información relevante sobre cuáles son los motivos que hacen que el nivel de satisfacción vaya en aumento o en disminución.

La satisfacción de un empleado, o satisfacción laboral, es el nivel de conformidad respecto a las condiciones en las que desarrolla su trabajo y el entorno que le rodea.

 PARA SABER MÁS

¿Quieres conocer la forma en la que las empresas pueden monitorizar el bienestar de los empleados con inteligencia artificial? Accede al siguiente artículo de *Expansión* y tendrás todos los detalles de este algoritmo de la felicidad:

https://redirectoronline.com/ifct163po0401

 APLICACIÓN PRÁCTICA

Mario es un comercial que trabaja para una empresa de seguros. Por su larga experiencia y sus buenos resultados en el campo de las ventas, ha decidido hacer una propuesta a su jefe. Quiere compartir con sus compañeros y compañeras fórmulas que él utiliza para llevar a cabo sus entrevistas de venta y que le sirven para aumentar sus cierres, con el fin de contribuir a que el equipo al que él pertenece alcance los objetivos de venta.

Continúa en página siguiente >>

<< Viene de página anterior

Según todo lo comentado, ¿qué tipo de información proporcionaría a la empresa el recurso *People Analytics* sobre este eficaz empleado?

Solución

People Analytics contempla maneras distintas de analizar la productividad de los empleados. Con otros recursos de uso cotidiano para la gestión de equipos, como son los cuadros de mando, es muy complicado tener una visión integral de los empleados que vaya más allá de la medición de la actividad.

2.2. Funcionamiento de *People Analytics*

Podría decirse que *People Analytics* es, en sí misma, una ciencia de datos y una ciencia de talentos.

La RAE describe "ciencia" como:

"Conjunto de conocimientos obtenidos mediante la observación y el razonamiento, sistemáticamente estructurados y de los que se deducen principios y leyes generales con capacidad predictiva y comprobables experimentalmente".

A tenor de esta definición, *People Analytics* se compone de un grupo de herramientas analíticas basadas en la ciencia de datos a través de las cuales una compañía obtiene increíbles beneficios por su implementación, con implicaciones directas más allá del aumento de la rentabilidad.

¿Qué gana realmente la empresa?

¿Qué compañía no estaría dispuesta a asumir el esfuerzo de un cambio si esto implicara un aumento de beneficios, un rápido retorno de la inversión y una disminución del riesgo con baja rotación?

En realidad, y aunque parece que cobra protagonismo la tecnología analítica en esta metodología, *People Analytics* consiste en una exitosa fórmula que mejora las relaciones humanas y el compromiso del cliente interno para con su empresa.

¿Has oído hablar del salario emocional?

Conocida la notoria relación entre la productividad del empleado y su bienestar, el salario emocional es un factor clave para aumentar el buen desempeño del personal, mejorando el compromiso de los profesionales que integran la organización.

 **DEFINICIÓN**

Salario emocional
Va más allá de la retribución económica que percibe el empleado; se trata de cuestiones no económicas que satisfacen enormemente al trabajador. Mejora

Continúa en página siguiente >>

[371]

<< Viene de página anterior

el grado de compromiso, la implicación en el desempeño y aumenta de forma considerable la motivación.

Sin embargo, la complejidad emocional y los embrollos organizativos hacen muy difícil la labor de detectar, a nivel gerencial y con las capacidades humanas, cuál es el mejor salario emocional que proporcionará el mayor grado de satisfacción y felicidad a cada empleado.

¿Cómo es posible que _People Analytics_ pueda hacer todo este trabajo de medición?

A continuación obtendrás información que te ayudará a comprender cómo funciona un sistema inteligente capaz de recopilar datos de diversas fuentes para proporcionar las mediciones necesarias:

Flujos de navegaciones
- Se analiza qué sitios web se visitan, el tiempo de permanencia e incluso los motivos por los que se conectan a esas páginas los empleados.

Mensajería
- Se analiza el flujo conversacional de los correos electrónicos u otras aplicaciones de mensajería.
- El análisis abarca tanto el origen de la recepción de los mensajes como su contenido.

Uso de aplicaciones
- Se analiza qué _softwares_ de escritorio se utilizan, el tiempo de uso e incluso las veces que se interactúa con estos programas.

El gran volumen de datos que se van recopilando gracias a la funcionalidad de _People Analytics_ se dirige a un sistema inteligente a disposición de la organización. Este es capaz de realizar la analítica correspondiente, y proporcionar unos resultados óptimos con idea de resolver problemas, obtener patrones para la realización de predicciones y extraer rápidamente interesantes conclusiones.

¿Te recuerda todo esto a las técnicas de la tecnología _Big Data_?

Las variables que maneja el sistema inteligente de *People Analytics* son:

- **Perfil sociodemográfico:** esquematiza las características que definen a nivel social y demográfico a un grupo de empleados. Esta información sirve para identificar factores de influencia motivacionales.
- **Radiografía del puesto:** para poder hacer una medición de la cualificación para un puesto, se ha de perfilar el conjunto de tareas y responsabilidades asignadas a un puesto determinado. Es un elemento necesario para búsqueda de talentos, contratación, desarrollo y evaluación.
- **Pertenencia, compromiso laboral, compatibilidad:** resume las características o variables que definirían un perfil comprometido con la cultura de la empresa, a la misma vez que aquellas otras variables que no serían compatibles con la filosofía de la empresa.
- **Riesgo de fuga de talento:** son numerosas variables que determinan el nivel de riesgo de abandono de un puesto. Pueden ser de muchos tipos: estrés, motivacional, estabilidad, etc.
- **Habilidades y competencias:** corresponden a los atributos personales y profesionales relacionados con las capacidades individuales para alcanzar unos resultados atribuibles a un puesto. Aquí sería de aplicación las distintas teorías motivacionales.
- **Cultura organizacional:** sirve como base de investigación para definir un sistema de recompensas en la organización, de manera que los empleados encajen y se sientan parte de ella. Crear una cultura organizacional que defina a la empresa requerirá de un sistema de recompensas que ha de construirse según aspectos afectivos, económicos o de cualquier otro tipo. Aquí encajaría el salario emocional que ya conoces.

Después de ahondar en la gestión de personas con la metodología *People Analytics,* es importante resaltar que, gracias a la ciencia de los datos, es posible predecir y prescribir si un equipo de trabajo está condenado al éxito o al fracaso.

People Analytics sirve para tomar decisiones certeras a la hora de **contratar, promocionar, compensar** o incluso para hacer una valoración económica de cuánto supondría la pérdida de un excelente profesional.

NOTA

Esta metodología es tan eficaz que permitiría vaticinar cuánto personal sería necesario contratar para llevar a cabo un proyecto determinado.

- -

People Analytics es una potente herramienta que aporta información útil para la selección de talento en un mercado laboral diverso y cambiante.

People Analytics es una potente herramienta que aporta información útil para promocionar al personal y evitar la fuga de talento.

¿Imaginas cómo el método *People Analytics* puede conseguir este importante reto?

Ya has visto que el sistema informático es una excelente fuente de datos interna. Sin embargo, los grandes volúmenes de datos que la tecnología de *Big Data* procesa otorgan gran poder a esta magnífica herramienta:

- **Identificando patrones:** puede identificar patrones estadísticos de profesionales no lo suficientemente valorados por el mercado laboral.
- **Identificando candidatos:** es capaz de detectar y encontrar aquellos candidatos con mayor cualificación para el desempeño de un puesto concreto.
- **Reduciendo al máximo la incertidumbre:** es capaz de ofrecer señales que alertan sobre crisis de talentos permitiendo dar rápidas respuestas eficaces para atender sus necesidades y evitar fugas.
  También es capaz de vislumbrar nuevas oportunidades para el propio negocio.

Es verdaderamente relevante para una organización empresarial conocer que ya es posible conectar las vivencias experienciales de los trabajadores con los propios indicadores de la empresa a nivel de negocio:

- Los indicadores del negocio aportan información relativa a:

  - La rentabilidad del negocio.
  - El crecimiento de la empresa.
  - El riesgo que asume una compañía con su actividad.

➲ Los indicadores de la experiencia del trabajador permiten medir la experiencia del trabajador a través de sus vivencias en situaciones concretas:

ᴗ Satisfacción
ᴗ Compromiso
ᴗ Aportación
ᴗ Etcétera

 PARA SABER MÁS

Si quieres conocer algunos indicadores clave que sirven para medir la experiencia del empleado, accede al siguiente enlace:

https://redirectoronline.com/ifct163po0402

 TAREA 10

Sonia ha sido fichada por una empresa que quiere someterse a un proceso de transformación digital profundo. Como consultora, ha detectado que esta empresa tiene una elevadísima rotación. Quiere hacer una propuesta para implementar en el Departamento de Recursos Humanos todo lo que la metodología *People Analytics* entraña. Para ello, y después de un arduo análisis, decide redactar un informe en el que explicará las ventajas y beneficios que servirán de motor de cambio.

Sobre estos datos, redacta un pequeño párrafo con el que Sonia pueda dar a conocer *People Analytics* como recurso empresarial basado en inteligencia artificial para la gestión de personal, descubriendo qué distingue esta filosofía de otras fórmulas convencionales.

2.3. Proceso de construcción de un modelo de *People Analytics*

¿Qué tipo de algoritmo está diseñado para ofrecer soluciones en función de todos esos indicadores?

Aunque son numerosas las soluciones comerciales existentes en el mercado de *People Analytics*, la solución estandarizada pasa por un procedimiento básico de construcción y diseño que se inicia con el tratamiento de los datos, todos ellos relacionados con el departamento de recursos humanos:

1. **Selección de datos:** no todos los datos que domina el departamento aportan valor a la solución. Esto significa que habrá que hacer una selección de aquellos datos que realmente son apreciables para el análisis. Serán en los datos correspondientes a la gestión del talento y la gestión del departamento donde se prestará más atención.
2. **Preprocesado de datos:** una vez realizado el primer cribado, los datos deberán someterse a un proceso para limpiar aquellas impurezas que solo harán discrepar al sistema y generar inconsistencias. Es un buen momento para que esta criba aporte más calidad a la gestión.
3. **Entrenamiento modelo:** es el momento en el que se ejecutarán las técnicas para la detección de patrones representadas por la relación entre las distintas variables. La tarea algorítmica llevará a cabo su análisis:

   a. Tareas de regresión.
   b. Árboles de decisión.
   c. *K- nearest neighbors.*
   d. Etc.

4. **Interpretación de los resultados y evaluación:** el modelo proporcionará un resultado cuyos patrones deberán someterse a una transformación de los datos en información, con idea de que esta sirva para tomas de decisiones acertadas previas a la evaluación.
5. **Conocimiento:** finalmente, las técnicas de *Data Mining* han conseguido extraer de los datos conocimiento significativo que resultará de valor para que las tomas de decisiones para la gestión del recurso humano sean eficaces y aplicadas a todos los ámbitos organizativos.

Aunque durante la fase del entrenamiento del modelo se han nombrado algunos algoritmos, en términos generales *People Analytics* puede aplicar distintos **grupos de algoritmos** con varios objetivos. Por ejemplo, poder enumerar en un listado colaboradores con similares *features* (características) que proporcionen una definición ajustada para poder llevar a cabo acciones concretas o comunes:

Algoritmos de agrupamiento
- *Clustering* basado en *K-means.*

Algoritmos iterativos de clasificación por agrupamiento jerárquico
- Con dos técnicas para agrupar los datos bien totalmente opuestas:
    - Técnica divisiva con enfoque descendente: algoritmos jerárquicos divisivos.
    - Técnica aglomerativa con enfoque ascendente: algoritmos jerárquicos aglomerativos como *Single Link* o *CURE.*

Algoritmos basados en distribución
- *Expectation-Maximization.*

Algoritmos basados en densidad
- DBSCAN
- OPTICS

Las técnicas de agrupación jerárquica sirven para encontrar la jerarquía entre las distintas agrupaciones. La estructura es muy parecida a la del árbol, pero en esta ocasión recibe el nombre de dendograma.

La empresa del siglo XXI que adopta una filosofía de mejora continua utiliza las técnicas de *People Analytics* para realizar evaluaciones anuales de todos los integrantes de la organización. Esta labor es independiente a si los perfiles son administrativos, técnicos o comerciales.

La idea es aprovechar la gran ingesta de datos recopilados en las evaluaciones del personal con carácter anual, teniendo el afán de aplicar la metodología de *People Analytics* y conseguir que esta acción quede integrada como parte de la gestión y el desarrollo del capital humano que forma parte de la compañía.

¿Qué tipo de información se puede obtener aplicando esta metodología a tenor de estas evaluaciones periódicas?

Los resultados son tanto **cuantitativos** como **cualitativos:**

- **Información cuantitativa:** por ejemplo, porcentaje de consecución de objetivos.
- **Información cualitativa:** por ejemplo, el compromiso de un equipo de trabajo con respecto a un objetivo determinado.

La inmensa mayoría de las empresas que quieren adoptar un cambio cultural con una filosofía *Data Driven* tienen dificultades para ahondar en la analítica de los datos más allá del primer nivel.

Observa con mucha atención los distintos niveles de análisis que una empresa debería saber gestionar desde su área de recursos humanos:

➲ **Nivel 1:** se trata de una analítica sencilla, básica y de carácter comparativo. En ella se registran aspectos como:

    U Ausencias del personal.
    U Ratios de reclutamiento.
    U Rotación del personal.
    U Etc.

➲ **Nivel 2:** se trata de una analítica algo más profunda de los datos. Se lleva a cabo un análisis multidimensional con idea de estudiar y comprender algunas posibles relaciones entre variables (procedimientos, actividades, resultados, etc.). A modo de ejemplo sería:

    U Asociación de habilidades directivas con la puntuación obtenida en el nivel de compromiso del profesional a fin de definir la eficacia del ejercicio del liderazgo.

➲ **Nivel 3:** se trata de una analítica compleja y con fines predictivos. Se lleva a cabo con la intención de realizar predicciones conductuales del personal. Es de gran utilidad como fuente de conocimiento para la dirección de personas, ya que proporciona información que permite una adecuada planificación de estrategias que den eficaces respuestas.
Este nivel asocia datos tanto del ámbito de los recursos humanos como de otros terrenos propios de cualquier empresa en general. Es una analítica que conecta el área humana con el área estratégica de la empresa. A modo de ejemplo sería:

    U Asociar los datos relacionados con las ventas de cada comercial para crear un escenario futuro de políticas adecuadas de remuneración, permitiendo establecer justas diferencias en función de los resultados de cada empleado.

Continuando con todo lo anterior, *People Analytics* debe cumplir con **tres objetivos** fundamentales:

➲ **Vincular *Data* RR. HH. - organización:** establecer una conexión entre los datos bajo el dominio del departamento de recursos humanos con las estrategias de la organización. El objetivo es que, a nivel gerencial y en el ejercicio del liderazgo, se disponga de información para tomar decisiones eficientes y eficaces.

● **Ayudar a RR. HH. en el diseño de estrategias:** proporcionar información que permita a los responsables del departamento de recursos humanos construir estrategias y llevar a cabo acciones con mayor grado de eficiencia y eficacia.

● **Ayudar a los equipos directivos a calcular la eficacia de las acciones:** proporcionará información a las gerencias para hacer mediciones de los resultados obtenidos en la consecución de los objetivos y la eficacia de las estrategias diseñadas para la gestión del talento.

Una potente herramienta de *People Analytics* debe ser capaz de realizar tanto una analítica descriptiva como una predictiva, a fin de proporcionar respuestas a interesantes preguntas como estas:

Descriptivo
- ¿Cuántos gerentes de desarrollo de negocio fueron formados el mes anterior?
- ¿Cuál fue el coste del total de la formación?
- ¿Cuál fue el coste de la formación especializada en liderazgo y dirección de equipo?
- ¿Cuántos trabajadores no forman parte del plan de desarrollo?

Predictivo
- ¿El plan formativo mejorará el perfil competencial de los gerentes de desarrollo de negocio?
- ¿Qué formación específica tiene un impacto mayor para los gerentes de desarrollo de negocio?
- ¿Qué habilidades y competencias se necesitarán desarrollar para la nueva estrategia?
- ¿Qué aspecto formativo sirve para mejorar la retención de los trabajadores?

Siguiendo con las preguntas del ejemplo, *People Analytics* también proporcionará las claves de cómo impactará la formación en la rentabilidad. En definitiva, lo verdaderamente relevante es conocer que existen muchas cuestiones significativas para los negocios que se pueden medir. Por ejemplo:

¿Cómo calcular la ratio de "cultura organizacional"?

De las evaluaciones del personal se pueden extraer datos para medir el nivel de compromiso de los empleados para con la organización. Esta ratio indicaría si existe o no buena predisposición del empleado a trabajar con la misma filosofía de la empresa. A nivel predictivo, esta ratio interviene para predecir retenciones y fugas.

Advertidos ya los beneficios y el esfuerzo que supone que un negocio implemente técnicas de *People Analytics* dentro del departamento que gestiona el capital humano, el trasvase de *Data Centre* al *Data Driven* se llevará a cabo por medio de una serie de sencillos pasos desde la perspectiva del científico de datos.

 CONSEJO

No olvides que implementar el método de *People Analytics* va más allá de adquirir un *software* como solución comercial, ya que implica un cambio cultural y la participación de profesionales expertos que guíen la forma de abordar los datos en disposición de la organización.

A continuación conocerás qué pasos deberás dar para acondicionar los datos de tu negocio e ir acomodándolos para esta nueva aventura:

1. **Tareas de planificación:** el primer paso que se ha de dar consiste en identificar los objetivos que la empresa persigue al analizar de una forma inteligente una gran ingesta de datos.
2. **Definición de éxito:** el segundo paso consistirá en definir los indicadores que ayudarán a determinar si el procedimiento al completo, y una vez finalizado y entregado el informe final, puede entenderse que ha sido todo un éxito con un impacto en la organización ajustado al deseado. Para ello, y llegado el momento, se solicitará a los usuarios del reporte *feedback* o retroalimentación.
3. **Labores de auditoría:** consiste en hacer una evaluación de los datos disponibles a nivel cuantitativo y cualitativo. Es el momento de afirmar o no si el data actual es de suficiente calidad. De encontrar algún aspecto que determine la presencia de algún salto o deficiencia en los datos, habrá que solucionar esta cuestión antes de seguir avanzando.
4. **Diseño de la estructura y proceso:** en este cuarto paso se establecerán algunos criterios importantes:

   ◑ Definir los roles para cada individuo que conforme el equipo.
   ◑ Definir los objetivos de cada rol.
   ◑ Definir requerimientos necesarios.

◊ Definir quién es quién acorde al objetivo del proyecto (clientes, usuarios, empleados, grupos de interés, proveedores, mercado, etc.) y el grado de relación e influencia.

5. **Diseño de estrategias para la construcción del *Data*:** llega la hora de diseñar la fórmula para totalizar de forma planificada todas las *Datas*. En ella se debe tener en cuenta cómo se realizará el proceso de recolección de datos y también la forma en la que serán procesados.
Recuerda que:

◊ Los datos provienen de distintas fuentes y en distintos formatos (electrónicos y no electrónicos).
◊ Los datos pueden recolectarse combinando diversas fórmulas: registros, listados físicos o informáticos, encuestas, evaluaciones, etc., e incluso se puede aprovechar y crear nuevos sistemas de recolección para los nuevos datos.

6. **Construcción del *Data*:** consiste en la reunificación de las distintas fuentes de datos aplicando las estrategias definidas en el paso anterior.
7. **Análisis de datos:** vendrá determinado por los objetivos que persiga la empresa definidos en el primer paso. Es el momento de seleccionar el modelo.
8. **Informes de análisis:** puede representarse en forma de informe o expediente, tratando que los resultados de la analítica sean todo lo visual posible para su mejor comprensión. En este informe, a modo de reporte, quedarán destacados todos los aspectos tratados. Se ha de incluir un apartado que servirá de instrucción para cada tipo de usuario, además de recomendaciones.
9. **Informes de análisis:** puede representarse en forma de informe o expediente, tratando que los resultados de la analítica sean todo lo visual posible para su mejor comprensión. En este informe, a modo de reporte, quedarán destacados todos los aspectos tratados. Se ha de incluir un apartado que servirá de instrucción para cada tipo de usuario, además de recomendaciones.

 VÍDEO

A continuación, tienes un vídeo que resume las cualidades de la tecnología *People Analytics* al servicio del departamento de recursos humanos.

Continúa en página siguiente >>

<< *Viene de página anterior*

En marzo de 2018, tuvo lugar un encuentro denominado **Big Data to Action Forum 2018,** donde expertos en recursos humanos expusieron en una mesa redonda las bondades de la tecnología usada en la metodología *People Analytics*. En el debate se habló de las peculiaridades de la analítica de datos y los beneficios para la gestión de talento.

https://redirectoronline.com/ifct163po0403

 TAREA 11

Horacio es gerente de una conocida empresa de industrias cárnicas que cuenta con una extensa red de empleados. Distribuyen sus productos por todas las capitales de provincia a través de una importante estructura de red comercial. Con el paso del tiempo y el duro trabajo, ha conseguido posicionar muy bien a la marca. Sin embargo, mantener este posicionamiento en el mercado no está resultando nada fácil y muchos de sus mejores comerciales están claudicando por ofertas laborales que económicamente son más interesantes.

Según la información proporcionada, y con los conocimientos adquiridos sobre las técnicas de *People Analytics*, indica qué beneficios proporcionará al negocio de Horacio implementar en la organización esta metodología en la gestión del personal, destacando aspectos clave de este recurso para la retención del talento.

3. Predicción: *stocks,* demandas, comportamientos

👉 **HILO CONDUCTOR**

Aunque no son clientes, sino pacientes, los usuarios se aprovecharán de los servicios de la innovadora clínica de Stephanie, pero esta deberá contemplar qué mecánicas utilizar para que la clínica sea competitiva. Para ello, y entre muchas otras acciones, tendrá que contar con un plan para que las farmacéuticas le provean con regularidad todo aquello que su pequeño hospital necesita para que la actividad diaria no se vea comprometida. ¿Qué papel juagará en todo esto el aprendizaje por refuerzo?

La inteligencia artificial, junto con las técnicas de *Big Data,* son la combinación perfecta para optimizar la compleja gestión del **Retail.**

El comercio al por menor se identifica principalmente por varias características, destacando entre ellas la atención al consumidor final:

Compromiso y trato personalizado
- La razón de la existencia de diferentes tipos de negocios es la atención al consumidor final. De ahí la importancia del trato personalizado y el grado del compromiso que el comercio asume para con él.
- Uno de los aspectos que más confianza genera entre los consumidores es poder contar con un servicio de posventa con una respuesta eficaz.

Altísima dependencia logística
- El comercio minorista depende directamente de la logística, tanto es así que muchos de ellos han optado por tener su propio sistema logístico para garantizar *stocks,* la distribución de mercancías y el servicio al consumidor.

Demanda repetitiva
- También se caracteriza por la frecuencia de las ventas y el pequeño volumen de estas.

 **DEFINICIÓN**

Retail
Comercio al detalle, o comercio minorista a gran escala. Se trata de la venta de productos al usuario final. A este sector pertenecen comercios como supermercados, librerías, zapaterías, menaje del hogar, etc., cualquier establecimiento cuya actividad sea común y tenga trato directo con el consumidor.

En las características del *Retail* que definen la personalidad del negocio, se pueden observar aquellos aspectos que distinguen unos comercios de otros.

 **EJEMPLO**

¿Qué hace que un cliente decida comprar en un supermercado y no en otro cuando el producto que quiere adquirir es de la misma marca y tiene el mismo precio?

Quizá la cercanía, pero también pueden darse otros aspectos que el negocio haya trabajado y con los que supo ganar la fidelidad del consumidor.

3.1. Retos del sector *Retail*

Es evidente que, en esta era digital, existe un aumento de comercio *online*. Esta situación de expansión de los *e-Commerce* ha implicado para los negocios *Retail* tradicionales un viraje importante, viéndose obligados a cambiar sus estrategias de venta.

Sin embargo, y aunque la convivencia entre los comercios físicos y los virtuales está siendo mejor de lo esperado, es cierto que ambos tienen un hándicap que superar cada día, y es que el centro neurálgico de estos negocios se encuentra en su **logística.**

¿A qué retos se enfrenta los *Retails* cada día?

Operaciones fluidas	Previsión de la demanda
- Han de ser capaces de garantizar con fluidez las operaciones diarias por la venta de muchísimos productos. Esta es la única manera de alcanzar márgenes de ganancia.	- Deben ser capaces de prever la demanda de productos con anticipación suficiente y con los menores *stocks* posibles para garantizar su actividad diaria.

Llevar a cabo una **previsión de la demanda con eficacia** significa que esta debe ser lo suficientemente precisa para saber qué mercancías se requerirán y en qué lugar han de estar para garantizar la provisión de productos a los clientes finales, manteniendo el difícil equilibrio de contar con un *stock* mínimo, lo que genera cierto grado de riesgo.

A continuación, describimos cómo es la dura labor de los *Retalis* para garantizar la actividad empresarial:

⮑ **Centro de distribución:** multitud de productos están concentrados en los centros de distribución a la espera de ser trasladados al pequeño almacén del negocio.
⮑ **Almacén:** en el almacén debe existir un *stock* mínimo para no asumir el riesgo de no poder vender aquello que el cliente demanda.
⮑ **Tienda:** la tienda es el escaparate y el sitio donde el cliente acude con la intención de adquirir el producto que necesita. Suele ser un producto de consumo masivo, pero la forma de adquirirlo es a medida que se consume o necesita.

Una predicción fiable es relativamente factible cuando las condiciones son estáticas, sin embargo, el mercado actual se caracteriza por ser cada vez más dinámico.

¿Cuáles son los factores más comunes que afectan a la demanda de productos?

Responder a esta cuestión es realmente importante, ya que con ella se enumeran infinitas variables que representan problemas para quien quiera planificar con eficacia la demanda.

⮑ **Variación recurrente:** el que un negocio fundamente su actividad en la venta de productos masivos no significa que exista regularidad en la demanda cada día de la semana, en determinadas fechas del año o en cada estación. Hay productos que se consumen mucho más en ciertos días de la semana que otros.

Por ejemplo, uno de los productos estrella de la multinacional McDonald's es el menú infantil *Happy Meal.* Se caracteriza por contener dentro de una cajita un pequeño regalo, de manera que el niño o la niña disfrutará de su comida mientras juega con el contenido del paquete. La demanda de este producto aumenta los fines de semana, por lo que el establecimiento deberá hacer una previsión de existencias teniendo en cuenta este dato.

⊃ **Estrategias de negocio:** una campaña de *marketing* que busca llamar la atención del consumidor puede alterar la demanda de un producto. ¿Qué pasaría si tras el esfuerzo de modificar precios, hacer promociones, cambiar escaparates, etc., no hubiera suficientes existencias para dar servicio a toda esa promoción?

⊃ **Variables externas:** otras importantes variables externas pueden afectar al volumen de demanda en un comercio. Imagina por un momento que la panadería de al lado cierra sus puertas al público sin avisar. El flujo de clientes de este comercio buscará indudablemente otra alternativa. También puede afectar igualmente la inauguración de otro comercio en una misma área de influencia, o incluso cualquier aspecto relacionado con el clima.

Existen infinidad de datos útiles que afectan potencialmente a la previsión de la demanda, pero que difícilmente pueden ser gestionados al unísono por el intelecto humano con total eficacia. En este aspecto, *Machine Learning* hace una gran labor, ya que facilita a los negocios una información relevante.

¿Imaginas qué tipo de información puede proporcionar el aprendizaje automático en este contexto?

Impacto de las variables
- *Machine Learning* informa y alerta sobre el impacto de las distintas variables al presentarse estas en el escenario comercial.

Niveles de afectación
- *Machine Learning* informa y alerta de las influencias de estas variables en distintos niveles (cadena de distribución para distintas tiendas, etc.).

NOTA

Los grandes beneficios que proporciona la implementación de tecnologías inteligentes en el campo del comercio minorista están haciendo que el proceso de transformación de pequeños y medianos negocios se aborde con una perspectiva más ilusionante.

3.2. Cambio de estrategias de negocio con aprendizaje automático

Cada día son más los comercios de consumo masivo que transforman sus estrategias de negocio, combinando la tecnología basada en la inteligencia artificial con técnicas de *Data Mining* con idea de mejorar la planificación en la previsión de la demanda.

¿Qué razones concretas serán válidas para dirigir este cambio de estrategia?

A continuación, vas a disponer de un listado de operativas llevadas a cabo por esta tecnología que hará que se disipe cualquier posible duda:

- **Recomendaciones de previsión:** un sistema inteligente automatizado con capacidad de aprender por sí mismo proporcionará recomendaciones para prever demandas sin requerir programaciones.
- **Procesado de volúmenes de datos:** un sistema inteligente automatizado con capacidad para almacenar datos y procesarlos evidenciará el valor de los datos generados por el negocio.
- **Identificación de patrones ocultos:** un sistema inteligente automatizado con capacidad para aprender por sí mismo proporcionará patrones de demandas ocultos entre los datos, evidenciando de nuevo la necesidad de contar cada vez con mayor cantidad de datos, antes en apariencia innecesarios.
- **Conjugación de variables para prever contextos futuros:** un sistema inteligente automatizado pronostica una planificación acertada en función de las relaciones entre variables de forma multifactorial que pudieran impactar en la demanda de cada jornada.

IMPORTANTE

El aprendizaje automático proporciona al sistema de gestión del negocio una inteligencia superior que permite conjugar múltiples variables dentro de un mismo factor, circunstancia que a la mente humana le costaría mucho tiempo conjugar.

Por ejemplo, el mal tiempo es un factor externo; *Machine Learning* valorará el impacto del mal tiempo en la actividad del negocio conjugando las diferentes variables que intervienen en cada situación meteorológica (nieve, viento, lluvia, etc.).

Al dotar al sistema de una tecnología basada en la inteligencia artificial con el aprendizaje automático, no solo se consigue que la planificación del negocio se mejore al instante, sino que el sistema seguirá aprendiendo de forma iterativa para seguir mejorando sus previsiones y recomendaciones.

La principal ventaja de que un comercio al por menor a gran escala implemente un sistema inteligente es que podrá hacer un procesamiento de grandes volúmenes de datos provenientes de fuentes con orígenes diferentes, sin necesidad de que en ello participe el ser humano. Todo ello convierte al negocio en un *Smart Retail*.

Los algoritmos de *Machine Learning* son realmente útiles para los *retailers*.

A continuación, tienes resumidos los servicios que estos algoritmos proporcionan en el área del *Retail*:

Patrones en la demanda
- Ayudan a captar y comprender la influencia de patrones de comportamiento de consumidores que van repitiéndose a lo largo del tiempo, como puede ser la estacionalidad.

Decisiones gerenciales
- Facilitan a los que están al frente de la planificación de la actividad del comercio la difícil labor de tomar decisiones asociadas a la previsión y atendiendo a las variables internas del negocio. Por ejemplo, una campaña de *marketing* con todo lo que ello engloba (variación de precios, cambios de expositores, etc.).

Continúa en página siguiente >>

<< Viene de página anterior

Factores externos
- Igualmente ayudan a realizar una planificación más efectiva a nivel gerencial, atendiendo a variables externas (eventos cercanos, campañas publicitarias de la competencia, días festivos, el tiempo, etc.).

Horizonte de previsión
- Ayudan con recomendaciones a planificar el corto, medio y largo plazo de la actividad, atendiendo a las características de cada área del negocio (almacenes, tiendas, centro de distribución...).

El dotar a los negocios de capacidad de reacción anticipándose a los cambios que puedan suceder en la demanda de los productos es el pretexto ideal para permitir que los algoritmos se incorporen a un sistema de trabajo dentro de estas organizaciones. Sin embargo, también determinados algoritmos con operativas más simples son capaces de predecir tendencias. **¡Cuidado con esto!**

¡Ahora presta mucha atención porque vas a conocer qué hace el algoritmo de serie temporal de *Microsoft*!

Un **modelo de serie temporal** puede predecir tendencias con tan solo haber entrenado con un conjunto de datos de entrada. Esto significa que no requiere de nuevas entradas de datos como nueva información para hacer su labor de predicción.

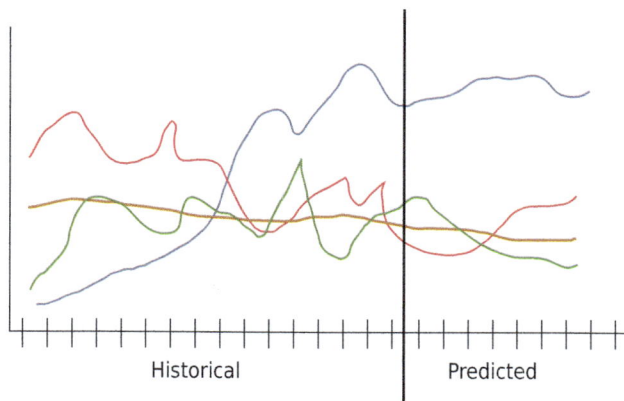

Historical   Predicted

Las series temporales no son más que el resultado que proporciona el cruce de los datos de origen y los datos de predicción. Fuente: Microsoft.

NOTA

No olvides que reabastecer las tiendas requiere de una buena organización en la que interviene la cadena de distribución y toda su operativa.

Sin embargo, utilizar el algoritmo no adecuado puede repercutir negativamente en el negocio. **A continuación comprenderás las limitaciones que tiene el algoritmo de serie temporal.**

Desde el punto de vista práctico, un algoritmo de serie temporal es óptimo para pronosticar patrones que se repiten a lo largo del tiempo, como pudiera ser el caso de aquellas previsiones relacionadas con la demanda durante los días de la semana o para las distintas estaciones del año.

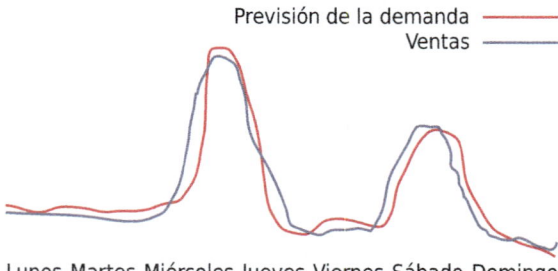

Tipo de respuesta que ofrecen los algoritmos de cara a la predicción para el reabastecimiento de mercancía.

No obstante, para cambios eventuales o situaciones en las que intervienen varios factores, habría que manipular la solución del pronóstico de forma manual, puesto que se tendría que informar al sistema de acontecimientos que van a ocurrir y que, sin duda, impactarán en el resultado. Ejemplo de ello puede ser una simple subida de precios.

¿Verdad que intervenir manualmente no sería práctico?

Por este motivo, el aprendizaje automático en su estado más elaborado posibilita la interactuación multifactorial, y además lo hace sin necesidad de que intervenga absolutamente nadie.

 **RECUERDA**

La principal ventaja de que un comercio al por menor a gran escala implemente un sistema inteligente es que podrá hacer un procesamiento de grandes volúmenes de datos provenientes de fuentes con orígenes diferentes para tener información de valor, sin necesidad de que en ello participe el ser humano.

Aunque a lo largo de este recorrido se ha tratado de enfatizar en cómo se ha de innovar en el sector *Retail,* a continuación, y con el vídeo propuesto, vas a conocer de la mano de expertos cómo se ha de incorporar el aprendizaje automático para que los comercios puedan innovar gracias a la inteligencia artificial.

 VÍDEO

En este vídeo se explica con total claridad cómo la industria *Retail* ha de evolucionar con cierta agilidad incorporando modelos predictivos y robotización.

https://redirectoronline.com/ifct163po0404

 PARA SABER MÁS

Si quieres profundizar más en el contenido del vídeo anterior, puedes acceder desde aquí al interesante artículo que publica el diario *Expansión* y en el que se trata la innovación desde el punto de vista de los supermercados:

Continúa en página siguiente >>

<< Viene de página anterior

https://redirectoronline.com/ifct163po0405

4. Segmentación: análisis de oferta. Identificar tendencias

 HILO CONDUCTOR

Es evidente que Stephanie tendrá que contemplar cuáles serán las nuevas tendencias en tratamientos si quiere que su clínica destaque entre la inmensidad de ofertas del mercado sanitario.

Ella piensa que una buena cultura basada en los datos, donde se combinarán las investigaciones más recientes junto con el historial de cada paciente, permitirá un trato mucho más personalizado. En definitiva, la integración en la clínica de sistemas inteligentes automatizados ayudará no solo a determinar cuál es el tratamiento más eficaz, sino también para predecir qué complicaciones pueden derivar en una determinada enfermedad. ¿Conseguirá este sistema revelar patrones conductuales que hagan que los enfermos puedan mejorar?

Son tantas las posibilidades que ofrece *Machine Learning* en el mundo de las empresas que resulta muy complicado poder resumirlas.

Unas de las cuestiones que se han de dominar para que el negocio sea competitivo, y así se mantenga, es tener la suficiente capacidad de **analizar la oferta**. Para ello, y antes de entrar en este concepto, se hará una distinción entre lo que representan los términos **oferta** y **demanda**:

➲ **Oferta:** conjunto total de bienes o servicios disponible en el mercado.

➲ **Demanda:** conjunto de bienes o servicios disponibles que son necesarios para cubrir las carencias del mercado.

IMPORTANTE

El análisis de la oferta tiene como objetivo definir las cantidades de productos que se tiene la intención de vender y acordar las condiciones para su venta.

- -

Una vez aclarados los conceptos, con el análisis de la oferta se determinará cuántos productos se han de tener a disposición del consumidor atendiendo no solo a la cantidad, sino también al precio, plazos y en qué lugares.

No obstante, con el análisis de la oferta se presenta una extraordinaria oportunidad para hacer una evaluación de las **debilidades y fortalezas del negocio.**

¿Con qué idea se realizaría este "examen de conciencia"?

Es importante que, con la respuesta que seguidamente vas a disponer, reflexiones de nuevo sobre la importancia que tienen los datos:

¿Para qué?
- Con idea de aumentar la ventaja competitiva y crear estrategias de negocio efectivas, incluidas ofertas atractivas.

¿Cómo?
- Llevando a cabo una concienzuda revisión del historial de la oferta. Recopilado los datos (cuantitativos y cualitativos) de fuentes primarias y secundarias (consumidores, encuestas, clientes, publicidad, artículos, blogs, etc.).
- Revisando la oferta presente.
- Analizando previsiones futuras.
- Con idea de conocer cuántos productos ha entregado, está entregando y cuántos podrá ofrecer la competencia al mercado (posición de la competencia).

 **CONSEJO**

Es esencial conocer qué posicionamiento tiene la empresa en el mercado con respecto a sus competidores para lanzar productos. No olvides que analizar la oferta de un producto significa que se ha de realizar un concienzudo análisis de la competencia a la que te enfrentarás: cuanto más sepas de ella, más indicadores tendrás a tu favor para diseñar estrategias comerciales exitosas.

4.1. Tecnología al servicio de los pequeños negocios

Si has reflexionado sobre la importancia de los datos, seguramente habrás advertido que será mucho más fácil realizar el análisis de la oferta con herramientas y tecnología inteligente, o...

¿Piensas todavía que tu negocio podrá sobrevivir en este paradigma económico sin la ayuda de la tecnología inteligente?

Evidentemente, son muchas las pequeñas y medianas empresas que aún no han tenido la oportunidad como tú de descubrir las grandes ventajas que ofrecen la inteligencia artificial y las técnicas de *Big Data*. Sirva esto para empoderar a la tecnología como instrumento al servicio del desarrollo de la economía para dar impulso a la actividad comercial.

Con todo ello, la tecnología se debe percibir como algo alcanzable para todo tipo de negocios.

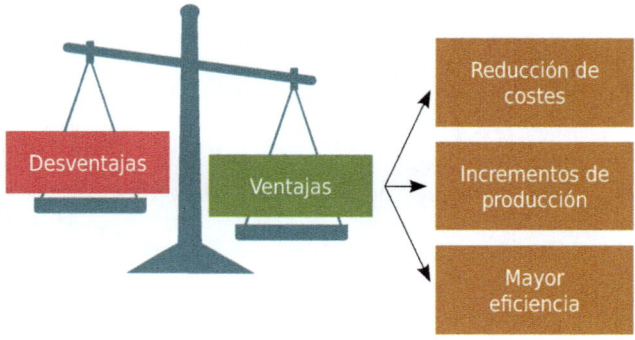

Una vez que se ha procedido a realizar el análisis de la oferta, debes comparar tu producto con el de tu competencia más directa.

¿Sabes qué dos factores intervienen para determinar cuál es la posición de salida que te corresponderá con respecto a la de tus competidores?

La posición competitiva de tu producto o del servicio que comercialices dependerá de dos importantes elementos:

- **Precio:** dependerá del precio al que fijes el producto.
- **Número de atributos:** dependerá también del número de atributos del producto que marque las diferencias con respecto al producto de la competencia.

NOTA

Cuanto mayor sea el número de particularidades (atributos) que definan tu producto y de las que carezca la competencia, más ventaja competitiva tendrás para salir a jugar en el mercado.

Machine Learning contribuye en la fijación del precio de los productos en relación a las variaciones que se producen en la demanda.

Los motivos de las variaciones de la demanda son diversos:

- Promociones y competencia
- Huelga
- Respuestas de la naturaleza
- Patrones estacionales, etc.

NOTA

No olvides que el precio de un producto o servicio puede oscilar, dando respuestas tanto a cambios previsibles como situaciones imprevisibles.

Asimismo, la modificación del precio de un producto puede afectar a la demanda. Por ejemplo, tan solo tienes que observar que, en general, cuando los precios de un producto masivo suben, el consumidor se decanta por reducir la compra de este, sobre todo si se trata de un producto no considerado como básico.

Pero también pueden darse otras conductas en los consumidores, especialmente en los productos básicos de alimentación e higiene personal:

Adquirir la misma cantidad de productos
- Pero de menor calidad.
- Alimentarse con menos cantidad. Disminuir cantidades en la preparación de los platos (los productos duran más porque se consumen más lentamente).
- Decidirse a consumir otros productos más nutritivos que requieran menores cantidades de ingredientes.

Adquirir menos cantidad de productos
- Directamente reducir la compra de productos.

En función de esto, y a tenor de todas las variables posibles y factores de influencia que afectan a la demanda, ¿cómo se planifica eficazmente un negocio en relación al almacenaje y la distribución?

IMPORTANTE

Con todo ello, y para saber mantener el equilibrio entre la oferta, la demanda y los precios, la dirección de un negocio siempre agradecerá contar con una herramienta eficaz que resuelva con agilidad la compleja toma de decisiones.

ACTIVIDAD COMPLEMENTARIA

12. Imagina que tienes una tienda de alimentación con un pequeño almacén, con todo muy bien organizado. El precio del mercado del arroz ha bajado,

Continúa en página siguiente >>

<< Viene de página anterior

por tanto, tu precio de venta también. Haces una previsión de la cantidad de los tipos y marcas de arroz que deberás tener en el almacén y así proveer y atender con corrección a tu clientela.

¿Cuál será tu decisión? ¿Proveerte de más cantidad de arroz?

Un modelo de aprendizaje automático **guía con rigor la flexibilidad de los precios** de los productos.

Proporciona las respuestas de cuánto se verá afectada la demanda con un cambio de precio. Esta apreciación es de gran valor para el vendedor en cuanto a:

- El pronóstico de ventas en las promociones
- La optimización de los precios para liquidar *stocks,* rebajas o fin de temporada
- El ajuste recurrente de precios a tenor de los precios fijados por proveedores y variaciones de los costes de producción

No obstante, la flexibilidad de los precios en sí misma no refleja todo el impacto que producen los cambios en los precios.

Observa con atención la tabla que viene a continuación. Posteriormente tendrás una explicación de lo que en ella se detalla:

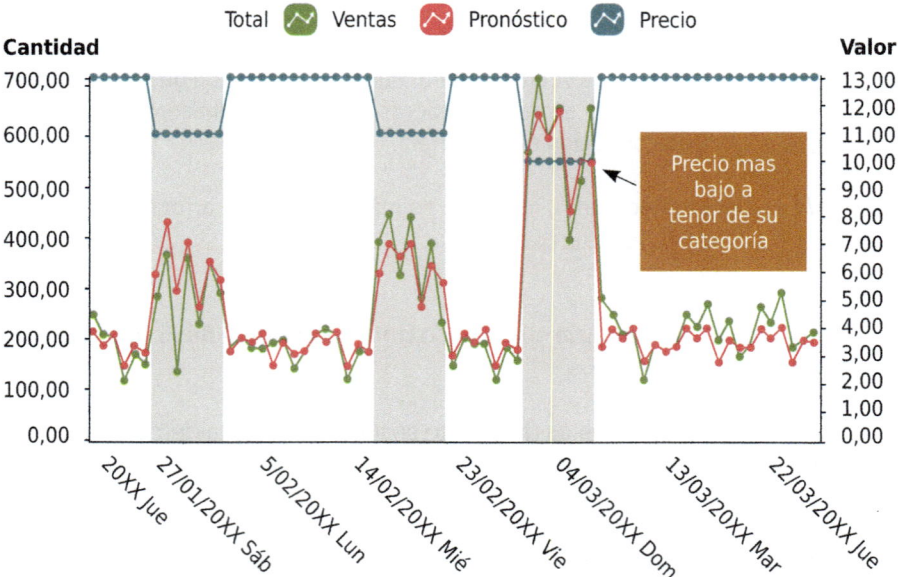

Gráfica en la que se representa la relación entre la demanda, la elasticidad del precio de un producto según su categoría

En la tabla anterior se distinguen dos apreciaciones importantes:

- Cuando el precio de ese producto baja mucho, la demanda aumenta.
- El momento más alto de la demanda se produce cuando el precio del producto es el más bajo de su categoría.

Definitivamente, y en muchísimas ocasiones, el cambio de precio de un producto afecta de forma considerable a los productos de esa misma naturaleza. La gráfica muestra que el producto de una misma categoría que tiene el menor precio caza el porcentaje más alto de consumidores. Esto viene a decir que **los sistemas de gestión basados en el aprendizaje automático pueden pronosticar la colocación del precio de los productos o fijación dinámica de los precios.**

TAREA 12

La curiosidad de Andrés por conocer cómo empresas tan importantes como Amazon utilizan algoritmos para fijar los precios le ha llevado a querer aprender

Continúa en página siguiente >>

<< Viene de página anterior

cómo puede él adoptar las estrategias de las grandes compañías para que su negocio se vea favorecido.

Basándote en el caso de Andrés, indica la clave para crear estrategias de *Social Media* eficaces, conociendo los beneficios que reporta el uso de la inteligencia artificial para la investigación del mercado.

RELEX Solutions es una conocida compañía que trabaja a nivel mundial y se dedica, como otras muchas, al asesoramiento de los negocios minoristas. Recientemente hizo un estudio sobre cuestiones que podían mejorar la competitividad de las pequeñas y medianas empresas (supermercados americanos) mediante una eficaz planificación de sus recursos en cuanto a:

Las conclusiones de dicha investigación proporcionaron las siguientes claves:

El 41 % de los encuestados manifestó su impotencia frente a los recursos de Amazon.

El 63 % de los negocios minoristas del sector de la alimentación ya utilizan canales online.

Ninguno de los encuestados manifestó que los productos frescos no fueran prioridad para su negocio.

2/3 de los encuestados indicaron que mermó en un 1,5 % sus ingresos anuales por productos frescos caducados.

Un 81 % de los encuestados está pensando en hacer cambios en sus fórmulas de pronóstico.

Resultados de Survey-Based Research Study | 2020. Fuente: RELEX.

NOTA

A día de hoy, sigue existiendo cierta resistencia por parte de muchos minoristas en la adopción de soluciones como *softwares* de optimización de *Retail*. En parte esto ocurre por el desconocimiento al creer que la transformación digital abarca exclusivamente la utilización de canales *online*, pero también por otros motivos de mayor peso. Muchos condenan que los recursos tecnológicos basados en la inteligencia digital y en el *Big Data* son exclusivos de las grandes compañías, y no llegan a cuantificar el coste real de su no implementación.

Con aplicar las técnicas asociadas a las ciencias de los datos, la inteligencia artificial y contar con el poder de un sistema computacional en la venta al por menor, se conseguiría un nivel de competitividad mucho mayor en este tipo de negocios que podrán estar a la altura de grandes compañías.

4.2. Tendencias del mercado e inteligencia artificial

La información es poder. Sin ella cualquier empresa daría palos de ciego en la elaboración de sus estrategias.

Partiendo de este principio y conociendo los grandes beneficios que ofrece la inteligencia artificial, muchas empresas tecnológicas están creando plataformas inteligentes para aprovechar la enorme información que proporcionan los clientes y consumidores a través de sus opiniones en tiempo real.

Integrar soluciones de este tipo implicaría una serie de beneficios para los negocios:

Averiguar gustos de los consumidores

Analizar cómo se posiciona la competencia

Continúa en página siguiente >>

<< *Viene de página anterior*

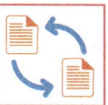

Cruzar datos propios con los de la competencia

Identificar tendencias del mercado

Identificar problemas de productos y tomar decisiones rápidas

Aumentar la conversión, etc.

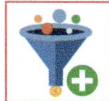

NOTA

Averiguarás, algo más avanzada la unidad, cómo la inteligencia artificial puede escuchar las opiniones de los consumidores en tiempo real.

- -

5. Fidelización de clientes usando aprendizaje reforzado

 HILO CONDUCTOR

Siguiendo con el plan de negocio, sin dejar atrás el componente humano que es lo que verdaderamente más le importa a Stephanie, mejorar la calidad de vida de los pacientes requiere de un contacto periódico con los especialistas y con el centro. ¿Qué estrategias utilizará para fidelizar a sus pacientes haciendo uso de la inteligencia artificial?

- -

Es fundamental conseguir que un cliente quede fidelizado con el negocio para favorecer la buena marcha de la empresa. Las fórmulas para **conseguir la lealtad** de los consumidores pueden ser diversas. En ellas intervendrán

estrategias, aplicación de técnicas y **acciones directas** a fin de conseguir que los clientes decidan adquirir los productos o servicios ofertados con asiduidad en la empresa.

¿Qué dos claros objetivos persigue la fidelización del cliente?

- **Compras recurrentes:** conseguir que el cliente que haya adquirido un producto o servicio en un negocio se convierta para este comercio en un cliente habitual.
- **Promoción:** conseguir que los clientes satisfechos promocionen el comercio y hagan labores de embajadores.

 IMPORTANTE

Para conseguir que tu producto o servicio satisfaga a tus clientes y obtener su lealtad, no basta con tener un producto innovador. Se requiere de estrategias específicas a través de las cuales se obtiene la confianza del consumidor.

En ocasiones, en el ámbito comercial, existe la costumbre de confundir los términos **fidelidad** y **satisfacción.** Es evidente que ambos vocablos responden a definiciones diferentes. Sin embargo, estos dos conceptos están íntimamente relacionados y pueden ser objeto de confusión:

Satisfacción	Es el conjunto de emociones que describe la sensación que vive un cliente hacia un producto, un servicio o incluso hacia la propia empresa. Un cliente satisfecho es más fácil de fidelizar.
Fidelización	Es la retención ganada del cliente que hace posible que continúe adquiriendo productos o servicios por experiencias previas. Un cliente fidelizado es un cliente satisfecho.

La satisfacción de un cliente surge cuando consigue cubrir o superar sus expectativas. Ahora bien, el que un cliente esté satisfecho no significa que tenga que ser fiel al comercio.

La compleja relación entre fidelidad y satisfacción depende entonces de múltiples factores. En ello está la clave para que un cliente no sea desleal y se dirija a la competencia en su próxima compra.

Con el objetivo de aclarar esta cuestión, piensa que el diseño de estrategias para la fidelización de clientes y la toma de decisiones deberá tratar de combinar múltiples factores que remen a favor y no en contra:

- Cubrir las necesidades
- Comprender las necesidades
- Responder a los requerimientos
- Atención personalizada
- Proporcionar experiencias únicas
- Conocer las preferencias
- Superar las expectativas

Las diversas mecánicas que se pueden utilizar implican un gran esfuerzo para los comercios, ya que las acciones, además de planificarse, deben aplicarse a diferentes áreas:

- **A nivel del área de *marketing*:** aplicar métricas para medir el nivel de satisfacción de los clientes y definir y poner en marcha estrategias evaluables atendiendo a objetivos específicos, medibles, alcanzables, relevantes y acotados en el tiempo.
- **A nivel del área de ventas:** generar una base sólida de confianza para con el cliente y alimentarla.
- **A nivel del área de servicio al cliente:** focalizar esfuerzos para dar una atención de calidad por los distintos canales utilizados para establecer una comunicación con el cliente antes, durante y después de la venta.

 **CONSEJO**

Existen características que definen el buen servicio al cliente y que todo plan estratégico de fidelización debe contemplar: agilidad, comodidad, buena comunicación y buen trato, receptividad, conocimiento y personalización, etc.

El cliente ofrece varias oportunidades a lo largo de su **ciclo de compra** para que el negocio pueda aplicar estrategias de fidelización. Aunque la vinculación no es tarea fácil, cada etapa representa momentos para la empresa donde poder aportar un valor añadido:

Fase de atención
- Donde el cliente comienza a ser consciente de que tiene que cubrir una necesidad o resolver un problema. **¿Cómo hacer que el cliente te encuentre y conecte con tu marca? ¿Cómo localizar a esos clientes a los que tú puedes ofrecer una respuesta eficaz?**

Fase de búsqueda o investigación
- El cliente realiza una búsqueda para encontrar qué alternativas ofrece el mercado para responder a su problema. Hace comparativas. Topa con tu negocio y valorará qué opciones le das para cubrir su necesidad. **¿Qué hacer para que tu propuesta se tenga en cuenta?**

Fase de decisión
- El cliente, tras valorar y estudiar las alternativas, deberá tomar la decisión de seleccionar el establecimiento en el que realizará la compra. **¿Qué hacer para impactar?**

Fase de acción
- Has conseguido que el cliente te elija, pero antes ha valorado múltiples factores: precio, calidad, tiempos de entrega, servicio de devolución, atención, competencia, las características técnicas, etc. **¿Qué fue lo que motivó su elección?**

Fase de servicio de posventa
- Es el momento de medir el grado de satisfacción de tu cliente. **¿Cómo puedes mejorar la experiencia? ¿Conseguiste recomendación?**

No es posible avanzar en el contenido sin nombrar unas de las métricas más importantes asociadas a la fidelización. Esta métrica indica el beneficio generado por un cliente a lo largo de la relación con el negocio.

Dicha métrica recibe el nombre de *Customer Lifetime Value,* reconocida por sus iniciales **CLV.**

CLV es una excelente métrica para medir el rendimiento de un negocio, ya que permite identificar el beneficio generado por un cliente a lo largo de la relación comercial.

¿Por qué es importante hacer esta medición?

5.1. Aplicación del aprendizaje reforzado

Con independencia de que CLV te permitirá conocer qué inversión puedes destinar a campañas publicitarias para que ese esfuerzo económico sea rentable, gracias a las técnicas utilizadas en el **aprendizaje automático** se consigue contar con un pronóstico muy preciso del valor que supone cada cliente para el negocio desde su primera adquisición.

¿Qué relación tiene esta información con la fidelización?

Si has pensado lo suficiente sobre la cuestión anterior, quizá has podido llegar a una buena conclusión. No obstante, por si acaso aún no tienes una respuesta clara, enseguida vas a entender el porqué de la relación entre la **métrica CLV** y la **fidelización** y los **algoritmos:**

➲ **Métrica CLV:** los algoritmos pueden entrenarse para asignar un valor muy preciso de la métrica CLV, tanto es así que ellos realizan una segmentación de la base de clientes en posesión de la empresa a tenor del valor que los clientes representan para el negocio.

➲ **Fidelización de clientes:** conociendo cuáles son los "compradores de más valor" para el negocio, será posible diseñar eficaces estrategias de fidelización.

Sirva como ejemplo para explicar el contenido anterior el trabajo de la compañía Lead Ratings.

Esta firma ha construido un sistema de algoritmos donde, una vez integrados dentro de una plataforma, el *software* es capaz de predecir no solo la probabilidad de que finalmente un usuario o consumidor se convierta en comprador, sino que también aprovecha los registros ya existentes de clientes para identificar aquellos que más valor podrán generar.

Con esta fórmula, el negocio que tenga implementada una solución como esta podrá ofrecer a sus mejores clientes un trato preferencial con la idea de poderlos fidelizar.

IMPORTANTE

En este ecosistema económico tan competitivo, es vital contar con sistemas inteligentes que sepan segmentar grupos de clientes y, además, permitan

Continúa en página siguiente >>

<< Viene de página anterior

conocerlos en profundidad. De esta forma se podrá personalizar la comunicación o el mensaje que quieras enviar aportando un valor diferencial.

Sin duda, aquellos negocios que implementan la inteligencia artificial salen muy favorecidos a la hora de establecer relaciones duraderas con sus clientes. Pero, más allá de hablar de algoritmos de fidelización, hay que resaltar el **aprendizaje por refuerzo** como una de las modalidades de aprendizaje automático más empleada para la automatización del negocio en cuanto a la relación con el cliente.

Aprendizaje por refuerzo

- Su aplicación es muy común en aquellos casos en los que ha de resolverse un problema para sobrevivir en un entorno complejo. Ejemplo de ello son los coches autónomos, donde hay que dar respuestas a situaciones inesperadas. Pero también son de utilidad en el complejo mundo de los negocios, donde es muy dificultoso predecir todos los movimientos del mercado sin errar.

No hay mejor manera para explicar cómo funciona el aprendizaje reforzado que imaginar el complejo ecosistema del mercado.

Imagina un contexto como el de un gran centro comercial por el que fluyen todo tipo de clientes con necesidades y gustos diferentes. Ahora trata de pensar en la diversidad de escaparates que muestran infinitos artículos y multitud de información por todas partes.

¿Qué objetivo podría tener el aprendizaje reforzado?

Siguiendo con el planteamiento anterior, ahora una de las tiendas lanza un algoritmo para obtener respuestas que aporten un valor añadido al negocio.

El algoritmo tendrá que informar sobre qué factores determinarán el grado de fidelidad que podría tener cada cliente con respecto a este comercio. Para ello, el modelo deberá investigar la inmensa cantidad de datos disponibles con idea de poder resolver este gran dilema.

El escenario planteado resulta ser dificultoso y realmente complejo, ya que son muchos y diversos los factores que intervienen en la satisfacción de los clientes y que facilitarán la fidelización. No obstante, el mayor desafío para el algoritmo será realizar una **explotación** de millones de datos con idea de intercambiarlos para realizar una buena **exploración.**

¿Recordabas que el aprendizaje por refuerzo es un tipo de aprendizaje automático muy especial?

No te preocupes si no lo recordabas, de nuevo tendrás una breve explicación.
- La principal diferencia del aprendizaje por refuerzo con respecto al aprendizaje supervisado es que este último inicia su desempeño contando con un montón de ejemplos "etiquetados" que indican al modelo qué acciones deben realizarse para según qué situación.

Aprendizaje reforzado versus aprendizaje no supervisado
- La principal diferencia del aprendizaje por refuerzo con respecto al aprendizaje no supervisado es que este último centra su esfuerzo en detectar estructuras dentro de un grupo de datos, mientras que el aprendizaje reforzado se focaliza en mejorar las señales de recompensa.

NOTA

En términos generales el aprendizaje automático supervisado se utiliza para detectar una situación y categorizarla, siendo el principal objetivo extrapolar circunstancias que no se encuentran en los datos de entrada (datos de entrenamiento). Muy diferente es la ardua labor del aprendizaje reforzado.

Existen una serie de **elementos** que definen el **aprendizaje por refuerzo** y que, sin duda, hace que este se convierta en un **nuevo paradigma de la inteligencia artificial.**

Para contar con una correcta explicación vas a imaginar el impacto que pueden tener distintos agentes externos sobre el medioambiente para responder a la cuestión siguiente:

¿Qué elementos intervendrán en la creación de un ecosistema de referencia que imite a uno natural?

Este modelo vendría definido por **cuatro elementos:**

- **Política de medioambiente:** gracias a la política es posible hacer una definición de la manera en la que un agente (algoritmo) adopta un comportamiento. La política registra las acciones que tendrían que ponerse en marcha en función de los diferentes estados adoptados por el ecosistema (objeto de estudio).
- **Indicación de distinción o recompensa:** revela cuál es el objetivo del dilema, es decir, qué se pretende resolver o solucionar. Cada cierto tiempo, el ecosistema retornará un determinado número de recompensas, ya que el objetivo del agente es encontrar el máximo de recompensas, que son las que determinan si las acciones son buenas o malas para el agente.

  - Una baja recompensa significa que la política debe modificarse para las siguientes acciones.
  - Una alta recompensa indica que la política de esas acciones es correcta.

- **Función valor:** la señal o indicación de recompensa indica qué decisión es la mejor a corto plazo, mientras que la función valor señalará qué opción es mejor para el largo plazo.
- **Ejemplo representativo:** corresponde al modelo de ecosistema que imita al ecosistema natural.

Un modelo de ecosistema que imita el medio natural puede ayudar a predecir cómo será el comportamiento de la naturaleza frente a la acción de diferentes agentes, sin necesidad de poner en peligro el medioambiente e indicando qué circunstancias nuevas se darán y cómo se han de mejorar.

IMPORTANTE

El aprendizaje por refuerzo se utiliza para predecir el comportamiento del objeto de estudio, predice cuál será el siguiente estado del objeto estudiado, proporcionando información de cuál ha de ser la recompensa, es decir, es realmente eficaz para llevar a cabo una planificación de acciones estratégicas que se quieran llevar a cabo. Este tipo de aprendizaje predice cuál será el siguiente escenario tras aplicar esas estrategias y, además, indica cuál debe ser la recompensa.

- -

Es indudable que, hoy más que nunca, cualquier negocio necesita de una diversidad de **herramientas de *marketing*** para adentrarse en el mercado con efectividad y eficacia. Quizá se trate de una de las áreas de la empresa más importantes.

Es posible que todas las empresas tengan un plan de negocios en el que han incluido las estrategias de *marketing*. Pero, **¿se hace de manera inteligente?**

> **¿Qué información proporciona internet de nuestros potenciales clientes?**
> - Un elevadísimo porcentaje de consumidores utiliza las redes sociales para comunicarse e informar de aquello que le resulta de interés.

> **¿Qué dice internet de nuestro negocio?**
> - Un porcentaje muy alto en las decisiones de los consumidores se toman en función de lo que internet dice del negocio.

> **¿Qué capacidad de influencia tiene el *marketing* en el consumidor?**
> - Existe una cultura de consumo y el *marketing* de las empresas está estrechamente relacionado con ello.

ACTIVIDAD COMPLEMENTARIA

13. ¿Por qué es importante aplicar la inteligencia artificial en las estrategias de *marketing* digital?

- -

5.2. Sistema inteligente de escucha social

El Instituto Nacional de Estadística (INE) publica datos muy interesantes de analizar.

En la siguiente tabla se muestra el porcentaje de usuarios de internet (con edades comprendidas entre 16 y 74 años) y el tipo de actividad que realizó en el uso de internet en los últimos tres meses. Estos datos corresponden al año 2020.

¿Ves algún dato relevante que te permita extraer alguna conclusión? En el listado de servicios que los usuarios pueden utilizar por internet tienes una pista.

SERVICIOS DE INTERNET	MUJERES	HOMBRES
Recibir o enviar correo electrónico	80,2	83,7
Telefonear o realizar videollamadas a través de internet	84,9	81,9
Participar en redes sociales (con un perfil de usuario)	71,2	67,5
Usar mensajería instantánea	96,9	95,1
Buscar información sobre bienes o servicios	83,4	84,6
Leer noticias, periódicos o revistas de actualidad *online*	79,7	83,3
Escuchar música (emitida por internet o en *streaming)* o descargar música	71,5	74,9
Ver programas emitidos por internet (en directo o en diferido) de canales de televisión	48,2	52,1
Ver películas o vídeos bajo demanda de empresas comerciales	57,3	60,9
Ver contenidos de vídeo de sitios para compartir	74,5	77,3

Continúa en página siguiente >>

<< Viene de página anterior

SERVICIOS DE INTERNET	MUJERES	HOMBRES
Jugar o descargar juegos	36,2	43,2
Buscar información sobre temas de salud	78,3	65,5
Concertar una cita con un médico a través de una página web o de una app de móvil	46,8	39,6
Acceder a archivos personales de salud	19,1	18,6
Acceder a otros servicios de salud *online* en lugar de ir al hospital	23,7	20,2
Realizar algún curso *online* (o parcialmente *online*)	28,7	27,9
Utilizar material de aprendizaje *online* que no sea un curso completo *online*	37,8	37,5
Comunicarse con monitores o alumnos utilizando portales o sitios web educativos	35,0	28,7
Vender bienes o servicios	12,8	17,2
Utilizar banca electrónica	64,5	68,8
Colgar contenidos propios (texto, fotos, música, vídeos, *software*, etc.) en una página web para ser compartidos	40,8	40,6
Utilizar un espacio de almacenamiento en internet	42,9	49,3
Realizar apuestas *online* por dispositivos móviles o fijos en salones de juego o similar	2,3	4,9

Encuesta sobre Equipamiento y Uso de Tecnologías de Información y Comunicación en los Hogares.

IMPORTANTE

El incremento del uso de las tecnologías de la información y comunicación (TIC) en los hogares es evidente. El *Big Data* recoge los movimientos de los usuarios en internet, siendo un gran recurso informativo para que todo tipo de empresas pueda competir en un mercado cada vez más globalizado.

- -

Sin duda la proliferación de las redes sociales ha supuesto para las empresas nuevas rutas de penetración en los mercados y para su subsistencia. Esto implica un esfuerzo para aprender el manejo de **estrategias de *Social Media*** con el objetivo de ganar competitividad en el sector.

 **DEFINICIÓN**

Estrategias de *Social Media*

Son aquellas acciones orientadas a aumentar la interacción en los perfiles sociales de la empresa a través de las diversas plataformas sociales. Su fin es el de alcanzar unos objetivos de *marketing* establecidos que están alineados con los objetivos generales de la empresa y, a su vez, han de estar definidos en el propio plan de *marketing.*

Sin embargo, y para ganar valor competitivo, ya no basta con que un negocio tenga presencia en redes sociales y mantenga una mediana comunicación con su público objetivo.

¿Dónde está entonces la clave para ganar competitividad con las estrategias de *Social Media?*

Definir estrategias significa construir los caminos apropiados mediante la aplicación de tácticas que llevan a alcanzar los objetivos de manera más eficaz. Esto significa que las mecánicas deben emplearse en aquellos entornos digitales contextualizados, donde prevalezca el conocimiento del público y del mercado (entorno y competencia) para poder diseñar y dirigir acciones estratégicas.

¿Cómo podrías generar un contenido atractivo para conectar con tu público objetivo si no conoces qué le interesa, qué le preocupa, qué necesidades tiene y qué propuestas le ofrece la competencia?

Para dar respuestas a las anteriores preguntas has de tener en cuenta que la característica principal del mercado actual es que este cambia muy rápido. Por consiguiente, y a tenor de este dato, hay que dotar a la empresa de una **doble velocidad** que le permita tomar **rápidas decisiones estratégicas.**

En este sentido, y como podrás sospechar, es la inteligencia artificial la que jugará un papel determinante para la empresa en el área de *Social Media*.

El factor clave para ganar competitividad en las redes sociales es la gestión de un gran importante volumen de información.

IMPORTANTE

La inteligencia artificial en el *Social Media* juega un papel realmente importante, es la única capaz de procesar inteligentemente toda la información que generan las redes sociales para dotar a la empresa de la ventaja competitiva que necesita.

- -

Un **sistema de escucha social basado en inteligencia artificial** correctamente configurado proporcionará a la empresa, y en tiempo real, una cantidad de información de alto valor:

➲ Los estudios del mercado son más efectivos, pues proporcionan información de audiencias ubicadas en distintos contextos geográficos pero al mismo tiempo.
➲ La información se recopila, clasifica y visualiza a una velocidad de vértigo.
➲ Permite hacer un examen exhaustivo y al mismo tiempo en tres niveles:

  ☙ Mercado: históricos, tendencias, impacto, penetración...
  ☙ Clientes: conversaciones, alcances, posicionamiento...
  ☙ Competidores: opiniones, necesidades, pensamientos...

IMPORTANTE

Sin duda, la gestión eficaz de los datos pasa por una extracción, un análisis y una comprensión de la información inteligente, no basada en las técnicas tradicionales, para crear estrategias de negocio con garantías de éxito.

- -

6. Estrategias nacionales para el desarrollo de la inteligencia artificial

☞ HILO CONDUCTOR

De vez en cuando es muy importante tomar cierta distancia. Stephanie quiere tener una visión mucho más global para saber en qué medida sus decisiones presentes impactarán en el futuro en la actividad de su clínica. Tras detenerse y conocer el plan de estrategia digital de inteligencia artificial y todas las aportaciones privadas, es evidente que el objetivo es desarrollar una infraestructura mucho más adecuada para que las empresas puedan sacar su máximo potencial.

Con todo ello, Stephanie ha visto una gran oportunidad para que en un futuro inmediato sus especialistas puedan seguir aplicando tratamientos a distancia gracias a la conectividad. ¿Podrán en breve sus cirujanos operar a sus pacientes a distancia? Esto sería una excelente oportunidad de colaborar con otros centros y hospitales, dejando la huella de su marca.

- -

Hasta ahora, la gran labor de entes públicos y privados, junto con todas las inversiones llevadas a cabo para el desarrollo tecnológico, han permitido que España ya cuente con una fuerte infraestructura que proporciona un enorme potencial para el desarrollo y aplicación de la inteligencia artificial en cualquier ámbito o sector:

Iniciativas públicas para el desarrollo de la sociedad de la información	
Plan Avanza 2006-2010	Objetivo: desarrollo económico a través del uso de las TIC.
Plan Avanza II 2011-2015	Objetivo: reforzar el Plan Avanza I continuar afrontando retos nuevos.
Agenda digital España 2013	Objetivo: establecimiento de líneas de actuación para el cumplimiento de la Agenda 2015 y 2020 en cuanto a desarrollo de la economía y sociedad digital.
Plan España digital 2025 2020-2022	Objetivo: transformación digital del tejido económico de forma inclusiva y transición ecológica.
ENIA 2021-2025	Objetivo: avanzar el desarrollo tecnológico en España como país en un entorno globalizado.

6.1. Planes Avanza

Ya han pasado muchos años del **Plan Avanza,** pero conocer la historia siempre ayuda a comprender cómo nacen las estrategias. También sirve para comprender cómo las nuevas tecnologías surgen y se van implementando a medida que sus predecesoras se hacen maduras, adoptándolas la sociedad como algo normal.

> **Plan Avanza 2006-2010**
> - En su nacimiento intervienen representantes del sector de las TIC, distintos colectivos sociales y empresariales y representantes de las administraciones.

A continuación, describimos los objetivos del Plan Avanza:

- **Impulsar las TIC:** alcanzar la correcta utilización de las tecnologías de la información y de la comunicación (TIC) para ayudar a la conquista de un modelo de desarrollo económico basado en el aumento de la productividad y la competitividad.
- **Promover la igualdad:** disminuir la brecha social y promover la igualdad, la mejora del bienestar y la calidad de vida de la ciudadanía.

El Plan Avanza perseguía el desarrollo de la sociedad de la información en convergencia con las entidades locales, comunidades autónomas y, por supuesto, Europa. Su estructura consistía en:

> **Ciudadanía digital**
> - Focaliza el esfuerzo en aumentar el número de hogares equipados para el uso de las TIC de forma habitual e incrementar un nivel de conciencia sobre las ventajas que proporciona formar parte de una sociedad de la información.

> **Economía digital**
> - Se centra en aumentar el porcentaje de pymes en la adopción de las TIC para mejorar los procesos propios de los negocios. Como ejemplo, se impulsa la implantación de la factura electrónica. También pretende incrementar el número de empresas que estén conectadas a la banda ancha.

Continúa en página siguiente >>

<< *Viene de página anterior*

> **Servicios públicos digitales**
> - Se focaliza en conseguir una e-Administración completamente desarrollada, es decir, facilitar que la ciudadanía y agentes empresariales puedan relacionarse electrónicamente con las administraciones públicas. También pretende transformar la educación basada en modelos convencionales en una educación cimentada en la sociedad de la información.

> **Contexto digital**
> - Conseguir infraestructuras de telecomunicaciones en áreas desatendidas.
> - Ampliar la extensión de la banda ancha.
> - Sensibilizar a la ciudadanía a través de planes de formación, a las empresas y a los organismos públicos. Es en esta área donde se pretende dar impulso a la identidad digital (uso de certificado electrónico).

NOTA

El Plan Avanza tenía como meta que el gasto en TIC sobre el PIB se situara en el 7 % al finalizar el año 2010.

Para llevar a cabo la estrategia del Plan Avanza, se aplicaron actuaciones con diferentes objetivos:

- Adopción de las TIC en las pymes españolas. Deberán tener conexión a internet el 99 % de las empresas con más de diez empleados y el 79 % de los autónomos y empresas con menos de diez empleados.
- Incorporar TIC y fomentar el negocio electrónico. El 39 % de las pymes de más de diez empleados tendrían que tener sitio web y un 55 % de ellas deberán realizar actividades de comercio electrónico, siendo un 26 % para las empresas de menos de diez empleados.
- Promocionar los beneficios de la facturación electrónica.
- Describir, desarrollar y adecuar la normativa aplicable y de los estándares técnicos necesarios para la implantación de la factura electrónica.
- Implicación de los agentes públicos y privados involucrados en el Plan Avanza (empresas, grandes prescriptores, instituciones financieras, Administración tributaria, etc.).

⮞ Lanzar campañas informativas y de sensibilización para el uso de la factura electrónica. Implicación del sector privado para fomentar su utilización.

NOTA

Como puedes observar en la descripción de los objetivos, se utilizó la factura electrónica como elemento clave transformador para impulsar a las empresas hacia un ecosistema digital.

Con el Plan Avanza II, se dio continuidad al plan de acción constituido en la primera estrategia, pero además se incorporaron nuevas actuaciones y alguna que otra actualización. La idea era ir adaptando los objetivos a los nuevos desafíos con los que la sociedad digital se iba encontrando.

El Plan Avanza II fue mucho más exigente en cuanto a objetivos, ya que con la experiencia del primero se encontraron algo más de **30 nuevos desafíos.**

En el siguiente listado encontrarás enumerados algunos de los objetivos:

⮞ Promover procesos innovadores TIC en las administraciones públicas.
⮞ Extender las TIC a la sanidad y al bienestar social.
⮞ Potenciar la aplicación de las TIC al sistema educativo y formativo.
⮞ Mejorar la capacidad y la extensión de las redes de telecomunicaciones.
⮞ Extender la cultura de la seguridad entre la ciudadanía y las empresas.
⮞ Incrementar el uso avanzado de servicios digitales por la ciudadanía.
⮞ Extender el uso de soluciones TIC de negocio en la empresa.
⮞ Desarrollar las capacidades tecnológicas del sector TIC.
⮞ Fortalecer el sector de contenidos digitales garantizando la mejor protección de la propiedad intelectual en el actual contexto tecnológico y dentro del marco jurídico español y europeo.
⮞ Desarrollar las TIC verdes.

NOTA

Fue necesario adoptar más de 100 medidas para alcanzar los objetivos del Plan Avanza, además, se definieron algunos indicadores para poder hacer un fiel seguimiento.

Con todas las medidas propuestas se pretendía que se diera una colaboración entre los diferentes entes: Administración pública, CC. AA., entidades locales, entidades sin ánimo de lucro y los distintos agentes económicos del sector privado.

PARA SABER MÁS

Si tienes curiosidad por conocer con más detalle las actuaciones y los seguimientos de los dos Planes Avanza, el Observatorio de Economía Digital (ONTSI - Observatorio Nacional de las Telecomunicaciones y la Sociedad de la Información) publica esos informes.

https://redirectoronline.com/ifct163po0406

6.2. Agenda digital

Fue en el año 2013 cuando España desarrolló una nueva estrategia, con fecha límite 2020, llamada **Agenda Digital** para España, donde de nuevo primaba el desarrollo económico y la sociedad digital.

La Agenda 2020 se diseñó como recurso ágil para acondicionar la sociedad hacia un desarrollo tecnológico más profundo.

En un principio la Agenda Digital englobaba **106 líneas de actuación** en torno a **seis** importantes **metas:**

- ➲ Desplegar redes y servicios para posibilitar la conectividad digital.
- ➲ Empoderar a la economía digital para que la empresa española sea más competitiva en el ámbito internacional.
- ➲ Aumentar la eficiencia de la e-Administración.
- ➲ Fortalecer la confianza global en torno al ecosistema digital.
- ➲ Dar impulso a la investigación, desarrollo e innovación para una industria competitiva y de futuro.
- ➲ Favorecer la inclusión social mediante la alfabetización digital de la sociedad y promover nuevas profesiones en torno a las TIC.

Los **planes de acción de la Agenda 2020** se distribuyeron en dos bloques. El primero en el año 2013, en el que se englobaron siete actuaciones. Luego en el 2014 se ampliaron con dos planes más:

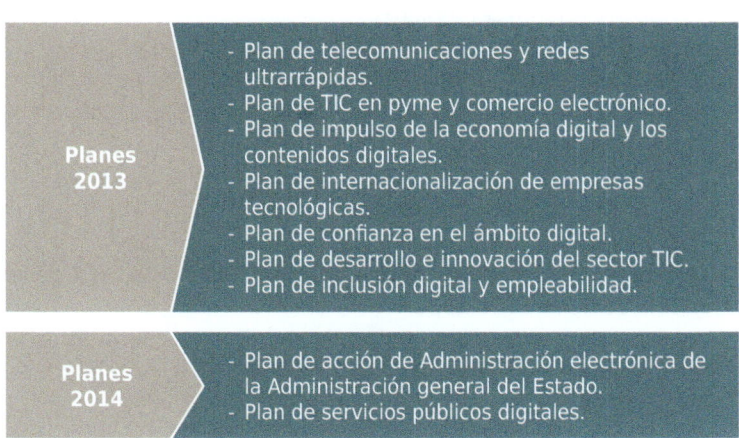

6.3. España Digital 2025

Ya más cercanos los tiempos de una sociedad más tecnológica, la estrategia **España Digital 2025** se confeccionó con idea de aunar y adoptar todos los programas que, a lo largo de los años, distintos gobiernos fueron aplicando.

España Digital 2025 engloba un conjunto de acciones moduladas por diez ejes que, a nivel estratégico, cohesionan los criterios marcados por Europa. Estas medidas tienen varios objetivos:

- **Garantizar la conectividad**

  - Para el 100 % de la población.
  - Hacer desaparecer la brecha digital.
  - Garantizar al menos una cobertura de 100 Mbps.

- **Liderar el despliegue 5G:** mantener el liderazgo como país con una red de infraestructura a nivel de cobertura 5G potente con idea de poder mejorar la productividad, el progreso de la sociedad y la consistencia de una estructura de país con territorios cohesionados y bien organizados.

  - 100 % espectro para tecnología 5G.

- **Competencias digitales:** favorecer el desarrollo de competencias y habilidades digitales de trabajadores y de la ciudadanía.

  - 80 % de personas con habilidades digitales básicas, de las cuales el 50 % deberán ser mujeres.

- **Ciberseguridad, inteligencia artificial y datos:** potenciar nuevos profesionales del sector de la ciberseguridad, inteligencia artificial y científicos de datos.

  - 20.000 nuevos especialistas.

- **Administraciones públicas:** acceso de al menos el 50 % de los servicios públicos a través de apps.
- **Empresas:** impulsar la transformación digital de las empresas con especial atención a las más pequeñas.

  - 25 % de contribución del negocio *online* al total del negocio.

- **Proyectos transformadores:** impulsar proyectos que impacten positivamente en las estructuras productivas o actividades de los distintos sectores económicos.

◊ 10 % de reducción de emisiones CO_2 originadas por la digitalización.

➲ **Mejorar visión de España:** difundir España como núcleo inversor para fomentar el empleo y los negocios.

◊ 30 % de aumento de producciones visuales en España.

➲ **Economía del dato:** generar un escenario seguro y de confianza respetando la privacidad de los datos, pero aprovechando todo el potencial de tecnologías basadas en inteligencia artificial y el *Big Data*.

◊ Uso de la inteligencia artificial y el *Big Data* por un 25 % de empresas.

➲ **Derechos digitales:** divulgar y garantizar los derechos digitales de la ciudadanía para navegar en un ecosistema digital seguro y confiable.

◊ Carta de Derechos Digitales.

Como has podido ir descubriendo a lo largo de estas iniciativas y planes estratégicos, la focalización de estos esfuerzos a nivel nacional se ha ido poco a poco centrando en dos objetivos fundamentales:

➲ **Base de conocimiento:** afianzar, en la sociedad en general y en las empresas en particular, unos pilares básicos de conocimiento sobre la inteligencia artificial, los datos y la infraestructura necesaria para aplicar la tecnología en diferentes campos, conociendo el impacto que ello tendrá en la economía y en el empleo.
➲ **Liderazgo:** mantener un liderazgo como país a la hora de abordar la transformación digital de los sectores productivos y las instituciones públicas, además de dotar a la ciudadanía y todos los agentes sociales y económicos de una cultura digital que favorezca el uso adecuado de las tecnologías con la mayor seguridad. Favorecer el desarrollo e investigación en el campo de la inteligencia artificial.

¡Todavía te queda profundizar en el último plan estratégico y que da las pautas sobre las actuaciones a nivel nacional más inmediatas!

6.4. Estrategia Digital de Inteligencia Artificial (ENIA)

A tenor de todos los **desafíos tecnológicos** que van aconteciendo a lo largo del tiempo, y a fin de sacar el máximo provecho, es muy importante que empresas y negocios estén al tanto de las decisiones que se van tomando a nivel estatal.

Portada de la Estrategia Nacional de Inteligencia Artificial. ENIA 2021-2023

El plan de acción ENIA busca que España forme parte del liderazgo a nivel mundial para la investigación y el desarrollo de la inteligencia artificial.

ENIA es una estrategia con un riguroso plan de acción cuyo objetivo es servir de guía para facilitar el desarrollo económico y social del país, de manera sostenible e inclusiva de la mano de la inteligencia artificial y el *Big Data*. ENIA tiene la finalidad de impulsar la inteligencia artificial como aspecto fundamental del plan España Digital 2025 en su línea de actuación "Economía del dato".

Objetivos ENIA

¿Habías oído hablar de ENIA? Seguro que tiene y tendrá grandes repercusiones para las empresas españolas.

Son siete los objetivos de este exigente plan estratégico:

- ➲ Posicionar a España como país con un alto compromiso de empoderar la excelencia científica en el campo de la inteligencia artificial y todo aquello que implique innovación en esta área.
- ➲ Propulsar el uso de la lengua española en el desarrollo de programas y aplicaciones basados en inteligencia artificial.
- ➲ Impulsar la creación de empleo cualificado en el ámbito de las nuevas tecnologías, fomentando la formación y descubriendo el talento español, además de servir de atracción a talentos de todo el mundo.

⮑ Enriquecer el tejido productivo español, incorporando la tecnología basada en la inteligencia artificial para optimizar la productividad de las empresas y las administraciones públicas con el fin de que esto sirva de impulso para un crecimiento y desarrollo económico inclusivo y sostenible.

⮑ Generar en los distintos actores económicos y sociales un entorno de confianza hacia la inteligencia artificial, tanto en el área de desarrollo como en el normativo.

⮑ Alinear el desarrollo tecnológico con los valores humanistas a fin de impulsar una sociedad de bienestar, donde las nuevas tecnologías estén al servicio de la humanidad y sean garantía para el ejercicio de los derechos individuales y colectivos.

⮑ Servirse de la tecnología basada en la inteligencia artificial para reducir la brecha social, de género y digital, y para descubrir un mundo más inclusivo y sostenible.

Los **desafíos** a los que se enfrenta ENIA para alcanzar sus objetivos son tan diversos como ilusionantes:

Competencias digitales
- Mejorar competencialmente las habilidades digitales de la ciudadanía, con atención especial a aquellos colectivos que sufren riesgo de exclusión social.

Transformación digital
- Impulsar la transformación digital de las pymes.

Gestión de datos
- Impulsar los grandes almacenes de datos y el acceso a estos.

Mejora de servicios públicos
- Aumentar la eficiencia y eficacia de los servicios públicos a fin de que estos sean más productivos.

Estimular la inversión
- Promover las colaboraciones entre entes públicos y privados y aumentar las inversiones en investigación, desarrollo e innovación.

ENIA pretende transmitir un importante mensaje a los agentes productivos del país como son las grandes, medianas y pequeñas empresas, y también a todos los profesionales autónomos con independencia de su actividad:

⮑ **Informar del funcionamiento de la IA:** trasladar la información de que la inteligencia artificial es capaz de resolver complejos problemas sin necesidad de tener que participar en la programación de los sistemas para proporcionar instrucciones, a diferencia de los programas informáticos tradicionales.

➲ **Informar del potencial de la IA:** hacer comprender el potencial de la inteligencia artificial como parte fundamental para entender cómo funciona esta, y conocer así todo su potencial con un mensaje sencillo en cuanto a aplicaciones.

Las nuevas tecnologías basadas en la inteligencia artificial y en las técnicas *Data Mining* son las protagonistas en un gran escenario de transformación del país desde diferentes enfoques, debido a su alto grado de penetración e impacto intersectorial.

La Estrategia Nacional de Inteligencia Artificial enfoca todo su contenido en destacar factores determinantes que se han alineado para favorecer un entorno de **transformación digital** de todos los sectores:

➲ Brutal incremento en volúmenes de datos listos para ser utilizados.
➲ Proliferación de potentes sistemas computacionales de enorme capacidad de almacenamiento.
➲ Conocimiento de métodos de aprendizaje automático que siguen siendo investigados para su mayor desarrollo.

Ejes estratégicos de ENIA

En ENIA se describen seis importantes **ejes estratégicos.** En cada uno de ellos se ha definido un conjunto de acciones que servirán para alcanzar los objetivos del plan:

➲ **Eje n.º 1:** impulsar la investigación científica, el desarrollo tecnológico y la innovación en la IA.
➲ **Eje n.º 2:** promover el desarrollo de las capacidades digitales, potenciar el talento nacional y atraer talento global en la IA.

- **Eje n.º 3:** desarrollar plataformas de datos e infraestructuras tecnológicas para soporte de la IA.
- **Eje n.º 4:** integrar la IA en las cadenas de valor para transformar el tejido económico.
- **Eje n.º 5:** potenciar el uso de la IA en la Administración pública y en las misiones estratégicas nacionales.
- **Eje n.º 6:** establecer un marco ético y normativo que refuerce la protección de los derechos individuales y colectivos, a efectos de garantizar la inclusión y el bienestar social.

El primer eje de actuación está formado por siete interesantes medidas. La suma de estas actuaciones está enfocada a impulsar el **I+D+i de la inteligencia artificial:**

- Red Española de Excelencia en IA.
- Refuerzo del sistema de contratos pre/posdoctorales de investigación en IA.
- Flexibilizar la trayectoria científica del personal investigador en IA.
- Promover la creación de nuevos centros nacionales de desarrollo tecnológico multidisciplinar con especial foco en neurotecnologías.
- Programa de ayudas a empresas para el desarrollo de soluciones en IA y datos.
- Reforzar la red de centros de innovación digital (*Digital Innovation Hubs DIH)* especializados en IA a nivel de investigación.
- Crear el Programa de Misiones de I+D+i en IA para abordar grandes desafíos sociales.

El segundo eje, cuyo objetivo es promover el desarrollo de capacidades digitales de la sociedad y potenciar el talento, cuenta con cuatro significativas medidas:

- Desarrollo del Plan Nacional de Competencias Digitales.
- Promover una mayor oferta formativa en formación profesional y universitaria orientada a la IA.
- Puesta en marcha del Programa *SpAIn Talent Hub.*
- Lanzar un programa de ayuda a la homologación de títulos y acreditaciones internacionales para la atracción de talento internacional, promoviendo el talento femenino.

A las once medidas expuestas anteriormente se suman otras cinco correspondientes al tercer eje de acción, que persigue el desarrollo de plataformas de datos para sostener toda la infraestructura necesaria para sacar el máximo potencial a la inteligencia artificial.

- Creación de la Oficina del Dato y del *Chief Data Officer*.
- Creación de espacios compartidos de datos sectoriales e industriales y repositorios descentralizados y accesibles.
- Impulso al Plan Nacional de Tecnologías del Lenguaje.
- Refuerzo de las capacidades estratégicas de supercomputación *(cloud, edge, quantum)*.
- Puesta en marcha del Proyecto Datos por el Bien Social.

La integración de la inteligencia artificial en las distintas cadenas de valor con el fin de transformar e impulsar todo el tejido económico del país corresponde al cuarto eje de actuación.

Las medidas incluidas en este eje son cuatro:

- Lanzamiento de programas de ayudas para empresas para incorporación de IA en los procesos productivos de las cadenas de valor.
- Programas de impulso a la transferencia de innovación en IA mediante los centros de innovación digital especializados en IA de carácter industrial.
- Lanzamiento del Fondo *NextTech* de capital riesgo público-privado para impulsar el emprendimiento digital y crecimiento de empresas en IA *(scale ups)*.
- Desarrollo del Programa Nacional de Algoritmos Verdes.

Para potenciar la utilización de la inteligencia artificial como eficaz recurso para las administraciones públicas está el quinto eje, con sus cinco interesantes medidas:

- Incorporar la IA en la Administración pública para mejorar la eficiencia y eliminar cuellos de botella administrativos.
- Poner en marcha un laboratorio de innovación para nuevos servicios y aplicaciones de la IA en la Administración pública (GobTechLab).
- Fomentar las competencias IA en la Administración pública.
- Programa IA para una Gestión Pública Basada en Datos.
- Promover misiones estratégicas nacionales en el ámbito de la Administración pública donde la IA puede tener impacto (foco en salud, justicia, empleo).

Las últimas cinco medidas definidas en la Estrategia Digital 2025 son las que corresponden al plan de actuación del sexto eje, que tiene por objetivo conformar un marco ético legislativo que sirva de refuerzo para la protección y garantía del ejercicio de los derechos digitales individuales y de todos los colectivos que conforman la ciudadanía con el fin de mejorar la inclusión y el bienestar social:

- Desarrollo de un sello nacional de calidad IA.

- Poner en marcha observatorios para evaluar el impacto social de los algoritmos.
- Desarrollar la Carta de Derechos Digitales.
- Puesta en marcha de un modelo de gobernanza nacional de la ética en la IA (Consejo Asesor IA).
- Promoción de foros de diálogo, sensibilización y participación nacionales e internacionales en relación a la IA.

Conectividad 5G

Pero existe un aspecto sustancial que definitivamente es clave para que la inteligencia artificial, en todas sus versiones, pueda implementarse en cualquier ámbito productivo sin dificultad.

¿Puedes adivinar cuál es?

Uno de los elementos que está marcando el comienzo de la nueva revolución industrial es la llamada **conectividad 5G.**

Consiste en una nueva generación tecnológica (5.ª generación) basada en unos estándares de comunicación inalámbrica, caracterizada por que proporciona una conectividad de baja **latencia,** permitiendo la transmisión de datos entre distintos dispositivos con un nivel de respuesta a una velocidad de vértigo.

 **DEFINICIÓN**

Latencia
Es el tiempo que tarda en ejecutarse una orden de transmisión de datos entre dispositivos con conexión a internet. Cuanto menor sea la latencia, menos retardo existe.

- -

La **conectividad 5G** es primordial y se atesora como **ingrediente principal** en cualquier **estrategia digital,** ya sea del país que sea. También supone un salto cualitativo y cuantitativo para abordar la transformación digital a nivel de empresa, pues gracias a ella proliferarán los servicios de internet en la nube y serán cada vez más los dispositivos interconectados.

Seguidamente vas a tener un listado de beneficios que ofrece esta potente tecnología:

Nuevos modelos de negocio
- Con una altísima velocidad y baja latencia podrá existir inteligencia artificial de vanguardia tan necesaria para el funcionamiento del internet de las cosas (IoT).

Nuevas capacidades productivas
- En la dotación de capacidad transformativa para las empresas ya existente y también para los servicios públicos.
    - Transporte
    - Industria
    - Sanidad
    - Educación
    - Cultura
    - Etc.

Logística eficiente
- Con una comunicación inteligente en la que los flujos de trabajos conectados reaccionarán a una enorme velocidad.

Disminución de costes y aumento de productividad
- Tiempos de respuestas muy cortos y aumento de la velocidad de los procesos.

Crecimiento de empleo
- Con una estimación de aumento del empleo de más de veinte millones en un periodo de cinco años.

Desarrollo económico
- Posibilitando un crecimiento del volumen de negocio de más de diez billones de euros en un periodo de cinco años.

 **NOTA**

Se estima que esta quinta generación de tecnología permitirá una hiperconectividad ininterrumpida, posibilitando que millones de dispositivos conectados

Continúa en página siguiente >>

<< Viene de página anterior

a internet puedan comunicarse entre ellos sin los límites que todavía existen con los recursos actuales: ADS, fibra óptica o LTE-4G.

Por otra parte, ya no será necesario disponer de una infraestructura física para poder hacer uso de servicios que todo negocio requiere, como son los servicios de almacenamiento *(Cloud Computing)* basados en la nube o los típicos programas informáticos, ya que todo estará interconectado a través de servicios de internet.

- -

 ## APLICACIÓN PRÁCTICA

Juan es propietario de un negocio. Vende y distribuye todo tipo de escaleras de estilo moderno diseñadas por su hija. Su negocio se caracteriza por:

- **En el estudio se diseña el prototipo.**
- **Los materiales los proporcionan varios proveedores de distintas localidades del país.**
- **En la nave, un equipo de trabajo da forma al diseño una vez que recibe los materiales.**
- **Finalmente se expone en la tienda, siendo Juan y una dependienta la cara visible de la empresa.**

Poco a poco la empresa va ganando cuota de mercado, y aunque el tipo de negocio es algo complejo, parece que todo va viento en popa. Una de las cuestiones que más le preocupa a Juan es reducir el tiempo del proceso. Su hija María le indica que ahora que ya existe un despliegue del 5G es el momento de plantarle cara a la transformación digital.

¿Por qué María relaciona la transformación digital del negocio con la conectividad que ofrece el 5G?

Solución

Para que una empresa pueda abordar la transformación digital con mayor eficacia, debe contar con elementos que le permitan aumentar su capacidad de respuesta y nivel de competencia, posibilitando la toma de decisiones rápidas y permitiendo hacer pronósticos acertados.

Continúa en página siguiente >>

<< Viene de página anterior

La IA es perfecta para que los datos puedan utilizarse por los negocios con carácter predictivo. Sin embargo, es la conectividad 5G la que consolidará la transformación digital. Con ella, podrá existir un mayor número de dispositivos conectados que puedan acceder a servicios de internet al mismo tiempo para coordinar tareas entre distintas áreas de la empresa. También facilitará las operaciones haciendo uso de servicios de almacenamiento en la nube sin interferencias ni cortes.

Como ya se ha indicado previamente, España cuenta con una **infraestructura privilegiada** para abordar **los retos tecnológicos** y de **investigación científica.**

Una de las grandes dificultades que hasta ahora presentaban las nuevas tecnologías es que para que pudieran ser operativas y eficientes requerían de una base potente de conectividad y velocidad en la transferencia de grandes volúmenes de datos.

6.5. Aportaciones privadas

Las **aportaciones privadas** para el desarrollo de las nuevas tecnologías en la mejora de la **conectividad** y **velocidad** de las comunicaciones son destacables.

Titular en prensa que refleja el compromiso privado para el desarrollo de tecnologías 5G. (© Imagen: La Vanguardia / lavanguardia.com)

Tanto Vodafone España como Telefónica han apostado por generar una sólida infraestructura de fibra óptica a la que ahora se sumará el 5G. Una tecnología que revolucionará la economía y la sociedad.

NOTA

Como ya sabes, la tecnología avanza rápidamente y, tras la próxima democratización de la tecnología 5G que la convertirá en madura, nacerán otras nuevas que doten de mayor conectividad.

Ha sido necesario un esfuerzo conjunto de toda la sociedad civil, empresarial e institucional para colocar a España en una posición favorable con un alto potencial a la hora de sobrevivir en un entorno global donde la inteligencia artificial y la nueva revolución tecnológica tomarán cada vez más protagonismo en el crecimiento de la economía.

No hay que olvidar que, a lo largo de este duro camino para acondicionar la infraestructura necesaria para sacar el máximo potencial a la tecnología, han existido y **aún conviven iniciativas a nivel europeo** orientadas a generar confianza en el ámbito tecnológico.

PARA SABER MÁS

Si tienes curiosidad por conocer cómo se instrumentalizaron los principios éticos de la inteligencia artificial por la Comisión Europea, no dudes en descargar el documento que fue firmado en Bruselas el pasado 8 de abril del año 2019:

https://redirectoronline.com/ifct163po0408

---

7. Recomendaciones web

👉 HILO CONDUCTOR

Avanzado el plan de negocio de la clínica, llega el momento en el que Stephanie deberá abordar un importante apartado como es el plan de *marketing.* La idea es centrar todas las estrategias para que vayan encaminadas a alcanzar un solo objetivo. Sin duda alguna, lo hará con la ayuda de la inteligencia artificial.

- -

Una vez descubierto hacia dónde van las políticas públicas y privadas para el desarrollo de las nuevas tecnologías en España y en Europa, seguirás avanzando en el contenido con idea de profundizar en la importancia que tienen los sistemas inteligentes automatizados adoptados por las empresas para gestionar una correcta gestión de datos.

 **NOTA**

La **gestión de los datos de los clientes** implica abordar uno de los más importantes retos a los que se enfrenta un negocio, sobre todo cuando se habla de *marketing online.*

- -

Con la adecuada aplicación de técnicas de *marketing* y sus estrategias mejora, sin duda, la comercialización de productos y servicios para responder a esas necesidades reclamadas por millones de consumidores que navegan a diario por internet, por lo que es sustancial que los negocios tomen posiciones en el ecosistema *online* para atraer a esos potenciales clientes.

Con el ***marketing* digital** se inicia un seductor proceso por el cual los consumidores comienzan a interesarse por el servicio o el producto que comercializas en tu empresa. Este interés es el resultado de realizar un arduo trabajo, donde la gestión de los datos es enorme:

La investigación del mercado y su comportamiento
- Sirve para construir ventajas competitivas de la oferta con el conocimiento profundo de las particularidades del mercado con el que se trabaja. Aquí se utilizan indicadores cuantitativos y cualitativos, y servirán de base para constituir un sistema de indicadores acorde a los objetivos que persigue la investigación.

Análisis de los intereses de los clientes potenciales
- Antes de conocer qué genera interés, es necesario realizar una clasificación de clientes potenciales, con estos datos:
  - Rango de edad.
  - Profesión.
  - Aficiones.
  - Etc.
- Después se analizarán datos como:
  - Preferencias de compra.
  - Frecuencia de compras.
  - Cómo compra.
  - Etc.

Comprensión de las necesidades
- Conocer al futuro comprador con idea de diseñar la solución que, de manera más óptima, cubra las necesidades del cliente potencial y cumpla o supere las expectativas.

La **meta del *marketing*** es que los negocios **capten, retengan** y **fidelicen** a los **clientes potenciales,** proporcionándoles los recursos para conocer qué ha de tener ese producto o ese servicio para proporcionar la mayor satisfacción en la cobertura de las necesidades:

➲ **Captación de clientes:** aplicación de técnicas de captación de clientes como estos ejemplos, aunque hay muchas más:

  ◑ Con ***Marketing* 360°:** generando experiencias de usuarios, adaptando mensajes coherentes a la marca en diferentes canales y con distintas audiencias, conectando con el consumidor y promoviendo la interacción, etc.
  ◑ Con ***Inbound Marketing:*** creando estrategias que giren alrededor del *Buyer* personal o cliente ideal, etc.
  ◑ Aplicación de técnicas de posicionamiento **SEO** y **SEM.**

➲ **Retención de clientes:** llevando a cabo estrategias para que la atención del cliente hacia el negocio permanezca:

  ◑ Manteniendo comunicación y que esta sea personalizada.
  ◑ Inspirando a los consumidores con la misión de la marca.

◑ Dando respuestas rápidas, generando confianza.
◑ Siendo proactivo en redes sociales.
◑ Proporcionando experiencias de usuarios.
◑ Etc.

➲ **Fidelización de clientes:** facilitando la construcción de relaciones duraderas:

◑ Programas de fidelización.
◑ Servicios diferenciales que mejoren la experiencia del usuario al realizar la compra.
◑ Etc.

NOTA

La gestión de los datos en el área del *marketing* digital es bien amplia. En ella se tratan tanto los datos generales del mercado correspondientes a su análisis como la información de clientes potenciales y la base de datos de los que ya son clientes.

7.1. *Marketing* digital y sistemas inteligentes automatizados: *Customer Data Platform*

La tecnología más avanzada viene para ayudar en toda esa **gestión de datos** a los que se enfrenta el departamento del *marketing* o bien el profesional encargado de ello.

En la actualidad el recurso más utilizado para gestionar tantos datos es el denominado **Customer Data Platform** (CDP):

¿Qué es?	- Es una plataforma que concentra y almacena los datos de gestión de clientes tratados por una empresa, permitiendo la integración y el etiquetado de los datos.

Continúa en página siguiente >>

<< Viene de página anterior

¿Para qué sirve?	- Proporciona una visión global y dinámica de la audiencia. Permite analizar las respuestas que proporciona la plataforma ante todo tipo de interacciones con la información. Sirve para transformar datos en conocimiento y poder diseñar las estrategias de *marketing* más apropiadas y eficaces.

IMPORTANTE

Gracias a la labor de una plataforma *Customer Data* se podrán aplicar nuevas tecnologías como las propias de la inteligencia artificial para sacar el máximo provecho del procesamiento de los datos con carácter predictivo. La función de un CDP es recoger y centralizar datos, eliminar duplicidades y descartar información sin valor para crear un único perfil lo más completo posible del consumidor.

Gracias a las plataformas CDP, es posible gestionar y aprovechar la inmensidad de datos disponibles desde el punto de vista del *marketing*:

- **Datos demográficos:** obtenidos a través de las *cookies* o mediante los dispositivos móviles mediante los cuales los usuarios interactúan. Los datos demográficos consisten en segmentar el mercado e identificar tendencias y patrones de clientes potenciales. La idea es no diseñar estrategias de *marketing* a ciegas.
- **Datos conductuales:** tan importantes para elaborar métricas de *marketing* como hábitos de consumo y formas y maneras de consumir.
- **Datos transaccionales:** permiten procesar multitud de datos operacionales como fuente de datos confiables para elaborar estrategias de *marketing* relacional, no tanto centradas en el producto, sino en aumentar la satisfacción del consumidor para promover una relación a largo plazo.

Con independencia del formato en el que se recojan los datos, una CDP es capaz de proporcionar información gráfica a distintos niveles. Por ejemplo, ofrece respuestas relativas asociadas a la utilización de un producto concreto u otra tan diversa como las distintas interacciones que hacen usuarios y clientes.

Un CDP admite todos los datos que un negocio puede recopilar en referencia a su actividad comercial (ventas, publicidad, etc.). No obstante, también puede integrar otros datos externos que no han sido obtenidos por el propio negocio, pero que pueden ser proporcionados por un tercero (compra de base de datos).

¿Sabías que los datos recopilados por las *cookies* son un verdadero tesoro para comercializar con ellas?

Cuando un usuario navega por distintos sitios web, las *cookies* son las encargadas de ir recopilando muchos datos de esos usuarios que, *a posteriori,* un CDP depurará con idea de quedarse con aquellos datos que le proporcionan valor adicional.

Es posible recopilar datos a través de las *cookies* del propio negocio (*cookies* propias), que alimentan el CDP. Sin embargo, también es posible comprar bases de datos a terceros (*cookies* de terceros); para ello, los usuarios debieron dar su consentimiento y así el enriquecimiento del CPD es mucho mayor.

DEFINICIÓN

Cookies
Concepto que hace referencia a un fichero creado por los sitios web que posibilita la inserción en el navegador del usuario que visita esa página con la intención de proporcionar una experiencia de navegación mejor a cambio de obtener información.

- -

Las *cookies* como fuente de datos inagotable

Los datos en sí mismos son un instrumento de intercambio comercial. Esta afirmación se materializa a través de las *cookies,* unas ricas "galletas" que alimentan a la inteligencia artificial.

Como habrás visto en muchas ocasiones al visitar sitios web, no todas las *cookies* son iguales ni tienen el mismo nombre.

La primera diferenciación dependerá del tipo de entidad que las gestione:

Cookies propias	- Corresponden a aquellas que son enviadas por el propio editor, ya sea desde el sitio web que visita el usuario, el programa o la aplicación.

Cookies de terceros	- Corresponden a aquellas otras que son enviadas desde un dominio distinto al del editor, es decir, es otra entidad distinta la que gestiona los datos obtenidos del usuario que accede a la información en internet.

En el supuesto de que las *cookies* sean enviadas por el propio dominio que visita el usuario (mismo editor), pero cuyos datos recopilados son gestionados por un tercero, no pueden considerarse como *cookies* propias, siempre y cuando ese tercero emplee los datos para satisfacer sus propias necesidades.

Una vez diferenciadas las *cookies* propias de las de terceros, existe un buen ramillete de *cookies* con distinto nombre:

- *Cookies* de sesión: recopilan información del usuario mientras que este permanece en un sitio web, desapareciendo nada más finalizar la sesión. Son *cookies* de registro y recopilan datos relacionados con el ciclo de compra, permitiendo que el usuario no tenga que introducir de nuevo datos de acceso para obtener información asociada a su cuenta.
- *Cookies* técnicas: son las que permiten la navegación del usuario por el sitio web o el uso de la aplicación.
- *Cookies* de preferencia: son las que facilitan la navegación recordando la información del usuario. Hacen posible una mayor experiencia del usuario al recordar características concretas.
- *Cookies* de análisis o medición: el usuario que las acepta concede permiso para que el responsable de las *cookies* pueda utilizar los datos recopilados para llevar a cabo mediciones y análisis.
  Pueden ser tratadas por el propio editor o por terceros. Permiten cuantificar el número de usuarios y realizar estadísticas sobre el producto o servicio ofertado.
  La manera de obtener esta información es analizando la navegación del usuario cuando accede al sitio. Mejoran la solución comercial.
- *Cookies* de publicidad comportamental: son capaces de almacenar datos relativos al comportamiento o la actividad que el usuario deja con su huella digital.
  Pueden ser tratadas por el propio editor o por terceros. Ayudan a gestionar eficazmente las distintas ofertas publicitarias mostradas en el sitio web, pues con los datos proporcionados se puede adecuar el contenido

de un anuncio publicitario al servicio que el usuario solicitó o bien el uso que hizo de la web con el tipo de navegación (interacciones). Sirve para detectar los hábitos de navegación del usuario cuando accede a internet; los datos recopilados por estas *cookies* permiten mostrar ofertas asociadas a esas búsquedas o ajustadas al perfil de navegación.

● **Cookies persistentes:** los archivos o ficheros que recopilan los datos quedan alojados en el dispositivo del usuario. Recopilará y almacenará información durante un periodo de tiempo con independencia de que el usuario cierre o no la sesión. El gestor de las *cookies* puede acceder a datos y a su tratamiento durante el periodo de tiempo de validez de estas *cookies*.

Estas *cookies* permiten la identificación del usuario de forma unívoca, es decir, reconoce el dispositivo y el usuario sin equivocación. Recopila datos desde que el usuario accede al servicio.

IMPORTANTE

Los datos recopilados que contengan información de carácter personal de personas físicas o datos identificables estarán sujetos a la normativa del tratamiento de datos personales, tal y como lo establece el artículo 4 del Reglamento (UE) 2016/679 del Parlamento Europeo (Reglamento General de Protección de Datos).

La regulación en la utilización de las *cookies* es amplia, y a veces suelen ser confusas para la ciudadanía. Sin embargo, existen entidades oficiales que se encargan de dar difusión para que el empleo de estos ficheros que se incrustan en el navegador se haga acorde a la legislación.

La Agencia Española de Protección de Datos es una de las entidades que dan difusión de cómo debe ser el empleo correcto de las cookies.

⊕ PARA SABER MÁS

Es recomendable disponer de una guía práctica sobre el uso de las *cookies,* como el manual de la AEDP. En él se proporciona información de valor sobre el tipo de datos que las diferentes *cookies* recopilan y almacenan, además de informar sobre el tipo de tratamiento y uso que puede hacer el gestor de las mismas.

https://redirectoronline.com/ifct163po0409

A estas alturas ya has de vislumbrar que una CDP es capaz de tratar los datos con las técnicas de la minería de datos, yendo de la mano de la inteligencia artificial.

No obstante, si te resulta complicado llegar a esta conclusión, lee atentamente la siguiente afirmación: la ciencia de datos abarca todas las técnicas computacionales correspondientes a *Big Data,* algoritmos y la versión más moderna de la inteligencia artificial.

No está de más que pares un momento y vuelvas a repasar los siguientes conceptos:

- ➲ **Big Data:** engloba un conjunto de tecnología que, a modo de disciplina, permite gestionar grandes volúmenes de datos.
- ➲ **Data Mining:** hace referencia al procedimiento de extracción de datos representado por distintas fases:

  - ᴑ Recogida
  - ᴑ Preprocesado

  Acondiciona los datos para ser transformados en conocimiento y hacer diagnósticos y predicciones y facilitar la toma de decisiones.

◗ **Inteligencia artificial:** aplicación de algoritmos de aprendizaje automático a los datos extraídos del *Data Mining*. Son sistemas capaces de simular el razonamiento humano.

  ◗ *Machine Learning*.
  ◗ *Deep Learning*.
  ◗ Aprendizaje por refuerzo.

Con estos tres importantes recursos, una CDP es capaz de enfrentarse a una ingesta de datos procedente de distintas fuentes, analizar la publicidad existente en internet, conocer qué se habla en las redes sociales, analizar el tráfico web, saber cómo y cuándo interactúan los usuarios y muchas informaciones más.

Proceso de integración de datos con *Customer Data Platform*

¿Cómo integra esta innovadora plataforma toda la inmensa información y cómo la procesa?

Observa atentamente la siguiente gráfica. En ella queda explicado en qué parte participa la herramienta de empresa *Customer Data Platform.*

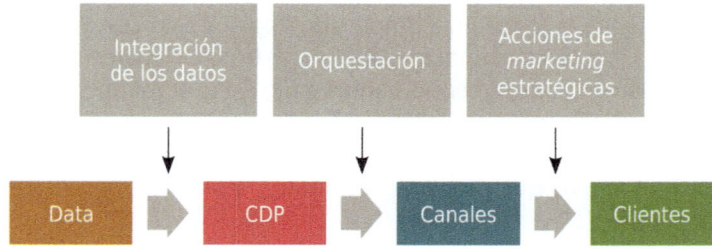

◗ **Data:**

  ◗ Datos de comportamiento web.
  ◗ Datos de *Engagement*.
  ◗ Datos personales y demográficos.
  ◗ Datos recogidos por *cookies* o dispositivos móviles o IoT.
  ◗ Etc.

◗ **CDP:**

  ◗ Limpieza de datos.
  ◗ Cruces de datos.

- ʋ Integración de datos multicanales.
- ʋ Segmentación.
- ʋ Predicción.

➲ **Canales:**

- ʋ Campañas de *e-mail marketing.*
- ʋ *Marketing* directo.
- ʋ Publicidad web.
- ʋ Mensajería *push (WhatsApp,* SMS, etc.).
- ʋ Comunicación en redes sociales, etc.

➲ **Clientes:**

- ʋ Definición de un perfil único de cliente.

Como puedes entender, la principal característica que ensalza la contribución que supone para una empresa disfrutar de una plataforma CDP es que es capaz de integrar, almacenar y procesar una gran variedad de datos en una única fuente.

Pero no confundas una CDP con otras conocidas herramientas muy utilizadas por las empresas.

 VÍDEO

A continuación podrás visualizar un vídeo donde se da una sencilla explicación de todo lo expuesto.

Cyberclick explica con todo detalle qué es y en qué consiste esta interesante plataforma con la que muchos expertos de *marketing* realizan cada día su trabajo.

https://redirectoronline.com/ifct163po0410

APLICACIÓN PRÁCTICA

Marta tiene una tienda de accesorios y complementos. Comercializa sus productos tanto desde su tienda física como a través del sitio web del negocio. Ha escuchado hablar de la eficacia de la plataforma CDP para conocer mejor cómo es la relación de los usuarios y clientes con su marca. El objetivo de Marta es enfocar mejor las estrategias de _marketing_ para que estas sean más eficaces con el propósito de captar nuevos clientes y hacerlos asiduos a su comercio.

¿Qué tipos de datos son los que se integran y almacenan en esta plataforma sin contar con intermediarios?

Solución

First Party Data hace referencia a aquel conjunto de datos recopilados de primera mano por el propio negocio. Una CPD trabaja con datos de fuentes propias como, por ejemplo:

• Datos obtenidos del perfil social de la empresa en distintas redes sociales.
• Datos obtenidos del departamento de atención al cliente _(Call Center)_.
• Datos obtenidos de las interacciones de los usuarios a la web del comercio.

De estos y otros lugares se obtiene sustancial información como puede ser los comportamientos de los consumidores frente a la marca o incluso los gustos tendentes de los clientes.

Para hacer uso de datos _(2nd y 3nd Data)_, se requiere la compra de una base de datos o bien la contratación de un intermediario que complemente a los datos que la propia actividad del negocio puede recopilar.

Diferencias entre CRM y CDP

Con tantos recursos disponibles para la explotación de los datos por parte de las empresas, es lógico pensar que cualquiera pueda confundir las herramientas.

A continuación podrás observar la principal diferencia existente entre el conocido CRM y la CDP:

- **⇒** *Customer Relationship Management* - **CRM:** se trata de una solución de empresa que facilita una gestión de relación correcta con el cliente. Los datos gestionados en este tipo de plataforma contienen información personal de los clientes pudiendo estos ser identificados. Se utiliza normalmente para crear perfiles de cliente y poder interactuar con ellos, por tanto, los datos del CRM son limitados.
- **⇒** *Customer Data Platform* - **CDP:** igualmente es una solución de empresa que facilita la gestión de datos, siendo estos ilimitados. La diferencia estriba en que esta solución no focaliza su atención en los datos identificables de cada cliente, puesto que el análisis es mucho más global y amplio gracias a la combinación de infinidad de información que vuelcan diferentes fuentes.

8. Mejora de procesos

☞ HILO CONDUCTOR

Tras un duro y largo camino, llega el día en el que por fin Stephanie inaugura su centro médico. Es un día muy especial, ya que acudirán reconocidos profesionales del sector sanitario y del tecnológico. Stephanie ofrece unas palabras de agradecimiento a todas esas personas que ha ido conociendo y que tanto la inspiraron y consiguieron despertar en ella su gran espíritu emprendedor.

Ahora tiene la gran oportunidad de demostrar a la sociedad que las nuevas tecnologías son una ayuda necesaria. También sirven para poner a prueba la capacidad de las empresas para adaptarse continuamente a un cambio del mercado tan dinámico.

La inteligencia artificial sigue avanzando y es inevitable pensar cómo pueden ayudar estos progresos a mejorar la eficiencia de los pequeños y medianos negocios, además de a las grandes compañías.

Hace tan solo unos pocos años, era difícil imaginar que un sistema automatizado se convirtiera en un sistema inteligente capaz de tomar decisiones sin la intervención humana. Ahora que todo esto ya es una realidad, falta concienciar sobre el tejido productivo para generar una base de confianza que permita descubrir los innumerables beneficios que la inteligencia artificial puede proporcionar a la actividad empresarial.

¿De qué sirve si no recabar y disponer de un millón de datos si luego estos no son inteligentemente utilizados?

Cualquier tipo de negocio maneja suficiente información para que pueda implementar un sistema inteligente adaptado a sus necesidades y realice labores eficaces de predicción.

Quizá la mejor manera de concienciar a esos negocios rezagados es informando que ya no es una elección disponer de la inteligencia artificial si se quiere sobrevivir en la próxima revolución industrial, protagonizada por las nuevas tecnologías.

Adoptar las tecnologías inteligentes mejorará la eficacia de las decisiones y la eficiencia de las organizaciones, aportando nuevos e importantes beneficios para seguir superando los retos del mercado:

⊃ **Aceleración de búsqueda de datos:** la tecnología basada en inteligencia artificial puede detectar y recabar grandes ingestas de datos de manera **ágil,** haciendo una categorización de estos que mejora la organización de la información para su gestión.

⊃ **Automatización de procesos productivos:** la tecnología basada en la inteligencia artificial es la única capaz de identificar patrones dentro de los procesos convencionales del negocio para determinar las reglas que servirán para automatizar esos procesos sin que sea necesario que ningún humano intervenga.

⊃ **Optimización en la toma de decisiones gerenciales:** la virtud más apreciada de la inteligencia artificial estriba en que es capaz de ocuparse, sin mostrar ningún cansancio, de millones de datos (estructurados y no estructurados), permitiendo tomar decisiones eficaces en tiempo real.

⊃ **Automatización de la atención y el servicio al cliente:** la experiencia satisfactoria del cliente se verá incrementada con la participación de la inteligencia artificial. Disponer de un sistema inteligente para ofrecer un servicio de atención al cliente permitirá dar respuestas rápidas en esta era donde prima la inmediatez.

Si aun con todo sigues teniendo alguna duda de implementar en tu negocio la inteligencia artificial, tienes a continuación algunas reflexiones que te harán pensar:

Negocios inteligentes
- El gran reto actual de las empresas, y con la llegada del *Big Data*, es dotar a los negocios de un sistema capaz de gestionar de forma inteligente tanta cantidad de datos con distintos formatos y orígenes de fuentes diferentes para convertirlos en información de gran valor.

Mano de obra en las cadenas productivas
- ¿Dónde queda el capital humano en las cadenas productivas? El papel de hombres y mujeres en los procesos automatizados con sistemas inteligentes está más relacionado con el mantenimiento y la supervisión. Esto hará que las personas puedan dedicarse a tareas de más valor tanto para la empresa como para su propia satisfacción como trabajadores.

Pero aún hay más. La aplicación de la inteligencia artificial por parte de las empresas impactará de manera positiva en las decisiones internas, así como a nivel de percepción de los consumidores.

A continuación, explicamos dos ejemplos:

- **Ritmo y eficacia en la toma de decisiones internas:** ¿dónde queda el capital humano a nivel de dirección? El papel de los profesionales seguirá siendo fundamental, es más, gracias a la inteligencia artificial aumentará la capacidad del personal para desempeñar sus responsabilidades y tareas con mayor garantía de éxito. La toma de decisiones en cualquier labor vendrá precedida de una información de valor proporcionada por la aplicación de tecnologías.
- **Percepción del consumidor:** ampararse en la inteligencia artificial y su potencial en el procesamiento del lenguaje natural como, por ejemplo, los famosos *chatbots,* permitirá que las empresas puedan proporcionar una mejora en la experiencia de usuario. La agilidad, la efectividad y el coste son las claves para que la inteligencia artificial supere en esta área a la inteligencia humana, ya que se necesitaría un ejército de gente trabajando 24 h al día para dar el mismo soporte que un *chatbot*.

Incluso con la presencia y el protagonismo indiscutible de las nuevas tecnologías en las empresas para poder afrontar el nuevo paradigma económico, el éxito o no de un proyecto de negocio siempre dependerá del factor humano como elemento irremplazable.

Nos acercamos al final y mi mente vuelve al principio, a las preguntas: ¿podemos seguir pensando que el fenómeno de la robótica es tan solo una moda? ¿Podemos mirar a otro lado, deseando que pase el temporal? ¿Podemos permitirnos el lujo de ignorar la llegada del tsunami digital?

El calificativo "tsunami" describe con claridad la que se nos viene encima, salvo por un pequeño detalle: cuando llega un tsunami, no hay tiempo de reacción. Sus olas recorren el mar a la velocidad de un avión a propulsión (por encima de los 800 km/h), lo que resulta aplastante y arrasa con un final, en demasiadas ocasiones, mortal. En cambio, el tsunami digital lleva ya varios años avisando de su llegada y, si nos lo proponemos, aún tenemos tiempo para reaccionar.

Desafortunadamente, tengo la sensación de que nos podría pasar lo mismo que al pastor mentiroso del cuento del lobo. ¿Lo recuerdas? Nos han avisado tantas veces de su llegada que, cuando lo haga de verdad, nos podría coger por sorpresa.

La transformación digital ha llegado para quedarse, y todavía podemos elegir. Podemos dejarnos arrastrar (para siempre) o apostar por surfearla para llegar mucho más alto de lo que jamás hubiéramos pensado.

Si lo hacemos bien podrá generar mucho empleo y, además, devolverá la esperanza a quienes nacieron sin ella o, por un fatal accidente o una enfermedad, la dejaron por el camino. De hecho, hay quien piensa que, algún día, el mero hecho de nacer no implicará que te vayas a morir.

No sé si ese día llegará y, sinceramente, confieso que ahora mismo no me preocupa. Tenemos tantas cosas por hacer que sugiero que, por favor, nos centremos en lo que, en estos momentos, de verdad importa: todos y cada uno de nosotros...

(Silvia Leal, 2019)

 TAREA 13

Beltrán es un joven con espíritu emprendedor. Siempre soñó con tener su propia clínica dental hasta que finalmente pudo hacerse realidad. Esa actitud inquieta le hará tomar una de las más importantes decisiones. Con ello pretende que su negocio tenga más opciones para competir con otras clínicas de más renombre. Hasta la fecha, y por solo disponer de una máquina de rayos X, su personal solo puede diagnosticar a un pequeño número de pacientes.

Continúa en página siguiente >>

<< Viene de página anterior

Beltrán, apasionado de la tecnología, tiene que tomar una importante decisión: invertir en más equipos o que la inversión vaya destinada a la inteligencia artificial.

Basándote en la información proporcionada, señálale a Beltrán qué grandes ventajas le podría reportar implementar la inteligencia artificial en su clínica, atendiendo a los factores que caracterizan esta tecnología para poder aumentar el número de pacientes.

9. Resumen

La inteligencia artificial y las tecnologías asociadas a exploración y explotación de grandes volúmenes de datos y sus funcionalidades descriptivas y predictivas, pueden integrarse como sistemas inteligentes automatizados en las empresas, y sacar así todo el provecho del potencial que ofrecen las nuevas tecnologías con independencia del tamaño o tipo de actividad.

En el área de recursos humanos de las empresas, es posible implementar *People Analytics* como sofisticada herramienta para optimizar la gestión de los empleados, utilizando tecnología como *Big Data* e Inteligencia Artificial.

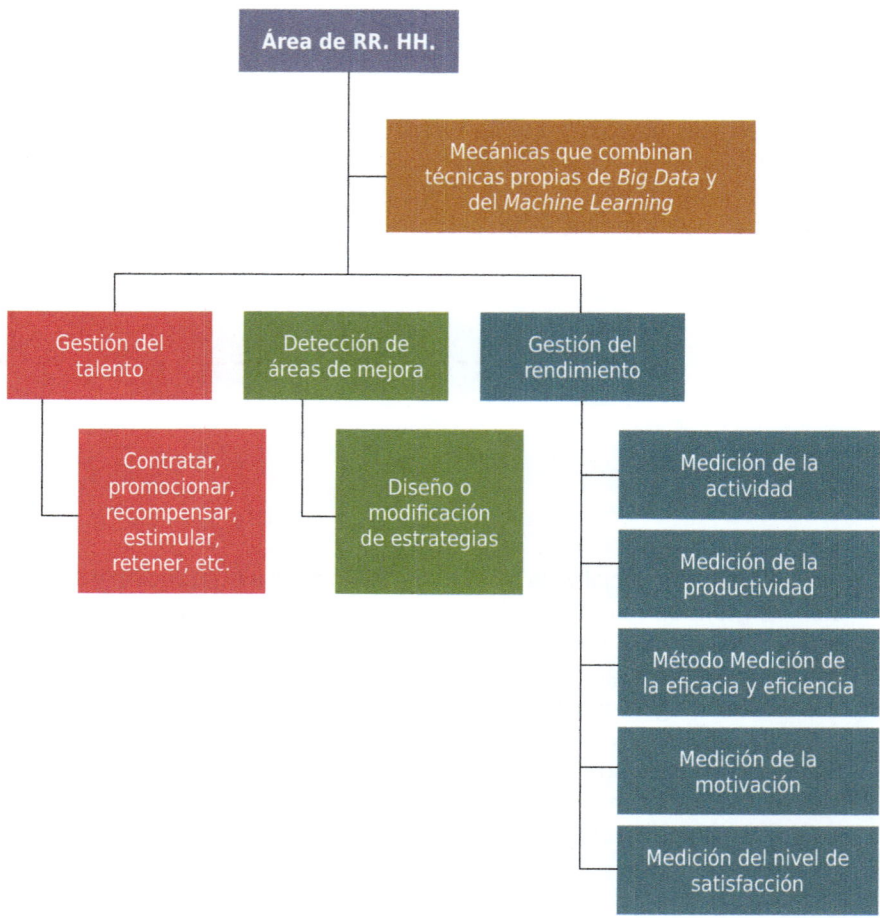

Las herramientas de *People Analytics* implican directamente a todas las áreas de la empresa, ya que facilitan la construcción de una filosofía que se extiende a modo de cultura organizacional con personalidad propia.

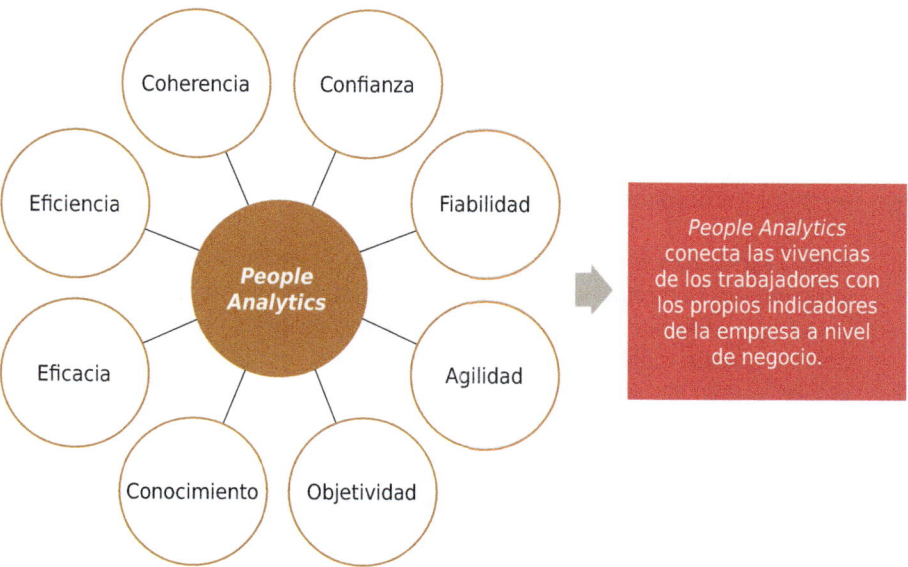

People Analytics se apoya en los datos que se integran en modelos y se entrenan para dar respuestas no solo en el ámbito de recursos humanos, sino también en otras importantes áreas:

- Logística
- Ventas y atención al cliente
- *Marketing* digital

Pero también proporciona grandes beneficios a la hora de planificar por medio de sistemas automatizados la oferta y la demanda, como fórmula para dar respuestas ágiles a un mercado dinámico en continuo cambio:

- Sirve para averiguar gustos de los consumidores
- Sirve para identificar tendencias del mercado
- Sirve para analizar cómo se posiciona la competencia
- Sirve para cruzar datos propios con los de los datos de los competidores
- Sirve para identificar problemas de productos y tomar decisiones rápidas
- Sirve para aumentar la conversión, etc.

La inteligencia artificial es un innovador recurso que las empresas no deberán desaprovechar para optimizar la toma de importantes decisiones de manera ágil y con mayor eficacia:

- Predicción de *stocks,* demanda y comportamientos de los mercados
- Segmentación y análisis de la oferta. Identificación de tendencias

⮱ Fidelización de clientes usando aprendizaje reforzado
⮱ Recomendaciones web

Son diversas e importantes las estrategias públicas y privadas para acondicionar el escenario y facilitar la implementación de la inteligencia artificial en todos los ámbitos y a todos los niveles.

Estos planes han ido evolucionando a lo largo de los años hasta llegar a la Estrategia Nacional de Inteligencia Artificial. Se trata de un exigente proyecto con múltiples ejes de acción y treinta medidas que indican hacia dónde hay que focalizar el esfuerzo para que las pequeñas y medianas empresas tengan las mismas oportunidades de transformación con los beneficios que esto conlleva:

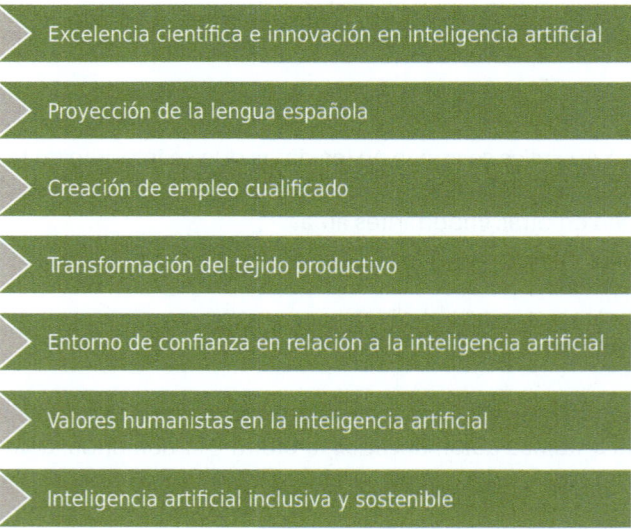

Excelencia científica e innovación en inteligencia artificial

Proyección de la lengua española

Creación de empleo cualificado

Transformación del tejido productivo

Entorno de confianza en relación a la inteligencia artificial

Valores humanistas en la inteligencia artificial

Inteligencia artificial inclusiva y sostenible

Ejercicios de autoevaluación
Unidad de Aprendizaje 4

1. Indica si las siguientes afirmaciones son verdaderas o falsas:

a. *People Analytics* puede ayudar a hacer una medición subjetiva sobre el grado de eficacia del personal que conforma tu equipo de trabajo.

   ■ Verdadero
   ■ Falso

b. Uno de los principales objetivos de *People Analytics* es aumentar el grado de satisfacción de los equipos de trabajo. Como consecuencia de ello, el nivel de productividad de las empresas mejora considerablemente.

   ■ Verdadero
   ■ Falso

c. Implementar tecnología basada en la IA es una excelente oportunidad estratégica para que una empresa pueda gestionar con eficacia equipos de personas desde el análisis de datos.

   ■ Verdadero
   ■ Falso

2. ¿Por qué es útil *People Analytics?*

a. Porque es un potente recurso para la búsqueda de talento en el mercado laboral.
b. Porque es un potente recurso para motivar y estimular a profesionales con talento.
c. Porque es un potente recurso para evitar el alto coste que supone la fuga de talentos.
d. Todas las opciones son correctas.

3. **¿Por qué *People Analytics* es una buena herramienta para el departamento de recursos humanos?**

   a. Porque es capaz de identificar patrones estadísticos de profesionales no lo suficientemente valorados por el mercado.
   b. Porque es capaz de detectar y encontrar aquellos candidatos con mayor cualificación para el desempeño de un puesto concreto.
   c. Porque es capaz de ofrecer señales que alertan sobre crisis de talentos permitiendo a la empresa dar respuestas eficaces.
   d. Todas las opciones son correctas.

4. **¿Cuál de los siguientes objetivos no es un objetivo fundamental de *People Analytics*?**

   a. Vincular *Data* RR. HH. con la organización.
   b. Predecir la rentabilidad del negocio en un intervalo de tiempo determinado.
   c. Ayudar a RR. HH. para el diseño de estrategias.
   d. Ayudar a los equipos directivos a calcular la eficacia de las acciones.

5. **¿Qué servicio relacionado con la demanda del mercado puede prestar un algoritmo de aprendizaje automático en el sector *Retail*?**

   a. Realizar una planificación más efectiva a nivel gerencial, atendiendo a variables externas (eventos cercanos, campañas publicitarias de la competencia, días festivos, el tiempo, etc.).
   b. Captar y comprender la influencia de patrones de comportamiento de consumidores que van repitiéndose a lo largo del tiempo como puede ser la estacionalidad.
   c. Ayudar con recomendaciones a planificar el corto, medio y largo plazo de la actividad, atendiendo a las características de cada área del negocio (almacenes, tiendas, centro distribución).
   d. Todas las opciones son incorrectas.

6. **¿Qué tipo de algoritmo puede sesgar la predicción de una tendencia del mercado si no se introducen datos de forma manual?**

   a. Modelo de árbol de decisión.
   b. Modelo de serie temporal.

c. Modelo *K- nearest neighbors.*
d. Modelo de tareas de regresión.

7. ¿Qué gran error suelen cometer las pequeñas y medianas empresas que les frena a la hora de adquirir un sistema inteligente automatizado?

a. Pensar que implica una revolución en los métodos de trabajo.
b. Pensar que requiere de la contratación de más personal.
c. No cuantificar el coste real de su no implementación.
d. Pensar que es muy costoso.

8. ¿Con qué iniciales se reconoce a la métrica que mide el beneficio generado por un cliente a lo largo del tiempo en el que perdura la relación?

a. CRP
b. CLV
c. CLP
d. CLR

9. ¿Qué tipo de aprendizaje automático es el más apropiado para predecir los movimientos imprevistos del mercado sin errar?

a. Aprendizaje por refuerzo.
b. Aprendizaje por refuerzo supervisado.
c. Aprendizaje por refuerzo no supervisado.
d. Todas las opciones son incorrectas.

10. El objetivo del aprendizaje por refuerzo es encontrar la mayor recompensa de cada acción. ¿Cómo lo consigue?

a. Realizando múltiples iteraciones.
b. Entrenando con nuevos datos hasta encontrar la mejor solución.
c. Explotando aquellas acciones que en un pasado sí le funcionaron, obteniendo una retroalimentación.
d. El objetivo del aprendizaje reforzado no es encontrar la mayor recompensa.

Recursos basados en inteligencia artificial aplicables a la empresa

Contenido

1. Introducción
2. Oportunidades que ofrece la inteligencia artificial
3. Impacto de la inteligencia artificial en las empresas
4. Recursos basados en inteligencia artificial aplicables a la empresa
5. Resumen

Objetivos

El objetivo general de esta Unidad de Aprendizaje es:

→ Aportar una visión estratégica que permita identificar oportunidades de negocio basados en inteligencia artificial, conociendo ejemplos, herramientas y recursos humanos.

Los objetivos específicos de esta Unidad de Aprendizaje son:

→ Enumerar herramientas que utilizan la inteligencia artificial para mejorar la productividad del negocio, descubriendo sus funcionalidades.

→ Distinguir las labores de profesionales expertos que puedan ayudar a abordar la transformación, el desarrollo y prácticas innovadoras en las empresas, conociendo sus responsabilidades y tareas.

→ Identificar oportunidades para implementar en un negocio tradicional la inteligencia artificial y el *Big Data,* conociendo los beneficios que todo ello reporta.

1. Introducción

Poco a poco la inteligencia artificial se está haciendo un gran hueco en la sociedad. Cada día la ciudadanía realiza millones de interacciones haciendo uso de una sencilla tecnología en la que participa esa inteligencia no natural.

Se puede observar cómo las personas aceptan como parte de la normalidad estos cambios. Sin embargo, aún son muchos los negocios que siguen sin ver el potencial de la inteligencia artificial. Esto hace que muchas empresas todavía no estén preparadas para acondicionar su actividad a esa transformación tan vital para su subsistencia.

Por todo ello, y para alentar a que aquellas empresas que aún no han sabido abordar este proceso de cambio, en esta unidad se mostrarán ejemplos donde sí lo hicieron, observando qué oportunidades ofrece la inteligencia artificial en el mundo de los negocios.

Para ello, nos basaremos en el entorno del que se ha rodeado Stephanie: una fuente de inspiración, estímulo y motivación para perseguir y conseguir un gran propósito.

2. Oportunidades que ofrece la inteligencia artificial

 **HILO CONDUCTOR**

Pasados ya unos meses de la inauguración del centro médico, Stephanie está muy satisfecha con los primeros resultados. En un primer sondeo, los pacientes y sus familiares valoran enormemente la atención recibida, pero sobre todo destacan la tranquilidad que les proporciona saber que la dolencia que padecen está siendo tratada de manera única y exclusiva.

Muchos profesionales y empresas del sector sanitario, pero también de otros ámbitos, muestran interés por conocer cómo en esta clínica se ha apostado por aliar tecnología y datos. Llama la atención ver la impresionante rapidez con que contrastan diagnósticos, informes y datos de investigación que circulan por la red y cómo estos se aprovechan para realizar tratamientos personalizados.

Es posible que se pueda aún pensar que adoptar tecnología basada en inteligencia artificial solo es posible para algunos pocos negocios. Si tu objetivo no solo es estar al día del desarrollo tecnológico, sino que quieres emprender una actividad empresarial o acondicionarla a esta nueva era digital, es importante que mires a tu alrededor y observes cómo los demás afrontan este gran reto de supervivencia.

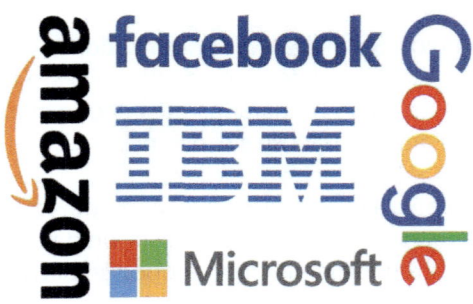

El punto de referencia para abordar esta transformación es mirar con atención cómo lo hacen las más importantes empresas.

Pero, ¿por qué las grandes compañías están obsesionadas con esta inteligencia no biológica?

Tal y como se está constatando a lo largo del tiempo, la tendencia por implementar en las empresas la inteligencia artificial va cada vez más en aumento. Basta con echar una mirada para comprobar que esta inteligencia genera productos y servicios que han sido adoptados con normalidad por millones de usuarios. Esto hace que las grandes empresas encuentren en la IA el elemento clave para seguir avanzando a pasos gigantescos.

¿Por qué no ha de afrontar igualmente este reto una pequeña o mediana empresa?

(© Fotografía: Tyler Nottley / Shutterstock.com)

- Alexa es un dispositivo tecnológico que cuenta con capacidades de asistente inteligente. Sirve como ejemplo para ver cómo la tecnología participa en la rutina diaria de las personas.

IMPORTANTE

La inteligencia artificial está alcanzando un altísimo nivel evolutivo y, además, se representa de maneras muy diversas que en ocasiones son invisibles. Las grandes compañías están aprovechando el recurso computacional y los inmensos volúmenes de datos para seguir avanzando. Esto hace que la tasa de innovación y de transformación se acelere, marcando más distancias con los pequeños y medianos negocios con procesos más tradicionales.

Como puedes imaginarte, el *backoffice* de cualquiera de las grandes multinacionales está energizado por la inteligencia artificial. Esta agudeza no natural transforma no solo los procesos internos de las compañías, sino también la industria y la rutina diaria de todas las personas.

¿Qué es aquello que está permitiendo que la inteligencia artificial incremente exponencialmente todo su potencial?

A continuación, conocerás un elemento clave que está ayudando a que el desarrollo de la IA no tenga límites: **el poder computacional,** sus características son:

⮩ **Transformación de datos:** las máquinas cada vez están más preparadas y cuentan con mayor capacidad para hacer un buen procesamiento y comprensión de los datos de manera autónoma y de forma independiente, ya que saben perfectamente entender los datos y aprender de ellos.

⮩ **Velocidad de transformación:** por otra parte, el poder computacional se ve más empoderado por su rápida capacidad de respuesta. Los datos son procesados y comprendidos, permitiendo un aprendizaje veloz y respuestas supersónicas.

El poder computacional proporciona proactivamente información de valor a las empresas a una enorme velocidad sin requerir la participación humana.

Conocer los pasos de estos gigantes empresariales y los recursos computacionales que manejan es aprovechable para enfocar ideas de negocio y transformaciones de empresas al alcance de todos.

 **RECUERDA**

No olvides que han ido surgiendo interesantes estrategias nacionales fundamentadas en la inteligencia artificial como ENIA, con un exigente plan de acción que apoya a las empresas.

PLAN DE ACCIÓN ENIA

EJE ESTRATÉGICO 1

Impulsar la investigación científica, el desarrollo tecnológico y la innovación en IA.

EJE ESTRATÉGICO 2

Promover el desarrollo de capacidades digitales, potenciar el talento nacional y atraer talento global en inteligencia artificial.

EJE ESTRATÉGICO 3

Desarrollar plataformas de datos e infraestructuras tecnológicas que den soporte a la IA.

EJE ESTRATÉGICO 4

Integrar la IA en las cadenas de valor para transformar el tejido económico.

Continúa en página siguiente >>

<< Viene de página anterior

EJE ESTRATÉGICO 5

Potenciar el uso de la IA en la Administración pública y en las misiones estratégicas nacionales.

EJE ESTRATÉGICO 6

Establecer un marco ético y normativo que refuerce la protección de los derechos individuales y colectivos, a efectos de garantizar la inclusión y el bienestar social.

A continuación, descubrirás un listado de emprendimientos que se han sustanciado en la inteligencia artificial, y cuya creatividad ha nacido en España.

No olvides, a la hora de analizar las diferentes iniciativas, que todas han utilizado el aprendizaje automático en las diferentes ramas que ya conoces.

2.1. Plataformas de *crowdsourcing*

Por si no lo sabías, **crowdsourcing** es un término que viene a definir una forma de colaboración abierta entre profesionales. Permite externalizar tareas que tradicionalmente son ejecutadas por personal contratado de una empresa, y que ahora se realizan a través de expertos independientes y autónomos que colaboran entre ellos para ofrecer un servicio integral al cliente.

Los clientes de las plataformas *crowdsourcing* pueden ser tanto empresas como usuarios finales.

Los **beneficios** de contar con los servicios de estos profesionales que integran estas plataformas son numerosos.

Seguidamente comprobarás algunos de ellos:

> **Acercamiento al cliente**
> - Estas plataformas saben perfectamente comunicarse con la audiencia. Esto hace que puedan conocer de primera mano qué interesa o cómo le gustaría que fuera un producto determinado. Son excelentes puntos de encuentro entre empresas y clientes.

Continúa en página siguiente >>

<< Viene de página anterior

Soluciones creativas a problemas o necesidades
- Se aportan soluciones creativas a través de convocatorias reduciendo los recursos de manera más eficiente (menor coste y menor tiempo). Una comunidad de profesionales tiene mucha más fuerza que la idea individual de un solo experto en la materia.

Eliminación de competitividad
- El trabajo colaborativo no da lugar a susceptibilidades asociadas a la competitividad de los profesionales.

Ahora que ya conoces en qué consiste el *crowdsourcing* y algunos de los beneficios que reporta externalizar servicios de profesionales, **¿qué ocurre cuando además estas plataformas *crowdsourcing* se nutren de la inteligencia artificial?**

Para tener respuesta a esta pregunta, conocerás el caso particular de la **startup** española Berba.

Berba es una plataforma española de *crowdsourcing* que ha sabido aprovechar con pericia las oportunidades que ofrece la inteligencia artificial para ofrecer unos servicios de traducción rápidos y de calidad.

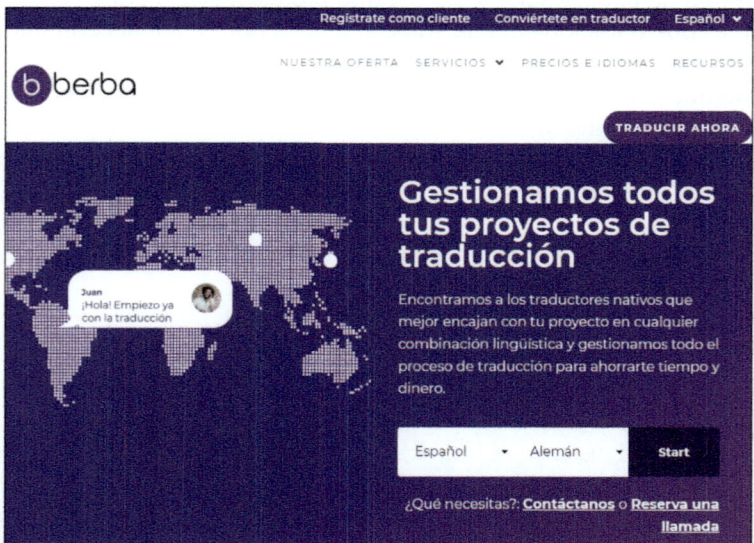

La plataforma Berba cuenta con un equipo de profesionales traductores nativos ubicados en las 24 zonas horarias del planeta y que hacen posible el procesamiento de un gran volumen de proyectos en una fracción de segundo con la ayuda de la IA. (© Imagen: berba / berba.net)

NOTA

La plataforma Berba es un simple ejemplo de cómo implementar la IA llevando a cabo servicios de traducción de contenido especializado gracias a:

- Traductores nativos que han superado el test de calidad con conocimientos específicos en los distintos sectores (legal, comunicación social, campañas, traducciones web, etc.).
- Traducciones asistidas por **inteligencia artificial** y servicios de posedición.

El papel de la inteligencia artificial a la hora de proporcionar los servicios en Berba está siendo fundamental. Gracias a ella, se posibilita la gestión de profesionales nativos repartidos a lo largo y ancho de todo el mundo, quienes se encargarán de realizar las solicitudes de traducciones.

¿Qué valor añadido aporta la inteligencia artificial a esta gran comunidad de traductores nativos?

Enseguida vas a poder comprender el papel que desempeña la tecnología inteligente en los servicios de traducción:

- **Aporta eficiencia:** por un lado, la inteligencia artificial es capaz de detectar escritos que han sido repetidos en la documentación que hay que traducir, con el consiguiente ahorro de tiempo para la traducción.
- **Sirve de hilo conductor al trabajo realizado por varios expertos:** también hace posible que el texto pueda dividirse entre muchos traductores, indicándoles a todos los expertos que intervienen en la traducción pautas o palabras clave usadas por el resto de participantes con idea de no perder equilibrio en la gramática.
- **Es un verificador competencial:** la inteligencia artificial verificará los conocimientos, formación y experiencia del traductor y la contrastará con el perfil o currículum con el que se postula en la plataforma para realizar esos servicios de traducción.
- **Aporta mejora continua:** a la misma vez, la inteligencia artificial de esta plataforma será cada vez más "inteligente", puesto que aprenderá de los propios servicios realizados de traducción.
- **Ejerce influencia:** al convertirse en una inteligencia artificial más potente, ejercitará su influencia al propio profesional con interesantes sugerencias. *Gracias a la inteligencia artificial, encontramos al traductor que mejor encaja con tu proyecto en cuestión de minutos para que tu traducción esté lista lo más rápido posible (Berba, 2021).*

NOTA

Tal y como se expresa en un artículo de la revista *Emprendedores* referido a esta idea de negocio basada en inteligencia artificial, Berba surgió de la necesidad que detectó uno de sus fundadores, traductor de profesión, que sin conocimiento alguno de tecnologías, pero sí mucha sapiencia en el sector de la traducción, decidió aliarse con otros profesionales especializados en experiencias de usuarios. De esta colaboración nació Berba.

- -

Como has visto, es increíble que la inteligencia artificial, en colaboración con el *Big Data*, sea capaz de aprender de los expertos traductores nativos llegando incluso a sugerir mejoras en los textos que hacen que esa red de traductores sea cada vez más eficiente, consiguiendo aumentar la calidad de los textos y disminuyendo los tiempos de entrega.

Seguro que después de conocer el cometido de Berba y su alianza con la tecnología inteligente ya no te sorprenderán titulares como este:

Imagen del artículo del ABC sobre inteligencia artificial y su capacidad para escribir con el mismo estilo literario del conocido escritor Arturo Pérez-Reverte (© Imagen: ABC / abc.es)

ACTIVIDAD COMPLEMENTARIA

14. Cada día surgen nuevas noticias donde la protagonista indiscutible es la inteligencia artificial. Dirígete a un buscador de internet y halla alguna noticia de gran impacto en la que se destaque que la inteligencia artificial, de manera autónoma, cuenta con cualidades que superan incluso a las humanas.

    Puedes realizar esta actividad pensando en tu profesión o en el sector empresarial al que pertenezcas o al que te quieras dedicar e indagar qué está tramando la inteligencia artificial.

- -

2.2. Servicios jurídicos inteligentes

Otro interesante ejemplo de emprendimiento en el que se puede observar cómo la tecnología basada en inteligencia artificial está al servicio de las empresas es el caso de Emérita Legal.

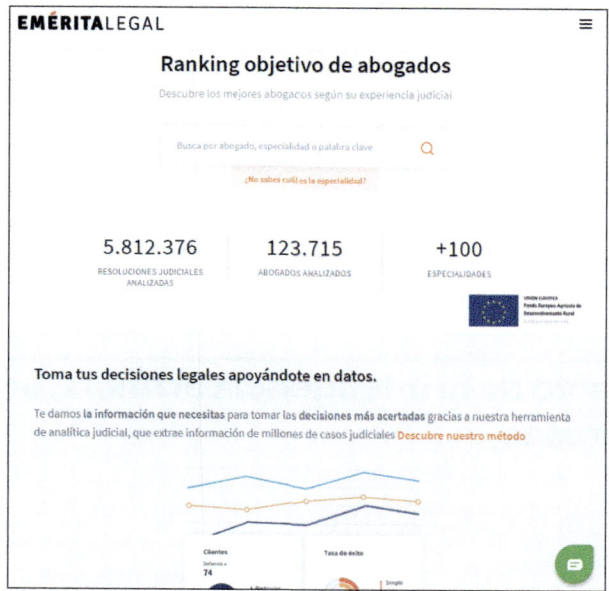

Emérita Legal nace con la misión de promover el acceso universal a la información que es de interés público, con idea de ser utilizada en el ámbito de la justicia como fuente de información objetiva y totalmente independiente. (© Imagen: Emérita Legal / emerita.legal)

¿Qué hace de especial a Emérita Legal a diferencia de otras plataformas de servicios jurídicos?

Para empezar, al tratarse de una *startup* funciona como una organización humana que crea servicios y productos especialmente innovadores. La alta capacidad de transformación y la adaptabilidad son, sobre todo, las características que distinguen estos negocios de empresas que cuentan con unas mecánicas más lentas para desarrollar su actividad. Sin embargo, si se pone como ejemplo a Emérita Legal en este contexto de aprendizaje sobre inteligencia artificial, es porque, además de todo lo anterior, sus fundadores han encontrado un filón en la tecnología y mucho beneficio, ya que la inteligencia artificial les ha permitido destacar sobre su más dura competencia.

Enseguida podrás comprobar en qué se apoya la tecnología que utiliza Emérita Legal:

- ⮒ **Inteligencia artificial:** se ayuda de la inteligencia artificial para predecir cómo puede evolucionar un caso. Esto ayuda enormemente en el procedimiento del abogado cuando lleva o acepta un caso, y también beneficia al cliente. Este podrá decidir mejor si ejercitar un derecho, basándose su decisión en otros importantes elementos, más allá del precio o coste que le supone ejercerlo.
  No hay que olvidar que los clientes que requieren servicios de un abogado lo único que pueden tener claro es el precio del servicio; la elección entre un servicio de abogacía u otro principalmente radica en la comparativa del precio del abogado, así como las referencias.
- ⮒ ***Big Data:*** se ayuda de la gran ingesta de datos jurídicos y de información pública existente al alcance de todos, que por su complejidad resulta difícil gestionar con capacidades humanas. Es decir, el *Big Data* funcionaría como un gigante repositorio de información y datos al que recurrirá el algoritmo para hacer su predicción sobre un caso determinado.

3. Impacto de la inteligencia artificial en las empresas

 HILO CONDUCTOR

Stephanie acostumbra a rodearse de gente diversa de profesiones dispares. Le gusta aprender, pero también quiere ayudar a que su experiencia y conocimientos

Continúa en página siguiente >>

<< Viene de página anterior

adquiridos a lo largo del tiempo sirvan para que otros puedan nutrirse de ellos y aplicarlos a sus negocios. El único requisito para esta sinergia es que la misión, visión y valores de la actividad de estos profesionales y empresas tengan por objetivo aumentar la calidad de vida de las personas y, por supuesto, sirva para mejorar la sociedad a cambio de optimizar su productividad.

Es evidente que el impacto de la inteligencia artificial en las empresas proporciona grandes frutos que irán en aumento. Innovar favorece el aumento de la productividad, y en contra de lo que muchos puedan pensar quizá sea más caro tomar la decisión de no hacer una inversión en este tipo de tecnología.

A continuación comprobarás las razones que deben impulsar a los negocios y a las empresas a aliarse con la inteligencia artificial:

- **Mejora de la productividad:** un impacto directo, y quizá una de las grandes ventajas que tiene una empresa a la hora de implementar mecanismos de inteligencia artificial, es la mejora de su productividad. Esto es así porque cuando interviene la IA los recursos empleados para la actividad empresarial se utilizan de forma más eficiente, pudiendo el capital humano dedicarse a tareas que aporten más valor a la empresa y que son menos rutinarias. La otra gran ventaja viene de la mano de aquella tecnología asociada al *Big Data* capaz de procesar una gran cantidad de datos en cualquier tipo de formato. Esto permite definir interesantes estrategias al permitir tomar decisiones en tiempo real con un nivel de información más detallado, garantizando casi el éxito de cada acción.
- **Aumento de la calidad de vida de los empleados:** aunque en principio se pueda pensar que la inteligencia artificial viene para eliminar al humano, es cierto que al igual que ocurrió con revoluciones anteriores mejorará la calidad de vida de los trabajadores. La mano de obra humana que interviene en los sistemas productivos será sustituida por máquinas en aquellas tareas rutinarias que apenas aportan la estimulación necesaria al empleado para sacar el máximo potencial, más que el propio salario.
- **Mejora del conocimiento del cliente:** la inteligencia artificial, mediante *softwares* especializados, descubrirá deseos y necesidades de los clientes, proporcionando respuestas muy rápidas. Esto favorecerá la fidelización de los clientes por el grado de satisfacción.
- **Mejora del conocimiento del producto o servicio que se vende:** cuando se habla de datos, la inteligencia artificial es capaz de abordarlos desde fuera para dentro y de dentro para fuera, es decir, tan importante es conocer el mercado (oferta y demanda, tendencias, etc.) como

los clientes (deseos y necesidades). Conocer al dedillo las bondades de los bienes y servicios que se producen o se comercializan por parte de la IA y la visión estratégica que es capaz de dar permitirá convertir las ventajas de un producto en un beneficio proporcionando un trato personalizado a cada cliente.

- **Mayor impacto en el mercado laboral:** nacerán, como ya está ocurriendo, nuevas oportunidades en el mercado laboral. No obstante, es cierto que la mano de obra actual requerirá de formación para su actualización y así poder optar a los reclamos de este nuevo mercado laboral.

 IMPORTANTE

Aun con todas las ventajas que ofrece la inteligencia artificial y el aumento de su implementación, el ritmo y la velocidad de implantación en las empresas es mucho menor en proporción a todas las ventajas que depara.

Una de las compañías tecnológicas más conocidas mundialmente es la gran *Microsoft*. Como ya se explicó anteriormente, estas grandes compañías suelen dar pistas para que el resto de empresas puedan optar a seguir compitiendo en el mercado.

Microsoft establece tres importantes planos de la inteligencia artificial que serán importantes razones para no descartarla en cualquier ámbito organizativo.

Enseguida verás a qué se refiere *Microsoft:*

Razonamiento	- Para utilizarlo en programas y aplicaciones informáticas que permitan explotar y extraer de los datos información de valor.
Entendimiento	- Para utilizarlo en la comprensión de los datos, es decir, interpretar los datos para el reconocimiento facial mediante imágenes y otras aplicaciones que abren la puerta a infinidad de servicios en la nube.
Interacción	- Para mejorar la experiencia del usuario, creando nuevas fórmulas de interacción con la tecnología (a través del teclado, por voz, experiencias virtuales, etc.).

APLICACIÓN PRÁCTICA

Martín lleva algunos años trabajando en la empresa que él mismo creó. Se trata de un negocio de electricidad. Cuenta con varios empleados que dan asistencia a las demandas de sus clientes cuando van a comprar a la tienda y llevan además un exhaustivo control de las existencias. A este negocio suelen acudir también profesionales de la construcción para proveerse de suministros eléctricos y electrónicos.

Aunque su asesor le lleva un tiempo diciendo que ha llegado el momento de actualizar el negocio, Martín piensa que su empresa no corre riesgo de desaparición, por lo que no ve necesario hacer ninguna inversión que contemple la innovación de la tienda y mucho menos hacer un esfuerzo para implementar la inteligencia artificial, pues cree que no le afecta. Atendiendo a las circunstancias de su negocio, ¿podrías indicarle a Martín alguna razón importante que le ayude a comprender mucho mejor este necesario proceso de transformación?

Solución

Aunque Martín cree tener bajo control su negocio, es cierto que el uso de la inteligencia artificial en determinada área del negocio haría aumentar la productividad de la empresa. Por ejemplo:

- Dotar de tecnología al negocio capaz de procesar datos generados por este con independencia del formato.
- Contar con mecanismos para mantener dinámico el almacén, no acumulando materiales que dejan de ser necesarios y que ocupan mucho espacio y recursos humanos para su organización.
- Tomar mejores decisiones estratégicas, adelantándose a tendencias y mejorando así su capacidad competitiva.

La inteligencia artificial le hará vislumbrar a Martín una fuerza de trabajo "digital" que puede ser integrada con total normalidad con esa otra fuerza humana, agregando valor al negocio y posicionándolo en mejores lugares para seguir siendo competitivo.

4. Recursos basados en inteligencia artificial aplicables a la empresa

☞ **HILO CONDUCTOR**

Son muchas las herramientas y recursos basados en inteligencia artificial en los que se apoya el centro médico de Stephanie para poder ofrecer un servicio de calidad. Algunos piensan que se trata de una tecnología cara, sin embargo, y más allá de la maquinaria específica que requiere para diagnosticar y tratar, consiste en un tipo de artilugio invisible con un altísimo potencial. Ella insiste a sus colegas y amigos que hacer uso de la inteligencia artificial está al alcance de todos, basta con determinar el enfoque del problema y, si es necesario, apoyarse en un buen científico de datos para que aborde la complejidad de aquello que se pretende alcanzar.

La inteligencia artificial poco a poco está dejando de ser la ciencia ficción que hace algunos años se advertía en películas. Definitivamente, se ha convertido en una realidad que está revolucionando el mundo de los negocios, empresas, instituciones e incluso el propio mercado laboral.

Como se puede vislumbrar, es enorme la coctelera de recursos y tecnologías que aplican esta inteligencia no biológica, por lo que el utilizar una u otra herramienta en cualquier ámbito organizativo dependerá en términos generales del enfoque y el problema al que se deberá enfrentar el algoritmo de la inteligencia artificial.

Con independencia del campo de aplicación de la inteligencia artificial, esta es determinante en la optimización de la gestión de recursos materiales, intelectivos y humanos de una organización.

 IMPORTANTE

Es importante concebir a la inteligencia artificial como una tecnología capaz de aportar múltiples beneficios sin trucos ni magias, por lo que el éxito de su implementación en una organización o en un negocio dependerá en gran medida del interés previo por conocerla y entenderla.

4.1. Ejemplos de recursos tecnológicos de inteligencia artificial

Debido a la importancia que el *marketing* **digital** tiene en el mundo de las empresas, en este apartado conocerás algunos recursos con inteligencia artificial que pueden ser útiles para que una empresa o negocio sea capaz de entender y comprender lo que en el mercado digital se cuece.

 **DEFINICIÓN**

Marketing digital
Conjunto de acciones o estrategias comerciales para publicitar y comercializar productos y servicios aprovechando el contexto digital, sabiendo comunicarse con la audiencia y comprendiendo las necesidades y tendencias del mercado.

La idea es que puedas fácilmente identificar, conocer y acceder a distintos recursos *softwares* de inteligencia artificial. Para ello, a continuación conocerás algunos ejemplos de estas útiles herramientas aplicables en el ámbito del *marketing* digital:

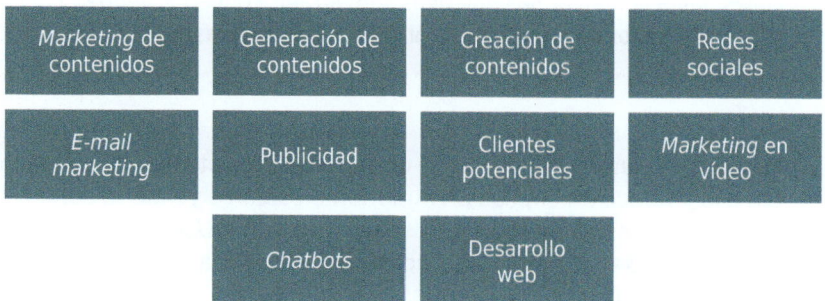

Marketing de contenidos

El *marketing* **de contenidos** es un territorio en el que la inteligencia artificial ofrece grandes oportunidades para no aventurarse con ella.

¿Qué beneficios otorga la IA en este campo?

Seguidamente verás cuánto esfuerzo requiere un buen *marketing* de contenidos e intuirás qué beneficios puede otorgar el uso de la inteligencia artificial:

- **Innovación:** los contenidos con gran componente de innovación son bienvenidos por el público y por los algoritmos de *Google*. Sin embargo, ello requiere mucha dedicación y la mano de profesionales expertos.
- **Procesos ágiles:** es vital conocer a la audiencia sus intereses y sus formas de comunicarse. Es muy importante anticiparse a las tendencias, siempre que se pretenda que los contenidos sean atractivos y atrayentes. Requiere de agilidad en tiempos y respuestas.
- **Optimización de resultados:** lanzar contenidos y no evaluar la repercusión supone desperdiciar el esfuerzo destinado a cada acción. El *marketing* de contenidos requiere una continua dedicación para aprovechar los buenos resultados y avanzar.

 **DEFINICIÓN**

Marketing de contenidos
Estrategia que se vale de la publicación de contenidos generados de gran valor para el usuario, que involucra al público objetivo atrayendo a clientes potenciales hacia la marca. Sus objetivos son: atraer, convertir, vender y encandilar al público de forma sutil sin utilizar fórmulas agresivas.

Provocar al público objetivo con contenidos impactantes de valor que inciten a la interacción implica un importante esfuerzo y mucho tiempo de dedicación. Por este motivo, nacen soluciones como **Uberflib**. Se trata de una **plataforma de *marketing* de contenidos basada en inteligencia artificial,** que es capaz de personalizar con agudeza los contenidos prediciendo cómo deben ser estos para despertar la atención a ese público objetivo.

A continuación vas a comprobar cómo de interesante es esta plataforma:

> **Uberflib hace...**
> - ... recomendaciones sobre contenidos en el instante que se han de lanzar.

Continúa en página siguiente >>

<< Viene de página anterior

Uberflib hace...
- ... recomendaciones sobre el tipo de formato específico de contenidos que se ha de utilizar en ese instante.

Uberflib indica...
- ... recomendaciones sobre el tipo de formato específico de contenidos que se ha de utilizar en ese instante.

Generación de contenidos

No es sencillo ni económico para un negocio generar continuamente contenidos que aporten un valor real a clientes y al público objetivo en general. Sin embargo, para facilitar esta labor, existen algoritmos inteligentes capaces de encargarse de estas arduas tareas.

La inteligencia artificial puede emplearse con total precisión y elegancia en las labores de creación de contenidos, pudiéndose clasificar como únicos. *Articoolo* es un buen ejemplo de ello:

- **Inserta el título:** basta con incluir el título del contenido que encabezará el artículo.
- **Siéntate y relájate mientras la magia funciona:** la inteligencia artificial será capaz de comprender la temática y el contexto a través del título. Con ello localizará los recursos más óptimos en una infinita base de datos, para después generar contenidos coherentes con alto nivel de profundidad y un buen sentimiento humano, aportando calidad y emoción al texto.
- **Tu contenido está listo:** una vez creado el contenido, este se mostrará en la bandeja de salida estando listo para publicar en un blog o en alguna red social.

Creación de contenidos

Otro tipo de recurso disponible que utiliza inteligencia artificial y que facilita el ahorro de tiempo a profesionales del *marketing* digital es **Concured**.

Tal y como se anuncia en el propio sitio web de esta interesante herramienta, se trata de una plataforma de contenidos que se ve impulsada por la inteligencia artificial.

El valor de esta plataforma se lo otorgan los mismos expertos en *marketing* de contenidos. Ellos ven reducido el tiempo que emplean en averiguar qué es aquello sobre lo que deben escribir para ganar mayor audiencia.

Enseguida vas a ahondar en el papel de la inteligencia artificial en esta plataforma:

- **Predice aquello que originará mayor *engagement*:** apunta a aquellas temáticas que generarán más interacción facilitando la labor de incrementar la audiencia.
- **Detecta qué contenidos serán viralizados:** informa sobre aquellos contenidos publicados en internet que van a ser virales, permitiendo agudizar el ingenio para destacar sobre otros contenidos de la competencia. Proporciona experiencias basadas en intereses reales.

Redes sociales

Como sabes, la comunicación en el *marketing* digital no tiene por qué ser a través de un contenido escrito. No solo es posible, sino deseable, crear contenidos visuales que complementen o protagonicen temáticas haciéndolas más fáciles de consumir por los usuarios, especialmente a través de las redes sociales. Este diálogo se suele acompañar de ***links*** y **etiquetas** o ***hashtags*** que ayudan a que el contendido publicitado genere más interacción y sea visto, leído e interactuado por una mayor audiencia.

En este sentido, la inteligencia artificial de nuevo tiene un papel fundamental, ya que existen recursos capaces de automatizar datos para facilitar la creación y gestión de contenidos relevantes para la audiencia.

Como ejemplo, se ha de nombrar una peculiar herramienta multiplataforma denominada ***Dalet Media Cortex.*** En ella se integran muy diversos servicios, pero su objetivo fundamental es facilitar los flujos de trabajo.

 **EJEMPLO**

Imagina que eres el responsable de gestionar una comunidad virtual especializada en noticias de última hora. Entre tus responsabilidades está la de proporcionar nuevos contenidos a la audiencia que generen gran interés.

Continúa en página siguiente >>

<< Viene de página anterior

Decides utilizar una multiplataforma a través de la cual podrás ser más productivo gracias a la inteligencia artificial, ya que esta te facilitará recomendaciones contextuales noticiables, ayudándote además a planificar todas las tareas de producción que todo ello conlleva.

Con la ayuda de la IA conseguirás:

- Generar flujos de trabajo basados en noticias.
- Obtener enlaces de editoriales.
- Producir y distribuir con mayor rapidez contenidos relevantes.
- Llegar a más público en menos tiempo, gracias a un sistema de etiquetado de contenidos.
- Ampliar tu mercado.

Para que no te queden dudas de lo que puede auxiliar la inteligencia artificial, a continuación podrás visualizar cómo funciona la plataforma ***Dalet Media Cortex,*** en un contexto de producción de contenidos para una compañía de prensa.

 VÍDEO

Aunque el audio de este vídeo es en inglés, es interesante poder visualizar cómo funciona una multiplataforma con inteligencia artificial. Con ello descubrirás cómo los noticieros producen contenidos. No olvides que puedes activar los subtítulos para que estos aparezcan en español.

https://redirectoronline.com/ifct163po0507

ACTIVIDAD COMPLEMENTARIA

15. Además de los recursos hasta ahora vistos, es cierto que la inteligencia artificial puede colaborar en el ámbito de los negocios y del *marketing* de diferentes formas, pero siempre aportando un gran valor añadido.

¿Podrías buscar alguna solución comercial que sirva para hacer *marketing* en vídeos asistidos por inteligencia artificial? Busca en internet algún recurso y cuenta aquello que destaca en él.

4.2. Recursos humanos: profesionales de la inteligencia artificial

Los científicos de datos *(Data Scientist)*, los programadores *(Full Stack Developer)*, los analistas de datos *(Data Analytics)* o los expertos en metodologías ágiles son algunos de los perfiles profesionales vitales para que las empresas puedan desplegar su potencial con la ayuda de la inteligencia artificial.

Estas nuevas profesiones representan ya un activo fundamental a la hora de abordar el proceso de transformación, desarrollo e innovación de los negocios.

IMPORTANTE

Las empresas han de saber que, por una parte, están los profesionales que conforman la tribu encargada de construir la inteligencia artificial, y por otra se hallan los perfiles facultados para armar esos equipos multidisciplinares, capaces de liderar la implementación de la inteligencia artificial en los negocios, como es el caso del *Project Manager*.

Para integrar el *Big Data* y la inteligencia artificial en las empresas, se ha de contar con profesionales especializados. No hay que olvidar que innovar implica transformar procesos, pero también modificar métodos de trabajo en los que suelen participar nuevos expertos.

En ocasiones, y por la complejidad que conlleva algunos proyectos, se hace necesario contratar especialistas que sepan manejar nuevos instrumentos para construir e implementar la inteligencia artificial.

En este sentido, cualquier negocio que esté en búsqueda de estos profesionales debe saber de antemano cuáles son los cometidos de cada especialización.

A continuación, vas a conocer los diferentes perfiles más técnicos que forman parte de esta interesante tribu multidisciplinar:

Analista de datos
- Es el encargado de preprocesar el diamante en bruto (datos) en conocimiento de valor.

Científico de datos
- Con una labor más compleja que el analista de datos, son aquellos profesionales capaces de hacer un adecuado tratamiento de los datos a fin de generar modelos algorítmicos.

Etiquetador de datos
- Le corresponde llevar a cabo las tareas operacionales básicas asociadas a la tecnología inteligente.

Experto en *hardware*
- Gracias al experto en hardware es posible que la tecnología inteligente cuente con el sustento físico adecuado para desarrollar todo tipo de procesos relacionados con el tratamiento de los datos.

Experto en aprendizaje automático
- Especializado en ingeniería, aporta sus conocimientos sobre algoritmos y manejo de programas para poder construir modelos de *Machine Learning* en todas sus disciplinas.

Analista de datos

Este profesional tendrá que aplicar su sapiencia para conseguir varios objetivos.

Seguidamente vas a comprobar que cada paso que da el analista de datos lo lleva a un nivel superior. No obstante, pueden ser dos los ámbitos en los que trabaja este profesional:

- En el contexto de la **ingeniería de datos.**
- En el contexto de la **ciencia de datos computacional.**

Comenzarás viendo la labor del analista desde el punto de vista de la ingeniería:

- **Adquisición:** incluye labores de:

  - **Identificación del conjunto de datos.** Los datos se encuentran en fuentes muy diversas, desde un sitio web a un artículo de investigación o incluso en las redes sociales.
  - **Obtención de datos.** Aplicación de técnicas para recuperar datos objeto de análisis y procesamiento.
  - **Consulta de datos.** Creación de una estructura de datos para su consulta.

- **Preparación:** incluye labores de:

  - **Exploración de los datos.** Donde el analista tendrá que aplicar técnicas para que los datos sean comprendidos por medio de una analítica preliminar.
  - **Preprocesamiento de los datos.** Eliminación de incoherencias, duplicidades y errores encontrados en el conjunto de datos.

Visto el cometido del analista de datos dentro del contexto de la ingeniería de datos, seguidamente verás las tareas que desarrollaría el analista desde la perspectiva de la ciencia de datos computacional:

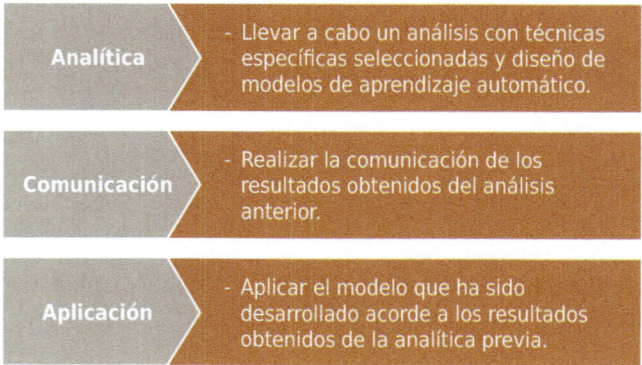

Analítica	- Llevar a cabo un análisis con técnicas específicas seleccionadas y diseño de modelos de aprendizaje automático.
Comunicación	- Realizar la comunicación de los resultados obtenidos del análisis anterior.
Aplicación	- Aplicar el modelo que ha sido desarrollado acorde a los resultados obtenidos de la analítica previa.

Científico de datos

Estas son las tres principales actividades del **científico de datos:**

➲ **Analítica descriptiva:** con este tipo de analítica se extraen las conclusiones para comprender la realidad del medio sometido a análisis. Esto significa que proporciona respuestas a cuestiones como:

- ❂ ¿Quién es mi público objetivo?
- ❂ ¿Qué caracteriza a mi público objetivo?
- ❂ ¿Qué comportamiento tiene mi público objetivo según mi solución comercial?

➲ **Analítica predictiva:** con este tipo de analítica se pretende descubrir la dirección hacia la que evoluciona el negocio o la empresa a fin de determinar qué acciones van a causar un impacto mayor a un coste más reducido.

- ❂ ¿Qué caracteriza a esos clientes que aportan más valor a mi negocio y que son más difíciles de perder?
- ❂ ¿Qué acciones publicitarias he de llevar a cabo para mejorar la rentabilidad?

➲ **Analítica prescriptiva:** con este tipo de analítica se pretende unificar tanto la analítica descriptiva como la predictiva. Ello conducirá a la ejecución de acciones que nacen de estos análisis. El experto interviene en la toma de decisiones, creando una acción o identificando un proceso partiendo de los resultados de las analíticas. La idea es la anticipación de unos buenos resultados:

- ❂ Determinar y configurar ofertas para cada tipo de cliente, en el canal de comunicación más favorable y en el instante más preciso para que la acción impacte con más fuerza.

NOTA

Entre algunas de las profesiones vistas, existe una fina línea que apenas distingue unas especializaciones de otras. Es interesante observar cómo perfiles de expertos más relacionados con el Big Data desarrollan funciones que se ajustan a expertos en inteligencia artificial. Esto sucede por el gran nivel de especialización que cada vez es más profundo.

TAREA 14

Marta lidera una empresa de construcción. Cada año dirige importantes proyectos, pero lleva un tiempo valorando de qué manera mejorar la productividad de la empresa, pues este sector tiene una alta competencia.

Con todo el conocimiento que Marta tiene del sector de la construcción, y sobre todo de aquellos elementos detectados en su empresa que dificultan el camino hacia la eficiencia, quiere encontrar algún recurso aliado o capital humano que le ofrezca una solución al siguiente problema:

Marta observa que gran parte del tiempo en la ejecución de un proyecto de construcción es para las actividades de supervisión que se encargan de comprobar la evolución del proyecto real con respecto a la idea de proyecto que fue planificado.

Tras indagar mucho en el mercado para encontrar una solución capaz de ahorrar tiempo en la ejecución de los proyectos, Marta recibe una propuesta fundamentada en la inteligencia artificial y el *Big Data*. Se trata de una tecnología capaz de llevar a cabo una supervisión automatizada y autónoma que proporciona una comparativa entre el proyecto real y el ideado.

Sobre esto, identifica las oportunidades a las que la empresa de Marta podrá optar, implementando en su empresa la inteligencia artificial y el *Big Data*, conociendo los beneficios que todo ello le reportará.

5. Resumen

La **alianza** entre la **inteligencia artificial** y el *Big Data* representa una fuente de **oportunidades** para los negocios. Unos negocios y unas empresas que deberán afrontar cambios de manera imperativa si no quieren naufragar en el **nuevo paradigma empresarial** aliado con la nueva tecnología.

Para ello, se ha de contar con:

- ⮩ Conocimientos
- ⮩ Recursos y herramientas
- ⮩ Alianza con profesionales expertos

Muchas *startups* están siendo excelentes fuentes de **inspiración** para empresas tradicionales que no saben qué les puede aportar el esfuerzo de implementar la inteligencia artificial.

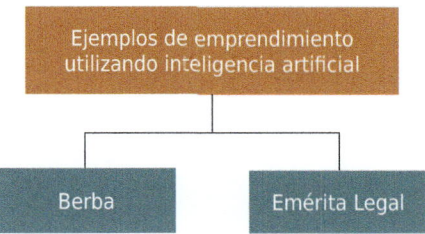

Pero también es muy importante conocer a qué expertos acudir del mundo de la inteligencia artificial y de los datos, para que contribuyan con sus conocimientos en la ejecución de ideas o integración de fórmulas para que las empresas puedan despegar en esta nueva era tan dinámica y compleja.

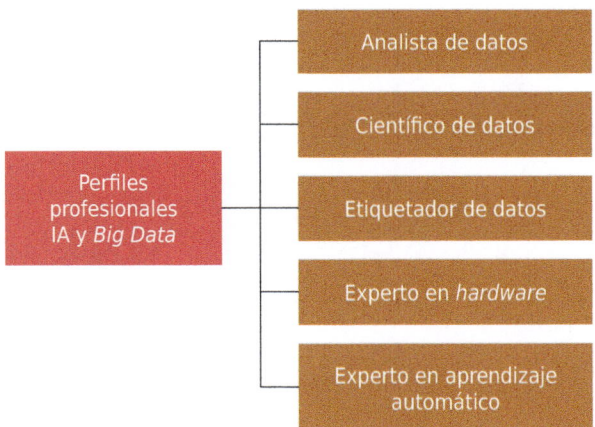

Ejercicios de autoevaluación
Unidad de Aprendizaje 5

1. Indica si las siguientes afirmaciones son verdaderas o falsas:

a. La ciudadanía acepta con normalidad los cambios que traen las tecnologías.

- ■ **Verdadero**
- ■ Falso

b. A día de hoy, muchos negocios siguen sin ver las oportunidades que vienen de la mano de las nuevas tecnologías.

- ■ **Verdadero**
- ■ Falso

c. La tecnología basada en inteligencia artificial es exclusiva de grandes empresas y compañías.

- ■ Verdadero
- ■ **Falso**

2. ¿Qué aspecto facilita que la inteligencia artificial incremente exponencialmente su potencial?

a. La capacidad de las máquinas para transformar datos en conocimiento.
b. La velocidad con la que se puede procesar una gran ingesta de datos.
c. **La capacidad de las máquinas para transformar datos en conocimiento y la velocidad con la que se puede procesar una gran ingesta de datos.**
d. Todas las opciones son incorrectas.

3. ¿En qué medida se valora el impacto positivo de la inteligencia artificial en las empresas?

a. Mejora de la productividad.
b. Aumento de la calidad de vida de los empleados.
c. Mejora del conocimiento del cliente.
d. **Todas las opciones son correctas.**

4. Con todas las ventajas que ofrece para las empresas la inteligencia artificial...

    a. ... el ritmo y velocidad de implantación es excesivamente lento.

    b. ... el ritmo y velocidad de implantación es excesivamente rápido.

    c. ... el ritmo y velocidad de implantación es mucho menor en proporción a todas las ventajas que depara.

    d. ... el ritmo y velocidad de implantación es mucho mayor en proporción a las ventajas que depara.

5. Según *Microsoft*, ¿qué tres importantes planos de la inteligencia artificial serán importantes razones para no descartarla en cualquier ámbito organizativo?

    a. El razonamiento, el entendimiento y la interacción.

    b. El razonamiento, la lógica y la interacción.

    c. El razonamiento, las herramientas y la interacción.

    d. El razonamiento, el entendimiento y la investigación.

6. La aceptación definitiva de la inteligencia artificial por parte de los pequeños negocios vendrá de la mano de...

    a. ... subvenciones que faciliten la compra de tecnología.

    b. ... la desmitificación de entenderla como algo complejo al alcance de algunos pocos.

    c. ... la aparición de nuevas profesiones y cambios en el mercado laboral.

    d. Todas las opciones son incorrectas.

7. ¿Qué profesional es el encargado de llevar a cabo las tareas operacionales básicas asociadas a la tecnología inteligente?

    a. Experto en aprendizaje automático.

    b. Experto en *hardware*.

    c. Científico de datos.

    d. Etiquetador de datos.

8. **En relación a la implementación de la inteligencia artificial en una empresa, ¿qué función tiene el experto en *hardware*?**

   a. **Posibilitar que la tecnología inteligente cuente con el sustento físico adecuado para desarrollar todo tipo de procesos relacionados con el tratamiento de los datos.**
   b. Aportar sus conocimientos sobre algoritmos y manejo de programas informáticos para poder construir modelos de *Machine Learning* en todas sus disciplinas.
   c. Transformar los datos en conocimiento.
   d. Llevar a cabo labores de analítica de datos.

9. **Desde la perspectiva de la ingeniería de datos, ¿qué labores de adquisición realiza un analista de datos?**

   a. **Identificación, obtención y consulta de datos.**
   b. Exploración y preprocesamiento de datos.
   c. Analítica, comunicación y aplicación.
   d. Todas las opciones son incorrectas.

10. **¿Qué tipo de analítica de datos da respuesta al tipo de público objetivo de una empresa?**

   a. **Analítica descriptiva.**
   b. Analítica predictiva.
   c. Analítica prescriptiva.
   d. Analítica gráfica.

Python e inteligencia artificial: fundamentos y aplicaciones avanzadas

Contenido

Objetivos

El objetivo general de esta Unidad de Aprendizaje es:

→ Proveer una comprensión integral y práctica del lenguaje de programación *Python* en su aplicación en el desarrollo de soluciones de inteligencia artificial.

Los objetivos específicos de esta Unidad de Aprendizaje son:

→ Afianzar conceptos básicos de *big data* y su importancia en la era digital.

→ Seleccionar técnicas de minería de datos para obtener *insights* que permitan a las empresas guiar sus decisiones estratégicas.

→ Reflexionar sobre los sesgos de la inteligencia artificial y principalmente de la inteligencia artificial generativa para garantizar la creación de aplicaciones equitativas y precisas.

→ Aprender a configurar y utilizar un entorno en *Python* para experimentar con modelos de IA, visualizar su procesamiento de datos y mejorar continuamente su precisión mediante iteraciones.

→ Construir y entrenar un clasificador de aprendizaje automático en *Python* con *Scikit Learn*.

→ Construir y entrenar una red neural para el reconocimiento de números escritos a mano en *TensorFlow* con *Python*.

→ Generar código de lenguaje de programación con programas de inteligencia artificial generativa.

1. Introducción

El lenguaje de programación *Python* ha emergido como uno de los más populares y versátiles en el campo de la tecnología y la ciencia de datos. Su sintaxis clara y sencilla, junto con una extensa biblioteca de módulos y paquetes, lo hacen una opción ideal tanto para personas que se inician en programación como para usuarios expertos. En particular, *Python* ha jugado un papel fundamental en el desarrollo y la implementación de soluciones de inteligencia artificial y *Machine Learning* o aprendizaje automático.

A continuación, abordaremos la construcción de modelos de aprendizaje automático con *Python,* no sin antes recalcar el papel clave de *big data* y las técnicas de minerías de datos, así como las funcionalidades de diversos algoritmos ya estudiados. Esta unidad te ayudará a recordar conceptos importantes e hilar el conocimiento aprendido para poner en práctica toda la teoría.

Para abordar esta temática, culminaremos la historia de Stephanie, una madre ejemplar que se enfrentó a grandes adversidades. Encontró en la inteligencia artificial una puerta a nuevas oportunidades profesionales. Su viaje comenzó cuando su hijo Juan fue diagnosticado con una enfermedad grave, lo que la llevó a investigar cómo la tecnología podía ayudar a mejorar su calidad de vida. Esta experiencia personal se convirtió en la base para su nueva carrera en IA. En esta última unidad del curso, exploraremos cómo Stephanie aplica estos conocimientos para desarrollar proyectos innovadores en el ámbito empresarial.

2. Fundamentos de *big data*

HILO CONDUCTOR

Cuando Stephanie comenzó a investigar sobre IA, se dio cuenta de que los datos eran fundamentales para cualquier avance significativo. Los fundamentos de *big data* le ayudaron a entender cómo manejar grandes volúmenes de información y cómo extraer valor de ellos. Comprender estos principios fue clave para desarrollar proyectos que pudieran realmente impactar en la vida de personas como la de su hijo Juan.

El concepto *big data* hace referencia a un conjunto potente de tecnologías capaces de almacenar, procesar y analizar grandes volúmenes de datos para extraer información valiosa y patrones significativos.

La inteligencia artificial desempeña un papel protagonista en esta área, al proporcionar algoritmos y técnicas avanzadas para analizar datos de forma eficiente. Los sistemas de IA tienen la capacidad de identificar con agilidad correlaciones complejas entre conjuntos de datos heterogéneos. Esto permite a las organizaciones tomar decisiones basadas en datos de valor y en tiempo real, lo cual posibilita el descubrir conocimientos ocultos que, de otro modo, podrían pasar desapercibidos, o bien se tardaría años en ser descubiertos.

 EJEMPLO

En el sector financiero, los bancos utilizan sistemas de IA para analizar grandes volúmenes de transacciones financieras y detectar de esta manera actividades fraudulentas con mayor precisión y rapidez.

Big data se caracteriza por las famosas cinco uves:

- **Volumen.** Hace referencia a la enorme cantidad de datos que se generan y almacenan continuamente, provenientes de diversas fuentes como redes sociales, dispositivos IoT, transacciones financieras, etc.
- **Velocidad.** Indica la rapidez con la que se generan y procesan los datos. En muchos casos, los datos deben ser analizados en tiempo real o casi en tiempo real.
- **Variedad.** Se relaciona con los diferentes tipos de datos que pueden ser estructurados, semiestructurados o no estructurados, incluyendo texto, imágenes, videos y datos de sensores.
- **Veracidad.** Representa la calidad y confiabilidad de los datos. Con grandes volúmenes de datos, es crucial asegurarse de que los datos sean precisos y estén libres de errores.
- **Valor.** Simboliza la capacidad de transformar grandes cantidades de datos en información útil y accionable, proporcionando *insights* que pueden impulsar decisiones estratégicas y ventajas competitivas.

La inteligencia artificial desempeña un papel muy importante en la **explotación de los datos** dentro del ecosistema de *big data*. Los algoritmos de IA son capaces de analizar una ingente cantidad de datos con gran eficiencia y precisión, lo que permite a las empresas y organizaciones obtener en tiempo real los valiosos *insigthts.*

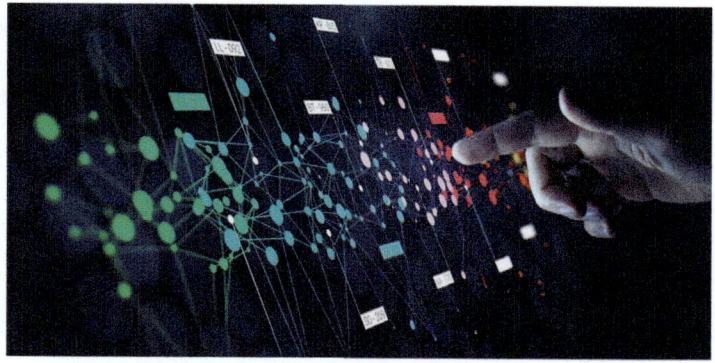

Los **insights** son la inteligencia que se extrae de los datos a través de algoritmos, lo cual permite a las empresas tomar decisiones correctamente informadas y con visión estratégica.

Además de la capacidad para extraer *insights* valiosos, la inteligencia artificial se complementa con las técnicas de minería de datos, que se aplican a los datos estructurados, semiestructurados y no estructurados:

Datos estructurados
Los datos estructurados, como las bases de datos relacionales, son fácilmente organizables y accesibles para los algoritmos de IA.

Datos semiestructurados
Los datos semiestructurados, como los XML y JSON, contienen etiquetas y marcadores que facilitan su procesamiento, aunque no sigan un formato rígido.

Datos no estructurados
Por último, los datos no estructurados, como texto libre, imágenes y vídeos, requieren de métodos más avanzados de análisis, como el procesamiento del lenguaje natural (NLP) y la visión por computadora.

IMPORTANTE

Estas técnicas permiten que la IA identifique patrones y tendencias en conjuntos de datos variados, lo cual aumenta significativamente la capacidad de las organizaciones para tomar decisiones estratégicas y adaptarse rápidamente a los cambios del mercado.

2.1. Técnicas de minería de datos

Las **técnicas de minería de datos** o *Data Mining* posibilitan el tratamiento de grandes volúmenes de datos con independencia de si estos son estructurados, semiestructutados o no estructurados.

Presta atención al siguiente esquema. Recuerda que en él se describía el proceso en el que la extracción de datos termina convirtiéndose en fuente de conocimiento para la toma de decisiones importantes en empresas y organizaciones.

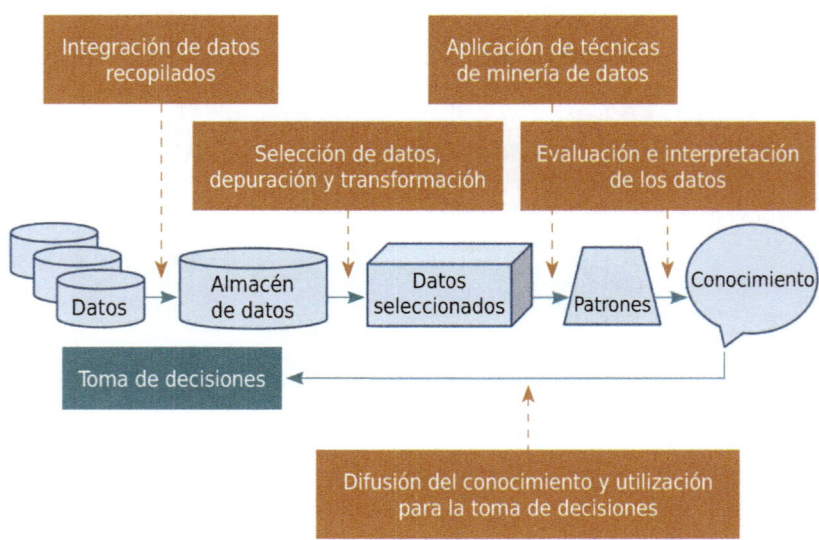

Proceso de transformación de datos en conocimiento con la intervención de la minería de datos

IMPORTANTE

Las técnicas de minería de datos requieren explorar un conjunto de datos previamente depurados para evitar sobrecargar los algoritmos con información innecesaria. Este proceso inicial de limpieza de datos es fundamental para asegurar que solo se utilicen los relevantes. Aunque es posible que algunos errores persistan y necesiten corrección durante la construcción del modelo de aprendizaje automático, recordar y aplicar este conocimiento aprendido será fundamental cuando avancemos en la construcción de un modelo de IA con *Python.* La precisión y efectividad del modelo dependen en gran medida de la calidad de los datos iniciales, por lo que entender y dominar este proceso es esencial para cualquier proyecto de IA exitoso.

Como recordarás, en la minería de datos se llevaban a cabo distintos tipos de trabajos:

⇒ **Tareas descriptivas.** Las tareas descriptivas en la minería de datos se enfocan en identificar patrones dentro de los datos y explicarlos o resumirlos. Su objetivo es encontrar relaciones y asociaciones que ayuden a entender mejor los datos. Por ejemplo:

  ◡ **Identificación de asociaciones.** Descubrir qué productos suelen comprarse juntos en un supermercado ayudaría a optimizar la disposición de los productos en las estanterías.

⇒ **Tareas predictivas.** Las tareas predictivas en la minería de datos se centran en predecir valores o eventos futuros basándose en los datos existentes. Utilizan las reglas y patrones descubiertos en los datos para estimar comportamientos o resultados futuros. Por ejemplo:

  ◡ **Predicción de eventos médicos.** En el campo de la medicina, se puede utilizar la minería de datos para predecir la probabilidad de que un paciente desarrolle una enfermedad específica en el futuro, basándose en sus datos médicos actuales y en sus antecedentes.

En el contexto de construir modelos de inteligencia artificial con *Python,* los conceptos aprendidos adquieren una importancia aún mayor. *Python,* con sus potentes bibliotecas, ofrece herramientas avanzadas que permiten implementar y optimizar tanto las tareas descriptivas como las predictivas. Al recordar y aplicar estas tareas, garantizamos en cierta medida que los modelos de IA sean precisos y eficaces. Las técnicas de limpieza de datos, identificación de patrones y predicción de resultados son fundamentales para desarrollar soluciones robustas y confiables en *Python.*

Para realizar tanto tareas descriptivas como predictivas en la minería de datos, el científico de datos debe emplear diversas técnicas que permitan extraer el máximo valor de los datos disponibles:

- **Técnica de sistemas de agrupamiento.** Estas técnicas conocidas se utilizan para identificar grupos naturales dentro de un conjunto de datos. También se conocen como técnicas de segmentación o *clustering.*
  Por ejemplo, una universidad puede emplear técnicas de *clustering* para agrupar a sus estudiantes según su rendimiento académico y comportamiento en clase. Por ejemplo, el análisis puede revelar grupos de estudiantes que sobresalen en matemáticas, aquellos que son consistentes en todas las materias o aquellos que necesitan apoyo complementario para ciertas áreas.
- **Técnicas de reglas de asociación.** Estas técnicas se utilizan para identificar relaciones ocultas entre diferentes variables en un conjunto de datos.
  Por ejemplo, una cadena de gimnasios puede usar reglas de asociación para descubrir que los clientes que asisten a clases de yoga también suelen inscribirse en programas de nutrición. Con esta información, pueden diseñar paquetes promocionales que incluyan ambos servicios.
- **Técnicas de reglas de asociación secuenciales.** Estas técnicas identifican relaciones temporales entre datos, revelando patrones que ocurren en secuencia.
  Por ejemplo, un servicio de *streaming* usa reglas de asociación secuenciales para descubrir que los usuarios que ven una serie específica tienden a suscribirse a un canal prémium dentro de un mes. Con esta información, pueden dirigir campañas de *marketing* específicas a estos usuarios.
- **Técnicas correlacionales.** Estas técnicas se utilizan para identificar la relación y el grado de semejanza entre diferentes variables cuantitativas.
  Por ejemplo, una empresa de telecomunicaciones puede usar técnicas correlacionales para descubrir una fuerte correlación entre la calidad del servicio al cliente y la retención de usuarios. Esto permite a la empresa enfocar sus esfuerzos en mejorar el servicio al cliente para reducir la tasa de abandono.
- **Técnicas de clasificación.** Estas técnicas se utilizan para predecir la clase o categoría a la que pertenece un objeto basándose en otras variables.
  Por ejemplo, en el sector bancario, las técnicas de clasificación pueden predecir si un cliente es probable que apruebe un préstamo basándose en variables como historial crediticio, ingresos, empleo y otras claves financieras.

➲ **Técnicas de regresión.** Estas técnicas se utilizan para predecir el valor de una variable dependiente basándose en una o más variables independientes.

Por ejemplo, una empresa de energía puede usar técnicas de regresión para predecir el consumo de electricidad de una ciudad en función de variables como la temperatura, la hora del día y los días festivos. Esto ayuda a optimizar la distribución y generación de energía.

 TAREA 15

Una cadena de supermercados desea optimizar sus estrategias de venta y mejorar la experiencia de compra de su clientela. Para ello, han recopilado una gran cantidad de datos sobre el comportamiento de compra de sus clientes, incluyendo información sobre los productos comprados, la frecuencia de compra, el gasto total por visita y las promociones aplicadas. La dirección de la cadena quiere utilizar estos datos para responder a varias preguntas estratégicas:

1. Segmentar a los clientes para diseñar campañas de *marketing* personalizadas.
2. Identificar productos que suelen comprarse juntos para mejorar la disposición de los productos en las tiendas.
3. Predecir las ventas futuras basándose en patrones históricos.
4. Evaluar el impacto de las promociones en las ventas de productos específicos.

Según la información proporcionada, ¿qué técnicas de minería de datos deberían utilizarse para responder a cada una de las preguntas estratégicas planteadas por la cadena de supermercados? Ayuda a la gerencia a reconocer las técnicas de minería de datos que mejor se adapten a las necesidades específicas del análisis comercial, proporcionando *insights* valiosos que puedan guiar las decisiones estratégicas de la cadena de supermercados.

Argumenta tu respuesta.

2.2. *Big data* e inteligencia artificial

La combinación de *big data* e inteligencia artificial se convierte en una poderosa herramienta para transformar numerosos sectores productivos a través de la capacidad de procesar y analizar vastos volúmenes de datos en tiempo real.

Una información significativa es que la IA aplicada a *big data* permite no solo detectar fraudes financieros, sino también optimizar operaciones logísticas, personalizar experiencias de usuario y mejorar la atención sanitaria, entre otros muchos beneficios.

Por ejemplo, en el ámbito de la salud, los algoritmos inteligentes analizan grandes conjuntos de datos médicos para:

Predecir brotes de enfermedades	Personalizar tratamientos	Mejorar diagnósticos

SABÍAS QUE...

Según un informe de McKinsey (2018), las aplicaciones de IA y *big data* en la atención sanitaria podrían generar ahorros de hasta 100 mil millones de dólares anuales en el sector en EE. UU., al optimizar la eficiencia operativa y mejorar considerablemente los resultados clínicos.

En otro contexto, la plataforma de *streaming* Netflix utiliza IA y *big data* para analizar patrones de visualización y personalizar recomendaciones de contenido para sus usuarios. Esta fusión tecnológica ha sido un factor clave en su éxito y en su alta tasa de retención de clientela. Según Netflix, sus algoritmos de recomendación impulsados por IA representan el 80 % de las horas de visualización en la plataforma (Gómez-Uribe & Hunt, 2015).

Google, o cualquier gran plataforma, utiliza una gran base de datos para ofrecer respuestas a los usuarios. Los datos manejados por las grandes compañías tecnológicas sustentan la base de sus innovaciones.

Por todo ello, y para que cualquier tipo de empresa u organización pueda implementar un sistema de inteligencia artificial con éxito, es necesario dar un paso previo, muy importante, relacionado con la gestión y la minería de datos.

NOTA

En la actualidad, existen herramientas de fácil implementación que permiten a cualquier usuario aplicar técnicas de minerías de datos e incluso de creación de modelos de inteligencia artificial con la que poder poner en práctica los conocimientos teóricos aprendidos.

Existen numerosas plataformas que pueden ser utilizadas para aplicar diferentes técnicas de *Data Mining*. En ellas, es posible introducir datos, añadir criterios e incluso dar instrucciones sobre las estrategias basadas en inteligencia artificial que se quieran aplicar en la actividad del negocio.

Software de minería de datos

NOTA

Más adelante descubrirás algunas plataformas de exploración de datos que cuentan con interesantes características para aplicar las técnicas de minería al conjunto de datos y desarrollar modelos de IA.

En la era de la digitalización y la conectividad ultrarrápida que ofrece la tecnología de conectividad ultrarrápida, la implementación de proyectos de inteligencia artificial y *big data* adquiere una relevancia sin precedentes.

Estos proyectos no solo aprovechan la velocidad y la capacidad de procesamiento mejorada proporcionada por las redes 5G, sino que también abren nuevas posibilidades para la innovación y la eficiencia en una amplia gama de aplicaciones.

Trabajos de Big Data

El siglo XXI ha sido testigo de una explosión sin precedentes en la cantidad de datos generados por individuos, empresas y dispositivos. Este fenómeno ha dado lugar al paradigma del *big data,* que hace referencia a la gestión y análisis de conjuntos de datos extremadamente grandes y complejos que no pueden ser manejados por las herramientas de procesamiento de datos tradicionales.

 **NOTA**

La capacidad de extraer información valiosa de estos datos ha transformado industrias enteras, desde la atención médica hasta el *marketing,* y ha dado origen a nuevas oportunidades y desafíos en la toma de decisiones basada en datos.

Los datos son el nuevo petróleo. Esta frase fue acuñada por Clive Humby en 2006. Esta metáfora destaca el inmenso valor que tienen los datos en la economía digital contemporánea, comparando su potencial con el del petróleo en la era industrial.

Así como el petróleo necesita ser refinado para extraer su valor, los datos requieren procesamiento y análisis para convertirse en información útil y aplicable.

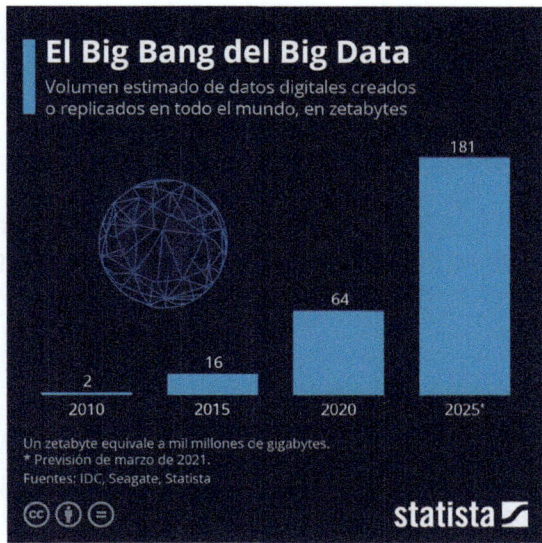

Infografía que destaca el reto del incremento del volumen de datos a nivel mundial. Fuente: Statista.

 PARA SABER MÁS

Puedes ver un artículo que aborda el impacto del crecimiento exponencial en el flujo de datos a nivel mundial debido al desarrollo de las tecnologías de la información y la comunicación (TIC) y los dispositivos inteligentes. Este aumento ha superado la capacidad del *software* convencional para capturar y procesar datos de manera eficiente, con conceptos como gigabytes, que son superados por petabytes en el ámbito de las tecnologías de la información. Accede a este artículo desde aquí:

https://redirectoronline.com/ifct00190601

Big data ha revolucionado la recolección de datos, la infraestructura de almacenamiento, los repositorios analíticos, los métodos de análisis y los objetivos empresariales. Este cambio ha sido fundamental para la evolución de las estrategias de negocio y la toma de decisiones basadas en información de valor.

Para poder tener una dimensión del impacto de *big data,* basta entender la magnitud de 175 zettabytes. Esta cantidad de datos es tan vasta que supera cualquier escala humana de almacenamiento y procesamiento. Es de destacar la increíble capacidad y la demanda de las tecnologías de almacenamiento y procesamiento de datos actuales:

⮌ **Paso 1.** Primero, recordemos las conversiones entre las diferentes unidades de almacenamiento:

- ◑ 1 byte = 8 bits
- ◑ 1 kilobyte (KB) = 1.024 bytes
- ◑ 1 megabyte (MB) = 1.024 kilobytes
- ◑ 1 gigabyte (GB) = 1.024 megabytes
- ◑ 1 terabyte (TB) = 1.024 gigabytes
- ◑ 1 petabyte (PB) = 1.024 terabytes
- ◑ 1 exabyte (EB) = 1.024 petabytes
- ◑ zettabyte (ZB) = 1.024 exabytes

⮌ **Paso 2.** Ahora, compararemos 1 zettabyte con 1 megabyte:

- ◑ 1 ZB = 1.024 EB
- ◑ 1 EB = 1.024 PB
- ◑ 1 PB = 1.024 TB
- ◑ 1 TB = 1.024 GB
- ◑ 1 GB = 1.024 MB

Por lo tanto,

- ◑ 1 ZB = 1.024 × 1.024 × 1.024 × 1.024 × 1.024 MB
- ◑ ≈ 1.152.921.504.606.846.976 MB
- ◑ ≈ $1{,}15 \times 10^{18}$ MB

⮌ **Paso 3.** Ahora, multipliquemos esa cifra por 175 para obtener cuántos megabytes hay en 175 zettabytes:

- ◑ 175 ZB = 175 × $1{,}15 \times 10^{18}$ MB
- ◑ ≈ $2{,}01 \times 10^{20}$ MB

⮌ **Paso 4.** Para poner esta cifra en perspectiva, imagina que un documento de *Word* promedio tiene aproximadamente 1 MB. Ahora, compara esa única unidad de 1 MB con $2{,}01 \times 10^{20}$ MB.

 **EJEMPLO**

Para visualizar lo que representa la capacidad de almacenamiento y procesamiento de *big data*, reflexiona sobre las siguientes informaciones. Te servirán de buenos ejemplos para comprender la dimensión.

Si apilamos todos los documentos de *Word* de 1 MB uno sobre otro (del paso 4), la pila sería increíblemente alta, mucho más allá de cualquier medida terrenal.

Por ejemplo, una pila de 175 zettabytes de documentos de *Word* superaría la distancia entre la Tierra y el Sol innumerables veces.

Si una persona pudiera leer un documento de *Word* de 1 MB en un minuto, le tomaría más tiempo que la edad del universo leer todos los documentos de *Word* contenidos en 175 zettabytes.

- -

 SABÍAS QUE...

En informática, las unidades de almacenamiento se calculan normalmente en sistema binario, basado en múltiplos de 1024 (2^{10}), y no en el sistema decimal de múltiplos de 1000. Así pues, 1 kilobyte equivale a 1024 bytes, 1 megabyte a 1024 kilobytes, y así sucesivamente. Por ejemplo, para convertir 1 zettabyte (ZB) a megabytes (MB), estos serían los cálculos:

- 1 ZB = 1024 exabytes (EB)
- 1 EB = 1024 petabytes (PB)
- 1 PB = 1024 terabytes (TB)
- 1 TB = 1024 gigabytes (GB)
- 1 GB = 1024 MB

En base a la información proporcionada, es posible afirmar que 1 ZB ≈ 1,18 × 10^{21} MB.

Además, y como aclaración, cuando se dice base 1024 se está haciendo referencia a que las unidades de medida en informática se construyen a partir de **potencias de 2,** no de 10. Se dice base 1024 porque cada salto de unidad se multiplica por 1024, no por 1000.

Continúa en página siguiente >>

<< Viene de página anterior

En decimal (base 10): 1 kilobyte serían 1,000 bytes (10^3)

En binario (base 2): como los ordenadores trabajan con bits (0 y 1), las unidades se ajustan a múltiplos de $2^{10} = 1024$.

Por este motivo, en la ciencia de la informática:

- 1 kilobyte (KB) = **1024 bytes**
- 1 megabyte (MB) = **1024 KB**
- 1 gigabyte (GB) = **1024 MB**
- y así sucesivamente hasta zettabytes (ZB).

 ## APLICACIÓN PRÁCTICA

Una empresa de telecomunicaciones que gestiona enormes volúmenes de información generada por sus usuarios ha acumulado 175 zettabytes (ZB) de datos provenientes de llamadas, mensajes y uso de internet.

¿Cuál es la cantidad aproximada de megabytes (MB) de 175 zettabytes (ZB)?

Solución

Para comprender esta cantidad, primero necesitamos entender las conversiones entre las diferentes unidades de almacenamiento. Sabemos que 1 zettabyte (ZB) es igual a 1024 exabytes (EB), 1 exabyte es igual a 1.024 petabytes (PB), 1 petabyte es igual a 1.024 terabytes (TB), 1 terabyte es igual a 1024 gigabytes (GB) y 1 gigabyte es igual a 1.024 megabytes (MB). Por lo tanto, 1 ZB equivale aproximadamente a $1{,}18 \times 10^{21}$ MB. Multiplicando esta cifra por 175 obtenemos la cantidad de megabytes en 175 zettabytes, que es aproximadamente $2{,}06 \times 10^{23}$ MB. Esta comparativa nos ayuda a dimensionar la enorme magnitud de los datos manejados en el ámbito del *big data* y su relevancia en la toma de decisiones empresariales basadas en información de valor.

El manejo responsable de los programas y algoritmos de inteligencia artificial es hoy en día un aspecto clave, debido a su creciente impacto en la vida de las personas, especialmente en un contexto en el que el **big data** desempeña un papel fundamental.

Tecnología Big Data

Big data es un conjunto de tecnologías capaces de recopilar, almacenar y procesar grandes volúmenes de datos provenientes de diversas fuentes. Estos datos masivos alimentan los algoritmos de inteligencia artificial y pueden perfectamente influir en decisiones importantes en áreas tan críticas como la salud, la justicia y el empleo, entre otras cuestiones.

Big data y la inteligencia artificial están estrechamente interconectadas en el mundo moderno. El vasto volumen de datos que se genera, se procesa y se analiza a diario, provenientes de diversas fuentes como redes sociales, dispositivos IoT, transacciones financieras, etc., proporcionan *insights* valiosos que impulsan la toma de decisiones basadas en información relevante.

Los algoritmos de IA, por su parte, requieren de grandes cantidades de datos para entrenar modelos precisos que sean efectivos.

A continuación, se explica cómo *big data* nutre a estos algoritmos de IA con un ejemplo práctico de una aplicación de IoT (internet de las cosas) para ilustrar este proceso:

➲ **Recopilación de datos.** El primer paso es la recopilación de datos a gran escala. Estos datos pueden provenir de sensores, dispositivos IoT, aplicaciones móviles, redes sociales, transacciones, etc.
Por ejemplo, en una app de IoT para hogares inteligentes, los datos provienen de sensores de temperatura, cámaras de seguridad, dispositivos de control de iluminación y electrodomésticos conectados.

⊃ **Almacenamiento de datos.** Los datos recopilados se almacenan en bases de datos grandes, que son escalables. Tecnologías como *Hadoop*, NoSQL y bases de datos en la nube son habituales para manejar *big data*. Por ejemplo, los datos de los sensores de un hogar inteligente se almacenan en una base de datos en la nube, accesible para un procesamiento posterior.

⊃ **Preprocesamiento de datos.** Los datos brutos con frecuencia contienen ruido, inconsistencias y valores faltantes. El preprocesamiento implica la limpieza de datos, la normalización y transformación para prepararlos para la fase de análisis.

Por ejemplo, los datos de temperatura de los sensores pueden tener picos anómalos debido a fallos del sensor. Estos datos se limpian para eliminar valores extremos y se normalizan para que todos los datos tengan un rango común.

⊃ **Análisis y exploración de datos.** Se utilizan técnicas de análisis exploratorio de datos conocidas como EDA para comprender mejor las características de los datos. Esto implica la visualización de datos, la estadística descriptiva y la detección de patrones.

Por ejemplo, se analizan los datos de uso de energía del hogar para identificar patrones de consumo y momentos de alto uso de electricidad.

⊃ **Entrenamiento del modelo de IA.** Los datos preprocesados se utilizan para entrenar algoritmos de IA. Dependiendo del problema, se pueden usar diferentes tipos de algoritmos, como son algoritmos de regresión, clasificación, *clustering*, etc.

Por ejemplo, un modelo de aprendizaje supervisado se entrena para predecir la temperatura óptima en el hogar basada en patrones de uso pasados y condiciones climáticas en tiempo real.

⊃ **Evaluación y optimización del modelo.** El modelo entrenado se evalúa utilizando datos de validación para medir su precisión y efectividad. Se ajustan los hiperparámetros y se realizan optimizaciones para mejorar el rendimiento.

Por ejemplo, el modelo de predicción de temperatura se evalúa utilizando un conjunto de datos de validación y se optimizan los parámetros para minimizar el error de predicción.

⊃ **Implementación y despliegue del modelo.** Una vez que el modelo está entrenado y optimizado, se despliega en un entorno de producción donde se procesan datos en tiempo real para proporcionar resultados.

Por ejemplo, el modelo de predicción de temperatura se implementa en la *app* de hogar inteligente, ajustando automáticamente la temperatura del hogar en tiempo real para optimizar el confort y el consumo de energía.

NOTA

Los ejemplos de este proceso descrito te han permitido conocer cómo *big data* nutre a los algoritmos de IA en una *app* para un hogar, facilitando la toma de decisiones inteligentes y personalizadas para los usuarios, mejorando su experiencia y optimizando el uso de recursos.

2.3. *ChatGPT* y los sesgos de la inteligencia artificial generativa

En el ámbito de la justicia, por ejemplo, el desarrollo de sistemas de inteligencia artificial para la toma de decisiones resalta la importancia de garantizar la imparcialidad y la equidad.

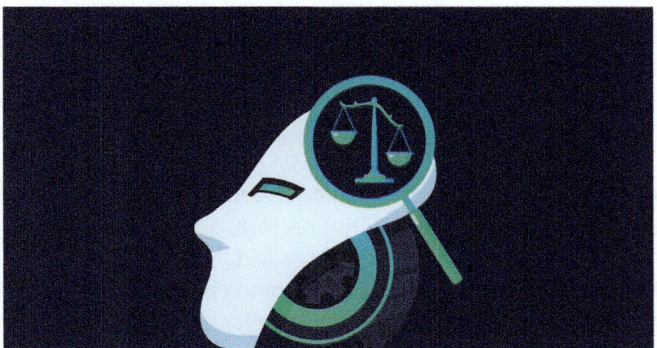

Uso del Big Data en los algoritmos de IA

Los algoritmos de IA utilizados en sistemas de juicios automatizados o en la evaluación de riesgos penales se basan en datos históricos recopilados a través del *big data*. Sin embargo, si estos datos contienen sesgos inherentes, como la discriminación racial o de género, los algoritmos perpetuarán tales sesgos, lo cual llevará a la toma de decisiones jurídicas injustas o discriminatorias.

IMPORTANTE

Es de vital importancia que los programas y algoritmos de inteligencia artificial sean diseñados y utilizados de manera ética y responsable en un entorno de *big data*. Esto implica no solo garantizar la imparcialidad y la equidad en los algoritmos, sino también **asegurar la transparencia en su funcionamiento, la protección de la privacidad y los derechos individuales de las personas** cuyos datos se utilizan. Solo así será posible promover en la sociedad un uso responsable y beneficioso de la inteligencia artificial, mitigando los riesgos potenciales y maximizando sus beneficios para el bienestar humano.

La **inteligencia artificial generativa** es una rama de la IA que se enfoca en la creación de contenido nuevo y original a partir de patrones y datos existentes. Utiliza modelos avanzados de aprendizaje automático (como las redes neuronales generativas) para producir textos, imágenes, música y otros tipos de contenido.

En términos generales, es posible dividir en dos los modelos de inteligencia artificial generativa:

- **Redes generativas antagónicas (GAN).** Utilizan dos redes neuronales, una generadora y una discriminadora, que compiten entre sí para mejorar la calidad del contenido generado.
- **Modelos de transformadores.** Como GPT *(generative pre-trained transformer),* que son especialmente efectivos en la generación de texto.

ChatGPT es un ejemplo destacado de inteligencia artificial generativa, desarrollado por OpenAI. Este modelo utiliza una arquitectura de transformadores para comprender y generar lenguaje natural de manera coherente y contextualmente relevante. Gracias a su capacidad de aprendizaje a partir de grandes volúmenes de datos textuales, *ChatGPT* es capaz de mantener conversaciones, responder preguntas, redactar textos y asistir en diversas tareas lingüísticas, demostrando así el potencial y las aplicaciones prácticas de la inteligencia artificial generativa.

El popular *ChatGPT* se inició como un modelo de lenguaje desarrollado por OpenAI que utiliza técnicas avanzadas de aprendizaje profundo para comprender y generar texto de forma coherente tal como lo haría un humano.

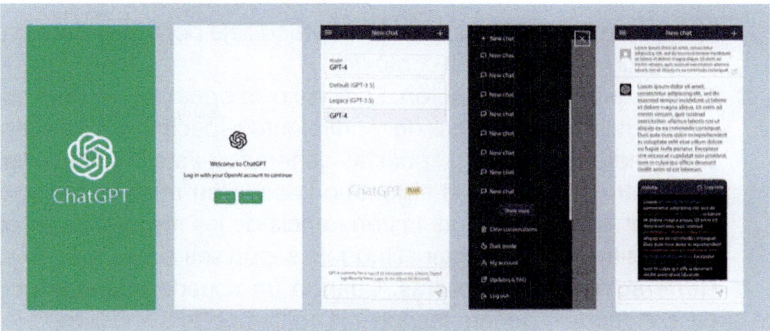

La capacidad de ChatGPT para responder a preguntas, mantener conversaciones y realizar tareas de procesamiento de lenguaje natural se basa en la vasta cantidad de datos con los que ha sido entrenado. Fuente: FrameStudio Shutterstock.com

Los datos empleados por *ChatGPT* provienen de múltiples fuentes en internet y constituyen lo que comúnmente se conoce como *big data*.

A medida que la inteligencia artificial se va integrando en la vida de las personas, es fundamental comprender cómo estos modelos funcionan y cómo los datos de *big data* alimentan sus capacidades, así como los desafíos y responsabilidades asociados con su uso, como la gestión de sesgos en las respuestas proporcionadas por *ChatGPT.*

A continuación, se explica detalladamente el proceso de funcionamiento de *ChatGPT* y cómo este modelo maneja los datos para generar respuestas. Luego, sigue avanzando para descubrir cómo estas respuestas pueden contener sesgos importantes:

- **Recopilación de datos.** Los datos utilizados para entrenar a *ChatGPT* provienen de una variedad de fuentes en internet como libros, artículos, sitios web, foros y redes sociales. Esta diversidad de fuentes asegura que el modelo tenga una amplia base de conocimiento. Por ejemplo, datos de Wikipedia, noticias, blogs y plataformas de redes sociales.
- **Preprocesamiento de datos.** Los datos recopilados se preprocesan para eliminar información irrelevante, corregir errores y normalizar el texto. Esto implica la eliminación de duplicados, la corrección de ortografía y gramática, y la normalización de formatos. Por ejemplo, eliminar etiquetas HTML de los textos web o corregir errores tipográficos.
- **Entrenamiento del modelo.** El modelo de lenguaje se entrena utilizando técnicas de aprendizaje profundo. Durante este proceso, el modelo aprende patrones y estructuras del lenguaje natural a partir de los datos preprocesados. Se utilizan grandes redes neuronales, como *transformers,* para capturar las relaciones contextuales entre las palabras. Por

ejemplo, utilizar técnicas como el aprendizaje por transferencia para mejorar la comprensión del contexto.

⮑ **Optimización y evaluación.** El modelo se optimiza y evalúa constantemente utilizando métricas de rendimiento específicas, como la precisión y la coherencia de las respuestas generadas. Esto implica ajustar hiperparámetros y mejorar el algoritmo basado en retroalimentación continua. Por ejemplo, evaluar la coherencia de las respuestas en conversaciones simuladas y ajustar el modelo según sea necesario.

⮑ **Generación de respuestas.** Cuando un usuario interactúa con *ChatGPT,* el modelo genera respuestas en tiempo real analizando la entrada del usuario y produciendo una salida coherente y contextualmente apropiada. Utiliza el conocimiento aprendido durante el entrenamiento para realizar esta tarea. Por ejemplo, si un usuario pregunta sobre un evento histórico, *ChatGPT* utiliza la información aprendida de textos históricos para generar la respuesta.

Existen diferentes tipos de **sesgos inherentes en *ChatGPT.*** Debido a la naturaleza de los datos utilizados para entrenar a *ChatGPT,* es posible encontrar ciertos prejuicios intrínsecos en las respuestas dadas. Estos sesgos pueden ser clasificados como:

⮑ **Sesgo de disponibilidad de datos.** Los datos disponibles en internet suelen reflejar diferentes puntos de vista o enfoques. Si un tema tiene más contenido de un tipo específico, el modelo podría inclinarse hacia ese punto de vista. Por ejemplo, si la mayoría de los artículos sobre un tema político específico provienen de fuentes con una cierta orientación, *ChatGPT* reflejará inadvertidamente esa orientación en sus respuestas.

⮑ **Sesgo cultural y geográfico.** Los datos en internet suelen estar dominados por contenido de ciertas culturas y regiones. Esto implica que puede llevar a una representación desproporcionada de esos contextos. Por ejemplo, las perspectivas occidentales suelen estar sobrerrepresentadas en los datos de entrenamiento, haciendo que el modelo subestime o malinterprete perspectivas de otras culturas no occidentales.

⮑ **Sesgo de confirmación.** Las personas usuarias de *ChatGPT* también influyen en los datos de entrenamiento al interactuar con el modelo y proporcionar retroalimentación reforzando ciertos sesgos. Por ejemplo, si los usuarios tienden a confirmar y reforzar respuestas con sesgos existentes, el modelo aprende a repetir esos sesgos de forma más frecuente.

Para comprender mejor cómo los sesgos pueden afectar directamente en las respuestas generadas por *ChatGPT,* es útil examinar un ejemplo concreto.

A continuación, se presenta un caso ilustrativo que muestra cómo los sesgos en los datos de entrenamiento logran afectar a las respuestas de la inteligencia artificial.

EJEMPLO

Un usuario pregunta a *ChatGPT* sobre las causas del cambio climático. Si los datos de entrenamiento contienen una mayor cantidad de fuentes que niegan la existencia del cambio climático en comparación con las que lo afirman, el modelo generará respuestas que minimicen o cuestionen la validez del cambio climático, reflejando así el sesgo en los datos.

Por ejemplo, esta podría ser la pregunta de un usuario a *ChatGPT:* "¿Cuáles son las principales causas del cambio climático?".

ChapGPT podría responder: "Algunas fuentes sugieren que el cambio climático no es un problema significativo y que las variaciones naturales del clima son responsables de los cambios observados".

En realidad, la comunidad científica está en gran medida de acuerdo en que el cambio climático es real y está principalmente impulsado por la acción humana, como la quema de combustibles fósiles y la deforestación. Este sesgo en la respuesta podría ser un problema, ya que desinformaría al usuario sobre un tema crítico.

- -

ACTIVIDAD COMPLEMENTARIA

16. Investiga y reflexiona sobre cómo los sesgos pueden influir en los algoritmos de inteligencia artificial, afectando la equidad y la precisión de sus resultados. Piensa en ejemplos específicos en los que los sesgos han tenido un impacto significativo y en las diversas estrategias que se pueden implementar para mitigar estos problemas.

- -

El manejo responsable de la IA y la mitigación de sesgos en los modelos son esenciales para asegurar que las aplicaciones de IA sean equitativas y precisas. En entornos actuales de veloz cobertura, la IA aprovecha todas las ventajas de las redes de última generación para mejorar sus capacidades, pero también se deben considerar los desafíos éticos y técnicos asociados con su implementación.

IMPORTANTE

La **caracterización de la inteligencia artificial en entornos de cobertura 5G** busca comprender cómo la IA se adapta y se potencia en un contexto de conectividad avanzada y de alta velocidad como el proporcionado por este tipo de tecnología.

Se trata de estudiar y analizar cómo la inteligencia artificial se utiliza y se acomoda dentro del ecosistema que representa la cobertura 5G. Esto implica entender los diferentes modelos, técnicas y aplicaciones de la inteligencia artificial que pueden aprovechar las capacidades y la infraestructura proporcionadas por las últimas tecnologías de conectividad.

En este sentido, se han de examinar aspectos como los modelos de inteligencia artificial utilizados, desde **sistemas de reglas simples** hasta **redes neuronales profundas,** y cómo estos modelos se benefician de la alta velocidad y baja latencia ofrecida por las redes 5G. Igualmente, es útil considerar aquellos desafíos y oportunidades específicas que surjan al integrar la inteligencia artificial en entornos en los que la conectividad y el procesamiento de datos sean más rápidos y eficientes.

APLICACIÓN PRÁCTICA

El estudio de la caracterización de la IA en entornos de cobertura 5G implica analizar cómo la IA se adapta y se beneficia de las capacidades avanzadas proporcionadas por la tecnología 5G. Esto implica examinar diferentes modelos de IA, desde sistemas de reglas simples hasta redes neuronales profundas, y cómo estos modelos aprovechan la infraestructura de conexión para mejorar el procesamiento y la conectividad.

En el contexto de una empresa de transporte que utiliza 5G, ¿qué aspecto es clave para asegurar que las aplicaciones de IA sean equitativas y precisas en entornos de cobertura 5G?

Continúa en página siguiente >>

<< Viene de página anterior

Solución

Para asegurar que las aplicaciones de IA sean equitativas y precisas, especialmente en entornos de cobertura 5G, es fundamental el manejo responsable de la IA y la mitigación de sesgos en los modelos. Aunque las ventajas técnicas de las redes 5G, como la alta velocidad y la baja latencia, potencian las capacidades de la IA, es clave abordar los desafíos éticos y técnicos relacionados con la implementación de la IA. Esto implica garantizar que los modelos de IA no perpetúen sesgos y sean utilizados de manera responsable, aprovechando al máximo las oportunidades que ofrece el 5G mientras se minimizan los riesgos y las injusticias.

----

3. Pasos para construir un Proyecto de *big data*

☞ HILO CONDUCTOR

A medida que Stephanie avanzaba en su aprendizaje, descubrió que construir un proyecto de *big data* no era tarea sencilla. Desde la recolección de datos hasta su análisis, cada paso requería de un enfoque meticuloso. Aprendió y recordó cómo identificar las necesidades del proyecto, establecer objetivos claros y utilizar herramientas adecuadas para gestionar la información, lo cual fue esencial para crear soluciones de valor.

Los *insights* obtenidos a través de *big data* son esenciales para que las empresas puedan competir y prosperar en el entorno actual. Al seguir un proceso estructurado de recopilación, almacenamiento, procesamiento, análisis e interpretación de datos, las empresas transforman grandes volúmenes de datos en **inteligencia accionable.** Esta capacidad de convertir datos en *insights* valiosos es lo que verdaderamente impulsa el éxito de *big data* en cualquier sector.

Análisis profundo de grandes volúmenes de datos

En el contexto de *big data,* los *insights* son valiosos descubrimientos obtenidos a partir de un análisis profundo de grandes volúmenes de datos. Estos *insights* son capaces de revelar patrones, tendencias, comportamientos o relaciones que no son evidentes a simple vista.

Llegados a este punto, es fundamental nombrar a la **inteligencia accionable.** Este concepto hace referencia a la información obtenida a través del análisis de datos que es **específica, relevante** y **oportuna,** lo cual permite a las organizaciones tomar decisiones informadas para ejecutar acciones concretas.

La inteligencia accionable no solo describe qué está sucediendo, sino que también proporciona recomendaciones claras sobre qué acciones deben emprenderse para mejorar resultados o resolver problemas.

La inteligencia accionable es clave en el paradigma empresarial actual, porque transforma el análisis de datos en valor real para cualquier tipo de organización, ya sea una empresa o una institución. Hemos afirmado que la inteligencia accionable permite a las organizaciones tomar decisiones informadas para ejecutar acciones concretas:

1. Tomar decisiones basadas en información de valor, es decir, en evidencia y no en suposiciones.
2. Optimizar procesos haciendo ajustes precisos que mejoran la eficiencia y efectividad.
3. Responder rápidamente a cambios con una adaptación ágil a nuevas oportunidades o amenazas en el entorno.
4. Mejorar la satisfacción de la clientela a través de acciones más alineadas con las necesidades y preferencias de los clientes.

RECUERDA

Los *insights* son la inteligencia que se extrae de los datos, lo que permite a las empresas tomar decisiones correctamente informadas y verdaderamente estratégicas.

Una vez que contemplamos *big data* como una herramienta poderosa para cualquier negocio u organización, veamos paso a paso cómo construir un **proyecto de *big data*:**

IMPORTANTE

Hoy en día es fundamental que una empresa construya un proyecto de *big data* para mejorar la toma de decisiones, personalizar la experiencia del cliente, optimizar procesos operativos y obtener una ventaja competitiva. Mediante el análisis de grandes volúmenes de datos en tiempo real, las compañías pueden predecir tendencias, identificar ineficiencias, innovar en productos y servicios, y gestionar riesgos con efectividad. En definitiva, un proyecto de *big data* impulsa la rentabilidad y el éxito empresarial transformando los datos brutos en conocimiento.

3.1. Definir el objetivo

El primer paso para construir un proyecto de *big data* es entender a fondo cómo funciona tu negocio o actividad. Es lo que llamamos *definir el objetivo*.

Para lograrlo, necesitas informarte bien sobre todas las operaciones y procesos internos. Una buena fórmula de hacerlo es hablando con los profesionales que gestionan y realizan estas actividades a diario. Después de obtener esta comprensión y entender las claves, es crítico sentarse a planificar detalladamente:

⮱ **Establecer un plan de hitos.** Este paso implica dividir el proyecto en etapas más pequeñas y manejables, llamadas hitos. Cada hito marca un punto importante en el progreso del proyecto. Estos hitos ayudarán a mantener el proyecto organizado, a realizar un seguimiento del avance y a garantizar que se están alcanzando los objetivos en el tiempo previsto. Por ejemplo, si estás construyendo un sistema de análisis de datos para una empresa, algunos hitos serían:

  ◔ la recopilación de datos,
  ◔ el diseño del modelo de datos,
  ◔ la implementación del análisis y
  ◔ la presentación de resultados.

⮱ **Identificar los indicadores clave de rendimiento (KPI).** Los KPI son métricas específicas que ayudan a medir el rendimiento y el éxito de un proyecto. Estos indicadores son seleccionados porque están directamente relacionados con los objetivos y metas del proyecto. Por ejemplo, si el objetivo de tu proyecto es aumentar las ventas, algunos KPI podrían ser:

- el número de clientes nuevos,
- el valor promedio de las ventas,
- la tasa de conversión,
- etc.

Identificar los KPI adecuados permite monitorear el progreso, además de tomar decisiones basadas en datos para optimizar el rendimiento.

- **Definir los resultados esperados (KER).** Los resultados esperados o KER *(key expected results)* son las metas específicas que se esperan lograr al finalizar el proyecto. Estos resultados deben ser claros, medibles y alineados con los objetivos del negocio. Por ejemplo, si estás desarrollando un sistema de recomendación para un sitio web de comercio electrónico, un resultado esperado podría ser:

  - Aumentar las ventas en un 20 % en los próximos seis meses.

  Definir estos resultados es de gran ayuda para mantener el enfoque del proyecto y evaluar su éxito una vez que se haya completado.

IMPORTANTE

Definir el objetivo de un proyecto de *big data* consiste en conocer el negocio y escuchar a las personas expertas, para luego ser capaz de crear un plan estratégico claro que sirva para guiar ese proyecto.

3.2. Obtener los datos

El segundo paso para construir un proyecto de *big data* es recopilar los datos que necesitas para alcanzar tus objetivos. Ya sabes lo que quieres lograr, ahora es el momento de encontrar la información que te ayudará a conseguirlo.

Puedes hacerlo de varias maneras:

- **Utilizar bases de datos existentes dentro de la empresa.** Muchas empresas ya tienen una gran cantidad de datos almacenados en sus sistemas internos. Estos datos provienen de diferentes fuentes, como son los sistemas de gestión de clientes (CRM), sistemas de gestión de recursos empresariales (ERP), registros de ventas, registros de transacciones y otros sistemas más. Utilizar estas bases de datos existentes permite acceder a información específica clave del negocio sin necesidad de buscar en fuentes externas. Asimismo, estos datos suelen estar estructurados y organizados de acuerdo con las necesidades de la empresa, lo cual facilita su análisis y procesamiento.

⮑ **Aprovechar los recursos disponibles a través de API comerciales que permiten acceder a datos externos.** Las API *(interfaces de programación de aplicaciones)* comerciales son una excelente fuente de datos externos para complementar la información interna de la empresa. Muchas empresas y organizaciones ofrecen API que permiten acceder a sus datos de manera programática. Esto facilita la integración de esta información en los proyectos de *big data.* Por ejemplo, es posible acceder a datos de redes sociales, datos meteorológicos, datos de mercado financiero, datos de transporte, etc. Todos estos datos externos proporcionan información complementaria de valor además de contextos importantes para los análisis y decisiones empresariales.

⮑ **Utilizar datos abiertos *(open data)* que se pueden obtener mediante extractores web.** Los datos abiertos, también conocidos como *open data,* son conjuntos de datos que están disponibles públicamente y, por tanto, pueden ser utilizados y redistribuidos libremente por cualquier persona o usuario. Estos datos suelen provenir de organismos públicos, organizaciones sin ánimo de lucro, instituciones académicas, etc. Para acceder a los datos abiertos se suelen utilizar **extractores web** o herramientas de **web scraping.** Estas herramientas sirven para recopilar la información de forma automatizada desde sitios web públicos. Los datos abiertos son considerados una fuente valiosa de información con una amplia variedad de aplicaciones, desde análisis de mercado hasta investigaciones científicas.

IMPORTANTE

Obtener datos para un proyecto de *big data* consiste en identificar las fuentes de datos disponibles y seleccionar aquellas que proporcionarán la información necesaria para el proyecto. La base de datos interna se reconoce en el mundo empresarial como la gestión del conocimiento, mientras que la gestión de datos externos sería la inteligencia competitiva. *Big data* contribuye a potenciar la inteligencia de negocios.

APLICACIÓN PRÁCTICA

Imagina una empresa minorista que busca optimizar su cadena de suministro y mejorar la experiencia del cliente a través de la gestión de datos implementando un proyecto de *big data*. ¿Cuál es la terminología adecuada para describir la gestión de la base de datos interna y la gestión de datos externos en un proyecto de *big data*?

Solución

En un proyecto de *big data,* obtener datos implica identificar y seleccionar fuentes de datos tanto internas como externas. La gestión del conocimiento implica el manejo de la base de datos interna, que es fundamental para la organización y aprovechamiento de la información interna en el mundo empresarial. Por otro lado, la inteligencia competitiva se enfoca en la gestión de datos externos, lo cual permite a las empresas obtener información relevante del entorno competitivo para mejorar sus estrategias de negocio. *Big data* juega un papel clave en potenciar la inteligencia de negocios, facilitando el análisis y la toma de decisiones basadas en datos sólidos y precisos.

- -

3.3. Limpiar los datos

El tercer paso para construir un proyecto de *big data* es limpiar y adaptar los datos que has recopilado. Aunque ya tienes toda la información que necesitas, puede estar desordenada y en diferentes formatos. Es esencial organizar y estandarizar estos datos, asegurándote de que, por ejemplo, todas las filas de una misma columna sigan un formato uniforme (como usar el mismo número de decimales para una categoría específica). Además, debes tener mucho cuidado de cumplir con las leyes de protección de datos y privacidad vigentes. Recuerda que, aunque esta tarea puede consumir hasta el 80 % del tiempo del proyecto, es clave para garantizar la calidad y fiabilidad de tus análisis posteriores.

Para desarrollar este paso hay que desarrollar las siguientes claves:

- ⤷ **Estandarización de datos.** Uno de los primeros pasos en la limpieza de datos es asegurarse de que todos los datos estén en un formato coherente y uniforme. Esto implica convertir diferentes representaciones de la misma información en un formato consistente. Por ejemplo, si estás trabajando con datos de fechas, asegúrate de que todas las fechas estén en el mismo formato (por ejemplo, DD/MM/AAAA o AAAA-MM-DD) para facilitar su análisis.

Por ejemplo, estás trabajando en un proyecto de análisis de ventas para una empresa que vende productos en diferentes países. Tienes una tabla de datos que incluye información sobre las ventas realizadas durante el último año, pero descubres que las fechas de las transacciones están en diferentes formatos, como DD/MM/AAAA y MM/DD/AAAA, lo cual te dificulta el análisis.

Para estandarizar los datos de fecha, decides convertir todos los formatos a AAAA-MM-DD, que es el formato estándar que prefieres para tu análisis. Utilizas técnicas de limpieza de datos para realizar esta transformación de manera consistente en todo el conjunto de datos. Por ejemplo:

- Original: 15/03/2024 Estandarizado: 2024-03-15
- Original: 03/25/2024 Estandarizado: 2024-03-25
- Original: 2024-04-10 Estandarizado: 2024-04-10

Al estandarizar los datos de fecha en un formato uniforme, se facilita el análisis y las comparativas de las ventas a lo largo del tiempo, permitiendo identificar tendencias y patrones con mayor precisión. Al mismo tiempo, al utilizar un formato estándar, se reduce la posibilidad de errores en el análisis, debido a la inconsistencia en los datos. Esto ayuda a garantizar la calidad y la fiabilidad de los resultados obtenidos en un proyecto de análisis de ventas.

➲ **Limpieza de valores atípicos (*outliers*).** Los valores atípicos son puntos de datos que se desvían significativamente de la mayoría de los otros puntos de datos en un conjunto. Estos valores suelen distorsionar el análisis y las conclusiones obtenidas a partir de los datos. Por lo tanto, es importante identificar y tratar estos valores atípicos de manera adecuada, ya sea eliminándolos o corrigiéndolos si es posible.

Por ejemplo, estás trabajando en un proyecto de análisis de precios de viviendas en una ciudad determinada. Tienes un conjunto de datos que incluye el precio de venta de diferentes propiedades residenciales durante el último año.

Al explorar tus datos, notas que hay un punto de datos que se desvía significativamente del resto: una propiedad que se vendió por un precio extremadamente alto en comparación con las demás. Este valor atípico podría distorsionar tus análisis y también tus conclusiones, ya que ejerce influencia de manera desproporcionada en medidas como el precio promedio o la tendencia general de los precios.

Para tratar este valor atípico, decides investigar más a fondo. Descubres que esta propiedad en particular es una mansión de lujo con características únicas y con ubicación privilegiada. Esto justifica su precio excepcionalmente alto en comparación con otras propiedades.

Después de confirmar que el valor atípico es válido y no es el resultado de un error de entrada de datos, decides mantenerlo en tu conjunto de datos. Sin embargo, decides tener en cuenta este valor atípico al realizar análisis y presentaciones, considerando su impacto en las medidas estadísticas y asegurándote de contextualizarlo adecuadamente en tus informes.

⮑ **Gestión de datos faltantes.** Los datos incompletos o faltantes son cuestiones comunes en muchos conjuntos de datos, pueden afectar la calidad y la precisión del análisis. Es fundamental decidir cómo manejar estos datos faltantes de forma idónea. Esto implica, por ejemplo, la eliminación de registros con datos faltantes, la imputación de valores utilizando técnicas estadísticas o el desarrollo de modelos para predecir los valores faltantes.

Por ejemplo, estás trabajando en un proyecto de análisis de satisfacción del cliente para una empresa de comercio electrónico. Tienes un conjunto de datos que incluye respuestas de encuestas de la clientela, pero notas que algunos clientes no han completado todas las preguntas en la encuesta, dejando ciertos campos vacíos, por lo que decides hacer una gestión de datos faltantes.

Para manejar estos datos faltantes de manera adecuada, consideras varias opciones:

◗ Eliminación de registros con datos faltantes. Una opción es eliminar por completo los registros que contienen datos faltantes. Sin embargo, esta opción puede no ser ideal si la cantidad de registros con datos faltantes es significativa, ya que podrías perder información valiosa de otros campos completos en esos registros.

◗ Imputación de valores utilizando técnicas estadísticas. Otra opción es imputar o rellenar los valores faltantes utilizando técnicas estadísticas. Por ejemplo, podrías calcular el promedio o la mediana de los valores existentes en una columna y usar ese valor para llenar los campos faltantes. Esta técnica es útil para preservar la integridad del conjunto de datos, evitando la pérdida de información.

◗ Desarrollo de modelos para predecir los valores faltantes. Una opción más avanzada es desarrollar modelos predictivos para estimar los valores faltantes en función de otros atributos del conjunto de datos. Por ejemplo, podrías usar un **modelo de regresión** para predecir la calificación de satisfacción de un cliente en función de su historial de compras, interacciones anteriores con la empresa, etc. Este enfoque es más preciso y sofisticado, pero también requiere de más recursos y conocimientos técnicos.

⮑ **Validación de datos.** Es importante verificar la precisión y la coherencia de los datos para garantizar que sean confiables y precisos. Esto se traduce en realizar una comparación de los datos con fuentes externas o bien la realización de controles de integridad para identificar posibles errores o inconsistencias en los datos.

Por ejemplo, estás trabajando en un proyecto de análisis de inventario para una cadena de tiendas minoristas. Tienes un conjunto de datos que incluye información sobre los niveles de inventario de diferentes productos en varias ubicaciones de tiendas. Para validar la precisión y coherencia de tus datos, decides compararlos con una fuente externa confiable, como el sistema de gestión de inventario de la empresa. Este sistema es considerado como la fuente principal y más confiable de información sobre el inventario de la empresa.

Comienzas comparando los datos de tu conjunto con los registros del sistema de gestión de inventario. Durante esta comparativa, identificas discrepancias significativas entre los niveles de inventario registrados en tu conjunto de datos y los niveles de inventario registrados en el sistema. Después de investigar más a fondo, descubres que las discrepancias son el resultado de errores humanos en la entrada de datos, como son errores propios de transcripción o de registros duplicados. También, identificas casos de productos que faltan en tu conjunto de datos pero que están presentes en el sistema de gestión de inventario, y viceversa.

Para abordar todos estos problemas, decides implementar medidas correctivas, como son corregir los errores de entrada de datos, eliminar registros duplicados y actualizar tu conjunto de datos para incluir los productos faltantes. También estableces procedimientos para mejorar la precisión de la entrada de datos en el futuro.

Al validar los datos con una fuente externa confiable y abordar las discrepancias identificadas, es posible tener más confianza en la precisión y la fiabilidad de tus datos. Esto te permite realizar análisis más precisos y tomar decisiones basadas en datos de valor sobre la gestión de inventario en las tiendas minoristas.

⮕ **Cumplimiento de regulaciones de protección de datos y privacidad.**
Es fundamental garantizar que la limpieza de datos se realice de acuerdo con las leyes y regulaciones vigentes de protección de datos. Esto significa guardar y proteger el anonimato de los datos personales, la protección de la privacidad de los individuos y el cumplimiento de normativas como el RGPD (Reglamento General de Protección de Datos) de la Unión Europea o Ley Española de Protección de Datos y Garantía de Derechos Digitales (LOPDGDD). Estas normativas han de ser el referente.

Por ejemplo, estás trabajando en un proyecto de análisis de datos para una empresa que opera en la Unión Europea y recopila información personal de sus clientes: nombres, direcciones de correo electrónico y números de teléfono. Como parte de tu trabajo, estás limpiando y preparando estos datos para su análisis posterior.

Para cumplir con las regulaciones de protección de datos, como el RGPD y la LOPDGDD, has de garantizar que la limpieza de datos se realice de forma ética y legal. Esto significa tomar medidas para proteger la privacidad y la seguridad de los datos personales de los individuos.

Al limpiar los datos, debes tener cuidado de no divulgar información personal sensible y proteger la identidad de los individuos. Esto implica eliminar o encriptar ciertos campos de datos que podrían identificar directamente a una persona, como son los números de identificación personal o las direcciones completas. Igualmente, debes asegurarte de que los datos se almacenen de forma segura y se protejan contra accesos no autorizados o filtraciones de datos. Por ejemplo, haciendo uso de medidas de seguridad como la encriptación de datos, el acceso restringido a la información y la implementación de políticas de privacidad y seguridad de datos sólidas.

3.4. Enriquecer los datos

El paso cuarto para construir un proyecto de *big data,* que consiste en enriquecer los datos, implica que tienes que hacer que tus datos sean aún más valiosos y útiles. Imagina que tienes un montón de piezas de un rompecabezas, pero que algunas están incompletas o desordenadas. En este paso estás trabajando para completar esas piezas y organizarlas de manera que todo encaje.

¿Cómo haces esto? Puedes conseguirlo combinando diferentes conjuntos de datos, como si estuvieras mezclando colores para crear un nuevo color más vibrante. También puedes combinar diferentes partes de tus datos, como fechas, para crear intervalos de tiempo que te ayuden a entender mejor cómo cambian las cosas a lo largo del tiempo.

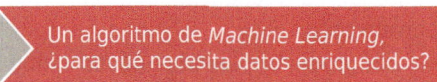

Un algoritmo de *Machine Learning,* ¿para qué necesita datos enriquecidos?

El objetivo es preparar los datos para que un algoritmo de *Machine Learning* pueda entenderlos más fácilmente y hacer predicciones mucho más precisas. Piensa en ello como si tuvieses que preparar una receta, para que sea más fácil de seguir y entender. Cuando los datos están enriquecidos, el análisis que hagas más adelante será mucho más efectivo y preciso.

◁◦▷ EJEMPLO

Estás trabajando en un proyecto de *big data* para una empresa de comercio electrónico. Tu objetivo es mejorar la recomendación de productos para los clientes, basándote en sus comportamientos de compra anteriores. Para lograr esto, sigues el cuarto paso del proyecto: enriquecer los datos. Veamos cómo puedes hacerlo:

- Combinar diferentes conjuntos de datos:

  - Datos de compras: tienes un conjunto de datos que muestra cada compra realizada por los clientes, incluyendo el ID del cliente, el ID del producto, la fecha de compra y el precio.
  - Datos de navegación web: tienes otro conjunto de datos que muestra el comportamiento de navegación de los clientes en el sitio web, como las páginas visitadas, el tiempo pasado en cada página y los productos vistos.
  - Datos demográficos: también tienes un conjunto de datos que incluye información demográfica sobre los clientes, como la edad, el género y la ubicación.

Para enriquecer tus datos, combinas estos conjuntos en un único *dataset,* que proporciona una vista más completa de cada cliente. Por ejemplo, puedes vincular las compras y los datos de navegación con los datos demográficos para obtener información sobre cómo los diferentes grupos de clientes navegan y compran.

Crear nuevas características a partir de los datos existentes:

  - Intervalos de tiempo: puedes usar las fechas de compra para calcular intervalos de tiempo entre compras sucesivas para cada cliente. Esto te ayuda a entender la frecuencia de las compras y a identificar patrones de comportamiento.
  - Categorías de productos: puedes añadir columnas que clasifiquen los productos en diferentes categorías, como "electrónica", "ropa", "hogar", etc. Esto permite analizar tendencias de compra en diferentes categorías.
  - Valor de vida del cliente: puedes calcular el valor de vida de cada cliente sumando el total de sus compras. Esta métrica (CLV) es útil para identificar a los clientes más valiosos.

Combinar columnas para crear nuevas métricas:

  - *Engagement score:* combina datos de navegación y de compra para crear una métrica que mida el nivel de compromiso de cada cliente. Por

Continúa en página siguiente >>

<< *Viene de página anterior*

ejemplo, podrías crear una fórmula que tuviese en cuenta el número de visitas al sitio web, el tiempo pasado en el sitio y la frecuencia de compra.

· Índice de satisfacción: si tienes datos de encuestas de satisfacción del cliente, puedes combinarlos con datos de compra para ver cómo la satisfacción del cliente impacta en sus hábitos de compra.

Al enriquecer tus datos de esta manera, preparas una base de datos mucho más completa y robusta, que un algoritmo de *Machine Learning* utilizará para hacer predicciones con un nivel alto de precisión. Por ejemplo, el algoritmo usaría los datos enriquecidos para recomendar productos que un cliente probablemente comprará, basándose en sus compras anteriores, su comportamiento de navegación y su localización.

3.5. Encontrar *insights*

El quinto paso, encontrar *insights,* es como darle un sorbo a una bebida hecha con tus datos. Después de haberlos arreglado y enriquecido, ahora es momento de disfrutarlos y obtener algo valioso de ellos. ¿Cómo lo haces? A través de la visualización.

◎ EJEMPLO

Imagina que tienes un delicioso plato de comida frente a ti y que, antes de empezar a comer, decides decorarlo con hierbas frescas y salsas coloridas para resaltar su sabor y belleza. De manera similar, con la visualización de datos estás adornando tus datos de una forma que te permita ver patrones, tendencias y relaciones que no serían tan evidentes si solo miraras los datos numéricos.

Para encontrar *insights* puedes utilizar herramientas como son:

 PARA SABER MÁS

Puedes consultar *Power BI*, *Grafana* y *Tableau*, que son recursos tecnológicos capaces de crear gráficos y tablas que representen tus datos de forma atractiva. Estos gráficos te ayudarán a obtener *insights*, que son como pequeñas joyas escondidas dentro de tus datos. Eso te ayudará a tomar mejores decisiones, respaldando tus argumentos, o incluso alimentando algoritmos de aprendizaje automático para que funcionen aún mejor. Así que, al igual que cuando pruebas un plato y encuentras nuevos sabores y combinaciones, al visualizar tus datos encontrarás nuevas perspectivas y conocimientos que te ayudarán a aprovechar al máximo la información que has recopilado y preparado con tanto cuidado. Accede desde aquí para consultarlos:

- *Power BI*

https://redirectoronline.com/ifct00190602

Continúa en página siguiente >>

<< *Viene de página anterior*

• *Grafana*

https://redirectoronline.com/ifct00190603

• *Tableau*

https://redirectoronline.com/ifct00190604

3.6. Desplegar *Machine Learning*

El sexto paso consiste en desplegar *Machine Learning*. Es como usar una varita mágica para hacer predicciones sobre lo que podría suceder en el futuro basándote en lo que has aprendido del pasado; una "bola de cristal" que te ayudará a ver tendencias ocultas que no pudiste encontrar en los pasos anteriores.

 EJEMPLO

Imagina que estás organizando una fiesta y quieres agrupar a tus invitados en mesas, de manera que tal disposición permita que los asistentes disfruten más. Usando algoritmos de aprendizaje automático, puedes agrupar a las personas que tienen más cosas en común, como son intereses o simplemente rangos de edad, de manera que estén ubicados en mesas donde probablemente se

Continúa en página siguiente >>

<< Viene de página anterior

lleven bien y puedan compartir experiencias que les diviertan. Esto se llama *clustering*, ya lo vimos. Es solo una de las muchas cosas que puedes hacer con *Machine Learning*.

También puedes usar aprendizaje supervisado en el despliegue del *Machine Learning*, que es como enseñarle a un ordenador a hacer predicciones basadas en ejemplos pasados. Por ejemplo, si tienes datos sobre ventas de productos y quieres predecir cuánto venderás el próximo mes, podrás entrenar un algoritmo con datos históricos para que aprenda patrones y luego lo uses para hacer predicciones futuras. Pero, además, no solo se trata de hacer estas predicciones una vez, también necesitas desplegar tus modelos de *Machine Learning* en una arquitectura operativa, para que puedan ser utilizados de forma recurrente.

La inteligencia accionable no solo describe qué está sucediendo, sino que también proporciona recomendaciones claras sobre qué acciones deben emprenderse para mejorar resultados o resolver problemas.

3.7. Iterar

El último paso, iterar, es como dar vueltas en un carrusel emocionante y nunca terminar el viaje. Aunque hayas llegado al sexto paso, no significa que hayas llegado al final del camino; en realidad, es más bien como cerrar un círculo y volver al principio, pero con una visión más clara y una comprensión mucho más profunda.

◎ EJEMPLO

Imagina que estás construyendo un castillo de arena en la playa. Una vez que lo has terminado, no te sientes y te relajes pensando que has terminado tu obra maestra. Sabes que las olas vendrán y se llevarán parte del castillo, el viento lo cambiará, y tal vez quieras agregarle una torre más alta o un foso más profundo. Lo mismo sucede con los proyectos de *big data*.

Es muy importante entender que estos proyectos nunca estarán completamente terminados. Siempre habrá nuevas fuentes de datos para explorar, nuevos algoritmos de *Machine Learning* para probar y nuevas preguntas que hacer. **La clave del éxito es aceptar este ciclo de iteración** y tener disposición para volver al principio una y otra vez, refinando y mejorando continuamente el enfoque y los resultados.

Así que no queda otra: en lugar de ver esta fase como un final, piensa en el sexto paso como un punto de partida para una nueva vuelta en la montaña rusa de descubrimiento y aprendizaje.

Cada iteración te acercará un poco más a tus objetivos y te ayudará a construir sobre lo que ya has aprendido. Es un proceso emocionante y continuo que te permitirá adaptarte y evolucionar a lo largo del tiempo en un **entorno VUCA.**

El entorno VUCA (volátil, incierto, complejo y ambiguo) describe las condiciones cambiantes y desafiantes en las que operan las empresas modernas.

El entorno VUCA se caracteriza por fluctuaciones rápidas, falta de previsibilidad, interrelaciones complicadas y ambigüedades en la toma de decisiones. En el contexto del desarrollo de un proyecto de *big data,* trabajar en un entorno VUCA significa que los datos, las tecnologías y las necesidades empresariales pueden cambiar rápidamente, requiere adaptabilidad y respuestas ágiles. Por ello, el proceso de iterar se vuelve como crucial en la última fase del proyecto de *big data*.

IMPORTANTE

Iterar implica revisar y mejorar continuamente los modelos y análisis basados en los nuevos datos, lo que implica retroalimentar el proceso. Esta práctica garantiza que el proyecto se mantenga relevante, preciso y alineado con las dinámicas cambiantes del entorno empresarial, lo que permite una mejor toma de decisiones y el aprovechamiento de oportunidades emergentes.

---

4. Los profesionales del *big data*

HILO CONDUCTOR

Stephanie sabía de la importancia de contar con un equipo multidisciplinar. Los profesionales del *big data*, como los científicos de datos, los ingenieros de datos y los analistas, juegan roles cruciales en el desarrollo de proyectos exitosos. Su capacidad para colaborar y aportar diversas perspectivas permitió a Stephanie avanzar más rápido y con mayor precisión en todas sus iniciativas.

Desarrollar un proyecto de *big data* es una tarea compleja que requiere una combinación de habilidades especializadas y la colaboración de diversos perfiles profesionales. Cada etapa del proyecto, desde la definición de objetivos hasta la implementación de soluciones de inteligencia artificial, demanda conocimientos técnicos y estratégicos específicos.

Para afrontar con éxito estos desafíos, es vital contar con un equipo multidisciplinar que pueda abordar todos los aspectos del **ciclo de vida del proyecto**. En este contexto, son cinco perfiles profesionales los que emergen como piezas clave: el **ingeniero de datos**, el **analista de datos**, el **arquitecto de *big data***, el **especialista en IA** y el **científico de datos**. La labor de todos estos profesionales consigue transformar datos en decisiones (*insights*).

Cada uno de los profesionales aporta una perspectiva única, unos conocimientos y unas destrezas fundamentales que, en conjunto, permiten convertir grandes volúmenes de datos en insights valiosos y decisiones bien informadas.

A continuación, podrás explorar el rol y la contribución de cada una de estas personas expertas en la construcción de un proyecto de *big data* exitoso.

4.1. Ingeniero de datos

El **ingeniero de datos** es el especialista responsable en una organización de establecer las bases para la recolección, almacenamiento, procesamiento y gestión de los datos.

El ingeniero de datos actúa como la puerta de entrada de los datos, configurando la infraestructura necesaria para que la información sea accesible y utilizable por los analistas y científicos de datos que la trabajarán posteriormente.

Este profesional debe manejar motores de bases de datos tanto SQL como NoSQL, tener experiencia en plataformas de nube como AWS y sistemas de procesamiento masivo de datos como Hadoop.

NOTA

Es muy recomendable que este profesional tenga habilidades en lenguajes de programación, para facilitar la manipulación y transformación de los datos. En esencia, el ingeniero de datos prepara y organiza el entorno de datos, asegurando que esté listo para el análisis y el desarrollo de modelos predictivos.

4.2. Analista de datos

El **analista de datos** es el profesional de *big data* encargado de convertir los datos en información de valor para facilitar a la empresa una óptima toma de decisiones.

Su trabajo consiste en extraer información clave a partir de los datos proporcionados por el ingeniero de datos. Para ello, el analista debe explorar, preprocesar y analizar estos datos, y luego, saber comunicar los hallazgos al personal clave, generalmente el personal directivo.

Utiliza herramientas de visualización como Tableau o Grafana.

NOTA

Además de las habilidades técnicas del analista de datos, es fundamental que este profesional tenga una buena comprensión del negocio, conocimiento del sector, capacidad para colaborar con otros equipos de trabajo y habilidades interpersonales para comunicar eficazmente sus resultados.

4.3. Arquitecto de datos

El **arquitecto de datos** actúa como un enlace vital entre los equipos técnicos, científicos e ingenieros de datos, y los equipos orientados al negocio, analistas de datos y personal directivo.

Este profesional es esencial para cualquier empresa que desee construir un entorno de *big data* eficaz, ya que gestiona todo el ciclo de vida de los datos, desde su recolección hasta su presentación final. Abarca la creación y mantenimiento de la infraestructura necesaria para que cada tarea específica pueda llevarse a cabo eficientemente por los demás perfiles del equipo.

Su función es multidisciplinaria.

NOTA

El arquitecto de datos asegura que todas las partes del sistema de datos estén perfectamente integradas y funcionen de manera cohesiva, para facilitar tanto el trabajo técnico como la toma de decisiones estratégicas.

4.4. Especialista en IA

El **especialista en inteligencia artificial** añade una dimensión decisiva a un proyecto de *big data,* al potenciar la capacidad de predicción del proyecto.

Mientras que los analistas de datos proporcionan información valiosa para la toma de decisiones, el especialista en IA lleva esto un paso más allá al desarrollar algoritmos de *Machine Learning* y *Deep Learning.* Estos algoritmos permiten realizar predicciones precisas sobre tendencias futuras y comportamientos, mejorando significativamente la calidad y la eficacia de las decisiones empresariales.

NOTA

Los especialistas en IA son profesionales altamente demandados y escasos. Necesitan competencias muy específicas y un compromiso continuo con el aprendizaje para mantenerse al día con los avances tecnológicos. Su papel es esencial para aprovechar al máximo el potencial de los datos y transformar *insights* en acciones predictivas.

4.5. Científico de datos

El **científico de datos** es similar al analista de datos. Se diferencian principalmente en el enfoque, en el primer caso está más orientado a la investigación y desarrollo (I+D).

Mientras que el analista de datos se centra en el análisis con una mentalidad de negocio para apoyar la toma de decisiones, el científico de datos busca descubrir valor oculto en los datos sin necesariamente tener que extraer conclusiones prácticas inmediatas.

Este perfil es estratégico y se enfoca en encontrar patrones complejos y relaciones profundas que no son evidentes para el analista de datos.

NOTA

Un científico de datos cuenta con un sólido historial de investigación, publicaciones científicas de renombre en su campo y fuertes vínculos con el sector académico, lo cual le permite abordar problemas desde una perspectiva más teórica y metodológica.

5. Sistemas de aprendizaje automático vs sistemas de aprendizaje manual

 **HILO CONDUCTOR**

En su camino, Stephanie aprendió la diferencia entre sistemas de aprendizaje automático y manual. Mientras que el aprendizaje manual depende de la intervención humana para cada decisión, los sistemas automáticos pueden aprender

Continúa en página siguiente >>

<< Viene de página anterior

y adaptarse por sí mismos. Esta diferencia le abrió los ojos a las posibilidades infinitas de la IA para resolver problemas complejos con eficacia y eficiencia.

- -

Los sistemas de aprendizaje automático y aprendizaje profundo aprovechan la potencia de las redes para procesar grandes volúmenes de datos en tiempo real. Esto permite la creación de modelos predictivos más precisos y sofisticados, que pueden utilizarse en una variedad de casos de uso, desde la optimización de la cadena de suministro hasta la personalización de la experiencia del cliente. Asimismo, los sistemas manuales respaldados posibilitan intervenciones humanas cuando es necesario, combinando lo mejor de ambos mundos para obtener resultados óptimos.

El siguiente ejemplo muestra cómo los sistemas de aprendizaje automático y profundo, respaldados por intervenciones humanas, pueden obtener resultados óptimos.

 EJEMPLO

Un comercio *online* desea mejorar la experiencia de sus clientes, personalizando las recomendaciones de productos que ven al navegar por el sitio web.

La tienda recopila grandes volúmenes de datos en tiempo real sobre el comportamiento de los clientes en su sitio web: qué productos ven, cuáles agregan al carrito, cuáles compran, cuánto tiempo pasan en cada página, etc.

Utilizando sistemas de aprendizaje profundo, como redes neuronales recurrentes (RNN) y redes neuronales convolucionales (CNN), la tienda procesa estos datos para identificar patrones y preferencias de cada cliente.

La tienda entrena modelos predictivos avanzados, que son capaces de anticipar qué productos tienen más probabilidades de interesar a cada cliente de forma individual, basándose en su histórico y en patrones similares observados en otros clientes.

Cada vez que un cliente navega por el sitio, el modelo predictivo en tiempo real genera recomendaciones personalizadas de productos que se muestran

Continúa en página siguiente >>

<< Viene de página anterior

en la página principal, en correos electrónicos de seguimiento y en las páginas de productos.

Aunque el sistema automatizado genera la mayoría de las recomendaciones, los expertos en *marketing* de la tienda revisan y ajustan manualmente las estrategias de recomendación basándose en eventos especiales, promociones o cambios estacionales, para asegurar la relevancia y la efectividad.

Como resultado de este trabajo conjunto entre la máquina y el humano, los clientes reciben recomendaciones personalizadas que se ajustan mejor a sus intereses, lo cual aumenta la probabilidad de compra. El comercio electrónico puede optimizar su cadena de suministro al anticipar mejor la demanda de productos, reduciendo el exceso de inventario y las faltas de *stock*. La combinación de sistemas automáticos y manuales permite obtener resultados óptimos, aprovechando la precisión de los modelos predictivos, y la intuición y el conocimiento contextual de los expertos humanos.

En la era tecnológica actual, las organizaciones se enfrentan a una cantidad abrumadora de datos. Estos, si no se gestionan y analizan adecuadamente, pueden convertirse en una desventaja competitiva significativa. Para evitar que esto ocurra, y ganar competitividad, las organizaciones han de utilizar sistemas de aprendizaje tanto automáticos como manuales.

 IMPORTANTE

Los sistemas de aprendizaje automático permiten procesar grandes volúmenes de datos rápidamente y pueden descubrir patrones ocultos que podrían pasar desapercibidos en el análisis manual. Estos sistemas se basan en algoritmos que aprenden y mejoran con el tiempo, ofreciendo predicciones y análisis cada vez más precisos. Sin embargo, el análisis manual, llevado a cabo por personas expertas en la materia tratada, sigue siendo trascendental para proporcionar contexto, interpretar resultados complejos y tomar decisiones bien informadas basadas en el conocimiento, la intuición y la experiencia humana.

5.1. Arquitectura de *big data:* marco integral de herramientas tecnológicas

Para maximizar el potencial de ambos enfoques, el aprendizaje automático y el aprendizaje manual, es esencial contar con una infraestructura robusta que soporte la recopilación, almacenamiento, procesamiento y análisis de datos a gran escala. Aquí es donde entra en juego la **arquitectura de *big data:***

● **Data Hub.** Es un sistema que centraliza todos los datos de una organización en un único lugar para facilitar su procesamiento. Su objetivo es integrar diferentes fuentes de datos, organizarlos y hacerlos accesibles para su análisis y visualización mediante herramientas de **Business Intelligence** o inteligencia de negocios. Se puede pensar en este sistema como un centro de mando donde toda la información se reúne para ser gestionada y aprovechada con eficacia.
Por ejemplo, una empresa recoge datos de ventas, *marketing* y atención al cliente. El *Data Hub* centraliza esta información, permitiendo a los profesionales analistas combinar y analizar los datos de forma integral para obtener una visión completa del rendimiento de la empresa.

● **EDW.** *Enterprise data warehouse* o EDW es un sistema de almacenamiento diseñado principalmente para informes y análisis de datos.

Representación de un sistema tradicional EDW

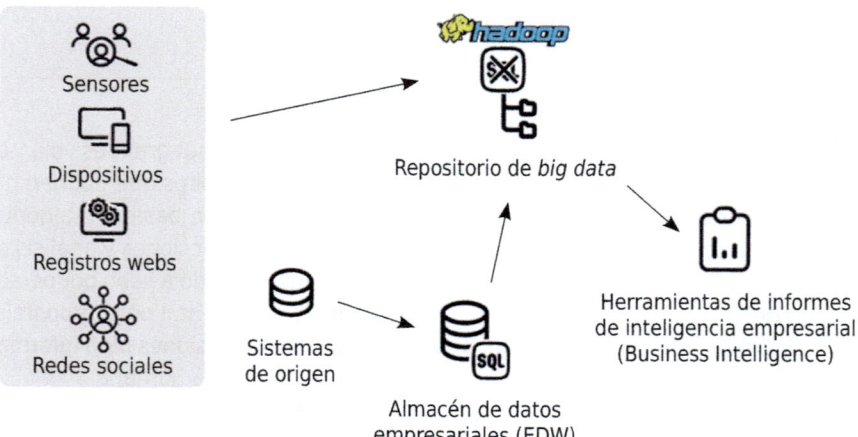

Fuentes de *big data* (crudas, no estructuradas
- Sensores
- Dispositivos
- Registros webs
- Redes sociales
- Sistemas de origen
- Almacén de datos empresariales (EDW)
- Repositorio de *big data*
- Herramientas de informes de inteligencia empresarial (Business Intelligence)

Por ejemplo, una cadena de supermercados utiliza un EDW para almacenar registros de ventas históricos. Los directivos pueden generar informes detallados y analizar tendencias de ventas anuales, mensuales o incluso diarias para tomar decisiones sobre inventarios y estrategias de *marketing.*

A diferencia del *Data Hub,* la principal función del EDW es almacenar grandes volúmenes de datos de forma estructurada y optimizada para poder realizar consultas ágiles. Es ideal para tener un repositorio centralizado donde los datos estén organizados y preparados para ser analizados, sin importar el nivel de procesamiento necesario, aunque también presenta algún inconveniente.

Básicamente, se integran todas las bases de datos existentes en la empresa para complementar los datos provenientes de diversas fuentes, que se envían directamente al repositorio de *big data* gestionado por la arquitectura. La principal problemática que presenta este modelo EDW es que actúa como si fuera un cuello de botella. Este estrechamiento disminuye la eficiencia del sistema debido a que no aprovecha las ventajas del repositorio de *big data.* En consecuencia, es posible afirmar que este enfoque de almacenamiento de datos empresariales no es escalable.

⇒ **Data Lake.** O lago de datos, es un vasto depósito que almacena datos en su formato original sin necesidad de estructurarlos previamente y que proceden de diferentes fuentes. Esto significa que puede contener:

- ◑ datos estructurados,
- ◑ datos semiestructurados y
- ◑ datos no estructurados.

El lago de datos funciona como un avanzado centro de procesamiento de datos, armonizándolos y analizándolos para que puedan ser enviados directamente a las herramientas de visualización e inteligencia empresarial, o pasar por el EDW para mejorar la velocidad y efectividad de las respuestas.

**Fuentes de *big data*
(crudas, no estructuradas**

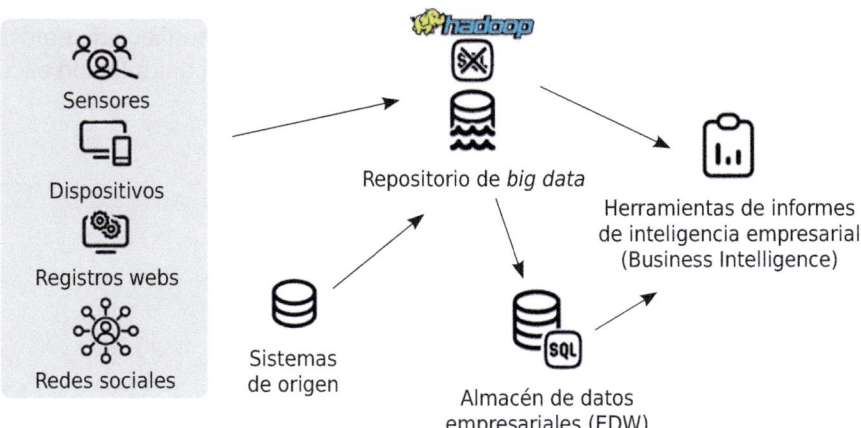

[537]

La estructura de los datos no se define hasta que se necesite, lo que permite una gran flexibilidad. Es útil para almacenar grandes cantidades de información diversa, donde los datos pueden ser procesados y analizados en su forma más cruda.

Por ejemplo, una empresa tecnológica recopila datos de sensores de IoT, registros de actividad web y datos de redes sociales. Estos datos se almacenan en un *Data Lake* en su formato original. Los científicos de datos pueden extraer y procesar estos datos según sea necesario para desarrollar modelos predictivos y mejorar la experiencia del usuario.

 **RECUERDA**

Los datos estructurados son aquellos que están organizados en un formato fijo, como pueden ser tablas en bases de datos relacionales, donde cada campo tiene un tipo de dato definido (números, fechas, texto). Los datos no estructurados no siguen un formato predefinido, lo podrían conformar textos libres, imágenes, vídeos, correos electrónicos y publicaciones en redes sociales. Los datos semiestructurados tienen una estructura flexible que no se ajusta completamente a un modelo rígido, pero contienen etiquetas y elementos organizativos, como XML y JSON, que facilitan su análisis y procesamiento.

La arquitectura *big data* proporciona el marco necesario para integrar diversas tecnologías y herramientas que faciliten el flujo eficiente de datos desde su origen hasta su análisis final. En este entorno, se despliegan soluciones de almacenamiento como *Hadoop,* **bases de datos SQL y NoSQL, plataformas en la nube** y **herramientas de visualización de datos.** Al mismo tiempo, estas soluciones integrales permiten a los diferentes perfiles profesionales como ingenieros de datos, analistas, científicos de datos, especialistas en IA y arquitectos de *big data,* trabajar en conjunto con eficacia y eficiencia.

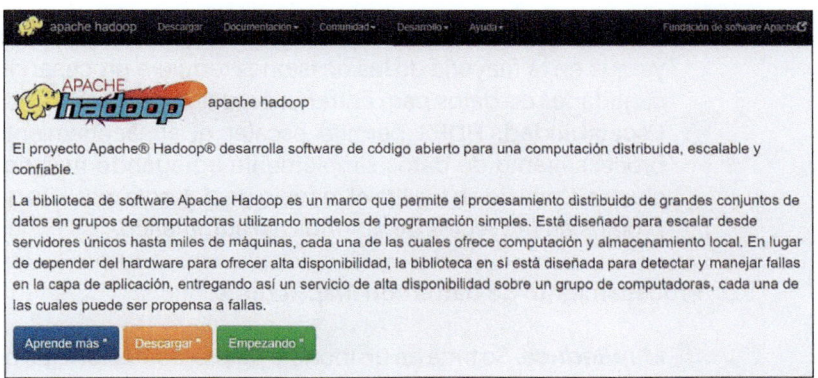

Hadoop permite manejar cantidades masivas de datos con gran eficiencia. Es ideal para aplicaciones de big data, tanto en las empresas y las organizaciones como en la investigación científica.

 PARA SABER MÁS

Puedes consultar la página web de *Hadoop* accediendo desde aquí:

https://redirectoronline.com/ifct00190605

Hadoop es una plataforma de *software* de código abierto que se utiliza para almacenar y procesar grandes conjuntos de datos de manera distribuida. Es especialmente útil para diseñar sistemas de aprendizaje automático y manual, debido a su capacidad para manejar grandes volúmenes de datos y, por su flexibilidad, para integrarse con otras herramientas de procesamiento de datos y aprendizaje automático:

➲ ***Hadoop* para sistemas de aprendizaje automático:**

  ◑ **Almacenamiento distribuido con HDFS:**

   ⇡ **HDFS (*Hadoop distributed file system*).** *Hadoop* almacena datos en un sistema de archivos distribuido. Esto permite manejar grandes volúmenes de datos distribuidos en múltiples servidores. Se trata de una característica clave para el aprendizaje automático, ya que en la mayoría de las ocasiones requiere procesar grandes cantidades de datos para entrenar modelos precisos.

⇕ **Escalabilidad.** HDFS permite escalar el almacenamiento y el procesamiento de datos simplemente agregando más nodos al clúster. Con ello se facilita el manejo de *datasets* masivos que son propios en proyectos de aprendizaje automático.

◑ **Procesamiento de datos con *MapReduce*:**

⇕ **MapReduce.** Se trata de un modelo de programación que permite procesar grandes volúmenes de datos en paralelo. *MapReduce* divide la tarea en subtareas más pequeñas llamadas *Map,* para luego, combinar los resultados o *Reduce.* Esto permite procesar y limpiar datos con gran eficiencia, preparándolos para el entrenamiento de modelos de aprendizaje automático. Por ejemplo, para un sistema de recomendación de productos, *MapReduce* podría ser utilizado para procesar grandes esos grandes volúmenes de datos de usuarios, extrayendo características relevantes para el modelo de recomendación.

◑ **Integración con herramientas de aprendizaje automático:**

⇕ **Apache Mahout.** Es una biblioteca de aprendizaje automático que se ejecuta sobre *Hadoop,* permitiendo a los desarrolladores construir y aplicar algoritmos de aprendizaje automático directamente sobre el clúster de *Hadoop.*

⇕ **Apache Spark.** Aunque no es parte de *Hadoop, Spark* se integra bien con HDFS, proporcionando una plataforma más rápida y flexible para el aprendizaje automático en comparación con *MapReduce. Spark MLlib* es su biblioteca de aprendizaje automático, que ofrece una amplia gama de algoritmos de *Machine Learning.*

➲ *Hadoop* **para sistemas de aprendizaje manual:**

◑ **Almacenamiento y acceso a datos:**

⇕ **Data Lake.** *Hadoop* se puede utilizar para construir un *Data Lake,* donde ya sabemos que se almacenan grandes volúmenes de datos en su formato más bruto. Esto es útil para los analistas y científicos de datos que realizan análisis manuales, pues pueden acceder a datos históricos y sin procesar para realizar exploraciones y nuevos descubrimientos.

⇕ **Estructuración y preprocesamiento.** HDFS permite almacenar datos estructurados, semiestructurados y no estructurados, proporcionando una base sólida para el análisis manual de datos.

◑ **Herramientas de consulta y análisis:**

⇕ *Hive y Pig.* Son herramientas que se ejecutan sobre *Hadoop* y permiten realizar consultas y transformaciones de datos utilizando un lenguaje de alto nivel. Hive utiliza SQL, lo cual facilita la labor de los analistas de datos al permitirles realizar consultas complejas sin necesidad de escribir código *MapReduce*. Por ejemplo, un analista de datos puede utilizar *Hive* para consultar grandes volúmenes de registros de transacciones con idea de identificar patrones de fraude sin necesidad de escribir código complejo.

Veamos a continuación un sencillo ejemplo de uso del aprendizaje automático y del aprendizaje manual en una empresa que pretende mejorar su sistema de recomendaciones de productos. Además, quiere llevar a cabo un análisis exploratorio manual a fin de mejorar su estrategia de *marketing* digital.

 **EJEMPLO**

Una empresa de comercio electrónico desea optimizar su sistema de recomendaciones de bienes y servicios (aprendizaje automático) y también realizar un análisis exploratorio para optimizar su estrategia de *marketing online* (aprendizaje manual).

Aprendizaje automático:

1. La empresa almacena datos de navegación y compra de clientes en HDFS.
2. Utiliza *MapReduce* para limpiar y preprocesar estos datos, y extraer características como el historial de compras, el tiempo de navegación y las preferencias de productos.
3. Emplea *Apache Mahout* para entrenar un modelo de recomendación que sugiera productos a los clientes basándose en sus comportamientos y características similares de otros clientes.

Continúa en página siguiente >>

<< Viene de página anterior

Aprendizaje manual:

1. Los analistas de la empresa utilizan *Hive* para consultar el *Data Lake* en HDFS, explorando tendencias de compra y comportamiento del cliente.
2. Utilizan *Pig* para transformar y estructurar datos antes de realizar análisis más profundos con herramientas de BI o *Business Intelligence*.

- -

Hadoop es una plataforma robusta y flexible que facilita tanto el diseño de sistemas de aprendizaje automático, mediante el procesamiento y almacenamiento eficiente de grandes volúmenes de datos, como el aprendizaje manual. Proporciona herramientas que permiten a los analistas explorar y analizar datos en detalle.

 VÍDEO

Conoce qué diferencias son relevantes destacar entre dos potentes plataformas empleadas en la construcción de *big data, Apache Spark* y *Hadoop* accediendo desde aquí:

https://redirectoronline.com/ifct00190606

- -

 APLICACIÓN PRÁCTICA

Tienes como objetivo optimizar la cadena de suministro y mejorar la experiencia del cliente de una empresa minorista. Según esta situación,

Continúa en página siguiente >>

<< Viene de página anterior

lee atentamente la pregunta y selecciona la opción que consideres correcta.

¿Cuál es la principal ventaja de combinar sistemas de aprendizaje automático con un análisis manual en el procesamiento de datos?

Solución

Los sistemas de aprendizaje automático son capaces de procesar grandes volúmenes de datos rápidamente y descubrir patrones ocultos, que podrían pasar desapercibidos en un análisis manual. Estos sistemas utilizan algoritmos que aprenden y mejoran con el tiempo. Esto les permite ofrecer predicciones y análisis cada vez más precisos. Sin embargo, el análisis manual sigue siendo esencial para proporcionar contexto, interpretar resultados complejos y tomar decisiones bien informadas basadas en el conocimiento, la intuición y la experiencia humana. La combinación de ambos sistemas permite obtener resultados óptimos, aprovechando la eficiencia del aprendizaje automático y la profundidad del análisis manual.

---

6. Construcción de un proyecto de *Machine Learning*

 HILO CONDUCTOR

Stephanie decidió aplicar todos los conocimientos aprendidos en un proyecto concreto de *Machine Learning*. Siguiendo los pasos precisos, desde la recolección de datos hasta la implementación del modelo, pudo desarrollar una solución capaz de predecir crisis médicas en pacientes. Este proyecto no solo fue un avance técnico, sino también un logro personal significativo en su misión de ayudar a su hijo y a otras personas en situaciones similares.

La construcción de un modelo de aprendizaje automático se puede esquematizar de forma sencilla:

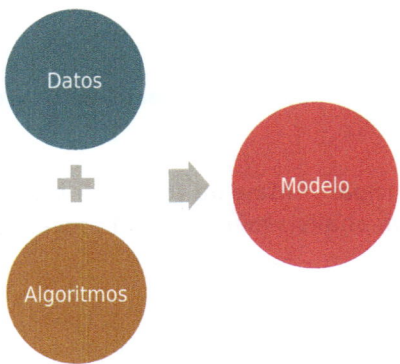

Mediante un proceso que consta de cuatro pasos, como son **los datos de preparación, la ingeniería de características, el modelado de datos** y **la medición del rendimiento** es posible construir un modelo de aprendizaje automático:

1. **Datos de preparación.** En este primer paso estamos reuniendo los materiales necesarios para construir nuestro modelo. Imagina que estamos haciendo una manualidad y necesitamos papel, tijeras y pegamento. A veces, el papel que tenemos no está en el tamaño adecuado o no es del tipo que necesitamos. Entonces, tenemos que cortarlo y darle forma para que se ajuste a nuestras necesidades. Eso es básicamente lo que hacemos en la preparación de datos, convertimos los datos en bruto en un formato que nuestro modelo pueda entender y usar.
   Una buena opción para avanzar a un segundo paso sería con los datos en un formato CSV.

2. **Ingeniería de características.** Una vez que tenemos nuestros materiales listos, necesitamos decidir qué partes específicas de esos materiales son importantes para nuestra manualidad. Si estamos construyendo un avión de papel, las alas son primordiales. En la ingeniería de características, seleccionamos las partes más relevantes de nuestros datos que creemos que serán útiles para predecir lo que queremos. Por ejemplo, si estamos tratando de predecir el clima, seleccionamos características *(feature)* como la temperatura, la humedad, etc.
   Con el ejemplo de la predicción del clima podemos seleccionar como característica principal la temperatura. Es entonces cuando estaremos preparados para avanzar al tercer paso.

3. **Modelado de datos.** Ahora que sabemos qué partes de nuestros materiales son importantes, es hora de empezar a construir nuestro modelo. Piensa en esto como seguir las instrucciones para armar nuestro avión de papel. Tenemos que doblar el papel de cierta manera para que se convierta en las alas y otra forma para dar forma al fuselaje. Del mismo modo, elegimos un modelo de aprendizaje automático, es decir, seleccionaremos el algoritmo, y lo alimentamos con nuestros datos preparados para

que pueda aprender cómo se relacionan las características seleccionadas con lo que queremos predecir.

4. **Medición del rendimiento.** Una vez que hemos construido nuestro avión de papel, queremos saber si realmente vuela bien o no. Probamos lanzándolo varias veces y vemos la distancia que alcanza. En el aprendizaje automático, hacemos algo similar. Tomamos nuestro modelo y lo probamos con datos que no ha visto antes para ver cómo de bien puede llegar a hacer predicciones.

IMPORTANTE

La métrica de rendimiento nos dice cuánto de precisas son las predicciones realizadas por el modelo. Cuanto más preciso sea, mejor será su rendimiento. Esto nos ayuda a saber si nuestro modelo es efectivo o si necesita más ajustes. En este último caso, hablamos de proceso iterativo, es decir, va repitiéndose hasta poder comprobar que este modelo cumple con la expectativa de rendimiento.

- -

La mejor manera de comprender cómo un sistema es capaz de simular la inteligencia humana con inteligencia artificial es desmembrando con ejemplos modelos de aprendizaje automático. Con ello, es posible vislumbrar cómo se construye la inteligencia artificial y cómo se entrenan los modelos para dotarlos de esas capacidades humanas, permitiéndoles aprender de forma automática a razonar, deducir y predecir con enorme agilidad.

Para llevar esto a la práctica, uno de los entornos de programación más utilizados es *Python*. Este lenguaje ofrece una amplia gama de bibliotecas y herramientas específicas para el desarrollo de algoritmos de IA y aprendizaje automático, como *TensorFlow, Keras* y *Scikit Learn*. Configurar un entorno de programación en *Python* implica instalar estas bibliotecas y preparar un entorno de desarrollo integrado (IDE) como *Jupyter Notebook* o *PyCharm*, que facilitan la escritura y ejecución de código:

- **Python** + **Pandas** = **Data Manipulation.** Para la manipulación de datos, es decir, la limpieza, la transformación y el análisis.
- **Python** + **TensorFlow** = **Deep Learning.** Para el aprendizaje profundo, creando y entrenado redes neuronales.
- **Python** + **Matplotlib** = **Data Visualization.** Para crear visualizaciones informativas y atractivas.
- **Python** + **Django** = **Web Development.** Para desarrollar rápidamente aplicaciones web robustas y escalables.

- **Python** + **Flask** = **Microservices.** Para crear aplicaciones web simples para pequeños proyectos.
- **Python** + **NLTK** = **Natural Language Processing.** Para procesar y analizar datos de texto en lenguaje humano.
- **Python** + **Numpy** = **Numeral Computation.** Para realizar operaciones matemáticas y estadísticas.
- **Python** + **Scikit Learn** = **Machine Learning.** Para implementar algoritmos de aprendizaje automático.
- **Python** + **Requests** = **HTTP requests.** Para simplificar solicitudes *http* e interactuar con servicios web.
- **Python** + **PyTorch** = **Deep Learning.** Para generar un gráfico computacional al igual que *TensorFlow* para aprendizaje profundo.
- **Python** + **Scrapy** = **Web Scraping.** Para extraer datos de sitios web haciendo labores de rastreo.

NOTA

Con todo este entorno, los desarrolladores pueden experimentar y visualizar cómo los modelos de IA procesan datos, aprenden de ellos y mejoran su precisión con cada iteración. Algunas de estas cuestiones las abordaremos más adelante. Ahora toca contemplar enfoques del aprendizaje automático para poco a poco ir introduciéndonos en el lenguaje de programación de *Python*.

- -

APLICACIÓN PRÁCTICA

Imagina que trabajas en una empresa de comercio electrónico que quiere implementar un sistema de recomendación para personalizar la experiencia de compra de sus usuarios. Para ello, el equipo de desarrollo está evaluando diferentes entornos de programación y bibliotecas. ¿Cuál es uno de los entornos de programación más utilizados para desarrollar algoritmos de inteligencia artificial y aprendizaje automático? ¿Qué bibliotecas se utilizan comúnmente en este entorno?

Solución

Para comprender cómo los sistemas pueden simular la inteligencia humana a través de la inteligencia artificial, es crucial desglosar los modelos de aprendizaje

Continúa en página siguiente >>

<< Viene de página anterior

automático. *Python* es uno de los entornos de programación más utilizados para este propósito, debido a su amplia gama de bibliotecas y herramientas específicas para el desarrollo de algoritmos de IA y aprendizaje automático. Bibliotecas como *TensorFlow, Keras* y *Scikit Learn* son esenciales en este proceso. Configurar un entorno de programación en *Python* implica instalar estas bibliotecas y preparar un entorno de desarrollo integrado (IDE) como *Jupyter Notebook* o *PyCharm.* Estos entornos facilitan la escritura y ejecución de código. Permiten a los desarrolladores experimentar y visualizar cómo los modelos de IA procesan datos, aprenden de ellos y mejoran su precisión con cada iteración.

---

7. Usos, métodos, enfoques del aprendizaje automático y lenguajes de programación

☞ HILO CONDUCTOR

Stephanie recordó sobre los diferentes usos y métodos del aprendizaje automático. También hizo un recorrido sobre los lenguajes de programación más utilizados. *Python,* por ejemplo, se convirtió en una herramienta esencial para sus proyectos. Comprender estos aspectos le permitió seleccionar las técnicas adecuadas y optimizar sus modelos para obtener resultados más precisos y útiles.

A continuación, exploraremos los **usos, métodos y enfoques del aprendizaje automático, y los lenguajes de programación adecuados.** También consideraremos la importancia de reflexionar sobre los sesgos en los algoritmos.

Dado que el campo está en constante innovación, es fundamental mantenerse actualizado sobre todos los avances tecnológicos en torno a la inteligencia artificial.

El **aprendizaje automático** o *Machine Learning* es una rama de la inteligencia artificial que se centra en permitir que las máquinas aprendan de los datos y mejoren sus resultados con el tiempo, sin ser programadas explícitamente para cada tarea.

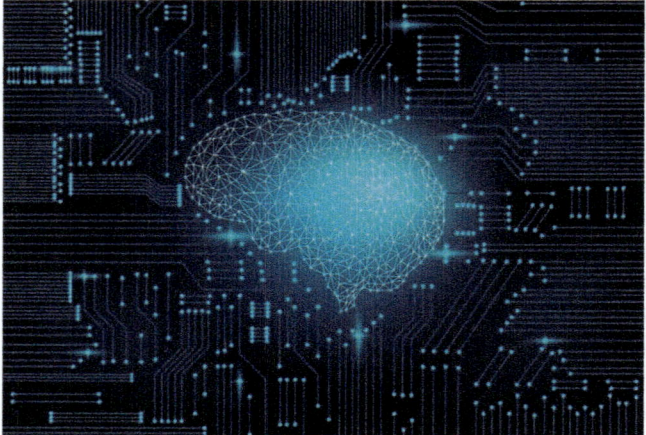

A diferencia de los métodos tradicionales de programación, donde se escriben instrucciones precisas para que una máquina, ordenador o dispositivo las sigan, los algoritmos de aprendizaje automático permiten que estos instrumentos aprendan patrones y realicen predicciones basadas en datos.

En la informática tradicional, se programan algoritmos con instrucciones específicas para resolver problemas. En contraste, el aprendizaje automático utiliza algoritmos que se entrenan con datos. Esto permite que las máquinas realicen análisis estadísticos y generen resultados dentro de un rango específico. Todo ello facilita la creación de modelos a partir de datos que automatizan la toma de decisiones basada en entradas de datos:

- **Reconocimiento facial.** El reconocimiento facial en las redes sociales, que ayuda a etiquetar y compartir fotografías.
- **Reconocimiento óptico.** La tecnología de reconocimiento óptico de caracteres, conocida bajo las siglas OCR, la cual convierte imágenes de texto en texto editable.
- **Motores de recomendación.** Los motores de recomendación que sugieren qué películas o programas de televisión ver.
- **Automóviles autónomos.** Los automóviles autónomos que navegan utilizando algoritmos de aprendizaje automático, etc.

 IMPORTANTE

El aprendizaje automático es un campo en constante evolución. Es vital considerar varios aspectos al trabajar con estos métodos, como la supervisión de sesgos inherentes a la inteligencia artificial y la continua actualización de conocimientos mediante programas de capacitación.

7.1. Métodos de aprendizaje automático

Es importante destacar y recordar en este punto los métodos de aprendizaje automático supervisado y no supervisado, analizando algoritmos tan conocidos como el *k-Nearest Neighbors* (vecino más cercano), el aprendizaje de **árboles de decisión** y el **aprendizaje profundo.** También es clave discutir el uso de diferentes lenguajes de programación y cómo abordar los sesgos en los algoritmos inteligentes.

Vayamos a los métodos de aprendizaje automático y cómo estos se clasifican de forma genérica en dos importantes grupos:

➲ **Aprendizaje supervisado.** En el aprendizaje supervisado, el algoritmo se entrena con datos etiquetados, es decir, datos de entrada con salidas conocidas. El objetivo es que el algoritmo aprenda a predecir las salidas correctas para nuevas entradas no etiquetadas. Por ejemplo, un algoritmo puede entrenarse con imágenes de gatos y perros etiquetadas y luego clasificar nuevas imágenes como gato o perro.
➲ **Aprendizaje no supervisado.** En el aprendizaje no supervisado, los datos no están etiquetados y el algoritmo debe encontrar patrones o estructuras dentro de los datos por sí mismo. Este método se utiliza, por ejemplo, para segmentar clientes en grupos similares basados en sus comportamientos de compra sin etiquetas previas.

7.2. Enfoques algorítmicos

Antes de abordar cómo construir un clasificador de aprendizaje automático en *Python,* veamos algunos enfoques algorítmicos:

➲ *k-Nearest Neighbors* (**k-NN**). Este algoritmo clasifica un nuevo dato basado en la categoría de sus k vecinos más cercanos en un espacio de datos. Si k=3 y los tres vecinos más cercanos de un nuevo dato son dos gatos y un perro, el dato se clasificará como un gato.
➲ **Aprendizaje del árbol de decisiones.** Un árbol de decisiones es un modelo que divide los datos en subconjuntos basados en valores de atributos, con lo que se crea un árbol de decisiones para predecir resultados. Es útil para decisiones binarias como sí/no, basándose en múltiples características.
➲ **Aprendizaje profundo.** Inspirado en las redes neuronales del cerebro humano, el aprendizaje profundo utiliza múltiples capas de procesamiento para extraer características de los datos. Es especialmente eficaz para tareas complejas como el reconocimiento de voz y la visión por computadora.

⊃ **Aprendizaje por refuerzo.** El aprendizaje por refuerzo es una rama del aprendizaje automático con un enfoque específico inspirado en la psicología conductista. El algoritmo aprende de forma autónoma a través de un sistema de recompensas y castigos.

K-Nearets Neighbors (KNN)

El algoritmo **K-Nearest neighbors,** conocido por las siglas KNN, se basa en la idea de que las muestras con características similares tienden a pertenecer a la misma clase. Funciona de manera bastante simple: cuando se le presenta una nueva muestra, el algoritmo busca las k muestras más cercanas a ella en el espacio de características; luego clasifica la nueva muestra según la clase que sea más común entre sus k vecinos más cercanos.

Veamos ahora cómo actúa un algoritmo sin supervisión. No solo es capaz de descubrir patrones ocultos, sino también de agrupar datos sin ser necesaria la intervención humana:

⊃ **Paso 1.** En el primer paso del proceso el algoritmo se encuentra con un conjunto de datos inicial. En este conjunto, cada punto representa una muestra en un espacio de características. Los puntos de color negro pertenecen a la clase A y los de color blanco pertenecen a la clase B.

Conjunto de datos: clase A y clase B	
Clase A	Clase B
▲	○
●	○
▲	○
● ●	○ ○
●	

Los triángulos indican la clase original a la que pertenece cada punto, ya sea clase A o clase B.
⊃ **Paso 2.** Dentro del conjunto aparece un círculo (señalado de color verde). El algoritmo tendrá que clasificar este punto nuevo como de **clase A o clase B.**

Conjunto de datos: clase A y clase B	
Clase A	**Clase B**
▲	○
●	○
● ●	○
●	● ○ ○

○ **Paso 3.** El algoritmo busca las k muestras más cercanas al nuevo punto (verde ahora representado de color gris). En este caso, supongamos que las k muestras más cercanas son tres de la clase **A (puntos negros)** y dos de la **clase B (puntos blancos).**

Conjunto de datos: clase A y clase B	
Clase A	**Clase B**
▲	○
●	○
▲	○
● ●	● ○ ○
●	

Los triángulos representan las clases originales (clase A y clase B) y el círculo gris representa el nuevo punto que queremos clasificar que inicialmente estaba representado en verde. Ahora se representa de color gris para indicar que es el punto que estamos tratando de clasificar, usando el algoritmo KNN. Después de que se encuentran los vecinos más cercanos y se clasifica el punto, se puede representar en el color de la clase a la que se ha asignado.

○ **Paso 4.** Finalmente, el algoritmo clasifica el nuevo punto según la clase que sea más común entre sus k vecinos más cercanos. En este caso, como dos de los tres vecinos más cercanos son de la Clase A, el nuevo punto se clasificaría como clase A.

Conjunto de datos: clase A y clase B	
Clase A	**Clase B**
▲	○

Continúa en página siguiente >>

[551]

<< Viene de página anterior

Conjunto de datos: clase A y clase B

●	○
▲	○
● ●	● ○ ○
●	

A través de este ejemplo simplificado del proceso de clasificación utilizando el algoritmo KNN, puedes comprobar que el nuevo punto se clasifica según la clase mayoritaria entre sus vecinos más cercanos en el espacio de características.

Para entender mejor cómo funciona KNN, piensa ahora que estás tratando de clasificar una nueva fruta en función de su color y su tamaño:

1 Partes de un conjunto de datos que contiene diferentes frutas, cada fruta etiquetada como manzana, naranja o plátano, junto con su color y tamaño.

2 Cuando llega una nueva fruta y quieres saber a qué clase pertenece, el algoritmo KNN busca las k frutas más cercanas en términos de color y tamaño.

3 Si la mayoría de las k frutas más cercanas son manzanas, entonces se clasifica la nueva fruta como una manzana.

Si la nueva fruta que quieres clasificar cae cerca de otras manzanas en este espacio (es decir, tiene un tamaño y color similares a las manzanas en tus datos), entonces es probable que también sea una manzana según el algoritmo KNN.

En este conjunto de datos, los puntos representan diferentes frutas:

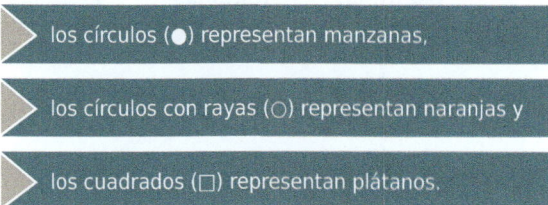

los círculos (●) representan manzanas,

los círculos con rayas (○) representan naranjas y

los cuadrados (□) representan plátanos.

Conjunto de datos:

Manzanas	Naranjas	Plátanos
●	○	□
●	○	□
●	○	□
●	○	□
●	○	□

NOTA

Puedes representar este conjunto de datos con frutas en un espacio bidimensional, donde el **eje x** representa el tamaño de la fruta y el **eje y** representa su color.

Ahora, queremos clasificar una nueva fruta que tiene un tamaño y un color similar a las manzanas en nuestros datos.

Manzanas	Naranjas	Plátanos
●	○	□
●	○	□

Continúa en página siguiente >>

<< Viene de página anterior

Manzanas	Naranjas	Plátanos
●	○	☐
●	○	☐
●	○	☐
...........●		

El nuevo punto, representado como un círculo verde, cae cerca de otras manzanas en este espacio de características. Dado que está cerca de las manzanas en términos de tamaño y color, es probable que también sea una manzana según el algoritmo KNN.

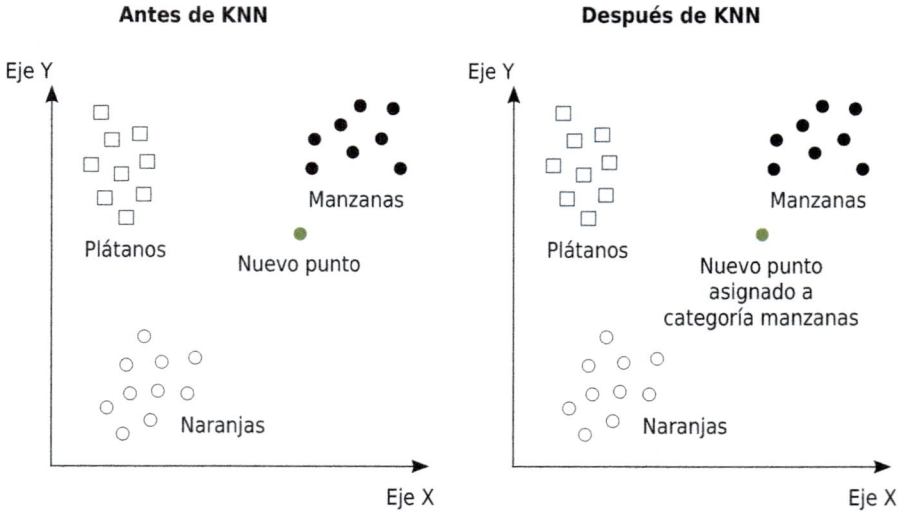

Árboles de decisión

Los **árboles de decisión (*decission trees)*** se definen como un algoritmo de aprendizaje supervisado utilizado para la clasificación y la regresión. Este algoritmo crea un árbol de decisiones que divide el conjunto de datos en subconjuntos más pequeños basados en características específicas.

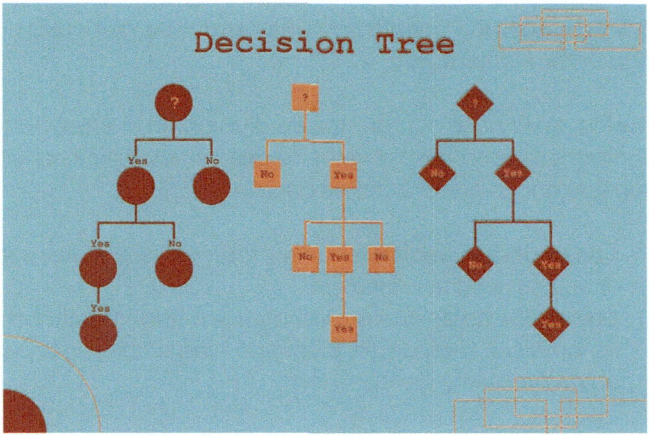

Los árboles de decisión son intuitivos y fáciles de interpretar. Un ejemplo de uso es la clasificación de clientes en grupos de riesgo para la concesión de préstamos bancarios basados en su historial crediticio y otras características.

Los modelos de aprendizaje automático con árbol de decisión utilizan una estructura en forma de árbol para tomar decisiones basadas en múltiples características.

Representación de la estructura de un árbol de decisión

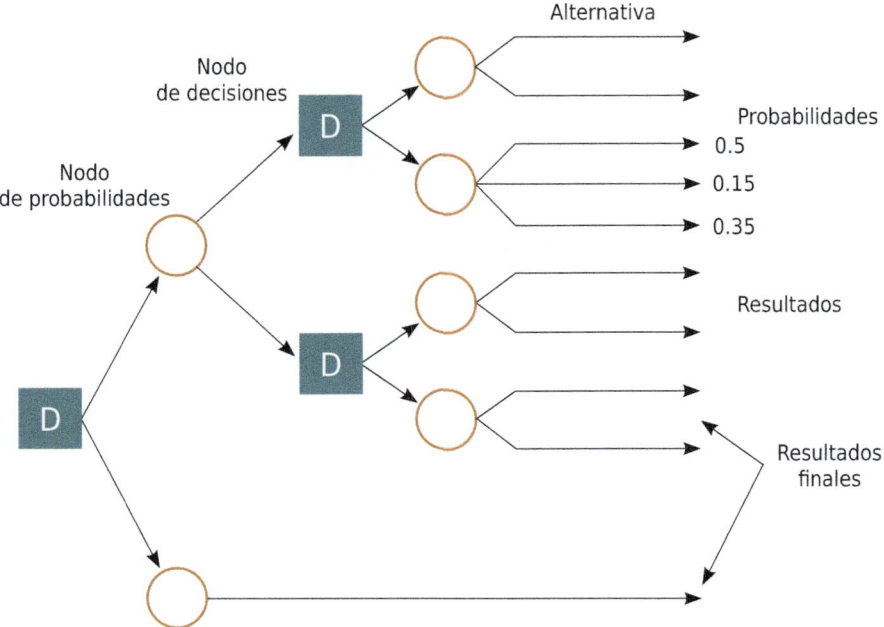

Un árbol de decisión cuenta con una estructura particular compuesta por los siguientes elementos:

⊃ **Nodos.** Los nodos son puntos de división en el árbol donde se realizan decisiones basadas en el valor de una característica específica. Hay dos tipos de nodos en un árbol de decisión:

⋃ **Los nodos de decisión** que representan preguntas sobre características y se dividen en ramas.
⋃ **Los nodos hojas** que representan resultados finales, como una clase de predicción en un problema de clasificación o un valor numérico en un problema de regresión.

⊃ **Ramificaciones.** Las ramificaciones conectan los nodos en el árbol y representan los posibles resultados de una decisión.
⊃ **Raíz.** Es el nodo superior del árbol, desde donde comienza el proceso de toma de decisiones.
⊃ **Subárboles.** Son árboles completos que se originan en un nodo de decisión y sus descendientes.

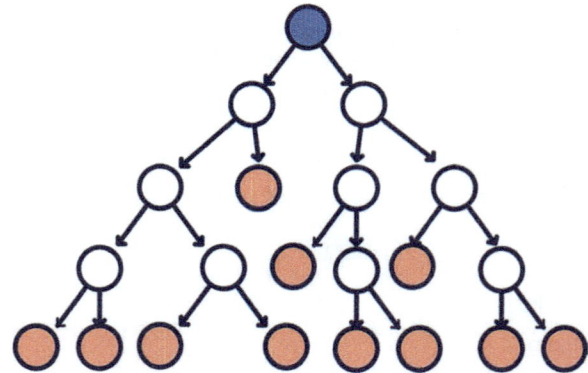

 **APLICACIÓN PRÁCTICA**

En cuanto a la decisión en la optimización de procesos de producción en una planta manufacturera, ¿cuál de los siguientes elementos de un árbol de decisión representa los resultados finales, como una clase

Continúa en página siguiente >>

<< Viene de página anterior

de predicción en un problema de clasificación del producto o un valor numérico en un problema de regresión para el tiempo de producción?

Lee atentamente la pregunta e indica cuál de los siguientes elementos es el correcto para esta situación:

- **Nodos de hojas**
- **Nodos de decisión**
- **Ramificaciones**
- **Raíz**

Solución

Los nodos de hojas serían el elemento correcto, pues en un árbol de decisión, los nodos son puntos donde se toman decisiones basadas en el valor de una característica específica. Hay dos tipos de nodos: los nodos de decisión, que representan preguntas sobre características y se dividen en ramas; y los nodos hojas, que representan los resultados finales. Las ramificaciones conectan los nodos en el árbol y representan los posibles resultados de una decisión, mientras que la raíz es el nodo superior del árbol desde donde comienza el proceso de toma de decisiones. Los subárboles son árboles completos que se originan en un nodo de decisión y sus descendientes.

A continuación, contextualizaremos el uso práctico de un árbol de decisión para comprender mejor su funcionamiento.

Construimos un árbol de decisión para predecir si un cliente realizará una compra basada en su historial de compras en un comercio *online*. Podemos utilizar las siguientes características como criterios de división en nuestro árbol:

- Edad del cliente
- Género del cliente
- Categoría de productos previamente comprados
- Número de compras anteriores

Este árbol de decisión podría tener la siguiente estructura:

Ejemplo de árbol de decisión

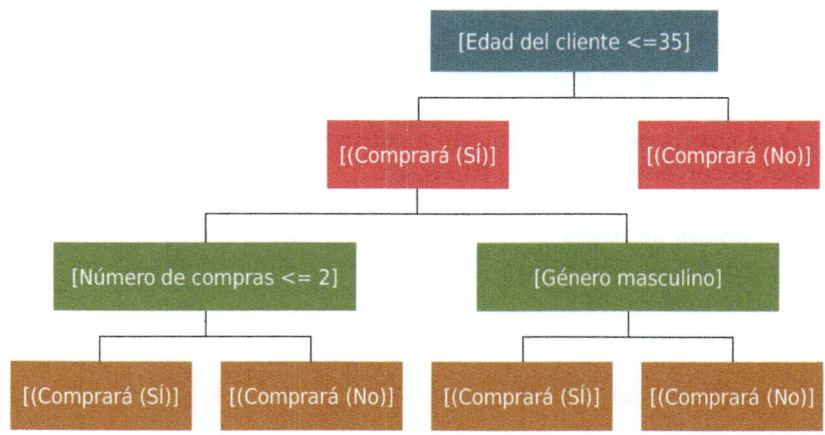

Con esta muestra se puede observar lo siguiente:

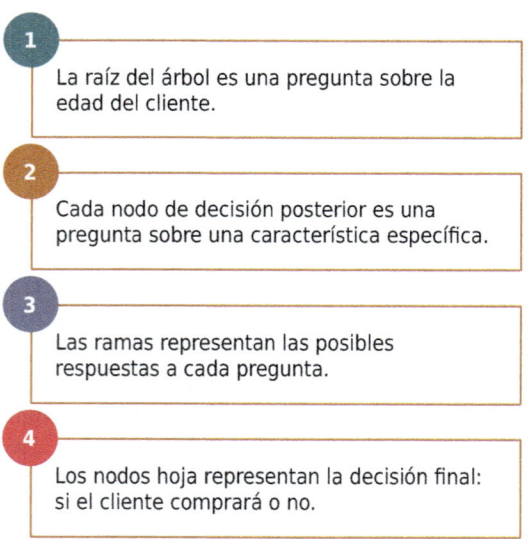

1 La raíz del árbol es una pregunta sobre la edad del cliente.

2 Cada nodo de decisión posterior es una pregunta sobre una característica específica.

3 Las ramas representan las posibles respuestas a cada pregunta.

4 Los nodos hoja representan la decisión final: si el cliente comprará o no.

Los árboles de decisión son propensos al **sobreajuste,** que es una situación en la que el modelo se ajusta demasiado, bien a los datos de entrenamiento o capturando el ruido y las fluctuaciones aleatorias, en lugar de la relación subyacente entre las variables. Esto puede traducirse en un rendimiento deficiente del modelo al hacer predicciones sobre nuevos datos.

Para manejar los sobreajustes en los árboles de decisión, es posible emplear varias técnicas, como son:

- **Limitar la profundidad del árbol.** Con la limitación de la profundidad del árbol es posible evitar que el modelo se vuelva demasiado complejo y se ajuste demasiado a los datos de entrenamiento. Esto es posible estableciendo un límite máximo en la profundidad del árbol o el número máximo de nodos hoja.
- **Podar el árbol.** La poda o *pruning* es una técnica que implica eliminar partes del árbol que no son informativas o que pueden causar sobreajuste. Esto se hace al podar ramas del árbol que no mejoran significativamente la precisión del modelo en un conjunto de datos de validación.
- **Utilizar un mínimo de ejemplos por hoja.** Establecer un mínimo de ejemplos requeridos en cada hoja del árbol puede evitar que se creen hojas con muy pocos ejemplos, lo cual conduciría a un sobreajuste.
- ***Random Forests.*** Utilizar un ensamble de árboles de decisión, como *Random Forests,* ayudaría a mitigar el sobreajuste al promediar las predicciones de múltiples árboles entrenados en diferentes subconjuntos de datos. Esto reduce la sensibilidad del modelo a la variabilidad en los datos de entrenamiento y permite mejorar su capacidad de generalización a nuevos datos.

ACTIVIDAD COMPLEMENTARIA

17. Investiga y argumenta con tus propias palabras cómo los árboles de decisión, una técnica popular en el aprendizaje automático, pueden abordar el problema del sobreajuste. En tu respuesta, considera aspectos como la poda, la profundidad del árbol y cualquier otra técnica relevante que hayas encontrado durante tu búsqueda y que pueda sumar valor a lo estudiado.

Aprendizaje profundo

El **aprendizaje profundo,** también conocido como ***Deep Learning,*** es una subárea del *Machine Learning* que utiliza redes neuronales artificiales con múltiples capas profundas para aprender representaciones jerárquicas de los datos. En términos de clasificación, el aprendizaje profundo generalmente se considera una parte del aprendizaje supervisado y no supervisado, ya que puede aplicarse en ambos contextos:

⮑ **Deep Learning en el aprendizaje supervisado.** En *Machine Learning* supervisado, el aprendizaje profundo se utiliza para tareas como clasificación y regresión, donde se entrenan modelos para predecir una salida específica a partir de entradas etiquetadas.

Por ejemplo, queremos desarrollar un sistema de reconocimiento de voz para asistentes virtuales. Utilizando aprendizaje profundo en el contexto de aprendizaje supervisado, es posible entrenar una red neuronal profunda para clasificar diferentes comandos de voz, como reproducir música, configurar una alarma o buscar información en internet, etc.

Para esto, es necesario que recopilemos un conjunto de datos etiquetados, que contenga grabaciones de voz de diferentes comandos y que cada muestra de audio esté etiquetada con el comando correspondiente. Luego, entrenamos la red neuronal para que aprenda a asociar características del audio con las etiquetas correspondientes. Una vez entrenada, la red neuronal tomará nuevas grabaciones de voz como entrada y predecirá el comando asociado con alta precisión.

⮑ **Deep Learning en el aprendizaje no supervisado.** Por otro lado, en el aprendizaje no supervisado *Deep Learning* se emplea para tareas como la reducción de dimensionalidad, la generación de datos y el agrupamiento. Por ejemplo, se pueden utilizar redes neuronales profundas para aprender representaciones latentes de datos complejos, permitiendo una visualización y comprensión de la estructura subyacente de los datos sin etiquetar.

Por ejemplo, queremos realizar una exploración de temas en un gran conjunto de artículos de noticias. Utilizando aprendizaje profundo en el contexto de aprendizaje no supervisado, podemos aplicar una técnica llamada *autoencoders* para aprender representaciones latentes de los documentos de noticias. Entrenamos una red neuronal profunda para comprimir los documentos de noticias en un espacio de características de menor dimensión, y luego, descomprimiremos de nuevo a su forma original. Durante este proceso, la red neuronal aprende automáticamente a codificar y decodificar la información clave de los documentos. Después de entrenar el *autoencoder,* es posible utilizar las representaciones latentes aprendidas para realizar tareas como la agrupación de documentos similares en temas comunes, o la detección de anomalías en el conjunto de datos de noticias. Este enfoque nos permite explorar y comprender la estructura subyacente de los datos de manera no supervisada, sin necesidad de etiquetas explícitas.

Aprendizaje por refuerzo

Como ejemplo representativo de algoritmo de aprendizaje por refuerzo está **Q-Learning.**

DEFINICIÓN

Q-Learning
Algoritmo de aprendizaje por refuerzo que enseña a los agentes a tomar decisiones óptimas en un entorno, actualizando valores de recompensa para acciones en estados específicos. Este algoritmo permite a un agente aprender una política que maximiza su recompensa en un entorno a través de la exploración y la explotación de las mejores acciones posibles en diferentes estados.

Los algoritmos de aprendizaje por refuerzo buscan tomar decisiones secuenciales en entornos dinámicos, como son los juegos, la robótica, el control de procesos, etc.

El algoritmo permite que un agente aprenda a tomar decisiones óptimas en un entorno específico.

Veamos ahora cómo se un algoritmo en cuestión lleva a cabo este proceso de decisión:

➲ **Inicialización.** Se crea una **tabla Q** con todas las posibles combinaciones de estados y acciones, inicializada con valores arbitrarios, que generalmente son ceros.
➲ **Exploración del entorno.** El agente comienza en un estado inicial y toma acciones basadas en una política. Al principio, se utiliza una estrategia de exploración, como la **política ε-greedy,** que elige acciones aleatorias con **probabilidad ε** y las mejores acciones conocidas con **probabilidad 1-ε.**
➲ **Ejecución de acciones y actualización de la tabla Q.** El agente ejecuta una acción y observa la recompensa recibida y el nuevo estado alcanzado. Se actualiza el **valor Q** de la tabla Q, utilizando la **ecuación de actualización de Q-Learning:**

$$Q(s,a) \leftarrow Q(s,a) + \alpha[r + \gamma a' maxQ(s',a') - Q(s,a)]$$

Tenemos en cuenta que:
◔ **s** es el estado actual,
◔ **a** es la acción tomada,
◔ **r** es la recompensa recibida,
◔ **s** es el nuevo estado,
◔ **a** es una acción posible en el nuevo estado,
◔ **α** es la tasa de aprendizaje *(learning rate)* y

○ **γ** es el factor de descuento *(discount factor)*.

⮑ **Repetición.** El agente repite los pasos 2 y 3 para cada episodio durante muchas iteraciones, que consiste en una secuencia de acciones hasta alcanzar un estado terminal. Con el tiempo, la tabla Q converge hacia valores que representan las máximas recompensas esperadas para cada estado y acción.

⮑ **Política óptima.** Una vez que la tabla Q ha convergido, el agente ya puede tomar decisiones óptimas seleccionando siempre la acción con el mayor valor Q en cada estado.

A continuación, comprobarás a través de un sencillo ejemplo cómo es el funcionamiento práctico del algoritmo de aprendizaje por refuerzo *Q-Learning*.

 EJEMPLO

Un robot se encuentra en un laberinto y quiere encontrar la salida.

Cada casilla del laberinto es un estado. Las acciones posibles son moverse hacia arriba, abajo, izquierda o derecha. Al principio, el robot no sabe qué acciones son las mejores, así que explora el laberinto y actualiza su tabla Q basándose en las recompensas. Por ejemplo:

- +1 por encontrar la salida
- -1 por chocar con una pared

Con el tiempo, el robot aprende la mejor ruta para salir del laberinto, tomando siempre las acciones que maximicen su recompensa acumulada.

8. Construcción de un clasificador de aprendizaje automático en *Python* con *Scikit Learn*

👉 HILO CONDUCTOR

En uno de sus proyectos, Stephanie utilizó *Scikit Learn* para construir un clasificador de aprendizaje automático. Esta herramienta le permitió desarrollar modelos de forma eficiente y aplicar sus conocimientos teóricos en un entorno práctico. La experiencia fue un paso importante hacia la creación de soluciones más avanzadas y específicas para su proyecto de negocio.

A continuación, trataremos de implementar un algoritmo simple de *Machine Learning* en *Python,* utilizando la herramienta de aprendizaje automático para este lenguaje de programación llamada **aprendizaje científico.** Esto significa utilizar una base de datos de información, que para este caso versará sobre tumores de cáncer de mama.

En este proceso de construcción de un clasificador de aprendizaje automático se utilizará *Naive Bayes,* un clasificador que puede predecir si un tumor es maligno o benigno.

Los clasificadores *Naive Bayes* son algoritmos de aprendizaje automático no supervisado que se utilizan habitualmente para clasificar datos en función de la probabilidad de que pertenezcan a una clase específica. Este algoritmo se basa en el teorema de Bayes y hace supuestos de independencia entre las características de los datos.

Clasificador *Naive Bayes*

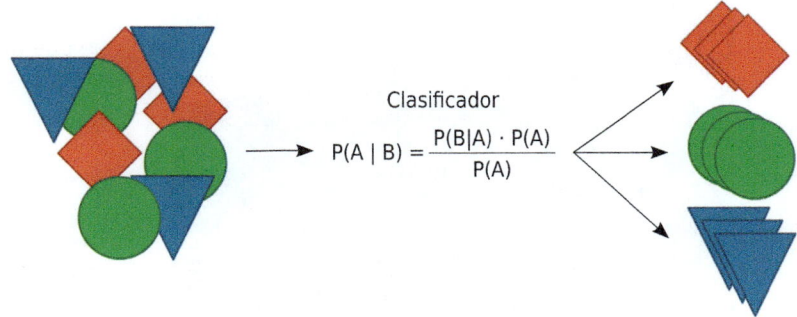

Clasificador

$$P(A \mid B) = \frac{P(B|A) \cdot P(A)}{P(A)}$$

En otras palabras, el clasificador *Naive Bayes* asume que las características de los datos son independientes entre sí, lo cual significa que la presencia de una característica no afecta a la presencia de otra. Aunque este supuesto de independencia puede no ser cierto en todos los casos, el enfoque ingenuo de *Naive Bayes* lo hace computacionalmente eficiente y fácil de implementar.

NOTA

Este algoritmo es útil para clasificar datos en categorías discretas, como predecir la categoría de un correo electrónico como *spam* o no *spam* en función de las palabras que contenga. Por ejemplo, tenemos un conjunto de datos de correos electrónicos etiquetados como *spam* o no *spam* y queremos clasificar un nuevo correo electrónico entrante. El clasificador *Naive Bayes* analizaría las palabras en el correo electrónico y calcularía la probabilidad de que el correo electrónico sea *spam* o no, en función de la frecuencia en la que aparezcan esas palabras en los correos electrónicos de entrenamiento. Luego, clasificaría el nuevo correo electrónico en la categoría con la probabilidad más alta.

Naive Bayes también es muy útil para realizar el diagnóstico de enfermedades basándose en síntomas observados previamente.

8.1. Configuración de un entorno de programación *Python*

Python fue lanzado inicialmente en el año 1991. Sus creadores se inspiraron en el grupo de comedia británico Monty Python para darle un toque divertido al aprendizaje y uso de este lenguaje de programación. La versión más reciente es *Python 3*.

La versión Python 3 contiene mejoras significativas tanto en rendimiento como en funcionalidades. IB Photography / Shutterstock.com

Python es un lenguaje de programación flexible y versátil que se adapta a una variedad de usos, entre los que destacan los siguientes:

- **Creación de *scripts*.** La creación de *scripts* hace referencia a la escritura de pequeños programas que automatizan tareas repetitivas que son algo tediosas. *Python* es ideal para esto, debido a su sintaxis clara y concisa, pues permite escribir *scripts* de forma rápida y con gran eficiencia.
- **Automatización.** *Python* es un lenguaje muy utilizado para la automatización de procesos, tanto en entornos empresariales como personales. Estos procesos pueden ser la automatización de tareas administrativas, la gestión de servidores, el procesamiento de archivos y la interacción con alguna API. Estas funcionalidades hacen que se reduzca considerablemente la necesidad de intervención manual y permiten de este modo aumentar la eficiencia.
- **Análisis de datos.** *Python* es una herramienta muy poderosa para el análisis de datos, gracias a famosas bibliotecas. Entre estas bibliotecas están: pandas, NumPy y matplotlib. Las bibliotecas permiten la manipulación, análisis y visualización de datos de una forma muy sencilla, facilitando la toma de decisiones basada en datos.
- **Aprendizaje automático.** En el campo del aprendizaje automático, *Python* es el lenguaje de referencia debido a sus especializadas bibliotecas. Estas son *Scikit Learn*, *TensorFlow* y *Keras*. Estos tipos de herramientas permiten desarrollar y entrenar modelos de inteligencia artificial para tareas de clasificación, regresión y *clustering*.
- **Desarrollo de *back-end*.** *Python* se utiliza en el desarrollo de *back-end* para aplicaciones web y servicios, proporcionando la lógica del servidor que maneja las solicitudes del cliente. Frameworks o marcos de trabajo, como Django y Flask, simplifican el desarrollo de aplicaciones web robustas y escalables, gestionando bases de datos, autenticación de usuarios, etc.

NOTA

Todas las utilidades nombradas muestran una amplia gama de aplicaciones de *Python*. Destaca principalmente por su flexibilidad y versatilidad en diferentes áreas de la tecnología y la programación.

- -

Este material, basado en el proyecto didáctico de Lisa Tagliaferri, Michelle Morales, Ellie Birbeck y Alvin Wan (DigitalOcean, 2024), persigue poder guiarte en la configuración de tu servidor remoto u ordenador con un entorno de programación *Python 3*. Pero es posible que ya tengas instalado *Python 3,* junto con **pip** y **venv,** ya que muchos PC ya lo traen instalado.

Pip y *venv* son herramientas fundamentales en el ecosistema de *Python*. Son utilizadas para la gestión de paquetes y la creación de entornos virtuales, respectivamente:

➲ **Pip.** *Pip* es el administrador de paquetes de *Python*. Su principal función es facilitar la instalación, actualización y eliminación de paquetes y bibliotecas de *Python* desde el repositorio oficial, conocido como *Python package index* (PyPI). Algunas de las características clave de pip son las siguientes:

  ◊ **Instalación de paquetes.** Permite instalar fácilmente cualquier paquete disponible en PyPI utilizando comandos simples.
  ◊ **Gestión de dependencias.** *Pip* maneja automáticamente las dependencias necesarias para los paquetes que se instalan.
  ◊ **Actualización y desinstalación.** Puedes actualizar los paquetes a sus versiones más recientes o eliminarlos cuando ya no sean necesarios.

  Ejemplo de uso:
  bash

```
pip install nombre-del-paquete

pip uninstall nombre-del-paquete

pip install --upgrade nombre-del-paquete
```

➲ **Venv.** *Venv* es una herramienta para crear entornos virtuales en *Python*. Un entorno virtual es una carpeta especial que contiene una instalación independiente de *Python* junto con sus propios paquetes y dependencias. Esto es útil para:

  ◊ **El aislamiento de proyectos.** Cada proyecto puede tener sus propias versiones de paquetes, sin interferir con otros proyectos.
  ◊ **La gestión de dependencias.** Permite que cada proyecto gestione sus propias dependencias con autonomía.
  ◊ **Facilitar la portabilidad.** Al empaquetar un proyecto con sus dependencias específicas, es más fácil replicar el entorno en diferentes máquinas.

Por ejemplo, para crear y **activar un entorno virtual** ejecuta en la línea de comando (cmd) o en *PowerShell,* según tu configuración y preferencia el código siguiente:

```
Python -m venv environment-name
```

Para activarlo en *Windows:*

```
environment-name\Scripts\activate
```

Para activarlo en *macOS* y *Linux:*

```
source environment-name/bin/activate
```

Para **desactivar el entorno virtual,** simplemente usa:

```
Deactivate
```

Recuerda que puedes reemplazar environment-name con el nombre que prefieras para tu entorno virtual.

✎ DEFINICIÓN

Bash (bourne again shell)
Es un intérprete de comandos y lenguaje de *scripting* utilizado en sistemas *Unix* y *Linux.*

NOTA

Con *pip* y *venv* puedes gestionar y mantener tus proyectos de *Python* con eficiencia y de manera organizada.

8.2. Pasos para la instalación de *Python 3*

A lo largo del contenido se ofrece un tutorial enfocado en el uso de un sistema *Linux* o similar a *Unix* y al manejo de la línea de comandos o un entorno de terminal:

⮕ **Descargar *Python*.** Muchos sistemas operativos incluyen *Python 3* preinstalado. Para verificar si tienes *Python* en tu sistema, simplemente tendrás que abrir una ventana de terminal y escribir el siguiente comando:

  ◍ ***Python3 -V.*** Obtendrás un resultado en la ventana de la terminal que te mostrará el número de versión. Aunque este número puede variar, el resultado será parecido a este:
  ◍ ***Python 3.7.2.*** En caso de que el resultado fuera otro o simplemente no tengas *Python* preinstalado, bastaría con que accedas desde tu navegador a la página oficial de *Python.* Selecciona la última versión y procede a su descarga en tu ordenador siguiendo las instrucciones que se van indicando.

  Una vez que puedas escribir el comando **Python3 -V** y recibir un resultado que indique el número de versión de *Python* en tu ordenador, todo estará listo para poder continuar.

⮕ **Instalar *pip*.** Para administrar paquetes de *software* en *Python,* instalaremos *pip,* la herramienta que nos permitirá instalar y gestionar los paquetes de programación que necesitemos para nuestros proyectos de desarrollo.
  Si descargaste *Python* desde *Python.org,* es probable que ya tengas *pip* instalado. Si estás usando un servidor o computadora con *Ubuntu* o *Debian,* puedes instalar *pip* escribiendo lo siguiente en la terminal:

```
sudo apt install -y Python3-pip
```

Una vez que tengas *pip* instalado, podrás descargar paquetes de *Python* con el siguiente comando:

```
pip3 install package_name
```

Package_name o "Nombre del paquete" se refiere a cualquier paquete o biblioteca de *Python,* como *Django* para el desarrollo web o *NumPy* para labores de computación científica. Por ejemplo, si deseas instalar *NumPy,* puedes hacerlo con el comando:

```
pip3 install numpy
```

Además, hay algunos paquetes y herramientas de desarrollo adicionales que deberías instalar para asegurarte de tener una configuración robusta para tu entorno de programación. Esto se puede hacer con el siguiente comando:

```
sudo apt install build-essential libssl-dev libffi-

dev Python3-dev
```

Una vez que *Python* esté configurado, y *pip* y otras herramientas estén instaladas, podremos crear un entorno virtual para nuestros proyectos de desarrollo.

➲ **Configurar un entorno virtual.** El paso 3 implica la configuración de un entorno virtual en tu servidor. Estos entornos ofrecen un espacio aislado para tus proyectos de *Python,* lo cual garantiza que cada uno tenga su propio conjunto de dependencias sin afectar a otros proyectos.

Para crear un entorno de programación *Python,* utilizaremos el módulo **venv,** que forma parte de la biblioteca estándar de *Python 3.*

Si tienes *Python* instalado desde *Python.org,* es probable que ya tengas *venv* disponible. En caso de estar utilizando *Ubuntu* o *Debian,* puedes instalarlo con el siguiente comando:

```
sudo apt install -y Python3-venv.
```

Una vez instalado *venv*, puedes crear un nuevo entorno. Elige un directorio donde desees colocar tus entornos de programación *Python* o crea uno nuevo con el comando **mkdir,** por ejemplo:

```
mkdir environments
```

```
cd environments
```

Dentro del directorio deseado, puedes crear un entorno utilizando la versión de *Python* instalada en tu máquina. Por ejemplo, si la versión instalada es *Python 3.6.3,* ejecuta:

```
1. Python3.6 -m venv my_env
```

Si la versión instalada es *Python 3.7.3,* utiliza:

```
2. Python3.7 -m venv my_env
```

En sistemas Windows, puedes omitir el número de versión por completo:

```
3. Python -m venv my_env
```

Luego, tras ejecutar el comando adecuado, puedes verificar que el entorno esté configurado correctamente. En esencia, pyvenv configura un nuevo directorio que contiene algunos elementos que podemos ver con el comando **ls:**

```
4. ls my_env
```

Salida:

```
bin include lib lib64 pyvenv.cfg share
```

Básicamente, *venv* configura un nuevo directorio que contiene algunos elementos esenciales. Algunos de estos archivos y directorios son **bin, lib, lib64, pyvenv.cfg** y **compartir (share),** los cuales trabajan juntos para aislar tus proyectos del resto del sistema. Esta es una buena práctica para el control de versiones y para garantizar que cada uno de sus proyectos tenga acceso a los paquetes particulares que necesita.

Por ejemplo: *Python Wheels* es un formato de paquete integrado para *Python* que puede acelerar la producción de su *software* al reducir la cantidad de veces que necesita compilar. Estará en Ubuntu 18.04.compartirdirectorio.

Para utilizar este entorno, debes activarlo ejecutando el siguiente comando, que llama al *script* de activación:

```
5. source my_env/bin/activate
```

El símbolo del sistema ahora mostrará el nombre de tu entorno, lo que indicará que está activo y listo para su uso. En este caso se llama **my_env,** aunque dependerá de la versión de *Debian Linux* que en ese momento se esté ejecutando, por lo que le prefijo pudiera ser diferente. No obstante, el nombre de tu entorno debería ser lo primero que veas en la línea marcado entre paréntesis.

```
6. (my_env) sammy@sammy:~/environments$
```

Después de seguir todos estos pasos, tu entorno virtual estará listo para ser utilizado.

➲ **Crear un programa "Hola, mundo".** Ya está configurado el entorno virtual. Crearemos entonces el típico programa *"Hello, World!"* (¡Hola, mundo!). Con ello, conseguiremos probar si este entorno está correctamente configurado, y además, nos dará la posibilidad de comenzar a familiarizarnos con este lenguaje de programación.
El proceso es el siguiente:

1. Abrir el editor de texto en la línea de comandos y crear un archivo nuevo:

```
(my_env) sammy@sammy:~/environments$ nano hello.py
```

2. Con el archivo de texto abierto, escribir el programa:

```
print("Hello, World!")
```

3. Seguidamente, salir escribiendo **CTRL** y **X** cuando se solicite guardar el archivo, presione **y**. Una vez fuera, regresar a *shell*, ejecutando el programa:

```
(my_env) sammy@sammy:~/environments$ Python hello.py
```

El programa que se acaba de crear debería hacer que el terminal produzca el siguiente resultado:

```
Hello, World!
```

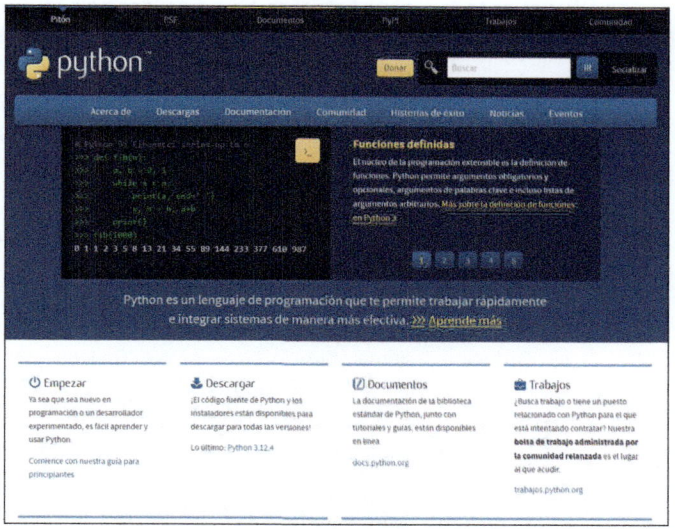

Sitio web de Python para descarga e instalación del programa

 **PARA SABER MÁS**

Puedes consultar la página oficial de *Python*, accediendo desde aquí:

https://redirectoronline.com/ifct00190614

NOTA

Tanto macOS como el programa *PowerShell* de *Windows* deberían ser capaces de obtener resultados similares.

Para salir del entorno, simplemente hay que escribir el comando **desactivate** y automáticamente se regresará al directorio original.

Tras estos pasos, ya dispones de un entorno de programación *Python 3* configurado en tu dispositivo, por lo que ya es posible comenzar un proyecto de codificación.

Tipos de datos en *Python*

Tipo	Clase	Notas	Ejemplo
str	Cadena	Inmutable	'Cadena'
unicode	Cadena	Versión Unicode de str	u'Cadena'
list	Secuencia	Mutable, puede contener objetos de diversos tipos	[4.0, 'Cadena', True]
tuple	Secuencia	Inmutable, puede contener objetos de diversos tipos	[4.0, 'Cadena', True]
set	Conjunto	Mutable, sin orden, no contiene duplicados	Set ([4.0, 'Cadena', True])
frozenset	Conjunto	Inmutable, sin orden, no contiene duplicados	Frozenset ([4.0, 'Cadena', True])
dict	Mapping	Grupo de pares clave: valor	{'keyl':1.0,'key':False}
int	Número entero	Precisión fija, convertido en long en caso de *overflow*	42
long	Número entero	Precisión arbitraria	42L o 4569997861519887643l
float	Número decimal	Coma flotante de doble precisión	3.1415927
bool	Booleano	Valor booleano verdadero o falso	True o False

Al finalizar este tutorial, y sirviéndonos de los conocimientos de Lisa Tagliaferri, Michelle Morales, Ellie Birbeck y Alvin Wan, habrás aprendido a crear tu propio modelo de *Machine Learning* con *Python*.

Avanzando por los cinco pasos del proceso podrás realizar todas estas labores:

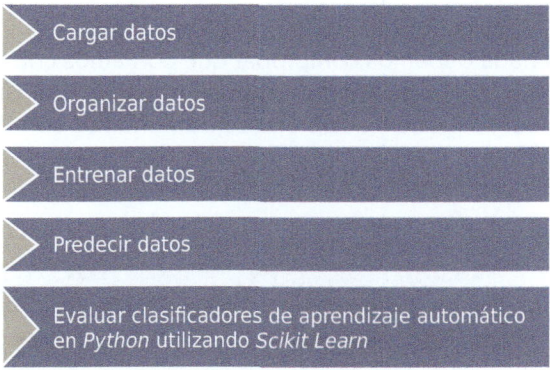

A continuación, puedes ver los pasos para construir un clasificador de aprendizaje automático en *Python* con *Scikit Learn:*

Todo este proceso de aprendizaje distribuido en varios pasos debería facilitarte lo que implica trabajar con tus propios datos en *Python.*

 **NOTA**

Aunque *Python* es el lenguaje más popular para aplicaciones de aprendizaje automático, también vale la pena explorar otros lenguajes, como *Java, R* y *C++.*

Antes de nada debemos comprobar que contamos con los requisitos para poder completar los pasos que posteriormente se indicarán y que nos permitirán crear un modelo de aprendizaje automático con *Python.*

Para poder completar el tutorial tendrás que:

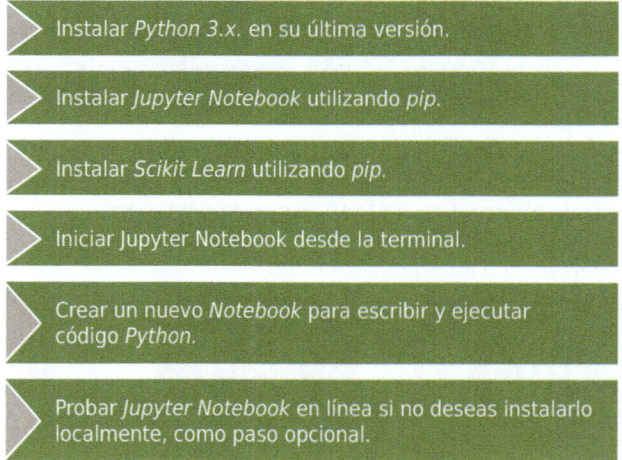

Instalar *Python 3.x.* en su última versión.

Instalar *Jupyter Notebook* utilizando *pip.*

Instalar *Scikit Learn* utilizando *pip.*

Iniciar Jupyter Notebook desde la terminal.

Crear un nuevo *Notebook* para escribir y ejecutar código *Python.*

Probar *Jupyter Notebook* en línea si no deseas instalarlo localmente, como paso opcional.

Descubramos primero estas dos potentes herramientas:

➲ ***Jupyter Notebook.*** Es una herramienta interactiva y práctica de código abierto para realizar experimentos de aprendizaje automático. Los *Jupyter Notebooks* permiten ejecutar bloques de código por separado y ver los resultados de inmediato; esto significa que facilita la prueba y depuración del código.

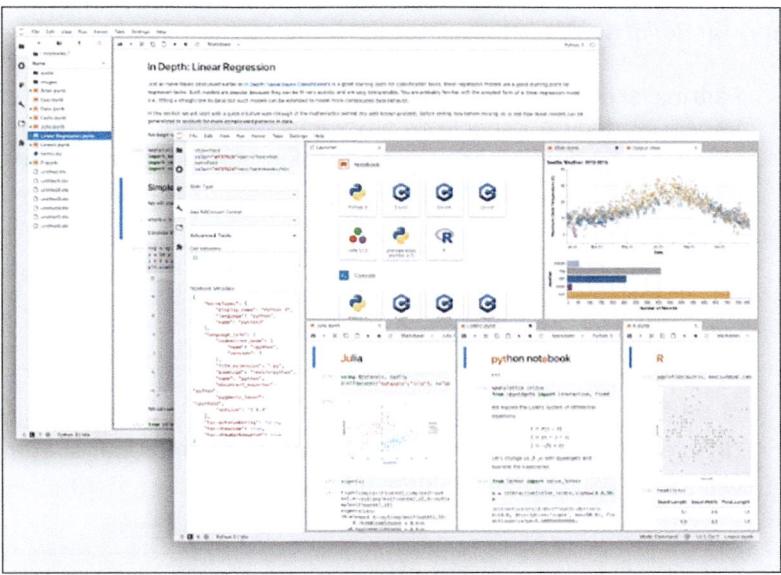

Con **JupyterLab** cualquier usuario puede, entre otras opciones, configurar flujos de trabajo relacionado con ciencias de datos y aprendizaje automático. Se trata de la nueva generación de la interfaz de Notebook, mientras que **Jupyter Notebook** es el espacio tradicional que permite trabajar con códigos de lenguaje de programación como es el caso de Python. Fuente: Project Jupyter. Pantallazo realizado de: <https://jupyter.org/>

Sabiendo entonces que *Jupyter Notebook* es la aplicación web que nos permitirá crear y compartir documentos que contienen código en vivo, ecuaciones, visualizaciones y texto explicativo, procederemos a instalar *Jupyter Notebook*. Primero asegúrate de tener *pip* instalado (el gestor de paquetes de *Python*). Luego, abre una terminal y ejecuta el siguiente comando:

```
pip install notebook
```

➲ **Scikit Learn.** Es una de las bibliotecas más populares para el aprendizaje automático en *Python*. Para instalar *Scikit Learn,* ejecuta el siguiente comando en la terminal:

```
pip install scikit-learn
```

Importar *Scikit Learn*

Para iniciar el proyecto de codificación, tendremos que activar el entorno de trabajo, es decir, el espacio de programación *Python 3*. Para ello, nos debemos asegurar de estar en el directorio donde se encuentra su entorno para ejecutar este comando:

```
.  my_env/bin/activate
```

Una vez activado el entorno tendremos que comprobar si el módulo de *Scikit Learn* está instalado correctamente.

```
(my_env) $ python -c "import sklearn"
```

El comando anterior nos indicará si existen errores o no. Por ejemplo, si se detectara que no está instalado Scikit Learn, se verá el siguiente mensaje:

```
Traceback (most recent call last): File "<string>",

line 1, in <module>
```

```
ImportError: No module named 'sklearn'
```

Si este fuera el caso, bastaría con ejecutar otro comando utilizando pip para que descargue la biblioteca.

```
(my_env) $ pip install Scikit Learn[alldeps]
```

Posteriormente, procede a iniciar *Jupyter Notebook* con *Scikit Learn* ya instalado.

```
(my_env) $ jupyter notebook
```

Una vez completados los pasos anteriores, en Jupyter crearemos un nuevo *Python Notebook,* que titularemos ML Tutorial. Para ello, basta nombrar la primera celda del cuaderno e indicar importar tal como se muestra en la imagen.

- ⊃ ML Tutorial
- ⊃ import sklearn

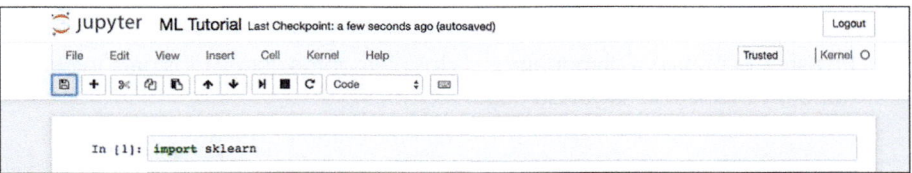

Jupyter Notebook con celda de Python, que importa sklearn. En la interfaz de Jupyter, haz clic en el botón New y selecciona Python 3 para crear un nuevo notebook, donde podrás escribir y ejecutar tu código Python.

Si prefieres no instalar *Jupyter Notebook* localmente, puedes probarlo en línea. Para ello, sigue estas indicaciones:

Paso 1

Dirígete al sitio web de *Jupyter* y abre tu navegador web. Navega al sitio ***Try Jupyter.***

Paso 2

Seleccionar ***Try Jupyter with Python,*** luego Pulsa ahí para acceder a un *Jupyter Notebook* interactivo en línea, donde podrás comenzar a escribir y ejecutar código *Python* de inmediato.

PARA SABER MÁS

Si quieres conocer más sobre la instalación de la herramienta de *Jupyter Notebook* y ver otro ejemplo, accede al artículo titulado Primeros pasos en *Jupyter Notebook* con *Python* desde aquí:

https://redirectoronline.com/ifct00190607

En este momento ya disponemos de los elementos necesarios para iniciar el trabajo y avanzar al segundo paso.

Importar el conjunto de datos de *Scikit Learn*

En este paso, utilizaremos el conjunto de datos de diagnóstico de cáncer de mama de Wisconsin. Este conjunto de datos contiene una variedad de información sobre tumores de cáncer de mama y clasificaciones que indican si los tumores son malignos o benignos.

 PARA SABER MÁS

Puedes obtener más información sobre el conjunto de datos de diagnóstico de cáncer de mama de Wisconsin, accediendo desde aquí:

Continúa en página siguiente >>

<< Viene de página anterior

https://redirectoronline.com/ifct00190608

A continuación, puedes acceder a más información interesante de esta base de datos:

⮞ **Descripción del conjunto de datos:**

  ↺ Número de instancias: 569 (cada instancia representa un tumor).
  ↺ Número de atributos: 30 (cada atributo describe una característica del tumor).

Algunas de los **atributos** o **características** registradas incluyen la siguiente información:

  ↺ **Radio del tumor:** el radio promedio de las células en el tumor.
  ↺ **Textura:** la variación en la textura de las células del tumor.
  ↺ **Suavidad:** la suavidad promedio de las células del tumor.
  ↺ **Área:** el área promedio de las células en el tumor.

⮞ **Objetivo.** Nuestro objetivo es construir un modelo de aprendizaje automático que utilice la información de estos atributos para predecir si un tumor es maligno o benigno.
Los atributos son esenciales para cualquier modelo de clasificación, ya que capturan características importantes de los datos. Dado que nuestro objetivo es predecir si un tumor es maligno o benigno, los atributos relevantes han de incluir el tamaño, el radio y la textura del tumor.

⮞ **Carga del conjunto de datos.** *Scikit-learn,* la conocida biblioteca de aprendizaje automático en *Python,* aglutina en su *dataset* varios conjuntos de datos integrados con los que poner a trabajar un modelo de *Machine Learning,* incluido el que necesitamos. Para comenzar a trabajar con este conjunto de datos, primero debemos importarlo y cargarlo en nuestro entorno de trabajo.

```
from sklearn.datasets import load_breast_cancer

# Load the dataset

datos = load_breast_cancer()
```

- **Exploración de los datos.** El objeto datos que hemos cargado funciona como un diccionario de *Python* y contiene las siguientes claves importantes:

  - **target_names:** nombres de las etiquetas de clasificación (maligno y benigno).
  - **target:** etiquetas reales (0 para maligno y 1 para benigno).
  - **feature_names:** nombres de los atributos o características.
  - **data:** valores de los atributos.

  Podemos asignar estas partes del conjunto de datos a variables separadas para trabajar más cómodamente:

```
# Organize the data

target_names = data['target_names']

targets = data['target']

feature_names = data['feature_names']

features = data['data']


# View the data

print(target_names)

print('Class label = ', targets[0])

print(feature_names)

print(features[0])
```

Una vez examinados los datos, se mostrará la siguiente imagen, en la que se observa qué nombres de clases son malignos y cuáles benignos. Luego, se asignan a **valores binarios de 0 y 1,** donde:

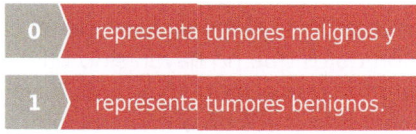

En la imagen:
- **0** representa tumores malignos y
- **1** representa tumores benignos.

```
In [3]:  # Look at our data
         print(label_names)
         print(labels[0])
         print(feature_names[0])
         print(features[0])

         ['malignant' 'benign']
         0
         mean radius
         [ 1.79900000e+01   1.03800000e+01   1.22800000e+02   1.00100000e+03
           1.18400000e-01   2.77600000e-01   3.00100000e-01   1.47100000e-01
           2.41900000e-01   7.87100000e-02   1.09500000e+00   9.05300000e-01
           8.58900000e+00   1.53400000e+02   6.39900000e-03   4.90400000e-02
           5.37300000e-02   1.58700000e-02   3.00300000e-02   6.19300000e-03
           2.53800000e+01   1.73300000e+01   1.84600000e+02   2.01900000e+03
           1.62200000e-01   6.65600000e-01   7.11900000e-01   2.65400000e-01
           4.60100000e-01   1.18900000e-01]
```

Jupyter Notebook con tres celdas de Python, que imprime la primera instancia en nuestro conjunto de datos.
Fuente: DigitalOcean. https://www.digitalocean.com/

Por lo tanto, la primera instancia de datos es un tumor maligno cuyo radio medio es **1.79900000e+01.**

Tras la carga de datos, ya es posible trabajar con todos ellos para construir nuestro primer clasificador de aprendizaje automático.

NOTA

Con todo lo anterior, hemos conseguido importar y cargar el conjunto de datos de cáncer de mama de Wisconsin, que contiene información crucial para la clasificación de tumores. A continuación, exploraremos cómo organizar estos datos con idea de construir un modelo de aprendizaje automático para predecir la malignidad de los tumores.

Organizar datos en conjuntos

En este paso, vamos a aprender a organizar y explorar los datos utilizando el código de *Python*.

Para evaluar correctamente el rendimiento de un clasificador, es clave probar el modelo con datos que no hayan sido utilizados durante el entrenamiento. Esto garantiza que el modelo no solo haya aprendido las particularidades del conjunto de datos de entrenamiento, sino que también pueda generalizar bien a datos nuevos y desconocidos. Para ello, procederemos a dividir el conjunto de datos en dos partes:

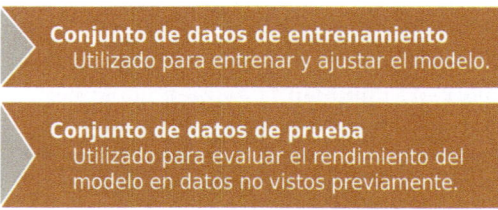

Conjunto de datos de entrenamiento
Utilizado para entrenar y ajustar el modelo.

Conjunto de datos de prueba
Utilizado para evaluar el rendimiento del modelo en datos no vistos previamente.

 **NOTA**

Este proceso de organizar datos en conjuntos nos da una idea más precisa de cómo se desempeñará el modelo con datos reales.

- -

Scikit Learn proporciona una función muy útil llamada **train_test_split()**, que facilita la división de los datos en conjuntos de entrenamiento y prueba. Por ejemplo:

```
# Import the train_test_split function from Scikit
Learn
from sklearn.model_selection import train_test_split
```

Continúa en página siguiente >>

<< Viene de página anterior

```
# Split the data into training and test sets

train, test, train_labels, test_labels = train_test_
split(

    features, labels, test_size=0.33, random_

state=42)
```

Accedamos a cierta información útil relacionada con la división de datos en conjuntos de datos de entrenamiento y conjuntos de datos de prueba:

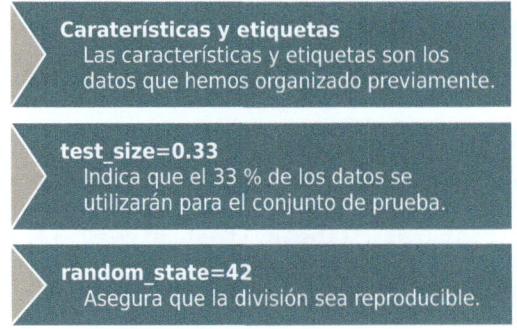

Después de ejecutar el código anterior, se produce el resultado de la división:

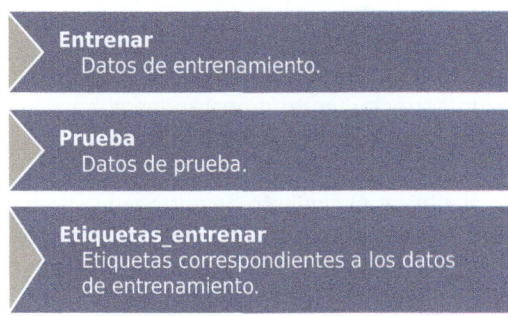

Continúa en página siguiente >>

<< Viene de página anterior

> **Etiquetas_prueba**
> Etiquetas correspondientes a los datos
> de prueba.

 **EJEMPLO**

Este es el código completo para dividir los datos con los que estamos trabajando:

```
# Import the train_test_split function from Scikit
Learn
from sklearn.model_selection import train_test_split
# Split the data into training and test sets
train, test, train_labels, test_labels = train_test_
split(features, labels, test_size=0.33, random_
state=42)
# Print the sizes of the sets to verify the split
print(f"Training set size: {len(train)}")
print(f"Test set size: {len(test)}")
```

El código que hemos aprendido divide nuestros datos y verifica que la división se ha realizado correctamente, preparándonos para el siguiente paso en la construcción del modelo de aprendizaje automático.

Ahora podemos utilizar el conjunto de entrenamiento para construir y ajustar nuestro modelo, para luego evaluarlo utilizando el conjunto de prueba. Este enfoque nos permite medir el rendimiento del modelo con objetividad y entender su capacidad de generalización a nuevos datos.

- -

Construcción del modelo y evaluación de las predicciones

Existe una gran diversidad de modelos de aprendizaje automático, cada uno de los cuales cuenta con sus ventajas y desventajas. En este apartado, vamos a enfocarnos en un algoritmo simple pero efectivo para realizar tareas de clasificación binaria: **Naive Bayes.**

Presta atención a cada uno de los pasos que has de dar, en términos generales, para construir tu propio modelo de aprendizaje automático con *Python:*

➲ **Importar el módulo *Naive Bayes*.** Primero, importamos el módulo GaussianNB de *Scikit Learn,* que implementa el clasificador *Naive Bayes* para datos continuos.

```
from sklearn.naive_bayes import GaussianNB
```

➲ **Inicializar el clasificador.** Luego, creamos una instancia del clasificador **GaussianNB.**

```
# Initialize the classifier

gnb = GaussianNB()
```

➲ **Entrenar el modelo.** Entrenamos el modelo utilizando los datos de entrenamiento. Esto se hace llamando al método **fit**() del clasificador y pasando los datos de entrenamiento y sus etiquetas correspondientes.

```
# Train the classifier

model = gnb.fit(train, train_labels)
```

➲ **Hacer predicciones.** Una vez que el modelo está entrenado, podemos usarlo para hacer predicciones sobre los datos del conjunto de prueba. Utilizamos el método **predict**() del clasificador para esto.

```
# Make predictions

predictions = gnb.predict(test)
```

El método predict() devuelve una lista de predicciones para cada instancia del conjunto de prueba. En este caso, las predicciones serán 0 o 1, indicando si el tumor es maligno o benigno.

Finalmente, podemos observar las predicciones realizadas por el modelo para evaluar las predicciones:

```
# Print the predictions

print(predictions)
```

```
# Initialize our classifier
gnb = GaussianNB()

# Train our classifier
model = gnb.fit(train, train_labels)

In [6]:  # Make predictions
preds = gnb.predict(test)
print(preds)

[1 0 0 1 1 0 0 0 1 1 1 0 1 0 1 0 1 1 1 0 1 1 0 1 1 1 1 1 1 0 1 1 1 1 1 0
 1 0 1 1 0 1 1 1 1 1 1 1 1 0 0 1 1 1 1 1 1 0 0 1 1 0 0 1 1 1 0 0 1 1 0 0 1 0
 1 1 1 1 1 0 1 1 0 1 1 0 0 0 0 0 1 1 1 1 1 1 1 1 1 0 0 1 0 0 1 1 1 0 1 1 0
 1 1 0 0 0 1 1 1 0 0 1 1 0 1 0 0 1 1 0 0 0 1 1 1 0 1 1 0 0 1 0 1 1 0 1 0 0
 1 1 1 1 1 1 1 0 0 1 1 1 1 1 1 1 1 1 1 1 0 0 1 1 0 1 1 0 1 1 1 1 1 1 1 0 0
 0 1 1]
```

Resultado de ejecución del código para observar las predicciones del modelo. Fuente: DigitalOcean. https://www.digitalocean.com/

➲ **Evaluar el modelo.** Después de realizar las predicciones, es importante evaluar el rendimiento del modelo. Para esto, podemos utilizar diversas métricas de evaluación, como la **precisión,** la **exactitud,** el *recall,* etc.

A continuación, se muestra cómo podrías evaluar la precisión del modelo. En este ejemplo, utilizamos la **función accuracy_score** de *Scikit Learn* para calcular la precisión comparando las etiquetas reales del conjunto de prueba con las predicciones realizadas por el modelo.

```
from sklearn.metrics import accuracy_score

# Evaluate accuracy

accuracy = accuracy_score(test_labels, predictions)

print(f'Model accuracy: {accuracy * 100:.2f}%')
```

Este sería el resultado:

```
# Initialize our classifier
gnb = GaussianNB()

# Train our classifier
model = gnb.fit(train, train_labels)

In [6]:  # Make predictions
preds = gnb.predict(test)
print(preds)

[1 0 0 1 1 0 0 0 1 1 1 0 1 0 1 0 1 1 1 0 1 1 0 1 1 1 1 1 0 1 1 1 1 1 1 0
 1 0 1 1 0 1 1 1 1 1 1 1 1 0 0 1 1 1 1 1 0 0 1 1 0 0 1 1 1 0 0 1 1 0 0 1 0
 1 1 1 1 1 0 1 1 0 0 0 0 0 1 1 1 1 1 1 1 1 0 0 1 0 0 1 0 0 1 1 0 1 1 0
 1 1 0 0 0 1 1 1 0 0 1 1 0 1 0 0 1 1 0 0 0 1 1 1 0 1 1 0 0 1 0 1 1 0 1 0 0
 1 1 1 1 1 1 0 0 1 1 1 1 1 1 1 1 1 1 1 1 0 0 1 1 0 1 1 0 1 1 1 1 1 1 0 0
 0 1 1]
```

Jupyter Notebook con celda Python que imprime la precisión del clasificador NB Fuente: DigitalOcean. https://www. digitalocean.com/

Como se puede observar en los resultados, el clasificador *Naive Bayes* (NB) tiene una precisión del 94,15 %. Esto significa que el modelo puede predecir correctamente si un tumor es maligno o benigno el 94,15 % de las veces. Estos resultados indican que las 30 características utilizadas son buenos indicadores para clasificar los tumores.

NOTA

Si ejecutas el código en un *Jupyter Notebook*, verás una salida con una serie de 0s y 1s que representan las predicciones del modelo sobre el conjunto de prueba.

Con lo aprendido ya puedes cargar datos, organizar datos, entrenar, predecir y evaluar clasificadores de aprendizaje automático en *Python* utilizando *Scikit Learn*. Todos los pasos del proceso vistos te facilitarán trabajar con datos propios datos en *Python*.

9. Construcción de una red neural para el reconocimiento de números escritos a mano en *TensorFlow* con *Python*

☞ HILO CONDUCTOR

Stephanie también se aventuró en el campo de las redes neuronales. Usando *TensorFlow*, construyó una red neural para el reconocimiento de números escritos a mano, un proyecto que le permitió explorar la profundidad y complejidad de esta tecnología. Este aprendizaje fue vital para su objetivo de desarrollar sistemas capaces de reconocer y procesar información médica de forma más sofisticada.

Seguimos aprovechando los conocimientos transmitidos por Lisa Tagliaferri, Michelle Morales, Ellie Birbeck y Alvin Wan (DigitalOcean, 2024). En esta ocasión **construiremos una red neural** que permita reconocer dígitos escritos a mano utilizando *Python* en **TensorFlow**. El proceso de aprendizaje irá avanzando por cinco pasos fundamentales:

1. **Configuración del proyecto.** En este primer paso, instalaremos las bibliotecas necesarias y configuraremos el entorno de desarrollo. *TensorFlow* es una biblioteca muy conocida de aprendizaje automático para el cálculo numérico que utiliza gráficos de flujo de datos. Además, permite crear modelos de aprendizaje automático para generar texto, imágenes, música, etc. Será nuestra principal herramienta para construir la red neuronal.
2. **Importar datos de MNIST.** El siguiente paso es importar el conjunto de datos MNIST, que contiene imágenes de dígitos escritos a mano (0-9). Este conjunto de datos es muy utilizado para entrenar y probar modelos de reconocimiento de imágenes.
3. **Definición de la arquitectura de la red neuronal artificial.** En este otro paso, definiremos la arquitectura de nuestra red neuronal. Decidiremos cuántas capas ocultas tendrá, cuántas neuronas habrá en cada capa y qué funciones de activación utilizaremos.
4. **Construcción del gráfico de *TensorFlow*.** En esta parte del proceso, construiremos el gráfico computacional de *TensorFlow*, que define cómo los datos fluyen a través de la red. Esto implica la definición de las operaciones de entrada, salida y las conexiones entre las capas.
5. **Proceso de capacitación y pruebas.** Finalmente, entrenaremos la red neuronal utilizando el conjunto de datos de entrenamiento y luego

evaluaremos su rendimiento utilizando el conjunto de datos de prueba. Ajustaremos los parámetros del modelo para mejorar su precisión.

9.1. Configuración del proyecto

Las **redes neuronales** son una herramienta fundamental en el campo del **aprendizaje profundo** o *Deep Learning,* que, a su vez, se trata de una rama de la inteligencia artificial.

Redes neuronales - Neurona biológica

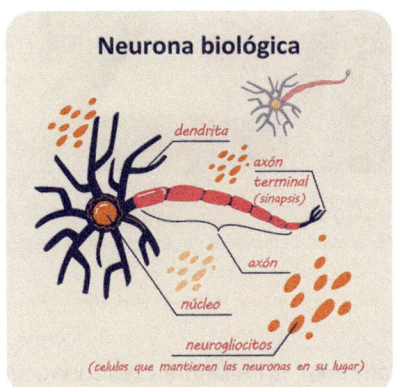
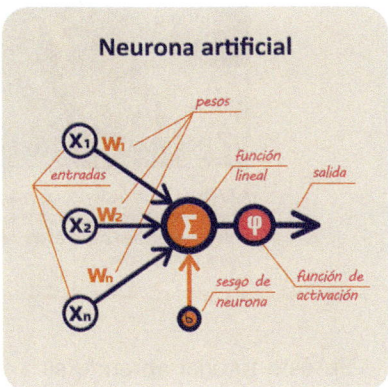

Las redes neuronales fueron propuestas por primera vez hace más de siete décadas, con el objetivo de emular, aunque de una forma menos compleja, el funcionamiento del cerebro humano. En estas redes, las **neuronas artificiales** están organizadas en capas y van conectadas entre sí, con pesos asignados que determinan la respuesta de cada neurona cuando las señales pasan a través de la red.

En el pasado, la capacidad de las redes neuronales contaba con ciertas limitaciones por el número de neuronas que podían simular. Esto restringía la complejidad del aprendizaje que podían alcanzar. Sin embargo, la tecnología avanza exponencialmente y los recientes avances en el desarrollo de *hardware* han permitido construir redes mucho más profundas y entrenarlas con grandes volúmenes de datos, logrando que los avances estén siendo realmente significativos en el campo de la inteligencia artificial.

Las conquistas tecnológicas han permitido que las máquinas igualen e incluso superen las capacidades humanas en ciertas tareas.

◁⊙▷ EJEMPLO

Un ejemplo notable es el reconocimiento de objetos, como es el caso de las máquinas (coches autónomos).

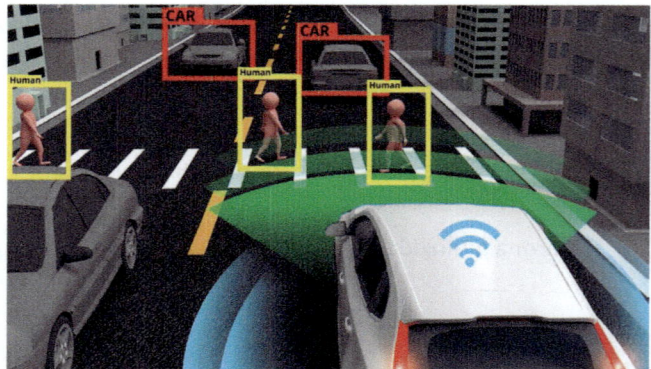

A lo largo de la historia, las máquinas no han podido igualar la visión humana, pero los recientes desarrollos en aprendizaje profundo han permitido construir redes neuronales capaces de reconocer objetos, personas, rostros, textos e incluso emociones.

En este tutorial aprenderás a implementar un sistema de reconocimiento de dígitos escritos a mano utilizando *TensorFlow*, que es una biblioteca de *Python* de código abierto desarrollada por *Google Brain* para la investigación en aprendizaje profundo. Trabajarás con imágenes de números del 0 al 9, construyendo y entrenando una red neuronal para reconocer y predecir la etiqueta correcta de cada dígito.

No se requiere contar con experiencia previa en *TensorFlow* (aprendizaje profundo aplicado a la práctica) para seguir con todos los pasos que abarca este proceso de construcción de la red neuronal, aunque se da por hecho que ya tienes cierta familiaridad con conceptos sobre aprendizaje automático, como son *entrenamiento* y *pruebas, características* y *etiquetas, optimización* y *evaluación*.

 **RECUERDA**

Para poder completar todos los pasos del proceso, necesitarás un entorno de desarrollo *Python 3,* ya sea local o remoto, que incluya *pip* para la instalación de paquetes de *Python* y *venv* para la creación de entornos virtuales.

Comenzaremos el tutorial utilizando la plataforma de extremo a extremo para el aprendizaje automático. Para ello, será necesario instalar ciertas dependencias que necesitaremos para desarrollar el proyecto.

TensorFlow. Fuente: Tada Images / Shutterstock.com

TensorFlow es una plataforma integral de *Machine Learning* cuyo *software* es de código abierto. Las personas usuarias pueden crear modelos de aprendizaje automático desde cualquier tipo de entorno, como es un ordenador o dispositivo móvil.

Para ejecutar de forma rápida *TensorFlow* puedes hacerlo de diversas formas. Utilizando el siguiente código, o bien, pulsando en *TensorFlow* para acceder al sitio web de la plataforma. No obstante, sigue avanzando para conocer el modo en el que progresarás por este tutorial.

```
import tensorflow as tf

mnist = tf.keras.datasets.mnist

(x_train, y_train),(x_test, y_test) = mnist.load_
data()

x_train, x_test = x_train / 255.0, x_test / 255.0

model = tf.keras.models.Sequential([

tf.keras.layers.Flatten(input_shape=(28, 28)),

tf.keras.layers.Dense(128, activation='relu'),

tf.keras.layers.Dropout(0.2),

tf.keras.layers.Dense(10, activation='softmax')

])

model.compile(optimizer='adam',

loss='sparse_categorical_crossentropy',

metrics=['accuracy'])

model.fit(x_train, y_train, epochs=5)

model.evaluate(x_test, y_test)
```

 PARA SABER MÁS

Puedes acceder al sitio web de la plataforma de *TensorFlow* desde aquí:

https://redirectoronline.com/ifct00190609

Para configurar tu proyecto de red neural, sigue los pasos que se indican a continuación:

1. Utiliza el entorno virtual *Python* 3 para administrar las dependencias del proyecto. Después, crea un nuevo directorio:

```
mkdir tensorflow-demo

cd tensorflow-demo
```

2. Ejecuta los comandos que se indican a continuación para configurar el entorno virtual para este proyecto:

```
Python3 -m venv tensorflow-demo

source tensorflow-demo/bin/actívate
```

3. Seguidamente, instala las bibliotecas que utilizarás en este proyecto. Se utilizarán versiones específicas de estas bibliotecas creando **requirements.txt** en el directorio del proyecto que especifica el requisito y la versión que necesitarás. Crea requirements.txt:

```
(tensorflow-demo) $ touch requirements.txt
```

4. Ahora, abre el archivo en tu editor de texto y agrega las siguientes líneas para que puedas especificar las bibliotecas *Image, NumPy* y *TensorFlow* y sus versiones:

```
requirements.txt

image==1.5.20
```

Continúa en página siguiente >>

<< Viene de página anterior

```
numpy==1.14.3

tensorflow==1.4.0
```

5. Posteriormente, guarda el archivo y sal del editor. Luego, instala estas bibliotecas con el comando que se indica:

```
(tensorflow-demo) $ pip install -r requirements.txt
```

 **NOTA**

Con las dependencias instaladas, ya está todo configurado y preparado para comenzar a trabajar en el proyecto de construcción de una red neuronal para el reconocimiento de números escritos a mano en *TensorFlow* con *Python*.

9.2. Importar datos de MNIST

El ***dataset*** que utilizaremos en este proyecto se extrae de **MNIST,** un clásico en la comunidad de aprendizaje automático, donde se puede encontrar un catálogo impresionante de datos para el aprendizaje automático. En concreto, el conjunto de datos seleccionado consiste en imágenes de dígitos escritos a mano, cada una de 28x28 píxeles. A continuación, se muestran algunos ejemplos de los dígitos incluidos en el *dataset:*

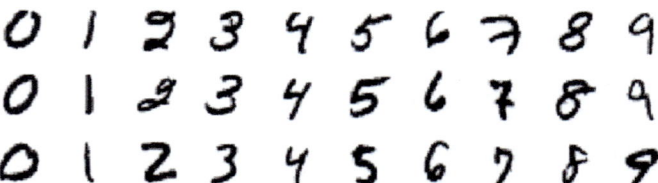

Ejemplo de imagen MNIST. Fuente: Dataset de TensorFlow

 **PARA SABER MÁS**

Puedes obtener más información sobre datos de MNIST accediendo desde aquí:

https://redirectoronline.com/ifct00190616

Vamos a crear ahora un programa en *Python* para trabajar con este conjunto de datos. Utilizaremos un solo archivo para todo el trabajo en este proyecto.

Comienza creando un nuevo archivo llamado **main.py** y añade el siguiente código:

```
(tensorflow-demo) $ touch main.py
```

Ahora, abre este archivo en el editor de texto de tu preferencia y añade esta línea de código para importar la biblioteca.

```
import tensorflow as tf
```

Agrega las siguientes líneas de código para importar el conjunto de datos MNIST y almacenar los datos de las imágenes en la variable mnist.

```
from tensorflow.examples.tutorials.mnist import
input_data
mnist = input_data.read_data_sets("MNIST_data/",
one_hot=True) # y labels are oh-encoded
```

 IMPORTANTE

Al leer los datos, utilizamos la codificación *one-hot* para representar las etiquetas (el dígito real dibujado, por ejemplo, 3) de las imágenes. La codificación *one-hot* utiliza un vector de valores binarios para representar valores numéricos o categóricos. Como nuestras etiquetas son para los dígitos del 0 al 9, el vector contiene diez valores, uno para cada dígito posible. Uno de estos valores se establece en 1 para representar el dígito en ese índice del vector; el resto se establece en 0. Por ejemplo, el dígito 3 se representa usando el vector [0, 0, 0, 1, 0, 0, 0, 0, 0, 0]. Como el valor en el índice 3 se almacena como 1, el vector representa al dígito 3.

Para representar las imágenes reales, los 28x28 píxeles se aplanan en un vector 1D, que tiene un tamaño de 784 píxeles. Cada uno de los 784 píxeles que componen la imagen se almacenan como un valor entre 0 y 255. Esto determina la escala de grises del píxel, ya que nuestras imágenes se presentan únicamente en blanco y negro. Entonces, un píxel negro está representado por 255 y un píxel blanco, por 0, con los distintos tonos de gris en algún punto intermedio.

Podemos usar la variable *mnist* para conocer el tamaño del conjunto de datos que acabamos de importar. Mirando a num_examples para cada uno de los tres subconjuntos, podemos determinar que el conjunto de datos se ha dividido en 55.000 imágenes para entrenamiento, 5.000 para validación y 10.000 para prueba. Agrega las siguientes líneas a tu archivo:

```
n_train = mnist.train.num_examples # 55,000
```

Continúa en página siguiente >>

<< *Viene de página anterior*

```
n_validation = mnist.validation.num_examples # 5000

n_test = mnist.test.num_examples # 10,000
```

Ahora que hemos importado nuestros datos, es hora de pensar en la red neuronal.

 EJEMPLO

```
# main.py

import tensorflow as tf

from tensorflow.keras.datasets import mnist

import matplotlib.pyplot as plt

# Load the MNIST dataset

(x_train, y_train), (x_test, y_test) = mnist.load_
data()

# Display some examples of images from the dataset

def display_examples(images, labels):

plt.figure(figsize=(10, 10))

for i in range(25):

    plt.subplot(5, 5, i + 1)

    plt.xticks([])

        plt.yticks([])

        plt.grid(False)
```

Continúa en página siguiente >>

<< Viene de página anterior

```
        plt.imshow(images[i], cmap=plt.cm.binary)

        plt.xlabel(labels[i])

    plt.show()

        display_examples(x_train, y_train)
```

Guarda este archivo y ejecútalo para visualizar algunos ejemplos de las imágenes del conjunto de datos MNIST.

Para ejecutar el archivo main.py, abre el terminal y navega al directorio donde guardaste el archivo. Luego ejecuta el siguiente comando:

```
    python main.py
```

Este comando ejecutará el archivo y deberías ver una ventana emergente con ejemplos de las imágenes MNIST.

9.3. Definición de la arquitectura de la red neuronal artificial

Hablar de la **arquitectura de una red neuronal** implica varios aspectos, como son:

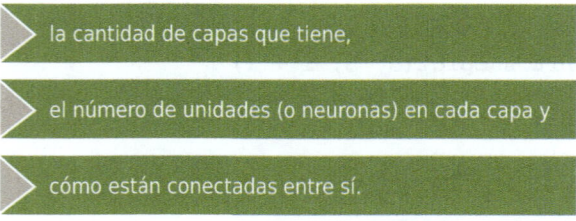

la cantidad de capas que tiene,

el número de unidades (o neuronas) en cada capa y

cómo están conectadas entre sí.

Las redes neuronales se inspiran en el funcionamiento del cerebro humano, donde las neuronas o unidades reciben valores de otras unidades, realizan cálculos y luego transmiten los nuevos valores a otras neuronas.

Las **neuronas se organizan en capas,** comenzando con una **capa de entrada** que recibe los valores y una **capa de salida** que genera los resultados. Las capas intermedias se llaman **capas ocultas** porque no son directamente visibles.

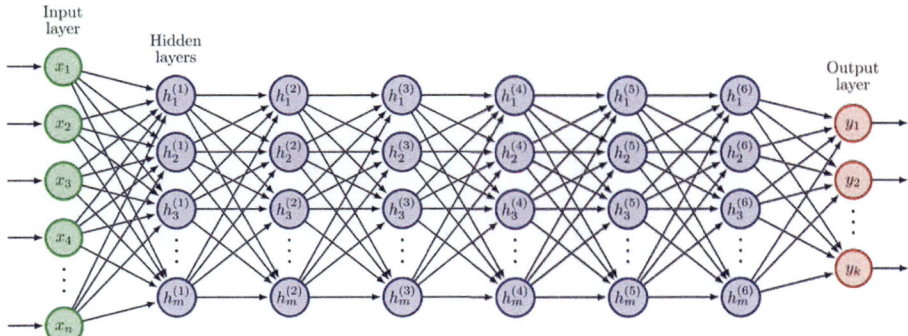

Representación de la actividad de una red neuronal profunda

Diferentes arquitecturas pueden producir resultados muy diferentes, ya que el rendimiento de la red neuronal dependerá de la arquitectura en sí, así como de los parámetros, los datos y la duración del entrenamiento.

Dicho esto, comienza agregando las siguientes líneas de código a tu archivo para definir la cantidad de unidades por capa en variables globales. Esto te permitirá cambiar la arquitectura de la red en un solo lugar. Al final del proceso, podrás experimentar con diferentes números de capas y unidades para ver cómo afectan los resultados de tu modelo.

Este es el código que ejecutar:

```
main.py

...

n_input = 784 # input layer (28x28 pixels)

n_hidden1 = 512 # 1st hidden layer

n_hidden2 = 256 # 2nd hidden layer

n_hidden3 = 128 # 3rd hidden layer

n_output = 10 # output layer (0-9 digits)
```

En la siguiente imagen se muestra una visualización de la arquitectura que hemos diseñado, con cada capa completamente conectada a las capas circundantes.

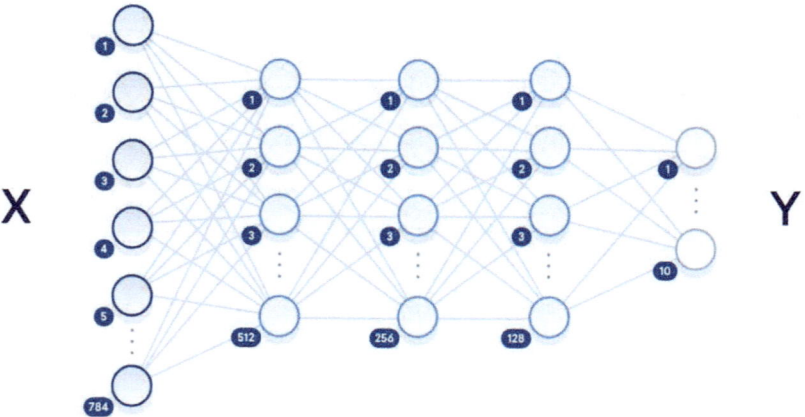

Diagrama de una red neuronal. Fuente: DigitalOcean.

 **RECUERDA**

El concepto red neuronal profunda es por la cantidad de capas ocultas que contiene. Una red superficial (no profunda) generalmente tiene solo una capa oculta, mientras que una red profunda tiene múltiples capas ocultas.

- -

Es interesante saber que, con suficientes datos de entrenamiento, una red superficial que tiene suficientes neuronas podría, en teoría, representar cualquier función que pueda realizar una red profunda. Sin embargo, es mucho más eficiente, desde el punto de vista computacional, emplear una red profunda más pequeña para lograr la misma tarea que una red superficial con muchas más unidades ocultas.

 SABÍAS QUE...

Las redes superficiales también suelen enfrentarse a **problemas de sobreajuste,** cuando la red es capaz de memorizar los datos de entrenamiento pero no generaliza bien a nuevos datos. Las redes profundas son más capaces de generalizar, porque pueden aprender características en varios niveles de abstracción.

- -

Otros elementos que tendrás que aprender a definir son los **hiperparámetros.** A diferencia de los parámetros, que se actualizarán durante el entrenamiento, los hiperparámetros se establecen inicialmente y permanecen constantes durante todo el proceso. Por tanto, en tu archivo has de definir las siguientes variables y valores utilizando el siguiente código:

```
main.py

...

learning_rate = 1e-4
```

Continúa en página siguiente >>

<< Viene de página anterior

```
n_iterations = 1000

batch_size = 128

dropout = 0.5
```

Los hiperparámetros contextualizados al aprendizaje automático y las redes neuronales son configuraciones o decisiones que debemos tomar antes de comenzar el proceso de entrenamiento del modelo. A diferencia de los parámetros del modelo, que son aprendidos durante el entrenamiento, los hiperparámetros no se actualizan automáticamente a partir de los datos.

Veamos algunos tipos de hiperparámetros:

- *Learning rate* (**tasa de aprendizaje**). Es un número escalar positivo, generalmente denominado **learning_rate** en los códigos, que controla cuánto se ajustan los parámetros del modelo en respuesta al gradiente de pérdida.
  Una tasa de aprendizaje más alta puede permitir que el modelo converja más rápidamente durante el entrenamiento, pero también puede hacer que los ajustes sean demasiado grandes y se salte el mínimo global de la función de pérdida.
  Una tasa de aprendizaje más baja puede hacer que el entrenamiento sea más lento, pero el modelo puede converger de manera más precisa.
- *Number of iterations* (**número de iteraciones**). Indica cuántas veces se iterará sobre todo el conjunto de datos de entrenamiento durante el proceso de entrenamiento.
  Más iteraciones pueden permitir que el modelo mejore su precisión gradualmente a medida que se ajustan los parámetros repetidamente; sin embargo, un número excesivo de iteraciones puede llevar al sobreajuste si el modelo comienza a memorizar los datos de entrenamiento en lugar de generalizar.
- *Batch size* (**tamaño del lote**). Especifica cuántas muestras de datos se utilizan para calcular el gradiente y actualizar los pesos en cada iteración.
  Utilizar minilotes o *batches* en lugar de alimentar todos los datos a la vez probablemente hace que el proceso de entrenamiento sea más eficiente en términos de computación. Además, el tamaño del lote influye en la estabilidad del entrenamiento y en la calidad de la convergencia del modelo.

➲ **Dropout.** Es una técnica de regularización en la que aleatoriamente se abandona o ignora un porcentaje de las unidades o neuronas durante el entrenamiento para evitar el sobreajuste.

El parámetro *dropout* especifica la probabilidad con la que cada unidad oculta se elimina durante una iteración de entrenamiento. Esto ayuda a prevenir que ciertas unidades dependan demasiado de otras y contribuye a mejorar la generalización del modelo a nuevos datos.

 IMPORTANTE

La tasa de aprendizaje indica cuánto se ajustarán los parámetros en cada paso del proceso de aprendizaje. Estos ajustes son clave durante el entrenamiento: después de cada paso, ajustamos ligeramente los pesos para reducir la pérdida. Tasas de aprendizaje más altas suelen llevar a una convergencia más rápida, pero también pueden saltarse los valores óptimos. El número de iteraciones hace referencia a cuántas veces pasamos por el paso de entrenamiento. El tamaño del lote se refiere a cuántos ejemplos de entrenamiento utilizamos en cada paso. La variable *dropout* representa un umbral para eliminar algunas unidades al azar. Usaremos *dropout* en nuestra última capa oculta para darle a cada unidad un 50 % de probabilidad de ser eliminada en cada paso de entrenamiento, lo que ayuda a prevenir el sobreajuste.

En este punto, ya hemos definido la arquitectura de nuestra red neuronal y los hiperparámetros que influirán en el proceso de aprendizaje. El siguiente paso es construir la red como un gráfico en *TensorFlow*.

9.4. Construcción del gráfico de *TensorFlow*

Para **construir nuestra red neuronal, configuraremos un gráfico computacional, que *TensorFlow* ejecutará.** El concepto central de *TensorFlow* es el tensor, una estructura de datos similar a una matriz o lista, que se inicializa, manipula y actualiza a través del gráfico y el proceso de aprendizaje.

**Diagrama centrado en la API de *Python* que ilustra
dos partes: de entrenamiento y de despliegue**

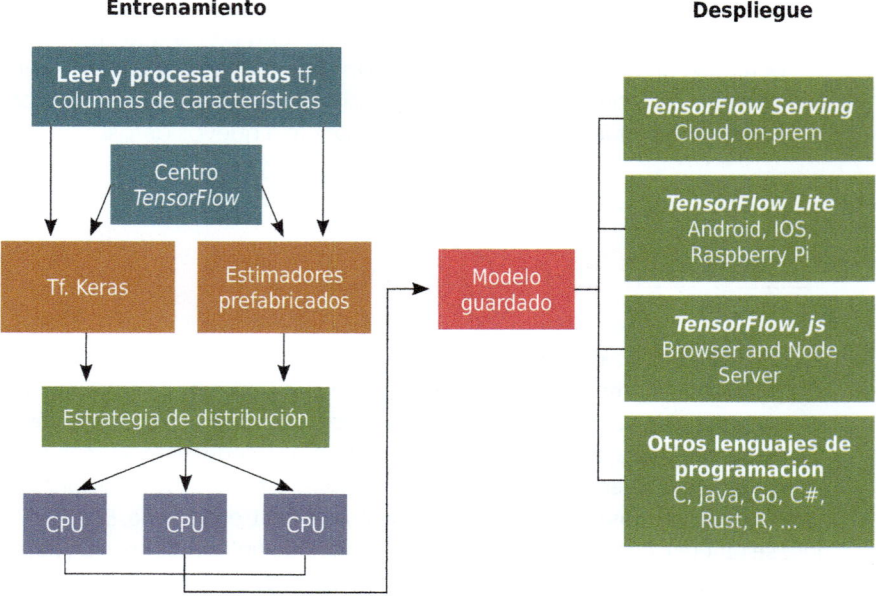

SABÍAS QUE...

Python también soporta otras áreas de IA, como el procesamiento del lenguaje natural a través de bibliotecas como NLTK y SpaCy, y la visión por computadora con OpenCV. Su capacidad para integrarse con otras tecnologías y su activa comunidad de desarrolladores hacen de *Python* una herramienta indispensable en el campo de la inteligencia artificial, pues permite el rápido desarrollo e implementación de soluciones innovadoras.

- -

Seguimos avanzando en el proceso de construcción de una red neuronal para el reconocimiento de números escritos a mano en *TensorFlow* con *Python*.

Ahora, avanzaremos definiendo tres tensores como marcadores de posición, que recibirán valores más adelante. Añade lo siguiente a tu archivo:

```
main.py

...

X = tf.placeholder("float", [None, n_input])

Y = tf.placeholder("float", [None, n_output])

keep_prob = tf.placeholder(tf.float32)
```

 IMPORTANTE

El parámetro clave en la declaración es el tamaño de los datos de entrada. Utilizaremos una forma de **[None, 784]** para **X,** donde **None** representa cualquier cantidad, ya que introduciremos un número indefinido de imágenes de 784 píxeles. La forma de **Y** es **[None, 10]** porque usaremos un número indefinido de etiquetas de salida, con 10 clases posibles. El tensor **keep_prob** se usa para controlar la tasa de abandono *(dropout),* y lo inicializamos como un marcador de posición para que pueda ser ajustado durante el entrenamiento (0.5) y las pruebas (1.0).

Los parámetros que la red actualizará durante el entrenamiento son los **valores de los pesos y los sesgos.** Para esto, necesitamos un **valor inicial.** Por tanto, para que nuestra red neuronal pueda aprender y ajustarse adecuadamente durante el entrenamiento, necesitamos definir y actualizar ciertos parámetros clave: **los pesos** y **los sesgos.**

Veamos cómo estos parámetros iniciales jugarán un papel fundamental en el modo en que la red procesa la información y realiza las predicciones:

➲ **Para los pesos.** Emplearemos valores aleatorios de una distribución normal truncada para los pesos. Queremos que estén cerca de cero y ligeramente diferentes para que generen errores diferentes. Esto asegurará que el modelo aprenda algo útil.
Añade estas líneas de código:

```
main.py

...

weights = {

'w1': tf.Variable(tf.truncated_normal([n_input, n_
hidden1],

stddev=0.1)),

'w2': tf.Variable(tf.truncated_normal([n_hidden1,
n_hidden2],

stddev=0.1)),

'w3': tf.Variable(tf.truncated_normal([n_hidden2,
n_hidden3],

stddev=0.1)),

'out': tf.Variable(tf.truncated_normal([n_hidden3,
n_output],

stddev=0.1)),

}
```

○ **Para los sesgos.** Utilizaremos un valor constante pequeño para asegurar que los tensores se activen en las etapas iniciales y contribuyan a la propagación. Los pesos y los sesgos se almacenan en objetos de diccionario para facilitar el acceso.
Añade este código a tu archivo:

```
main.py

...

biases = {
```

Continúa en página siguiente >>

<< Viene de página anterior

```
'b1': tf.Variable(tf.constant(0.1, shape=[n_
hidden1])),
'b2': tf.Variable(tf.constant(0.1, shape=[n_
hidden2])),
'b3': tf.Variable(tf.constant(0.1, shape=[n_
hidden3])),
'out': tf.Variable(tf.constant(0.1, shape=[n_
output]))
}
```

A continuación, debemos configurar las capas de la red definiendo las operaciones que manipularán los tensores. Para ello, añade estas líneas de código a tu archivo:

```
main.py

...

layer_1 = tf.add(tf.matmul(X, weights['w1']),
biases['b1'])

layer_2 = tf.add(tf.matmul(layer_1, weights['w2']),
biases['b2'])

layer_3 = tf.add(tf.matmul(layer_2, weights['w3']),
biases['b3'])

layer_drop = tf.nn.dropout(layer_3, keep_prob)
```

Continúa en página siguiente >>

<< Viene de página anterior

```
output_layer = tf.matmul(layer_3, weights['out']) +

biases['out']
```

NOTA

Cada capa oculta ejecutará la multiplicación de matrices en las salidas de la capa anterior y los pesos de la capa actual, y agregará el sesgo a estos valores. En la última capa oculta, aplicamos una operación de *dropout* usando nuestro valor **keep_prob** de 0,5.

- -

El último paso en la construcción del gráfico es definir la función de pérdida que queremos optimizar. Una opción popular de función de pérdida en *TensorFlow* es la **entropía cruzada** o ***cross-entropy***. Esta mide la diferencia entre dos distribuciones de probabilidad (las predicciones y las etiquetas).

IMPORTANTE

Una **clasificación perfecta** resultaría en una **entropía cruzada de 0,** con la pérdida completamente minimizada, o sea, si el modelo hiciera una predicción perfecta, es decir, Q = [1,0] para una etiqueta verdadera, una entropía cruzada de 0 indica que no hay diferencia entre las predicciones y las etiquetas verdaderas, lo cual significa que la clasificación del modelo es perfecta.

$$H(P,Q) = -(1 \cdot \log(1) + 0 \cdot \log(0))\ H(P,Q) = -\log(1) = 0 H(P, Q)$$
$$= -\log(1) = 0 H(P,Q) = -\log(1) = 0$$

La **entropía cruzada** mide la diferencia entre dos distribuciones de probabilidad: una distribución verdadera (etiquetas reales) y una distribución predicha (las predicciones del modelo).

Continúa en página siguiente >>

<< *Viene de página anterior*

Para una distribución verdadera PPP y una distribución predicha QQQ, la entropía cruzada H(P,Q)H(P, Q)H(P,Q) se calcula con la fórmula:

$$H(P,Q)=-\sum i P(xi)log(Q(xi))$$

No hay que olvidar que el objetivo del entrenamiento de una red neuronal es poder descubrir el conjunto de ponderaciones que provoca el menor error para los datos en el conjunto de entrenamiento.

También tenemos que seleccionar el **algoritmo de optimización para minimizar la función de pérdida.** Utilizaremos el **optimizador Adam,** que extiende la optimización del descenso de gradiente utilizando el impulso para acelerar el proceso mediante el cálculo de un promedio ponderado exponencialmente de los gradientes.

Añade el siguiente código a tu archivo:

```
main.py

...

cross_entropy = tf.reduce_mean(

    tf.nn.softmax_cross_entropy_with_logits(

        labels=Y, logits=output_layer

    )

)

train_step = tf.train.AdamOptimizer(1e-4).

minimize(cross_entropy)
```

NOTA

Ahora hemos conseguido definir la red neuronal y ya la hemos construido con *TensorFlow*. Con el siguiente avance introduciremos datos a través del gráfico para poder entrenarlo. Luego probaremos lo que realmente ha aprendido.

- -

9.5. Proceso de entrenamiento y pruebas

El proceso de entrenamiento de un modelo de red neuronal implica alimentar el conjunto de datos de entrenamiento a través del gráfico y optimizar la función de pérdida.

Cada vez que la red recorre un lote de imágenes de entrenamiento, actualiza los parámetros para reducir la pérdida y predecir con mayor precisión los dígitos mostrados. El proceso de prueba implica ejecutar nuestro conjunto de datos de prueba a través del gráfico entrenado y realizar un seguimiento de la cantidad de imágenes predichas correctamente para calcular la **precisión.**

DEFINICIÓN

Precisión
Es una medida de rendimiento de un modelo de red neuronal que indica la proporción de predicciones correctas realizadas por el modelo.

- -

Durante el proceso de entrenamiento, el modelo ajusta sus parámetros para minimizar la función de pérdida, mejorando así su capacidad para predecir con exactitud los dígitos en las imágenes de entrenamiento. Posteriormente, durante el proceso de prueba, se utiliza un conjunto de datos de prueba para evaluar el modelo. La precisión se calcula como el número de imágenes correctamente predichas dividido por el número total de imágenes de prueba, proporcionando un porcentaje que refleja cómo tan bien el modelo puede generalizar sus predicciones a datos nuevos.

Previo al inicio del proceso de entrenamiento, tendremos que definir cuál será el método para evaluar la precisión. La idea es poder imprimirla en minilotes de datos mientras entrenamos. Esto nos permitirá comprobar que la pérdida disminuye y la precisión aumenta a lo largo de las iteraciones.

Añade el siguiente código a tu archivo:

```
main.py

...

correct_pred = tf.equal(tf.argmax(output_layer, 1),

tf.argmax(Y, 1))

accuracy = tf.reduce_mean(tf.cast(correct_pred,

tf.float32))
```

En **correct_pred** usamos la función **arg_max** para comparar las predicciones **output_layer** con las etiquetas **Y,** y utilizamos la función **equal** para devolver una lista de booleanos. Luego convertimos esta lista en flotantes y calculamos la media para obtener una puntuación de precisión total.

En este momento ya estamos preparados para inicializar una sesión a fin de ejecutar el gráfico. En esta sesión alimentaremos la red con nuestros ejemplos de entrenamiento. Una vez entrenados, alimentaremos el mismo gráfico con nuevos ejemplos de prueba para determinar la precisión del modelo.

Añade el siguiente código a tu archivo:

```
main.py

...

init = tf.global_variables_initializer()

sess = tf.Session()

sess.run(init)
```

En aprendizaje profundo, el entrenamiento en minilotes consiste en optimizar la función de pérdida. El objetivo es minimizar la diferencia entre las etiquetas predichas de las imágenes y las etiquetas verdaderas de las imágenes. El proceso consta de **cuatro pasos,** que se repiten durante un número determinado de iteraciones:

- **Propagar valores hacia adelante a través de la red.** Se pasa el lote de datos de entrada a través de las capas de la red, calculando las salidas (predicciones) en cada capa hasta llegar a la capa final.
- **Calcular la pérdida.** Se mide la diferencia entre las predicciones de la red y las etiquetas verdaderas, utilizando una función de pérdida (como la entropía cruzada).
- **Propagar valores hacia atrás a través de la red.** Se utiliza el error calculado para ajustar los pesos de la red, propagando el error desde la capa de salida hacia las capas anteriores (retropropagación).
- **Actualizar los parámetros.** Se actualizan los pesos y sesgos de la red, utilizando un algoritmo de optimización (como el optimizador Adam) para reducir la pérdida en futuras iteraciones.

 **NOTA**

Estos pasos se repiten durante muchas iteraciones para minimizar la pérdida y mejorar la precisión del modelo.

- -

Entrena ahora tu red usando minilotes de datos y pide que te proporcione retroalimentación periódica sobre la pérdida y precisión del entrenamiento. Para ello, ejecuta este código:

```
main.py

...

# train on mini batches

for i in range(n_iterations):
```

Continúa en página siguiente >>

<< *Viene de página anterior*

```
   batch_x, batch_y = mnist.train.next_batch(batch_
size)

   sess.run(train_step, feed_dict={

      X: batch_x, Y: batch_y, keep_prob: dropout

   })
# print loss and accuracy (per minibatch)
if i % 100 == 0:

   minibatch_loss, minibatch_accuracy = sess.run(

      [cross_entropy, accuracy],

      feed_dict={X: batch_x, Y: batch_y, keep_prob:
1.0}

   )

   print(

      "Iteration",

      str(i),

      "\t| Loss =",

      str(minibatch_loss),

      "\t| Accuracy =",

      str(minibatch_accuracy)

   )
```

NOTA

Cada 100 iteraciones, sugerimos alimentar un minilote de imágenes a través de la red e imprimimos la pérdida y precisión de ese lote. Presta atención para saber qué has conseguido hacer con la ejecución del anterior **main.py.**

Entrenamiento en minilotes

Se ejecuta un bucle durante **n_iterations** veces. En cada iteración, se obtiene un minilote de datos **(batch_x, batch_y)** del conjunto de entrenamiento.

Se ejecuta el paso de entrenamiento **(train_step)** alimentando el minilote a la red y ajustando los parámetros.

Impresión de pérdida y precisión

Cada 100 iteraciones, se calcula y se imprime la pérdida **(minibatch_loss)** y la precisión **(minibatch_accuracy)** del minilote actual.

Esto se hace usando los datos del minilote y estableciendo **keep_prob** en 1,0 para no aplicar *dropout* durante la evaluación.

Primero se debe entrenar y luego probar, por lo que, una vez completado el entrenamiento, podemos ejecutar la sesión en las imágenes de prueba. Esta vez utilizaremos una tasa de abandono **keep_prob** de 1,0 para garantizar que todas las unidades estén activas en el proceso de prueba.

Añade el siguiente código a tu archivo:

```
main.py

...

test_accuracy = sess.run(accuracy, feed_dict={X:

mnist.test.images, Y:

mnist.test.labels, keep_prob: 1.0})

print("\nAccuracy on test set:", test_accuracy)
```

Ahora, guarda el archivo **main.py** y ejecuta el siguiente comando en la terminal para ejecutar el *script:* (**tensorflow-demo**) **$ python main.py**. Con ello conseguirás ejecutar el programa.

Verás un resultado similar al que se indica a continuación, aunque los resultados individuales de pérdida y precisión pueden variar ligeramente:

Iteration 0 | Loss = 3,67079 | Accuracy = 0,140625
Iteration 100 | Loss = 0,492122 | Accuracy = 0,84375
Iteration 200 | Loss = 0,421595 | Accuracy = 0,882812
Iteration 300 | Loss = 0,307726 | Accuracy = 0,921875
Iteration 400 | Loss = 0,392948 | Accuracy = 0,882812
Iteration 500 | Loss = 0,371461 | Accuracy = 0,90625
Iteration 600 | Loss = 0,378425 | Accuracy = 0,882812
Iteration 700 | Loss = 0,338605 | Accuracy = 0,914062
Iteration 800 | Loss = 0,379697 | Accuracy = 0,875
Iteration 900 | Loss = 0,444303 | Accuracy = 0,90625
Accuracy on test set: 0,9206

O lo que es lo mismo:

Iteración 0 | Pérdida = 3,67079 | Precisión = 0,140625
Iteración 100 | Pérdida = 0,492122 | Precisión = 0,84375
Iteración 200 | Pérdida = 0,421595 | Precisión = 0,882812
Iteración 300 | Pérdida = 0,307726 | Precisión = 0,921875
Iteración 400 | Pérdida = 0,392948 | Precisión = 0,882812
Iteración 500 | Pérdida = 0,371461 | Precisión = 0,90625
Iteración 600 | Pérdida = 0,378425 | Precisión = 0,882812
Iteración 700 | Pérdida = 0,338605 | Precisión = 0,914062
Iteración 800 | Pérdida = 0,379697 | Precisión = 0,875
Iteración 900 | Pérdida = 0,444303 | Precisión = 0,90625
Precisión en el conjunto de prueba: 0,9206

Para seguir mejorando la precisión del modelo, puedes probar a ajustar:

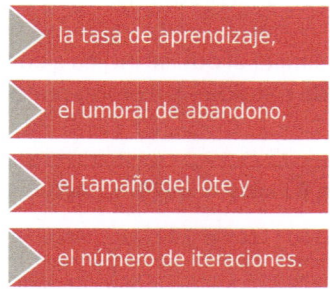

- la tasa de aprendizaje,
- el umbral de abandono,
- el tamaño del lote y
- el número de iteraciones.

También puedes cambiar la cantidad de unidades en las capas ocultas y la cantidad de capas ocultas.

Si estás en una máquina local y deseas utilizar tu propio número dibujado a mano, puedes usar un editor de gráficos para crear una imagen de un dígito de 28x28 píxeles, o bien puedes utilizar **curl** para descargar una imagen de prueba de muestra.

Ejecuta el siguiente código y prueba con una imagen propia:

```
(tensorflow-demo) $ curl -O images/test_img.png
```

Abre el archivo **main.py** en tu editor y agrega las siguientes líneas de código en la parte superior del archivo para importar dos bibliotecas necesarias para la manipulación de imágenes:

```
main.py

import numpy as np

from PIL import Image

...
```

Luego, al final del archivo, agrega la siguiente línea de código para cargar la imagen de prueba del dígito escrito a mano:

```
main.py

...

img = np.invert(Image.open("test_img.png").

convert('L')).ravel()
```

 IMPORTANTE

La función **open** de la biblioteca **Image** carga la imagen de prueba como una matriz 4D que contiene los tres canales de color RGB y la transparencia Alfa. Primero, utilizamos la función **convert** con el parámetro **L** para reducir la representación 4D RGBA a un canal de color en escala de grises. Guardamos esto como una matriz y la invertimos usando **np.invert,** porque la matriz actual representa el negro como 0 y el blanco como 255, mientras que necesitamos lo contrario. Finalmente, llamamos a **ravel** para aplanar la matriz.

Ahora que los datos de la imagen están estructurados correctamente, podemos ejecutar una sesión de la misma manera que antes, pero esta vez solo alimentando la imagen para realizar pruebas. Agrega el siguiente código a tu archivo para probar la imagen e imprimir la etiqueta generada:

```
main.py

...

prediction = sess.run(tf.argmax(output_layer, 1),

feed_dict={X: [img]})

print ("Prediction for test image:",

np.squeeze(prediction))
```

La función **np.squeeze** se llama en la predicción para devolver el número entero único de la matriz (es decir, pasar de [2] a 2). El resultado demuestra que la red ha reconocido esta imagen como el dígito 2.

```
Prediction for test image: 2
```

Puedes probar la red con imágenes más complejas para ver si funciona bien.

Para probar la red neuronal con una imagen propia de un dígito de 28x28 píxeles, puedes seguir el proceso que se indica a continuación:

➲ **Crear o descargar la imagen:**

    ◔ Crear la imagen. Usa un editor de gráficos para dibujar un dígito de 28x28 píxeles y guarda la imagen en formato PNG.

    ◔ Descargar la imagen. Ya sabes cómo hacerlo. Si prefieres usar una imagen de prueba de muestra, puedes usar **curl** para descargarla:

```
curl -O images/test_img.png
```

➲ **Actualizar el código en main.py.** Agrega las siguientes líneas de código en la parte superior del archivo para importar las bibliotecas necesarias:

```
import numpy as np

from PIL import Image
```

Luego, al final del archivo, agrega este código para cargar la imagen de prueba y realizar la predicción:

```python
# Load the test image
img = np.invert(Image.open("test_img.png").
convert('L')).ravel()
# Perform the prediction
prediction = sess.run(tf.argmax(output_layer, 1),
feed_dict={X: [img]})
print("Prediction for the test image:",
np.squeeze(prediction))
```

◗ **Ejecutar el script.** Guarda los cambios en **main.py** y ejecuta el *script* en tu terminal:

```
Python main.py
```

NOTA

Esto permitirá que la red neuronal entrenada realice una predicción sobre la imagen de prueba y muestre el resultado. Asegúrate de que el entorno de *TensorFlow* esté correctamente configurado y que la imagen de prueba esté en el directorio correcto.

Acabas de aprender a construir y entrenar una red neuronal. Ahora, puedes intentar utilizar esta implementación utilizando tus propios datos o bien probar la red neuronal con otros conjuntos de datos. Por ejemplo, puedes utilizar los números de las casas que se muestran en *Google StreetView* o el conjunto de datos CIFAR-10 para reconocer imágenes de un modo más general.

NOTA

A lo largo de todo el contenido expuesto, entrenaste con éxito una red neuronal para clasificar el conjunto de datos MNIST con alrededor del 92 % de precisión. Pudiste probarlo utilizando una imagen propia. Has de saber que los avances actuales logran en torno a un 99 % de precisión para este mismo problema. Ello es posible utilizando arquitecturas de red más complejas que involucran capas convolucionales. Puedes aprender mucho más sobre esta interesante temática en el sitio web de *TensorFlow* y cualquiera de los artículos de investigación que podrás encontrar en la web del MNIST.

Toca practicar con el **flujo de diagrama de *TensorFlow*.** Bajo licencia *Apache 2.0* puedes acceder al recurso proporcionado por tensorflow/playground, que te permitirá interactuar en vivo y en directo con el flujo de diagrama de tensor. Como ya has aprendido, consiste en un método que permite crear un programa a partir de los datos. Está inspirado en cómo se cree que funciona el cerebro humano:

1
Primero, se crea un conjunto de neuronas artificiales y se conectan entre sí, con lo que se les permite comunicarse.

2
Luego, se le da a la red un problema para resolver, el cual intenta solucionar repetidamente, reforzando las conexiones que resultan exitosas y debilitando las que no lo son.

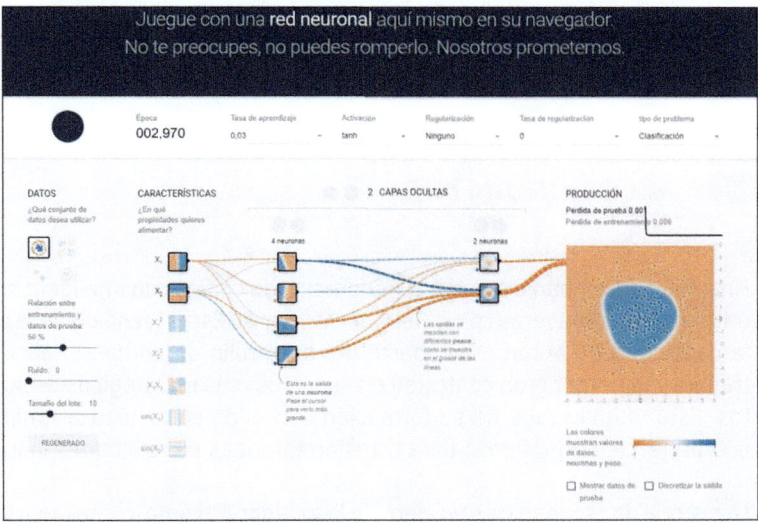

Playground de TensorFlow. Fuente: TensorFlow bajo licencia Apache 2.0

 ## PARA SABER MÁS

Puedes visitar el recurso de flujo de diagrama de tensor en vivo y en directo accediendo desde aquí:

https://redirectoronline.com/ifct00190611

10. Generación de código con inteligencia artificial

👉 HILO CONDUCTOR

Finalmente, Stephanie exploró la generación de código con inteligencia artificial, utilizando herramientas como *Gemini* y *Vertex* AI. Estas tecnologías le ofrecieron la capacidad de automatizar parte del desarrollo de *software*, aceleraron su trabajo y le permitieron centrarse en aspectos más estratégicos de sus proyectos. Esta última etapa de su formación consolidó su confianza en la IA como una herramienta poderosa para transformar ideas en realidades innovadoras.

La historia de Stephanie es un ejemplo inspirador de cómo la inteligencia artificial puede abrir nuevas puertas y transformar vidas, incluso en las situaciones más difíciles y complejas. Su dedicación y aprendizaje constantes nos recuerdan que la tecnología, cuando se utiliza con propósito y conocimiento, tiene el gran poder de cambiar el mundo.

La **generación de código con IA** consiste en utilizar inteligencia artificial y aprendizaje automático para crear código a partir de descripciones en lenguaje humano. Esto permite a los desarrolladores ahorrar tiempo y esfuerzo, ya que pueden generar y completar código rápidamente, depurar errores y recibir explicaciones detalladas de cómo funciona el código.

La generación de código con IA utiliza modelos de IA para interpretar descripciones en lenguaje natural y convertirlas en código en diversos lenguajes de programación.

Gemini Code Assist de *Google* es un ejemplo de herramienta que ofrece estas funcionalidades. Permite a los desarrolladores generar y completar código basándose en mejores prácticas y descripciones en lenguaje natural.

 EJEMPLO

Con la instrucción en *Gemini Code Assist* llamado *Crear una función en Python que sume dos números,* se obtendría el siguiente resultado:

```python
def sumar_numeros(a, b):

return a + b
```

10.1. Gemini

Gemini de *Google* cuenta con un ecosistema de desarrolladores que engloba multitud de herramientas como *Android Studio, Colab, Firebase* y *Proyecto IDX.*

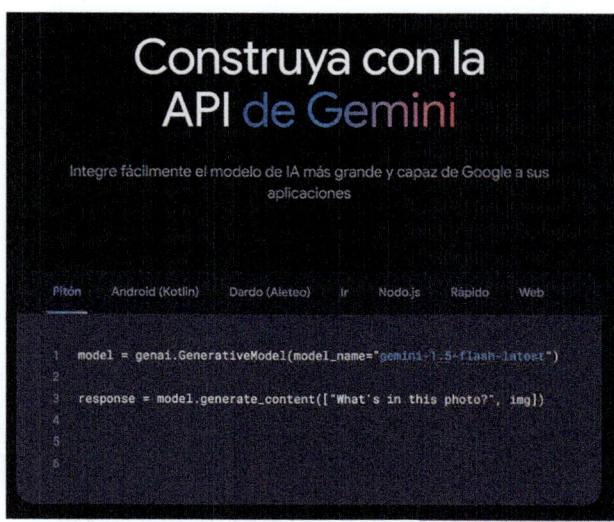

Gemini de Google es un potente modelo de IA con el que, además de otras aplicaciones, se puede generar, depurar y explicar código en más de 20 lenguajes de programación, como son C++, Go, Java, JavaScript, Python y TypeScript.

Cuando un usuario interactúa con el modelo de lenguaje grande de *Google AI,* este responde en un lenguaje natural similar al humano.

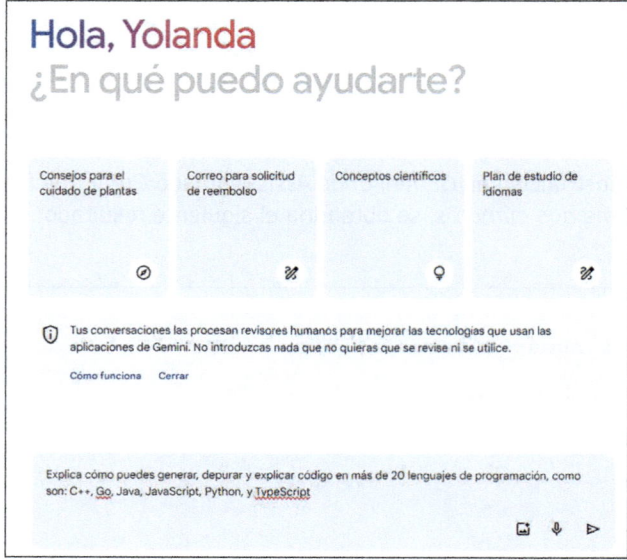

Interfaz de Gemini. Fuente: Google AI

A continuación, se ilustra cómo el programa *Gemini (Google AI, 2024)* expone en un lenguaje natural, cómo es capaz de generar, depurar y explicar código en más de 20 lenguajes de programación. Veamos cuál es su respuesta:

Soy un modelo de lenguaje grande entrenado por Google AI, con capacidades que van más allá de la simple comprensión y generación de texto. Entre mis habilidades se encuentra la capacidad de trabajar con código en diversos lenguajes de programación. A continuación, te explico cómo puedo generar, depurar y explicar código en más de 20 lenguajes de programación, incluyendo C++, Go, Java, JavaScript, Python y TypeScript:

Generación de código:

■ ***A partir de descripciones naturales:*** *puedo generar código a partir de descripciones en lenguaje natural del problema que se quiere resolver. Por ejemplo, si me dices "Quiero escribir un programa que calcule la suma de dos números", puedo generar código equivalente en el lenguaje de programación que prefieras.*

■ ***A partir de ejemplos:*** *si tienes un ejemplo de código que realiza una tarea similar a la que deseas, puedo utilizarlo como base para generar nuevo código. Solo tienes que proporcionarme el código existente y explicarme qué quieres que haga de manera diferente.*

■ ***Completar código incompleto:*** *si tienes un fragmento de código incompleto, puedo ayudarte a completarlo. Puedo identificar las partes faltantes y generar el código necesario para que el programa funcione correctamente.*

Depuración de código:

■ ***Identificar errores:*** *puedo analizar tu código y detectar posibles errores sintácticos, semánticos y lógicos. Te indicaré la ubicación del error y te proporcionaré sugerencias sobre cómo solucionarlo.*
■ ***Explicar el comportamiento del código:*** *puedo explicar paso a paso cómo se ejecuta tu código y qué valores toman las variables en cada punto. Esto te ayudará a comprender mejor el funcionamiento de tu programa y a identificar posibles problemas.*
■ ***Sugerir mejoras:*** *puedo analizar tu código y sugerir mejoras en cuanto a legibilidad, eficiencia y rendimiento. También puedo ayudarte a refactorizar tu código para hacerlo más modular y mantenible.*

Explicación de código:

■ ***Explicación de fragmentos de código:*** *si no entiendes cómo funciona un fragmento de código, puedo explicártelo en términos sencillos. Te proporcionaré una descripción detallada de lo que hace el código y cómo funciona.*
■ ***Explicación de conceptos de programación***: *si necesitas aprender un concepto de programación específico, puedo proporcionarte una explicación clara y concisa. También puedo ofrecerte ejemplos de código que ilustran el concepto en cuestión.*
■ ***Comparación de lenguajes de programación:*** *si necesitas comparar dos lenguajes de programación, puedo ayudarte a identificar las diferencias y similitudes entre ellos. También puedo proporcionarte ejemplos de código en ambos lenguajes para ilustrar las diferencias.*

Idiomas de programación compatibles:

Actualmente puedo trabajar con más de 20 lenguajes de programación, incluyendo:

■ *C++*
■ *Go*
■ *Java*
■ *JavaScript*
■ *Python*
■ *TypeScript*
■ *C*
■ *C#*
■ *R*
■ *Swift*
■ *Kotlin*
■ *PHP*
■ *Ruby*
■ *Perl*

- *Scala*
- *Rust*
- *Elm*
- *Haskell*
- *Idris*

Esta lista no es exhaustiva, estoy constantemente aprendiendo nuevos lenguajes de programación.

Cómo utilizar mis capacidades de código:

Para utilizar mis capacidades de código, puedes interactuar conmigo de varias maneras:

- **A través de una interfaz web:** *puedes acceder a una interfaz web que me permite proporcionar instrucciones y código en lenguaje natural. La interfaz te mostrará el código generado y te permitirá depurarlo y explicarlo.*
- **A través de una API:** *si eres desarrollador, puedes utilizar una API para integrarme en tus flujos de trabajo de desarrollo. La API te permite generar, depurar y explicar código de forma programática.*
- **A través de una línea de comandos:** *también puedes utilizar una línea de comandos para interactuar conmigo. La línea de comandos te permite proporcionar instrucciones y código en lenguaje natural, y te mostrará el código generado, depurado y explicado.*

Espero que esta información te haya sido útil. Si tienes alguna pregunta o necesitas ayuda para utilizar mis capacidades de código, no dudes en ponerte en contacto conmigo.

En los lenguajes de programación, especialmente en aquellos orientados a objetos y de *scripting* como *Python,* las listas de diccionarios son una estructura de datos frecuentemente utilizada. Estas estructuras combinan las características de las listas y los diccionarios para manejar datos con eficiencia y flexibilidad.

Para comprender mejor la utilidad de estas estructuras, considera una aplicación de gestión de una biblioteca donde cada libro tiene un título, un autor y un año de publicación. Usar una lista de diccionarios para almacenar esta información podría verse de esta manera:

```
libros = [

    {"titulo": "Cien años de soledad", "autor":

"Gabriel García Márquez", "año": 1967},
```

Continúa en página siguiente >>

<< Viene de página anterior

```
    {"titulo": "1984", "autor": "George Orwell",
"año": 1949},
    {"titulo": "El Quijote", "autor": "Miguel de
Cervantes", "año": 1605}
]
# Accediendo y manipulando datos
for libro in libros:
    print(f"'{libro['titulo']}' escrito por
{libro['autor']} en {libro['año']}")
```

Cada libro es un diccionario. La lista libros contiene todos estos diccionarios, permitiendo un acceso fácil y claro a la información de cada libro.

El porqué de utilizar las listas de diccionarios se fundamenta principalmente en que permiten almacenar pares clave-valor, lo cual es ideal para representar entidades con múltiples atributos:

Dinamismo
Las listas de diccionarios permiten agregar, eliminar y modificar elementos fácilmente. Esta flexibilidad es muy importante para muchas aplicaciones que requieren manipulación dinámica de datos.

Legibilidad del código
El uso de diccionarios dentro de listas hace que el código sea claro y legible. Cada elemento de la lista es un diccionario, y cada diccionario tiene claves descriptivas que indican qué tipo de información contiene. Esto permite mejorar la autoexplicación del código.

En el siguiente ejemplo, se muestra cómo se puede implementar una aplicación básica para la gestión de empleados utilizando listas de diccionarios. Esta estructura nos permite representar cada empleado con un diccionario que contiene claves descriptivas como "id", "nombre" "edad" y "puesto".

A través de esta implementación, se demuestra cómo agregar nuevos empleados, eliminar empleados existentes por su ID y modificar los datos de empleados específicos. Además, se muestra cómo iterar sobre la lista de empleados para imprimir la información actualizada de cada uno.

Este enfoque no solo es práctico para la gestión de empleados, sino que también es aplicable a muchas otras áreas donde los datos requieren manipulación dinámica, todo mientras se mantiene un código claro y fácil de mantener.

 EJEMPLO

Estamos desarrollando una aplicación para gestionar los empleados de una empresa. Necesitamos agregar, eliminar y modificar los datos de los empleados, así como mantener el código claro y legible. Las listas de diccionarios permiten agregar, eliminar y modificar elementos fácilmente, lo cual es clave para programas o aplicaciones que requieren que sus datos sean manipulados de forma dinámica. Por otra parte, la utilización de diccionarios dentro de listas aporta claridad y legibilidad. Por ejemplo:

```python
# Lista de diccionarios que representa a los
empleados de una empresa
empleados = [
    {"id": 1, "nombre": "Ana", "edad": 28, "puesto":
"desarrolladora"},
    {"id": 2, "nombre": "Juan", "edad": 35, "puesto":
"analista de datos"},
    {"id": 3, "nombre": "María", "edad": 40,
"puesto": "gerente de proyectos"}
]
```

Continúa en página siguiente >>

<< *Viene de página anterior*

Para agregar un nuevo empleado se utiliza el método append para añadir un nuevo diccionario a la lista empleados.

```
# Agregar un nuevo empleado


nuevo_empleado = {"id": 4, "nombre": "Carlos",

"edad": 30, "puesto": "diseñador UX"}

empleados.append(nuevo_empleado)
```

Para eliminar un empleado por ID, se utiliza una lista por comprensión para crear una nueva lista sin el empleado cuyo id es 2.

```
# Eliminar un empleado por ID


empleados = [empleado for empleado in empleados if

empleado["id"] != 2]
```

Para modificar los datos de un empleado existente se itera sobre la lista de empleados y se actualizan los campos del diccionario correspondiente al empleado con id 3.

```
# Modificar los datos de un empleado existente


for empleado in empleados:
```

Continúa en página siguiente >>

<< Viene de página anterior

```
    if empleado["id"] == 3:

        empleado["edad"] = 41 # actualizando la edad

        empleado["puesto"] = "jefe de proyectos" #
actualizando el puesto
```

Para mostrar la lista actualizada de empleados se itera sobre la lista de empleados y se imprime la información de cada uno.

```
    # Mostrar la lista actualizada de empleados


    for empleado in empleados:

        print(f"ID: {empleado['id']}, Nombre:

    {empleado['nombre']}, Edad: {empleado['edad']},

    Puesto: {empleado['puesto']}")
```

En este ejemplo se observa que la estructura permite agregar, eliminar y modificar empleados de forma sencilla y con flexibilidad. Igualmente, cada empleado
es representado por un diccionario con claves descriptivas (id, nombre, edad,
puesto), haciendo que el código sea fácil de entender y de mantener.

Este enfoque es útil en muchas aplicaciones donde los datos deben ser manipulados dinámicamente mientras se mantiene el código limpio y fácil de seguir.

La generación de código con inteligencia artificial es una excelente alternativa para el uso de diccionarios y librerías en lenguajes de programación,
debido a su capacidad para automatizar tareas repetitivas y complejas, garantizar la correcta sintaxis y estructura, y proporcionar sugerencias inteligentes que optimicen el código.

Generación de código con inteligencia artificial

Esta tecnología es capaz de interpretar descripciones en lenguaje natural y convertirlas en código eficiente, acelerando el desarrollo, reduciendo errores manuales y permitiendo a los desarrolladores centrarse en aspectos que aporten mayor valor de sus proyectos. Además, la inteligencia artificial es capaz de recomendar las mejores prácticas y librerías más adecuadas, mejorando la calidad y el mantenimiento del código.

10.2. *Vertex AI*

Vertex AI de *Google Cloud* también ofrece **API de *Codey,*** que permiten generar y completar código basándose en descripciones en lenguaje natural. Basta con describir la funcionalidad que necesitas: la IA interpreta la descripción y genera el código. La IA te sugerirá mejoras y te ayudará a depurar el código.

Las **API de *Codey*** de *Vertex AI* de *Google Cloud* son interfaces de programación de aplicaciones que utilizan inteligencia artificial avanzada para ayudar a generar, completar y gestionar código en varios lenguajes de programación. Estas API aprovechan el modelo *Gemini* de Google para interpretar descripciones en lenguaje natural proporcionadas por los usuarios y convertirlas en código funcional. Igualmente, las API de *Codey* son capaces de sugerir autocompletados, responder preguntas sobre el código y proporcionar ejemplos de implementación. Todo ello facilita el trabajo de los profesionales desarrolladores al automatizar y optimizar tareas de programación que en ocasiones son rutinarias y complejas.

PARA SABER MÁS

Si lo deseas puedes obtener más información de *Vertex AI* accediendo a su plataforma desde aquí:

https://redirectoronline.com/ifct00190613

 EJEMPLO

Con la instrucción en *Verte AI Escribe una función en JavaScript que verifique si un número es par,* se obtendría el siguiente resultado:

```javascript
function esPar(num) {

return num % 2 === 0;

}
```

 RECUERDA

Las ventajas de utilizar IA para generar código son varias. Por una parte, proporciona un ahorro de tiempo en la escritura y depuración de código; por otra, aporta precisión al reducir errores humanos permitiendo mejorar la calidad del

Continúa en página siguiente >>

<< *Viene de página anterior*

código. También, consigue que los desarrolladores se centren en la lógica y en el diseño, dejando la implementación detallada a la IA.

 TAREA 16

Una clínica médica desea mejorar su proceso de análisis de datos de pacientes mediante la automatización del cálculo del índice de masa corporal (IMC) de cada individuo. La clínica dispone de un conjunto de datos como son el nombre, el peso y la altura de cada paciente:

- Juan = 70 kg y 1,75 de altura
- Ana = 65 kg y 1,68 de altura
- Luis = 80 kg y 1,80 de altura

Desean un *script* en *Python* que procese estos datos, calcule el IMC de cada persona y muestre los resultados de forma clara.

Según el enunciado, utiliza alguna de las herramientas de generación de código con IA para obtener un *script* en el lenguaje de programación *Python* que procese una lista de diccionarios, donde cada uno contenga el nombre, peso (en kg) y altura (en metros) de un paciente. El *script* debe calcular el IMC de cada paciente y mostrar el resultado en un formato legible.

---

11. Resumen

El *big data* se refiere al manejo de grandes volúmenes de datos, que son generados a alta velocidad y que provienen de diversas fuentes. Estas características hacen necesario el uso de tecnologías y técnicas avanzadas para su procesamiento y análisis:

BIG DATA

La minería de datos consiste en la extracción de patrones y conocimientos a partir de grandes conjuntos de datos. Estas técnicas se aplican a datos estructurados, semiestructurados y no estructurados, y son esenciales para transformar datos en *insights* accionables.

La inteligencia artificial se complementa con *big data* para analizar grandes volúmenes de datos y obtener *insights* en tiempo real. Los algoritmos de IA, como los de aprendizaje automático, requieren grandes cantidades de datos para entrenar modelos precisos.

Integración de IA y *big data*

ChatGPT es un modelo de IA generativa desarrollado por OpenAI que utiliza grandes volúmenes de datos textuales para generar respuestas coherentes y contextualmente relevantes. Sin embargo, como todos los modelos de IA, puede estar sujeto a sesgos inherentes a los datos de entrenamiento.

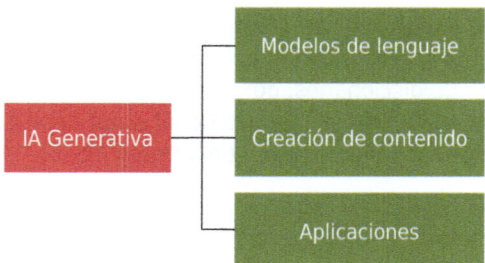

La construcción de un proyecto de *big data* implica varias etapas clave, desde la definición del objetivo hasta la iteración continua para mejorar el modelo.

Etapas de un proyecto de *big dataw*

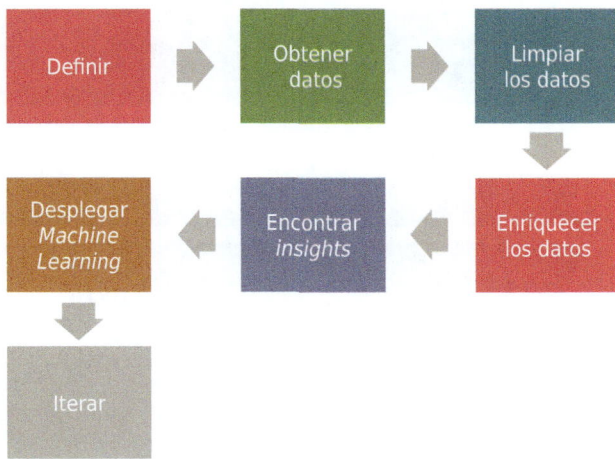

En un proyecto de *big data,* intervienen diversos profesionales con roles específicos, desde ingenieros de datos hasta científicos de datos y especialistas en IA.

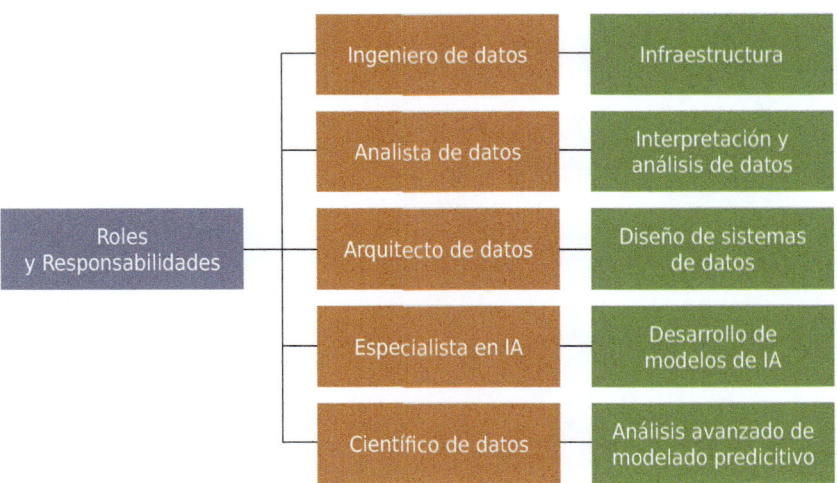

Python se ha consolidado como el lenguaje de programación preferido para el desarrollo de aplicaciones de inteligencia artificial debido a su simplicidad, versatilidad y la vasta cantidad de bibliotecas especializadas disponibles. Su sintaxis clara y concisa facilita la escritura y comprensión del código, lo cual es fundamental en proyectos complejos de IA donde la colaboración entre múltiples desarrolladores es común:

Bibliotecas como *TensorFlow, Keras* y *PyTorch* permiten a los desarrolladores construir y entrenar modelos de aprendizaje profundo con relativa facilidad, proporcionando herramientas para la manipulación de datos, la construcción de redes neuronales y la visualización de resultados.

Scikit Learn ofrece una amplia gama de algoritmos de aprendizaje automático que simplifican la implementación de modelos de clasificación, regresión y agrupamiento.

Python también soporta otras áreas de IA, como el procesamiento del lenguaje natural a través de bibliotecas como NLTK y SpaCy, y la visión por computadora con OpenCV. Su capacidad para integrarse con otras tecnologías y su activa comunidad de desarrolladores hacen de *Python* una herramienta indispensable en el campo de la inteligencia artificial, permitiendo el rápido desarrollo e implementación de soluciones innovadoras.

Ejercicios de autoevaluación
Unidad de Aprendizaje 6

1. Indica si las siguientes afirmaciones son verdaderas o falsas:

a. El lenguaje de programación *Python* ha emergido como uno de los más populares y versátiles en el campo de la tecnología y la ciencia de datos. Su sintaxis compleja es realmente útil para la construcción de modelos de IA.

   ■ Verdadero
   ■ Falso

b. El concepto *big data* hace referencia a un conjunto potentes de tecnologías capaces de almacenar, procesar y analizar grandes volúmenes de datos para extraer información valiosa y patrones significativos.

   ■ Verdadero
   ■ Falso

c. Los sistemas de IA tienen la capacidad de identificar con agilidad correlaciones complejas entre conjuntos de datos heterogéneos. Esto permite a las organizaciones tomar decisiones basadas en datos de valor y en tiempo real, lo cual posibilita el descubrir conocimientos ocultos que, de otro modo, podrían pasar desapercibidos o bien se tardaría años en ser descubiertos.

   ■ Verdadero
   ■ Falso

2. ¿Cuál de las siguientes opciones describe correctamente una de las 5 V de *big data*?

a. Volumen: la calidad y confiabilidad de los datos
b. Velocidad: la rapidez con la que se generan y procesan los datos
c. Variedad: la capacidad de transformar datos en información útil
d. Veracidad: la cantidad de datos generados y almacenados

3. **¿Qué implica la caracterización de la inteligencia artificial en entornos de cobertura 5G??**

  a. Evaluar únicamente los desafíos éticos asociados con la implementación de la IA.
  b. Analizar exclusivamente las aplicaciones de redes neuronales profundas en IA.
  c. Ignorar los desafíos técnicos para enfocarse en las ventajas de la cobertura 5G.
  d. Comprender cómo la IA se adapta y se potencia en un contexto de conectividad avanzada y de alta velocidad.

4. **¿Cuál es el tercer paso fundamental para construir un proyecto de *big data*?**

  a. Almacenar los datos recopilados en una base de datos segura.
  b. Limpiar y adaptar los datos recopilados para asegurar su calidad y fiabilidad.
  c. Analizar y visualizar los datos para obtener *insights* accionables.
  d. Recopilar datos adicionales de múltiples fuentes para aumentar la cantidad de información.

5. **¿Cuál es la principal problemática de un *enterprise data warehouse* (EDW) en comparación con el repositorio de *big data*?**

  a. No permite la integración de datos de diversas fuentes.
  b. No es adecuado para realizar informes y análisis de datos.
  c. Actúa como un cuello de botella, disminuyendo la eficiencia y la escalabilidad del sistema.
  d. No proporciona un repositorio centralizado para los datos de la empresa.

6. **¿Cuál es la combinación correcta de *Python* y una biblioteca para la manipulación de datos, incluyendo limpieza, transformación y análisis?**

  a. *Python + TensorFlow*
  b. *Python + Numpy*
  c. *Python + Scrapy*
  d. *Python + Pandas*

7. ¿Cuál de las siguientes técnicas no se utiliza para prevenir el sobreajuste en árboles de decisión?

    a. Limitar la profundidad del árbol.
    b. Podar el árbol.
    c. Utilizar un mínimo de ejemplos por hoja.
    d. Incrementar el número de nodos hoja.

8. ¿Cuál de las siguientes afirmaciones sobre *Jupyter Notebooks* es incorrecta?

    a. *Jupyter Notebooks* no permiten trabajar con lenguajes de programación como *Python*.
    b. *Jupyter Notebooks* es una herramienta interactiva y práctica de código abierto para realizar experimentos de aprendizaje automático.
    c. *JupyterLab* es una interfaz de próxima generación que permite configurar flujos de trabajo relacionados con ciencias de datos y aprendizaje automático.
    d. *Jupyter Notebooks* permite ejecutar bloques de código por separado y ver los resultados de inmediato.

9. ¿Cuál de las siguientes afirmaciones sobre la evaluación de modelos en *machine learning* es la adecuada?

    a. La precisión *(accuracy)* es una métrica de evaluación que compara las etiquetas reales con las predicciones realizadas por el modelo.
    b. Exploración y preprocesamiento de datos.
    c. La evaluación del modelo no es necesaria si las predicciones parecen correctas.
    d. Para evaluar la precisión del modelo se utiliza la función *accuracy_score de Pandas*.

10. ¿Cuál de las siguientes afirmaciones sobre la tasa de aprendizaje o *learning rate* es correcta?

    a. Una tasa de aprendizaje más baja siempre conduce a un entrenamiento más rápido del modelo.
    b. El *learning rate* controla la cantidad de datos de entrenamiento utilizados en el modelo.

c. Una tasa de aprendizaje más alta garantiza la convergencia precisa del modelo sin riesgo de sobreajuste.

d. El *learning rate* es un número escalar que ajusta cuánto se modifican los parámetros del modelo en respuesta al gradiente de pérdida.

Glosario

A/B *testing*
Procedimiento estadístico por el cual se hace una comparativa entre técnicas de medición.

Accuracy (exactitud)
División de predicciones bien realizadas en un modelo de clasificación. Para la clasificación de clases múltiples, la exactitud es:

➲ Exactitud = Predicciones correctas / N.° total de ejemplos

Y para la clasificación binaria:

➲ Exactitud = (Verdaderos positivos + Verdaderos negativos) / N.° total de ejemplos

Activation function (función de activación)
Función que añade la suma ponderada de todas las entradas de la capa anterior generando un valor de resultado pasando a la capa siguiente.

Algoritmo
Conjunto ordenado de operaciones metódicas que permite calcular y hallar la respuesta como solución a un problema.

Aprendizaje
Sinónimo de entrenamiento.

AUC
Métrica de evaluación que tiene en cuenta todos los umbrales de clasificación posibles.

Autónomo
Dispositivo basado en inteligencia artificial que no requiere de la ayuda humana para realizar tareas.

Backpropagation (propagación inversa)
Modelo simple de referencia que sirve como punto de partida para hacer una comparativa sobre la eficacia del cometido de un modelo.

Batch size (tamaño lote)
Número de ejemplos que hay en un lote de entrenamiento.

Binary classification (clasificación binaria)
Tipo de tarea predictiva que ofrece como resultado una única alternativa.

Binning (discretización)
Consulta de agrupamiento.

Bucketing (agrupamiento)
Conversión de un atributo en un rango de valores.

Calibration layer (capa de calibración)
Procedimiento posterior a la tarea predictiva que indica el margen de predicción.

Categorical data (datos categóricos)
Atributos que cuentan con un conjunto discreto de posibles valores.

Centroid (centroide)
Resultado del cálculo del centro de un clúster por el algoritmo k-medias.

Checkpoint (punto de control)
Datos que capturan el estado de las variables de un modelo en un momento en particular. Facilita la exportación de pesos del modelo, permite llevar a cabo el entrenamiento en varias sesiones y admite que el entrenamiento prosiga después de los errores.

Científicos de datos
Profesionales expertos en datos que aplican técnicas de minería de datos y construyen y entrenan modelos de aprendizaje automático.

Class (clases)
Conjunto de valores o instancias que poseen la misma identidad. Segmentación por etiqueta. Por ejemplo:

- En modelos de clasificación binaria, detecta si se trata de un gato o un perro.
- En modelos de clasificación de clases múltiples, detecta distintas razas de perros: pastor alemán, cocker, etc.

Classification model (modelo de clasificación)

Modelo específico de aprendizaje automático que hace distinciones entre clases discretas. Por ejemplo, un modelo de clasificación de procesamiento de lenguaje natural determinará el idioma con el que el usuario se comunica.

Classification threshold (umbral de clasificación)

Es un criterio de valor que se usa para ordenar resultados de regresión logística a la clasificación binaria.

Clustering (agrupamiento en clústeres)

Agrupamiento de ejemplos relacionados asociados al aprendizaje no supervisado.

Clustering

Agrupación de instancias con características similares en grupos.

Collaborative filtering (filtrado colaborativo)

Tarea predictiva del algoritmo normalmente para crear sistemas de recomendaciones, en el que se hace una aproximación de los intereses de un consumidor en función a los intereses de otros muchos consumidores.

Confusion matrix (matriz de confusión)

Gráfica que resume el nivel de éxito obtenido en sus predicciones por un modelo de clasificación.

Continuous feature (atributo continuo)

Atributo que tiene un rango de valores infinitos.

Convergence (convergencia)

Hace referencia al estado alcanzado en un momento dado del entrenamiento del modelo en el que un entrenamiento extra no mejora los resultados.

Convolution (convolución)

Es una mezcla de dos funciones que mide el área de superposición entre ellas. En *Machine Learning* se utiliza para nombrar una operativa convolucional, es decir, el algoritmo tendrá que aprender el peso de forma separada para cada celda, lo que supondría el uso de mayores recursos. Esto supondría más memoria para el entrenamiento.

Cost (costo)

Equivalente de pérdida.

Cross entropy (entropía cruzada)

Representa una generalidad de pérdida logística para problemas de clasificación de clases múltiples. Permite cuantificar la diferencia entre dos grupos de probabilidad.

CSV (Comma-Separated-Value)

Archivo de texto en formato abierto que permite que los datos puedan ser clasificados y separados en columnas, comas y filas.

Data Analysis (análisis de datos)

Proceso por el cual se obtiene una comprensión de los datos mediante la atención de muestras, visualizaciones y mediciones. Es útil principalmente cuando se reciben por primera vez un conjunto o varios conjuntos de datos, antes de construir el primer modelo o algoritmo.

Datasets (conjuntos de datos)

Son bases de datos de diferentes índoles que, al aplicarse con tecnología Big Data, permiten su interpretación aun pudiendo ser estas muy voluminosas. De otra forma existirían grandes dificultades para interpretar este gran volumen de datos por sistemas de información estándar. Son colecciones de datos que se utilizan para entrenamientos prácticos de modelos.

Decision boundary (límite de decisión)

Se trata de un separador que divide clases. Es aprendido por el modelo frente a problemas de clasificación de clases múltiples o de clase binaria.

Deep model (modelo profundo)

Red neuronal que acoge a varias capas ocultas.

Dense feature (atributo denso)

Cualquier atributo en el que se encuentra una mayoría de valores que son distintos a cero.

Dense layer (capa densa)

Término equivalente a capa totalmente conectada.

Discrete feature (atributo discreto)

Atributo que contiene un conjunto finito de valores posibles.

Dropout regularization (regularización de retirados)

Método de regularización utilizado en el entrenamiento de redes neuronales.

Dynamic Model (modelo dinámico)

Modelo que se entrena en línea con actualizaciones continuas. Esto significa que constantemente ingresan datos al modelo.

Early Stopping (interrupción anticipada)

Metodología de regularización que obliga la finalización del entrenamiento del modelo antes de que el desgaste de entrenamiento deje de reducirse. Cuando ocurre la interrupción anticipada, el entrenamiento cesa en el momento en el que empeora el rendimiento de la generalización.

Embeddings (incorporaciones)

Atributo de categoría que representa un valor continuo.

Ensemble (ensamble)

Ensamblaje de las predicciones realizadas por varios modelos. Los modelos de aprendizaje profundo son un ejemplo de ensamblaje.

Epoch (repeticiones)

Proceso de entrenamiento global que hace un recorrido por todo el conjunto de datos, con idea de que sean observados una vez. Las repeticiones representan un número determinado de iteraciones.

ERM, *Empirical Risk Minimization* (minimización del riesgo empírico)

Activación de una función en la que el modelo minimizará la pérdida en el conjunto de entrenamiento.

Error cuadrático medio (MSE)

Criterio de evaluación para el cálculo de errores existentes entre dos conjuntos de datos.

Error medio absoluto (MAE)

Fórmula que proporciona la medida básica del error de pronóstico.

Example (ejemplo)

Fila de un conjunto de datos que contiene uno o más atributos y en ocasiones etiquetas.

Feature Engineering (ingeniería de atributos)

Procedimiento por el cual se determina cuáles serán los atributos más útiles para el entrenamiento de un modelo.

Features (características, atributo)

Corresponden a las variables de entrada que se utilizan para realizar predicciones.

Few-shot Learning (aprendizaje en pocos intentos)

Posición que adopta el aprendizaje automático para clasificar objetos. Se utiliza para aprender clasificadores ciertos con un pequeño número de conjunto de datos de entrenamiento.

FN, false negative (falso negativo)

Conjunto de datos en el que el modelo predijo de manera incorrecta la clase negativa.

FP, false positive (falso positivo)

Conjunto de datos en el que el modelo predijo de manera incorrecta la clase positiva.

Fully connected layer (capa completamente conectada)

Corresponde a la denominada "capa oculta", en la que los nodos correspondientes están conectados a otros nodos de la capa oculta sucesiva. Cuando la capa está completamente conectada también recibe el nombre de "capa densa".

Generalization (generalización)

Hace referencia a la capacidad del modelo de realizar predicciones certeras con datos que nunca fueron vistos.

Generalized Linear Model (modelo lineal generalizado)

Son modelos lineales que cuentan con propiedades específicas para la predicción, además no pueden aprender de nuevos atributos. Hacen la predicción del promedio del modelo óptimo de regresión de mínimos cuadrados que es igual a la etiqueta promedio de los datos de entrenamiento. Además, calculan la probabilidad promedio predicha por el modelo óptimo de regresión de mínimos cuadrados que es igual a la etiqueta promedio de los datos de entrenamiento.

Gradient Descent (descenso de gradientes)

Técnica que se utiliza para minimizar la pérdida de gradientes de forma iterativa con respecto a los parámetros del algoritmo, condicionados con los datos de entrenamiento.

Heuristic (heurística)

Define a aquella respuesta práctica pero no óptima a un problema, que al menos es suficiente para seguir progresando y aprendiendo.

Hidden layer (capa oculta)

Capa sintética en una red neuronal entre los atributos (capa de entrada) y la predicción (capa de salida). Las redes neuronales pueden contener una o muchas capas ocultas.

Hyperparameter (hiperparámetro)

Son las llamadas tasa de aprendizaje.

Hyperplane (hiperplano)
Marcación que hace una separación de un espacio en dos subespacios.

Inference (inferencia)
Se utiliza este término para hacer referencia al proceso predictivo con la aplicación del modelo entrenado a un conjunto de datos sin etiqueta.

Instance (instancia)
Término equivalente a un conjunto de datos o ejemplo.

Iteration (iteración)
Proceso repetitivo que se realiza para actualizar de una sola vez los pesos de un modelo durante su entrenamiento.

K-means (k-medios)
Es el algoritmo de agrupamiento más conocido y sirve para agrupar conjuntos de datos sin supervisión.

KSVM, Kernel Support Vector Machines (máquinas de vectores soporte de Kernel)
Es un algoritmo de clasificación cuyo objetivo consiste en la maximización de márgenes entre clases positivas y negativas a través de vectores.

Label (etiqueta)
Corresponde a la respuesta de un conjunto de datos.

Lambda
Término equivalente a tasa de regularización.

Layer (capa)
Define al conjunto de neuronas que forman parte de una red neuronal artificial que sentencian a los atributos de entrada o respuestas de esas neuronas.

Learning rate (tasa de aprendizaje)
Sirve para seguir escalando el entrenamiento, y con cada iteración, el algoritmo por medio del descenso de gradientes.

Least Squares Regression (regresión de mínimos cuadrados)
Es un modelo de regresión lineal sometido al entrenamiento por medio de la minimización de la pérdida L2.

Linear Regression (regresión lineal)
Es un modelo de regresión que ofrece una respuesta con un valor continuo partiendo de una combinación lineal de atributos de entrada.

Log loss (pérdida logística)

Corresponde a un atributo de pérdida que se utiliza en la regresión logística binaria.

Logistic Regression (regresión logística)

Es un modelo que genera una probabilidad aplicando una función sigmoide a una predicción lineal para cada valor de etiqueta discreto ante posibles problemas de clasificación.

Loss (pérdida)

Corresponde al cálculo de la distancia entre las predicciones de un algoritmo y su etiqueta.

Método cartesiano

Técnica propuesta por Descartes que engloba cuatro reglas y cuyo objetivo trata de evitar el error y permitir la deducción de aquello que ya es conocido.

Metric (métrica)

Corresponde a un número relevante que los sistemas tratan de mejorar como un objetivo.

Métrica de puntuación F1

Métrica de rendimiento de un modelo que evalúa los algoritmos de clasificación en función de la precisión y la sensibilidad de los resultados.

Mini Batch Stochastic Gradient Descent SGD (descenso de gradientes estocástico SGD de minilote)

Se trata de un algoritmo de descenso de gradientes que se utiliza en los minilotes.

Mini batch

Corresponde a un pequeño conjuntos de datos seleccionados arbitrariamente entre todo un lote de conjuntos de datos y dentro de una única iteración.

Model (modelo)

Término que representa un estándar de lo que un sistema de aprendizaje automático aprendió de los datos con los que ha sido entrenado.

Model Training (entrenamiento de modelos)

Procedimiento por el cual se acuerda cuál es el mejor modelo.

Multiclass classification (clasificación de clases múltiples)

Son problemas de clasificación para distinguir más de dos clases.

Neural Network (red neuronal)
Modelo de varias capas (alguna de ellas ocultas) que copia el funcionamiento del cerebro humano.

Neurona biológica
Es la principal célula del sistema nervioso que tiene como objetivo responder a estímulos mediante impulsos eléctricos. Las neuronas dan respuestas a las incitaciones advertidas generando una señal eléctrica dirigida a otra compañera neurona.

Node (nodo)
Concepto que describe una neurona en una capa oculta o bien una operación dentro de un flujo de trabajo.

Normalization (normalización)
Procedimiento por el cual se convierte en un estándar de valores un rango real de valores.

Numpy
Biblioteca matemática de código abierto que proporciona operaciones entre matrices eficaces en *Python*. *Pandas* se basa en *Numpy*.

Objective (objetivo)
Corresponde a la métrica que el algoritmo que se entrena debe mejorar.

Output layer
Corresponde a la capa final o capa de salida de la red neuronal que contiene la respuesta.

Overfitting (sobreajuste)
Término que hace referencia a la construcción de un modelo coincidente a otro pero que le resulta imposible realizar predicciones correctas con datos nuevos.

Parameter (parámetro)
Corresponde a la variable de un algoritmo en el que un sistema inteligente de aprendizaje automático se entrena por sí solo a través de las iteraciones.

Partial Dependece Plot
Técnica que permite observar el efecto de una o hasta dos características y la relación existente entre la variable de salida investigada.

Partitioning strategy (estrategia de partición)
Corresponde a un algoritmo cuya función es la de dividir las variables en servidores de parámetros.

PCA *(Principal Componet Analysis)*
Recurso que sirve para eliminar datos poco relevantes que no aportan valor al resultado predictivo de una máquina con inteligencia artificial y sí complican las labores de los algoritmos, haciéndoles perder efectividad.

Performance (rendimiento)
Da respuestas a cuánto de apropiado es un modelo o bien cómo son de certeras las predicciones.

Permutation Importance
Mecánica que sirve para la interpretación de modelos de aprendizaje automático haciendo uso de herramientas diversas.

Perplexity (perplejidad)
Comprobación de que el modelo está consiguiendo realizar su tarea.

Precision (precisión)
Corresponde a una métrica asociada a modelos de clasificación que identifica la frecuencia con la que un algoritmo hizo una certera predicción de la clase positiva.

Prediction (predicción)
Resultado que proporciona un modelo cuando se le da un conjunto de datos de entrada.

Prediction bias (sesgo de predicción)
Es la indicación que permite conocer cuánto de alejado está el promedio de las predicciones del promedio de etiquetas en el ejemplo o en el conjunto de datos.

Procesamiento natural del lenguaje
Red neuronal avanzada que puede analizar, comprender y dar respuestas al lenguaje humano a través de un programa informático.

Raíz del error cuadrático medio (RMSE)
Matriz que permite reducir la sensación de errores que ofrece la métrica error medio cuadrático.

Recall (recuperación)
Corresponde a una métrica de modelos de clasificación que dan respuesta a la cuestión siguiente

Red neuronal artificial
Es la base de la inteligencia artificial que desarrolla maneras de programar las computadoras de forma "inteligente". Se inspira en el modo en el que

funciona el cerebro de las personas transmitiendo señales a través de nodos también denominados "neuronas artificiales".

Reglas heurísticas
Instrucciones generales a la hora de realizar búsquedas de una solución a un problema y que sirven como elementos organizativos en el transcurso de la resolución.

Regression Model (modelo de regresión)
Consiste en un tipo de modelo que proporciona como resultado valores continuos (generalmente de punto flotante).

Regularization (regularización)
Se trata de una penalización por la complejidad de un modelo. Con la regularización se previene el sobreajuste.

Regularization rate (tasa de regularización)
Valor para escalar. Si aumenta la tasa de regularización, significa que se reduce el sobreajuste, pero ello puede traducirse en que los resultados de los modelos no sean tan precisos.

ReLU, Rectified Linear Unit (unidad lineal rectificada)
Es un atributo de activación de funciones con estas reglas:

⮑ El resultado será cero si la entrada es negativa o cero.
⮑ El resultado es igual a la entrada si esta es positiva.

Representation (representación)
Procedimiento por el cual se asignan datos a los atributos rentables.

RMSE, Root Mean Squared Error (error de la raíz cuadrada de la media)
Corresponde a la raíz cuadrada del error cuadrático medio.

ROC, Receiver Operating Characteristic (curva de rendimiento diagnóstico)
Representa la curva de la tasa de VP (verdaderos positivos) frente a la tasa de FP (falsos positivos) en distintos límenes o umbrales de clasificación.

Rotational invariance (invariancia rotacional)
Está asociado a un problema de clasificación de imágenes. Implica la capacidad del modelo para hacer una certera clasificación aun cuando se modifican las orientaciones de esa imagen.

Scaling (ajuste)

Procedimiento de ajuste por el cual se acota el rango de valores de un atributo con idea de que este coincida con el rango de los otros atributos en el conjunto de datos.

Semi-supervised Learning (aprendizaje semisupervisado)

Responde al entrenamiento de un algoritmo ante datos de entrenamiento con y sin etiquetas.

SGD, Stochastic Gradient Descent (descenso de gradientes estocástico)

Un modelo que se basa en un solo conjunto de datos seleccionados arbitrariamente con idea de realizar un cálculo para estimar el gradiente en cada paso.

Shap values (Shapley Additive exPlanation)

Técnica que interpreta los valores de las predicciones realizadas por los modelos durante el entrenamiento.

Sistema de expertos

Sistema informático capaz de emular el razonamiento propio del ser humano de la misma manera que lo concebiría un experto especializado en un área de conocimiento.

SRM, Structural Risk Minimization (minimización del riesgo estructural)

Modelo de aprendizaje automático que nivela dos objetivos:

⊃ La aspiración de desarrollar el modelo más predictivo.
⊃ La aspiración de mantener el modelo lo más simple posible.

Static Model (modelo estático)

Todo modelo que realiza el entrenamiento sin conexión.

Stationary (estacionalidad)

Se trata de una propiedad de los datos que permanece constante normalmente en un intervalo de tiempo. Un ejemplo de datos que manifiestan estacionalidad es aquel en el que estos no cambian de un mes a otro.

Step size (tamaño de paso)

Término equivalente a la tasa de aprendizaje.

Subsampling (submuestreo)

Término que responde a una consulta de reducción.

Supervided Machine Learning (aprendizaje automático supervisado)
Responde al entrenamiento de un algoritmo a partir de datos de entrada etiquetados.

Synthetic feature (atributo sintético)
Particularidad no presente entre los atributos de entrada, pero que procede de uno o más de ellos.

Target
Término que responde al concepto de etiqueta.

Temporal Data (datos temporales)
Datos que son rastreados en distintos puntos en el tiempo. Por ejemplo, ventas de flotadores registrados en verano que para cada día del año serían contemplados como datos temporales.

Test de Turing
Prueba de capacidad de la máquina para que esta pueda hacer alarde de un comportamiento denominado "inteligente", emulando el comportamiento humano.

TN, *true negative* (verdadero negativo, VN)
Resultado en el que el modelo hizo una predicción acertada de clase negativa. Por ejemplo, el algoritmo predijo que un determinado correo electrónico no era un correo *spam* y en realidad no lo era.

TP, *true positive* (verdadero positivo, VP)
Resultado en el que el modelo hizo una predicción de clase positiva. Por ejemplo, el algoritmo predijo que un determinado correo electrónico era un correo *spam* y así lo era.

Transfer Learning (aprendizaje por transferencia)
Proceso en el que se transfiere información de una tarea de aprendizaje automático a otra.

Unlabeled example (ejemplo sin etiqueta)
Conjunto de datos no etiquetados que contienen atributos.

Unsupervised Machine Learning (aprendizaje automático no supervisado)
Tipo de aprendizaje automático que localiza patrones en un conjunto de datos que habitualmente están sin etiquetar.

Validaton set (conjunto de validación)

Representación de un subconjunto del conjunto de datos, alejado del grupo de datos de entrenamiento, que se utiliza para realizar los ajustes de hiperparámetros.

Web Scraping

Técnica que recopila datos de distintas fuentes para ser extraídos de forma automática.

Weight (peso)

Las conexiones tienen coeficientes numéricos que van adaptándose según los impulsos que reciben; este coeficiente es el peso.

Bibliografía

Monografías

→ BODEN, M. A.: *Artificial Intelligence: A Very Short Introduction (Very Short Introductions)*. Reino Unido: OUP Oxford, 2018.

> Libro de Margarita Boden, profesora de informática y divulgadora de la inteligencia artificial que a su edad avanzada y su gran sapiencia trata desde una perspectiva más espiritual el desarrollo y alcance de esta tecnología inteligente.

→ LEAL, S.: *No te vas a morir*. Sevilla: Punto Rojo Libros, 2019.

> Libro de Silvia Leal, divulgadora científica que trata la transformación digital.

→ RUIZ, J. M.: *Ciberleviatán: El colapso de la democracia liberal frente a la revolución digital*. Barcelona: Arpa Editores, 2019.

> Libro cuyo autor expone de forma muy didáctica la alternativa Ciberleviatán para promulgar un pacto entre la tecnología y la humanidad.

→ STUART Russell, P. N.: *Inteligencia Artificial. Un enfoque moderno*. Madrid: Pearson Educación, 2004.

> Libro que trata el origen y desarrollo de la inteligencia artificial desde una perspectiva innovadora.

→ VV. AA.: *A Proposal for the Dartmouth Summer Research Project on Artificial Intelligence*. Conferencia. *AI Magazine* (27-4), 2006.

> Documento que recoge los contenidos tratados en la Conferencia de Dartmouth como primer evento en el que se trató la inteligencia artificial por distintos expertos de la época, y en el que se pone de manifiesto la Declaración Fundacional de la Conferencia de Dartmouth.

Textos electrónicos, bases de datos y programas informáticos

→ Acelera los flujos de trabajo de medios, de: <https://www.dalet.com>.

> Sitio web que comercializa servicios de multiplataforma para facilitar flujos de trabajo, basados en inteligencia artificial.

→ Apache *Hadoop,* de: <https://hadoop.apache.org/>.

> Apache *Hadoop* es un *framework* de *software* de código abierto para almacenamiento y procesamiento distribuido de conjuntos de datos grandes en clústeres de computadoras.

→ *APACHE SPARK vs HADOOP,* de:
<https://www.youtube.com/watch?v=g2ibI_-pHvQ>.

> En el vídeo de *YouTube* de *OpenWebinars* se compara *Apache Spark* con *Hadoop,* explorando las diferencias y aplicaciones de estas tecnologías en el contexto de *big data.*

→ Aplicación de técnicas de Minería de Datos a datos obtenidos por el Centro Andaluz de Medio Ambiente (CEAMA), de: <https://masteres.ugr.es>.

> Trabajo fin de máster que hace uso de la plataforma de aprendizaje automático *Weka* para explicar las distintas técnicas de minería de datos a través de ejemplos prácticos.

→ Aprendizaje de Reglas, de: <https://ccc.inaoep.mx>.

> Documento publicado por INAOE que sirve de ayuda para comprender una estrategia básica de construcción de modelo basado en árboles de decisión y que hace una comparativa en la aplicación de dos conocidas reglas.

→ Aprendizaje por refuerzo, de: <https://canal.uned.es>.

> Recurso educativo del Canal UNED sobre aprendizaje por refuerzo.

→ Articoolo, de: <http://articoolo.com/>.

> Plataforma que utiliza inteligencia artificial para la creación de contenidos digitales únicos.

→ Así innovan los supermercados para ser más competitivos, de:
<https://www.expansion.com>.

> Artículo de prensa digital que informa de las nuevas tendencias de inteligencia artificial aprovechadas por el sector *Retail.*

→ Bertrand Russell: centenario de *Principios de las matemáticas,* de:
<https://rac.es>.

> Documento que trata los principios de las matemáticas recogidos en el XII Programa de Promoción de la Cultura y Tecnología.

→ *Big data,* de: <https://es.statista.com/temas/3604/big-data/#topicOverview>.
  Statista ofrece un análisis detallado sobre el tema de *big data.* Cubre tendencias, estadísticas y usos en diversas industrias y aplicaciones.

→ Clases desbalanceadas en modelos de *Machine Learning,* de: <https://www.juanbarrios.com>.

> Artículo web que explica con sencillez cómo afectan las clases desbalanceadas en *Machine Learning* y cómo se ha de proceder.

→ Clasificación de imágenes en *Python,* de: <https://www.aprendemachinelearning.com>.

> Artículo web que muestra la manera en la que se puede construir una red neuronal haciendo una clasificación de imágenes en *Python.*

→ *Data Mining Toolbox in Python,* de: <http://jmlr.org>.

> Artículo publicado en la revista *JMLR,* que trata las técnicas de minería de datos en *Orange.*

→ *Data science technology forhuman sensemaking,* de: <https://www.anaconda.com/>.

> Sitio web que facilita un kit de herramientas específicas y de código abierto para la ciencia de datos *Python/R* y el aprendizaje automático.

→ Drift: La mejor Alternativa a Intercom para el chat de tu Web, de: <https://www.misingresospasivos.com>.

> Artículo que publicita un recurso para hacer un seguimiento de clientes potencial y dar una atención a clientes, haciendo uso de un recurso conversacional o chat dentro de la web.

→ Emérita Legal, de: <https://www.emerita.legal>.

> Sitio web de la plataforma de Emérita Legal orientada a la promoción de información de interés público en el ámbito de la justicia haciendo uso de la inteligencia artificial.

→ Estadísticas IA Conversacional: Chatbots NLP en 2020, de: Landbot: <https://landbot.io>.

> Artículo web que aborda el universo de la inteligencia artificial desde el enfoque conversacional.

→ Explore los datos, obtenga información y tome decisiones con las funcionalidades de *Tableau AI,* de: <https://www.tableau.com/es-es>.

> *Tableau AI* proporciona funcionalidades avanzadas para explorar datos, obtener insights y tomar decisiones informadas utilizando inteligencia artificial integrada.

→ Gestionamos todos tus proyectos de traducción, de: <https://berba.net>.

Plataforma de *crowdsourcing* que utiliza inteligencia artificial para ofrecer servicios de traducción rápidos y calidad.

→ *Google DeepMind,* de: <https://deepmind.google/technologies/gemini/>.

Gemini, desarrollado por *Google DeepMind,* es una tecnología que utiliza inteligencia artificial para avanzar en el campo del aprendizaje automático y la IA general.

→ *Gradiente Descendiente para aprendizaje automático,* de: <https://www.iartificial.net>.

Explicación del algoritmo Gradiente y su método a través de ejemplos.

→ *Grafana: The open observability platform,* de: <https://grafana.com/>.

Grafana es una plataforma abierta de observabilidad que permite la visualización y monitorización de datos a través de paneles interactivos y gráficos.

→ Guía sobre el uso de las cookies. Agencia Española de Protección de Datos, de: <https://www.aepd.es>.

Documento que aporta líneas de actuación para el cumplimiento de la normativa en materia de *cookies* y que permite vislumbrar la gran ingesta de datos recopilados de los usuarios a través de los servicios de internet.

→ *Installing Jupyter,* de: <https://jupyter.org/install>.

Jupyter es un proyecto de código abierto que facilita la creación de documentos interactivos que contienen código en varios lenguajes de programación, incluyendo *Python.*

Power BI es una herramienta de *Microsoft* que permite la exploración de datos, la generación de informes y el análisis de negocios a través de visualizaciones interactivas.

→ Interpretación de Modelos de *Machine Learning,* de: <https://www.aprendemachinelearning.com>.

Artículo web que trata a lo largo de todo su contenido interesantes temáticas relacionadas con el aprendizaje automático.

→ *Introducción a Power BI Gratis | Microsoft Power BI,* de: <https://www.microsoft.com/es-es/power-platform/products/power-bi/landing/free-account?ef_id=_k_CjwKCAjwr7ayBhAPEiwA6EIGxNHCeA-qLlJp9gaiBaarB71hmS6idYc24g8iwlTs593bsMvOUTlAXLxoCDJIQAvD_BwE_k_&OCID=AIDcmm2x16xx83_SEM__k_CjwKCAjwr7ayBhAPEiwA6EI-GxNHCeAqLlJp9gaiBaarB71hmS6idYc24g8iwlTs593bsMvOUTlAXLxoCD-JIQAvD_BwE_k_&gad_source=1&gclid=CjwKCAjwr7ayBhAPEiwA6EIGxNHCeAqLlJp9gaiBaarB71hmS6idYc24g8iwlTs593bsMvOUTlAXLxoCDJIQA-vD_BwE>.

→ La Inteligencia Artificial, como el hacha, se puede usar para el bien o para el mal, de: <https://lab.elmundo.es>.

> Artículo web que observa la inteligencia artificial desde el prisma y conocimiento de la veterana experta Margaret Boden.

→ La matriz de confusión y sus métricas, de: <https://www.juanbarrios.com>.

> Artículo web que trata la matriz de confusión como el instrumento que permite la visualización del desempeño de los algoritmos de aprendizaje supervisado.

→ Las tendencias que debes conocer si eres emprendedor: del *Big Data* al *Blockchain,* de: <https://blogthinkbig.com>.

> Interesante artículo que hace recapacitar sobre el siguiente nivel de transformación digital que cualquier empresa o emprendedor debe implementar.

→ Librerías más usadas en *Python,* de: <https://decodigo.com>.

> Artículo que muestra una relación de librerías de *Python* para importar, acceder y crear.

→ Los sistemas de información: evolución y desarrollo, de: <http://files.granadasistemasdeinformaion-cur.webnode.es>.

> Documento que se puede encontrar en el repositorio de la UNIR, y que trata de los sistemas de información empresariales y su nuevo papel con la intervención de la inteligencia artificial para las relaciones laborales.

→ Lumen5, de: <https://lumen5.com/>.

> *Software* para la creación de contenidos visuales con inteligencia artificial que mejora la experiencia del editor.

→ *ManyChat: Paso a Paso en Español*, de: <https://benllyhidalgo.com>.

> Tutorial para aprender a construir un *bot* sin conocimientos de programación.

→ Métricas de Evaluación Clasificación con *Scikit Learn,* de: <https://aprendeia.com>.

> Vídeo del canal de Aprende IA que trata cómo se han de implementar las métricas de evaluación de algoritmos de clasificación con la librería de *Python*.

→ Newell, Simon & Shaw desarrollan el primer programa de inteligencia artificial 1955-7/1956, de: <https://www.historyofinformation.com>.

> Artículo que explica cómo nació el primer programa de inteligencia artificial.

→ Observatorio Nacional de Telecomunicaciones y la Sociedad de la Información. Obtenido de: <https://www.ontsi.red.es>.

> Sitio web del Observatorio Nacional de las Telecomunicaciones y de la Sociedad de la Información donde se pueden encontrar numerosos estudios, indicadores, políticas y estrategias en torno al desarrollo tecnológico y su impacto.

→ *Orange,* de: <https://orange.biolab.si/>.

> Sitio de descarga de *Orange.*

→ Primeros pasos en *Jupyter Notebook* con *Python,* de: <https://medium.com/@diego.coder/primeros-pasos-en-jupyter-notebook-con-python-bff43c73621>.

> En el artículo de *Medium,* Diego.Coder introduce los primeros pasos en *Jupyter Notebook* con *Python.* Destaca su uso y configuración inicial para desarrollar y ejecutar código de manera interactiva.

→ *Python,* de: <https://github.com>.

> Biblioteca de *Python* para depurar/inspeccionar clasificadores de aprendizaje automático y explicar sus predicciones.

→ Tendencias en *eLearning y Formación Online,* de: <https://www.expoelearning.com>.

> Artículo web que muestra interesantes aplicaciones de la inteligencia artificial en el sector de la formación *online.*

→ *TensorFlow,* de: <https://www.tensorflow.org/?hl=es>.

> *TensorFlow* es una plataforma de código abierto para aprendizaje automático y aprendizaje profundo desarrollada por *Google,* utilizada ampliamente para construir y desplegar modelos de IA.

→ *Tensorflow - Neural Network Playground,* de: <https://playground.tensorflow.org/#activation=tanh&batchSize=10&dataset=circle®Dataset=reg-plane&learningRate=0.03®ularizationRate=0&noise=0&networkShape=4,2&seed=0.40155&showTestData=false&discretize=false&percTrainData=50&x=true&y=true&xTimesY=false&xSquared=false&ySquared=false&co>.

> El *Neural Network Playground* de *TensorFlow* es una herramienta interactiva en línea para explorar y visualizar redes neuronales artificiales con diversas configuraciones y conjuntos de datos.

→ Tipos de aprendizaje automático, de: <https://medium.com>.

> Artículo web que hace distinción de los diversos tipos de aprendizaje automático, dando una explicación clara y concisa para comprender las diferencias.

→ *Transfer Learning* en modelos profundos, de: <https://empresas.blogthinkbig.com>.

> Interesante artículo web que trata desde el enfoque del aprendizaje profundo cómo clasificar imágenes con *Transfer Learning*.

→ *UCI Machine Learning Repository,* de: <https://archive.ics.uci.edu/dataset/17/breast+cancer+wisconsin+diagnostic>.

> El repositorio de *UCI Machine Learning* ofrece acceso a diversos conjuntos de datos para la investigación y desarrollo en el campo del aprendizaje automático

→ Un filósofo en *Silicon Valley,* de: <https://ethic.es>.

> Interesante artículo que pone de manifiesto el papel del filósofo en la construcción de la inteligencia artificial.

→ Usando la Inteligencia Artificial para predecir dónde y cuándo caerá un rayo, de: <https://smart-lighting.es>.

> Artículo web que trata la capacidad predictiva de la inteligencia artificial para determinar situaciones futuribles de carácter atmosférico.

→ *Vertex AI with Gemini 1.5 Pro and Gemini 1.5 Flash,* de: <https://cloud.google.com/vertex-ai>.

> *Google Cloud* ofrece *Vertex AI,* una plataforma que integra herramientas avanzadas como *Gemini* para facilitar el desarrollo y despliegue de modelos de aprendizaje automático en la nube incluida la generación de código de lenguaje de programación.

→ *Weka,* de: <https://waikato.github.io>.

> Sitio de descarga de *Weka.*